Der Begriff der Betriebsstätte im deutschen und im russischen Ertragsteuerrecht und im deutsch-russischen Doppelbesteuerungsabkommen. Ein Rechtsvergleich

FINANZ- UND STEUERRECHT IN DEUTSCHLAND UND EUROPA

Herausgegeben von Klaus-Dieter Drüen, Hanno Kube und Rainer Wernsmann

Band 39

Zur Qualitätssicherung und Peer Review der vorliegenden Publikation

Die Qualität der in dieser Reihe erscheinenden Arbeiten wird vor der Publikation durch Herausgeber der Reihe geprüft.

Notes on the quality assurance and peer review of this publication

Prior to publication, the quality of the work published in this series is reviewed by editors of the series.

Volodymyr Izrailevych

Der Begriff der Betriebsstätte im deutschen und im russischen Ertragsteuerrecht und im deutsch-russischen Doppelbesteuerungsabkommen. Ein Rechtsvergleich

PETER LANG

Bibliografische Information der Deutschen Nationalbibliothek
Die Deutsche Nationalbibliothek verzeichnet diese Publikation in der Deutschen Nationalbibliografie; detaillierte bibliografische Daten sind im Internet über http://dnb.d-nb.de abrufbar.

Zugl.: Passau, Univ., Diss., 2016

Die vorliegende Publikation wurde durch das Ernst Ludwig Ehrlich Studienwerk gefördert.

D 739
ISSN 1863-141X
ISBN 978-3-631-74577-9 (Print)
E-ISBN 978-3-631-74782-7 (E-PDF)
E-ISBN 978-3-631-74783-4 (EPUB)
E-ISBN 978-3-631-74784-1 (MOBI)
DOI 10.3726/b13420

Peter Lang – Berlin · Bern · Bruxelles · New York · Oxford · Warszawa · Wien

Diese Publikation wurde begutachtet.

www.peterlang.com

Vorwort

Diese Arbeit entstand während meiner Zeit als wissenschaftlicher Mitarbeiter am Lehrstuhl für Staats- und Verwaltungsrecht, insbesondere Finanz- und Steuerrecht von Prof. Dr. Rainer Wernsmann und als Forschungsstipendiat des Ernst Ludwig Ehrlich Studienwerks. Sie wurde im Wintersemester 2016/17 von der Juristischen Fakultät der Universität Passau als Dissertation angenommen.

Mein besonderer Dank gilt zuvörderst Herrn Prof. Dr. Rainer Wernsmann, der diese Arbeit betreut und mich immer wieder motiviert hat. Seine langjährige Förderung hat meinen akademischen Werdegang entscheidend geprägt.

Herrn Prof. Dr. Dr. h.c. Martin Fincke danke ich für die schnelle Erstellung des Zweitgutachtens und die zahlreichen wertvollen Hinweise für die Drucklegung. Ich danke auch Herrn Prof. Dr. Bernhard Haffke, dessen juristische Neugier mich seit der Zeit als studentische Hilfskraft begeistert.

Dem Ernst Ludwig Ehrlich Studienwerk danke ich für die Gewährung eines zweijährigen Promotionsstipendiums und die damit verbundene ideelle und finanzielle Förderung. Mein Forschungsaufenthalt in Moskau wurde durch Bayhost erleichtert. Der IHK Niederbayern danke ich für die Auszeichnung der Dissertation.

Dem ersten Leser dieser Arbeit, meinem Bruder Valeriy Izrailevych, danke ich für die sorgfältige und äußerst schnelle Korrektur. Mein Vater Grigoriy Izrailevych hat diese Arbeit durch sein scharfes Judiz in unzähligen Diskussionen immens bereichert.

Diese Arbeit widme ich meinen Eltern, Bella und Grigoriy Izrailevych, in Dankbarkeit für ihre grenzenlose Unterstützung.

Inhaltsverzeichnis

§ 5 Begriff der Betriebsstätte und des ständigen Vertreters 113

Abkürzungsverzeichnis

ВЦИК	Всероссийский центральный исполнительный комитет
НК	Налоговый Кодекс
ПСЗ	Полное собрание законов Российской империи
РСФСР	Российская Советская Федеративная Социалистическая Республика
СНК	Совет народных комиссаров
ЦИК	Центральный исполнительный комитет
AAS	arbitražnyj apellâcionnyj sud
AOA	Authorized OECD Approach
ArbK	Arbeitskodex
AS	arbitražnyj sud
AWD BB	Außenwirtschaftsdienst des Betriebs-Beraters
BEPS	Base Erosion and Profit Shifting
BIFD	Bulletin for International Fiscal Documentation
CFA	Committee on Fiscal Affairs
CO	Central'nyj okrug
DVO	Dal'nevostočnyj okrug
Einl	Einleitung
ET	European Taxation
F/W/K	Flick/Wassermeyer/Kempermann
FAS	Federal'nyj arbitražnyj sud
FNS	Federal'naâ nalogovaâ služba
GNS	Gosudarstvennaâ nalogovaâ služba
GVV	Gesetz über die Völkerrechtlichen Verträge
H/H/R	Herrmann/Heuer/Raupach
H/H/Sp	Hübschmann/Hepp/Spitaler
HMO	Hanty-Mansijskij avtonomnyj okrug
ICJ Rep	International Court of Justice Reports
IFA	International Fiscal Association
K/S/M	Kirchhof/Söhn/Mellinghoff
KS	Konstitucionnyj Sud
M	Moskva
MA	Musterabkommen
Minfin	Ministerstvo finansov
MK	Musterkommentar
MLI	Multilateral Convention to Implement Tax Treaty Related Measures to Prevent Base Erosion and Profit Shifting
MNS	Ministerstvo po nalogam i sboram
MO	Moskovskij okrug
N	Nummer

NEP	Novaâ èkonomičeskaâ politika
PCIJ	Permanent Court of International Justice
PO	Povolžskij okrug
PrGS	Preußische Gesetzessammlung
PrVerwBl	Preußisches Verwaltungsblatt
PSZ	Polnoe sobranie zakonov Rossijskoj imperii
QS	Quellenstaat
RF	Russische Föderation/Rossijskaâ Federaciâ
Pos.	Position
RG	Rossijskaâ Gazeta
RGB	Rossijskaâ gosudarstvennaâ biblioteka
RGW	Rat für gegenseitige Wirtschaftshilfe
RSFSR	Rossijskaâ Sovetskaâ Federativnaâ Socialističeskaâ Respublika
russ.	russisch
S/K/K	Strunk/Kaminski/Köhler
SDD	Sbornik dejstvuûŝih dogovorov, soglašenij i konvencij, zaklûčennyh SSSR s inostrannymi gosudarstvami
SKO	Severo-Kavkazskij okrug
SO	Sverdlovskaâ oblast'
SNK	Sovet narodnyh komissarov
Sp	Spalte
SPB	Sankt-Peterburg
SPP SSSR	Sobranie Postanovlenij Pravitel'stva SSSR
St-GewStG	Staats-Gewerbesteuergesetz
StbJB	Steuerberater-Jahrbuch
SU RSFSR	Sobranie uzakonenij RSFSR
SWI	Steuer und Wirtschaft International
SZRI	Svod zakonov Rossijskoj imperii
SZ RF	Sobranie Zakonodatel'stva Rossijskoj Federacii
SZ SSSR	Sobranie zakonov SSSR
SZO	Severo-Zapadnyj okrug
UA	Unterabsatz
UFNS	Upravlenie Federal'noj nalogovoj služby
UMNS	upravlenie Ministerstva po nalogam i sboram
UO	Ural'skij okrug
VAS	Vysšij Arbitražnyj Sud
Vedomosti SND SSSR, VS SSSR	Vedomosti S"ezda narodnyh deputatov SSSR i Verhovnogo Soveta SSSR
Vedomosti VS SSSR	Vedomosti Verhovnogo Soveta SSSR
VerfRF	Verfassung der Russischen Föderation
VS	Verhovnyj Sud
VSO	Vostočno-Sibirskij okrug

VVO	Volgo-Vâtskij okrug
VWG-BsGaV	Verwaltungsgrundsätze Betriebsstättengewinnaufteilung
WP	Working Party
YBILC	Yearbook of the International Law Commission
ZaöRV	Zeitschrift für ausländisches öffentliches Recht und Völkerrecht
ZGB	Zivilgesetzbuch
ZSO	Zapadno-Sibirskij okrug

Für die hier nicht nachgewiesenen Abkürzungen wird verwiesen auf *Kirchner*, Hildebert, Abkürzungsverzeichnis der Rechtssprache, 8. Auflage, Berlin, 2015.

Einleitung

Problemaufriss und Ziele der Untersuchung

Dem Unternehmer stehen für seine ausländischen Aktivitäten drei Möglichkeiten zur Verfügung: Direktgeschäfte ohne festen „Stützpunkt" im Ausland, Gründung einer ausländischen Tochtergesellschaft oder die Errichtung einer rechtlich unselbstständigen Unternehmenseinheit im Ausland – einer sog. Betriebsstätte.

Ein inländisches Unternehmen, das eine Betriebsstätte[1] in Russland unterhält, ist mit den Einkünften, die der Betriebsstätte zuzurechnen sind, in Russland beschränkt steuerpflichtig. Zugleich erhebt Deutschland den Anspruch auf sein gesamtes Welteinkommen. Es droht eine Doppelbesteuerung. Um diese allgemein für unerwünscht erachtete Erscheinung von grenzüberschreitender wirtschaftlicher Betätigung zu vermeiden, enthält das nationale Steuerrecht Vorschriften zur Berücksichtigung der im Ausland gezahlten Steuern. Diese unilateralen Entlastungsvorschriften knüpfen bei gewerblichen Einkünften an das Vorhandensein einer ausländischen Betriebsstätte oder eines ständigen Vertreters. Das gilt grundsätzlich vice versa für die Besteuerung eines russischen Unternehmens mit einer deutschen Betriebsstätte.[2]

Wegen der Unzulänglichkeit der unilateralen Maßnahmen schließen Staaten sog. Doppelbesteuerungsabkommen (DBA) ab, die zwischen Industriestaaten in der Regel auf dem Musterabkommen der OECD beruhen.[3] Art. 7 Abs. 1 DBA-Russland[4] bestimmt, dass Gewinne eines Unternehmens im *Nichtansässigkeitsstaat* nur dann besteuert werden, wenn dort eine Betriebsstätte gem. Art. 5 DBA-Russland gelegen ist, und nur soweit, wie sie dieser Betriebsstätte zugeordnet werden können. Der *Ansässigkeitsstaat* hat in diesem Fall die Folgen der Doppelbesteuerung zu beseitigen.

Der Begriff der Betriebsstätte ist damit zentrales Anknüpfungs- bzw. Verteilungskriterium für die Besteuerung von Einkünften aus unternehmerischer Tätigkeit. Genaugenommen handelt es sich vorliegend um drei Betriebsstättenbegriffe: § 12 AO, Art. 306 StK und Art. 5 DBA-Russland. Das Vorliegen einer inländischen Betriebsstätte nach nationalem Recht entscheidet, ob der Steuerausländer im Inland

---

1 Russ.: „постоянное представительство" (wörtlich: „ständige Vertretung", im Folgenden auch „Betriebsstätte"). Zur Herkunft des russischen Begriffs § 4 C.II ff.

2 Im Unterschied zum deutschen Recht ist der Vertreter in Russland und im DBA-Recht (im Folgenden auch Abkommensrecht) als eine Betriebsstättenfiktion ausgestaltet.

3 Siehe dazu *Kreienbaum*, in Festgabe für Wassermeyer, S. 49 f.

4 Abkommen zwischen der Bundesrepublik Deutschland und der Russischen Föderation zur Vermeidung der Doppelbesteuerung auf dem Gebiet der Steuern vom Einkommen und vom Vermögen vom 29.05.1996, BGBl. 1996 II, 2710, in Kraft getreten am 30.12.1996, BGBl. 1997 II, 752 (gem. Art. 28 Abs. 2 des Abkommens am Tag nach der Übergabe der Ratifikationsurkunden).

überhaupt steuerpflichtig ist. Von diesem Besteuerungsrecht darf der Staat allerdings nur dann Gebrauch machen, wenn zugleich eine Betriebsstätte im Sinne des Abkommensrechts gegeben ist. Der Heimatstaat des Unternehmers prüft ebenfalls, ob eine Betriebsstätte im Ausland besteht, weil er dann die Doppelbesteuerung nach dem Abkommen vermeiden bzw. beseitigen muss. Dabei trifft jeder Staat diese Entscheidungen autonom, was zu Konflikten führen kann, die den Zielen der Doppelbesteuerungsabkommen zuwiderlaufen. Bejaht beispielsweise nur Russland als Tätigkeitsstaat eine Betriebsstätte des deutschen Unternehmens, wird Deutschland als Ansässigkeitsstaat die Einkünfte nicht freistellen, weil aus seiner Sicht Russland mangels einer Betriebsstätte im Sinne des Abkommens das Besteuerungsrecht nicht zukommt.

Um solche Auslegungskonflikte für Abkommen zu vermeiden, die wie das DBA-Russland, auf dem OECD-Musterabkommen beruhen, erläutert die OECD in dem Musterkommentar die Auslegung des Betriebsstättenbegriffs. Da der OECD-MK teils sehr allgemeine Ausführungen, teils nur Beispielsfälle enthält, überrascht es nicht, dass die Vertragsstaaten die Auslegungsspielräume nutzen und diejenige Auslegung vorziehen, die ihren wirtschaftlichen Interessen am besten entspricht. Deutschland als Exportland favorisiert eine enge Auslegung, weshalb zwar im Inbound-Fall Steuersubstrat verloren geht, im Outbound-Fall aber die Steuerrechte des Quellenstaates zurückgedrängt werden. Russland tendiert hingegen zu einem weiten Begriffsverständnis, um möglichst viele ausländische Unternehmen im Inland besteuern zu können.

In der vorliegenden Arbeit soll die Auslegung der Betriebsstättenbegriffe im deutschen und im russischen Ertragsteuerrecht und im DBA-Russland untersucht werden.

Durch den Vergleich der rechtlichen Grundlagen soll zum einen geklärt werden, welche Konflikte beim deutsch-russischen Betriebsstätteneinsatz zu befürchten sind. Zum anderen soll der Vergleich die Stärken und Schwächen der beiden Rechtsordnungen in diesem umstrittenen und sich im Wandel befindenden Bereich erkennbar machen und Inspiration für die Auslegung, Anwendung bzw. Fortentwicklung der Vorschriften sein.[5]

Gerade mit der russischen Rechtsordnung ist der Vergleich aus folgenden Gründen interessant. Bei der Neukodifizierung des Steuerrechts in den Jahren 1998–2001 orientierte sich der russische Gesetzgeber an ausländischen Steuerordnungen und bei der Regelung der Betriebsstätte am OECD-MA, um eine optimale Regelung zu treffen.[6] Somit handelt es sich bei dem russischen Steuerkodex um eine der modernsten Steuerkodifizierungen. Viele Fragenkomplexe, die in Deutschland die Rechtsprechung und auf OECD-Ebene der Musterkommentar beantworten sollen, werden in Russland ausdrücklich im Gesetz geregelt. Die Arbeit ist auch für den

5 Vgl. allg. zu den Funktionen des Rechtsvergleichs im Steuerrecht *Reimer*, in Lehner, Reden zum Andenken an Klaus Vogel, S. 89, 97.

6 *Борзунова*, Генезис, S. 39.

deutschen Rechtsanwender von Interesse. Deutschland ist zweitwichtigster Handelspartner Russlands und mit 9,6 Milliarden Euro Investitionsvolumen im Jahr 2014 einer der größten direkten Auslandsinvestoren.[7] Die tangierten Fragen der aufgrund von Auslegungsdivergenzen entstehenden Doppelbesteuerung sind für die Steuerplanung von großer Bedeutung.

Zum besseren Verständnis der Arbeit werden die Bezeichnungen von russischen Rechtsvorschriften übersetzt. Die Rechtsprechungsnachweise bzw. die Verwaltungsschreiben werden transliteriert (ISO9A) und können anhand des Entscheidungsdatums und des Aktenzeichens auf der offiziellen Internetpräsenz der Arbitragegerichte[8] bzw. auf Consultant Plus[9] gefunden werden. Die Literaturnachweise werden kyrillisch wiedergegeben. Russische Rechtsvorschriften werden nach der für deutsche Vorschriften gängigen Zitierweise zitiert.[10]

Die deutsche Rechtsprechung wird – sofern nicht eine andere Fundstelle angegeben ist – nach juris[11] zitiert.

Gang der Untersuchung

Zum besseren Verständnis der Arbeit wird in § 1 der normative Rahmen des russischen Steuerrechts skizziert. Die Normkomplexe werden hierarchisch vorgestellt. Dabei wird der Standort völkerrechtlicher Verträge erörtert. Im Rahmen des Steuerkodex wird zugleich geklärt, wer taugliches Gewinn-/Einkommensteuersubjekt sein kann. Es wird ferner die Bedeutung der Verwaltungsschreiben erörtert.

§ 2 widmet sich der Auslegung von Doppelbesteuerungsabkommen, insbesondere der Bedeutung des OECD-MA und des OECD-MK für die Auslegung.

Sodann wird in § 3 die Bedeutung des Betriebsstättenbegriffs und des Betriebsstättenprinzips im nationalen Ertragsteuerrecht und im Abkommensrecht für die Besteuerung grenzüberschreitender Unternehmenstätigkeit erörtert. Dabei ist insbesondere zu klären, in welchem Verhältnis die in unterschiedlichen Rechtskreisen angesiedelten Begriffe zueinander stehen. Aus dem geschilderten Zusammenwirken der Rechtskreise wird das abstrakte Konfliktpotential von Begriffs- und Auslegungsdivergenzen deutlich. Daher wird erörtert, für welche Art von Konflikten

7 Vgl. die Umrechnung der Daten in Euro http://russland.ahk.de/fileadmin/ahk_russland/2016/Publikationen/RiZ/RiZ_Sommer_2016.pdf. Der Abstieg von Platz 3 im Jahr 2010 auf Platz 8 im Jahr 2015 ist insbesondere mit der Repatriierung der Offshore-Gelder zu erklären: Auf den Plätzen 1 bis 7 rangieren Zypern, Niederlande, Luxemburg, Irland, Bahamas, Bermuda und die Britischen Jungferninseln.

8 http://ras.arbitr.ru.

9 http://www.consultant.ru.

10 Dabei stehen Abs./Nr. bzw. lit./UA grds. für Punkt (Zahl mit einem Punkt)/Unterpunkt (Zahl bzw. Buchstabe mit einer Klammer)/Absatz (ohne Zahl und Buchstabe) eines Artikels. Die Regelungstechnik in den russischen Vorschriften ist uneinheitlich; vgl. zum Steuerkodex *Борзунова*, Право и управление. XXI век 2010, Nr. 1, S. 20, 23.

11 https://www.juris.de.

das Abkommensrecht und das nationale Recht welche Lösungen bereitstellen. Es werden die möglichen Konstellationen der unterschiedlichen Beurteilung, aus ihnen resultierende Konflikte und die Lösungsmöglichkeiten untersucht.

Die Darstellung der historischen Entwicklung in § 4 macht die Probleme der heutigen Betriebsstättenbegriffe verständlich. Daneben wird der Frage nachgegangen, ob das russische Recht das Betriebsstättenkonzept tatsächlich erst seit der Übernahme in den siebziger Jahren des 20. Jahrhunderts aus dem OECD-MA kennt.

In § 5 werden die Betriebsstättenbegriffe in den einzelnen Rechtskreisen untersucht. Dabei werden die Begriffe in gemeinsame Elemente aufgespalten und in den drei Rechtskreisen anhand der jeweiligen Tatbestandsmerkmale erörtert. Dieses Vorgehen ist gegenüber einer zusammenhängenden Erörterung der Probleme vorzuziehen, weil nur auf diese Weise die Einzelheiten des russischen Rechts ausführlich untersucht werden können. Anschließend wird die Figur des Vertreters untersucht.

§ 6 gibt als Exkurs einen Einblick in die Ertragsbesteuerung von Betriebsstätten in Russland.

Die wesentlichen Ergebnisse der Untersuchung werden in § 7 zusammengefasst.

§ 1 System des russischen Steuerrechts

Zum besseren Verständnis der Arbeit soll einleitend ein kurzer Überblick über den normativen Rahmen des russischen[12] Steuerrechts gegeben werden, soweit es für die Besteuerung von Ausländern von Bedeutung ist.

A. Verfassung

Die Verfassung der Russischen Föderation (RF) hat die „höchste juristische Kraft" und geht allen Rechtsakten, die in der Russischen Föderation verabschiedet werden, im Rang vor (Art. 15 Abs. 1 VerfRF[13]). Innerhalb der Verfassung hat das Kapitel „Über die Grundlagen der Verfassungsordnung (Art. 1 bis 16 VerfRF) Geltungsvorrang vor anderen Verfassungsbestimmungen (Art. 16 Abs. 2 VerfRF).[14]

Föderale Steuern und Abgaben gehören zur ausschließlichen Gesetzgebungszuständigkeit der Föderation (Art. 71 lit. h VerfRF); die Festlegung allgemeiner Prinzipien der Besteuerung und Abgaben unterfällt der gemeinsamen Zuständigkeit der Föderation und der Subjekte[15] (Art. 72 lit. i VerfRF). Organe der örtlichen Selbstverwaltung legen örtliche Steuern und Abgaben fest (Art. 132 Abs. 2 VerfRF). Art. 57 VerfRF normiert die verfassungsrechtliche Pflicht aller Bürger, die *gesetzlich* festgesetzten Steuern und Abgaben zu zahlen (Prinzip der Allgemeinheit und Gesetzmäßigkeit der Besteuerung).[16]

B. Völkerrecht

Als „Teil der Weltgemeinschaft" (Präambel zur Verfassung) bekennt sich Russland in Art. 15 Abs. 4 VerfRF explizit zum Völkerrecht.[17] Nicht nur die „allgemein anerkannten Prinzipien und Normen des Völkerrechts", sondern auch „die völkerrecht-

12 Gem. Art. 1 Abs. 2 Verfassung der Russischen Föderation (angenommen durch Volksabstimmung am 12.12.1993), i.d.F. v. 21.07.2014, SZ RF 04.08.2014, Nr. 41, Pos. 4398, sind die Begriffe „Russische Föderation" und „Russland" gleichbedeutend.

13 Deutsche Übersetzung unter www.constitution.ru/de.

14 Eine Änderung dieses Kapitels ist nur in einer verfassungsgebenden Versammlung oder auf ihren Vorschlag in einer Volksabstimmung (Art. 135 und Art. 16 Abs. 1 VerfRF) möglich.

15 Föderationssubjekte sind die gliedstaatlichen Einheiten der Russischen Föderation, siehe Art. 5 und 65 ff. VerfRF.

16 Vgl. zum Bestimmtheitsgrundsatz *Демин*, Неопределенность, S. 23 ff. Steuerlich relevant ferner: besonderes Rückwirkungsverbot (Art. 57 S. 2 VerfRF), Einheit des Markts, Warenverkehrs- und Wirtschaftseinheit (Art. 8 Abs. 1 VerfRF).

17 Zum Völkerrecht in der UdSSR *Талалаев*, Право международных договоров, S. 6 ff.; vgl. ferner *Honnefelder*, Souveränität, S. 57 m.w.N.

lichen Verträge der Russischen Föderation" sind „Bestandteil ihres Rechtssystems" (Art. 15 Abs. 4 S. 1 VerfRF). Nach der vorherrschenden monistischen Lehre erlangt durch diese allgemeine Inkorporation Völkervertragsrecht mit seinem Inkrafttreten automatisch innerstaatliche Geltung.[18]

Legt ein völkerrechtlicher Vertrag der Russischen Föderation andere als die gesetzlich vorgesehenen Regeln fest, so werden gem. Art. 15 Abs. 4 S. 2 VerfRF die Regeln des völkerrechtlichen Vertrages angewandt. Dieser Anwendungsvorrang[19] vor nationalen Gesetzen wird jedoch nach allgemeiner Auffassung nur Verträgen eingeräumt, denen in Form eines Gesetzes zugestimmt wurde.[20] Im Fall einer anders als durch Gesetz erteilten Zustimmung hat der Vertrag nur Vorrang gegenüber Akten des vertragsschließenden Organs sowie sonstigen rangniederen Normen.[21]

Die russische Verfassung fordert – anders als Art. 59 Abs. 2 GG – nicht ausdrücklich eine Zustimmung des Parlaments für den Abschluss völkerrechtlicher Verträge, setzt sie aber zumindest für einige Fälle in Art. 106 lit. d VerfRF voraus.[22] Nach Art. 15 Abs. 1 lit. a des Gesetzes über Völkerrechtliche Verträge (GVV)[23] bedürfen völkerrechtliche Verträge, zu deren Erfüllung der Erlass oder die Änderung föderaler Gesetze notwendig ist oder die andere Regeln aufstellen als gesetzlich vorgesehen, der „Ratifizierung"[24] in Form eines föderalen Gesetzes. Die letzte Fallgruppe betrifft unmittelbar anwendbare, d. h. hinreichend konkrete und nicht konkretisierungsbedürftige, Regelungen (vgl. Art. 5 Abs. 3 GVV).[25] Zusätzlich ist die ordnungsgemäße Veröffentlichung erforderlich (Art. 5 Abs. 3 GVV).[26]

---

18 Vgl. z. B. *Осминин*, Журнал российского права, 2015, Nr. 12, S 126 ff; *Honnefelder*, Souveränität, S. 65 ff.; für Dualismus z. B. *Зорькин*, Комментарий к Конституции, Art. 15 Abs. 4, S. 131.

19 H.M. Siehe z. B. Plenum VS RF v. 10.10.2003, Nr. 5, Punkt 8 S. 1. *Талалаев*, Московский журнал международного права 1994, Nr. 4, S. 3 f.; *Марочкин*, Реализация, S. 41 ff. Zum Streitstand *Карандашов*, Непосредственное действие, S. 148 ff.

20 Vgl. Plenum VS RF v. 10.10.2003, Nr. 5, Punkt 8 S. 1; *Усенко*, Очерки, S. 153, 163.

21 Vgl. Plenum VS RF a. a. O. Punkt 8 S. 2; *Осминин*, Заключение, S. 260 f.

22 Gesetze der Staatsduma über die Ratifizierung oder die Kündigung völkerrechtlicher Verträge bedürfen der Verhandlung im Föderationsrat (Art. 106 lit. d VerfRF).

23 Föderales Gesetz v. 15.07.1995 Nr. 101-FZ, SZ RF 17.07.1995, Nr. 29, Pos. 2757. Das Gesetz soll (einfachrechtlich) die Verfassung konkretisieren; vgl. auch *Hofmann*, Von der Transformation zur Kooperationsoffenheit, S. 403, die insoweit von einer „Modifizierung" spricht; kritisch auch *Beknazar*, ZaöRV 1996, 406, 414.

24 GVV verwendet den Begriff sowohl im Sinne des Art. 2 lit. b WÜRV als auch für die parlamentarische Zustimmung in Art. 14 ff. GVV; vgl. dazu bereits *Honnefelder*, Souveränität, S. 71 Fn. 196.

25 Vgl. Art. 5 Abs. 3 GVV und *Агешкина*, Комментарий, Art. 5, S. 24.

26 Plenum VS RF v. 10.10.2003, Nr. 3, Punkt 4 Abs. 3; für unmittelbar anwendbare Verträge, die in den Rechtskreis des Einzelnen eingreifen, ergibt sich die Veröffentlichungspflicht bereits aus Art. 15 Abs. 3 S. 4 VerfRF.

Doppelbesteuerungsabkommen enthalten überwiegend unmittelbar anwendbare Normen;[27] sie sind damit als ganzes zustimmungspflichtig. Das Erfordernis parlamentarischer Zustimmung ergibt sich zudem aus Art. 57 S. 1 VerfRF (Gesetzmäßigkeit der Besteuerung).[28]

Die Verfassung als Rechtsakt mit höchster juristischer Kraft ist kein Gesetz i.S.d. Art. 15 Abs. 4 S. 2 VerfRF und geht daher völkerrechtlichen Verträgen vor.[29] Die Verfassungsmäßigkeit eines völkerrechtlichen Vertrags kann jedoch nur bis zu seinem Inkrafttreten überprüft werden (Art. 125 Abs. 3 lit. d VerfRF).[30] Vorrang besteht insb. gegenüber Föderalen Konstitutionellen Gesetzen[31] sowie einfachen Gesetzen der Föderation und der Subjekte, selbst wenn sie nach dem Abkommen in Kraft getreten sind.[32]

C. Föderale und Föderale Konstitutionelle Gesetze

Im Rang unter der Verfassung und völkerrechtlichen Verträgen, aber über (einfachen) Föderalen Gesetzen stehen Föderale Konstitutionelle Gesetze (Art. 76 Abs. 3 VerfRF). Sie ergehen nur im Bereich der ausschließlichen Zuständigkeit der Föderation zu abschließend in der Verfassung bestimmten Gegenständen, welche eine

27 Vgl. z.B. *Schönfeld/Häck*, in Schönfeld/Ditz, DBA, Systematik Rn. 24; *Хаванова*, Финансовое право 2015, Nr. 12, S. 18, 21. Unzutreffend daher *Шахмаметьев*, Международное налоговое право, S. 266 ff. Die unzutreffende Vorstellung der Funktionsweise von DBA wird deutlich in regelmäßigen Forderungen nach einer stärkeren Harmonisierung des nationalen Rechts mit dem Abkommensrecht.

28 So auch *Клейменова*, Налоговое право, S. 29. Nach dem russischen Musterabkommen 1992 (Regierungserlass v. 28.05.1992, Nr. 352) waren DBA im Namen der Regierung zu schließen (sog. Regierungsabkommen, vgl. Art. 3 GVV). Das aktuelle russische Musterabkommen 2010 (Regierungserlass v. 24.02.2010, Nr. 84), schreibt den Abschluss als sog. Zwischenstaatliches Abkommen im Namen der RF vor. Das DBA-Russland 1996 ist jedoch als Zwischenstaatlicher Vertrag im Namen der RF und nicht als Regierungsabkommen geschlossen worden, was wohl der Parität der Vertragspartner geschuldet war, weil Doppelbesteuerungsabkommen gem. Art. 59 Abs. 1 S. 2 GG im Namen des Bundes geschlossen werden.

29 Der Verfassungstext selbst unterscheidet zwischen Gesetzen und der Verfassung, siehe Art. 120 Abs. 1 VerfRF). Vgl. auch KS RF v. 15.01.2009, 144-O-P. A.A.: *Иваненко*, Правоведение 2010, Nr. 3, S. 135, 160. Nachweise ferner bei *Honnefelder*, Souveränität, S. 81 Fn. 237.

30 Vgl. *Будылин*, Закон 2013, Nr. 12, S. 64 ff.; siehe auch *Honnefelder*, Souveränität, S. 75 Fn. 215. Nunmehr darf allerdings das Verfassungsgericht entscheiden, dass Entscheidungen des EGMR wegen Verfassungswidrigkeit nicht umgesetzt werden dürfen, siehe Art. 104.1 ff. des Gesetzes „Über das Verfassungsgericht der Russischen Föderation" v. 21.07.1994, Nr. 1-FKZ, i.d.F. des Nr. 7-FKZ v. 14.12.2015 (RG Nr. 284, 16.12.2015).

31 *Марочкин*, Реализация, S. 56. A.A. *Лукашук*, Международное право, S. 516.

32 *Hofmann*, Von der Transformation zur Kooperationsoffenheit, S. 343.

besondere Verfassungsrelevanz[33] haben (Art. 76 Abs. 1, 108 Abs. 1 VerfRF), und bedürfen der Zustimmung von mindestens drei Vierteln der Mitglieder des Föderationsrates und zwei Dritteln der Mitglieder der Staatsduma (Art. 108 Abs. 2 S. 1 VerfRF).[34] Zu nennen ist hier beispielsweise Art. 15 des Gesetzes „Über die Regierung der Russischen Föderation" auf Grundlage des Art. 114 Abs. 2 VerfRF, wonach die Regierung die Grundsätze der Steuerpolitik der Russischen Föderation bestimmt.[35] Im Übrigen ist die steuerrechtliche Bedeutung Föderaler Konstitutioneller Gesetze im Rahmen dieser Untersuchung gering.

Die zentrale Rolle im System des russischen Steuerrechts kommt dem Steuerkodex zu. Der Erste Teil des Steuerkodex[36] trat am 01.01.1999 in Kraft. Sein Regelungsgegenstand entspricht der Abgabenordnung. Er enthält allgemeine Vorschriften und das Steuerverfahrensrecht. Der Zweite Teil des Steuerkodex enthält in den einzelnen Kapiteln spezielle Regelungen für die im Ersten Teil (einfachrechtlich) abschließend statuierten Steuerarten.[37] Er trat nicht en bloc in Kraft: die Kapitel über Umsatzsteuer, Akzisen, Einkommensteuer und Einheitliche Soziale Steuer am 01.01.2001, das 25. Kapitel über die Steuer auf Gewinn von Organisationen am 01.01.2002. Im weiteren Verlauf kamen Regelungen über Föderale Abgaben, Föderale Steuer auf Bodenschätze, Besondere Besteuerungsregime, regionale sowie örtliche Steuern und Abgaben hinzu.[38]

I. Exkurs: Steuersubjekte

Auch das russische Recht unterscheidet zwischen der Besteuerung von natürlichen Personen und von Rechtsgebilden.

Subjekte der Einkommensteuer können nur natürliche Personen sein. Natürliche Personen, die sich nicht weniger als 183 Kalendertage in zwölf aufeinanderfolgenden Monaten tatsächlich in Russland aufhalten (sog. Steuerresidenten), sind mit ihrem Welteinkommen steuerpflichtig (Art. 207 Abs. 1 Alt. 1, Abs. 2 S. 1, Art. 209 Abs. 1 StK). Nicht angeknüpft wird an einen Wohnsitz oder den Mittelpunkt der Lebensinteressen.[39] Natürliche Personen, die keine Steuerresidenten sind, sind mit

---

33 Z.B. die Aufnahme eines neuen Föderationssubjekts (Art. 137 Abs. 1 VerfRF), das Verfahren über die Durchführung eines Referendums (Art. 84 lit. c VerfRF), die Festlegung des Gerichtssystems (Art. 118 Abs. 3 S. 1 VerfRF).

34 Der Präsident hat bei Föderalen Konstitutionellen Gesetzen anders als bei (einfachen) Föderalen Gesetzen kein Vetorecht (Art. 108 Abs. 2 S. 2 VerfRF).

35 Nr. 2-FKZ, v. 17.12.1997, RG Nr. 245, 23.12.1997.

36 Föderales Gesetz v. 31.07.1998, Nr. 146-FZ, RG Nr. 148/9, 06.08.1998.

37 Föderales Gesetz v. 05.08.2000, Nr. 117-FZ, RG Nr. 153/4, 10.08.2000.

38 Vgl. ausführlich zur Entstehungsgeschichte *Борзунова*, Генезис, S. 6 ff.

39 Damit ist Russland der vom Art. 18 Abs. 2 Modelsteuerkodex GUS empfohlenen Anknüpfung nicht gefolgt. Zum Rechtsvergleich der nationalen Regelungen in den GUS-Staaten siehe *Золотарева/Киреева/Шаталов*, Проблемы определения, S. 123 ff.

den Einkünften aus inländischen Quellen (beschränkt) steuerpflichtig (Art. 207 Abs. 1 Alt. 2, Art. 209 Abs. 2 StK).

Subjekte der Gewinnsteuer (entspricht der deutschen Körperschaftsteuer) sind russische Organisationen mit ihrem Welteinkommen und ausländische Organisationen mit ihren Betriebsstätteneinkünften und/oder Einkünften aus russischen Quellen (Art. 246 Abs. 1, Art. 247 Abs. 2 StK). 2015 wurde im Rahmen der Gewinnsteuer zusätzlich der Begriff des Steuerresidenten eingeführt. Angeknüpft wird insbesondere an den Ort der Geschäftsleitung, nicht jedoch an den Sitz der Organisation.[40] Ausländische Organisationen, die in Russland Steuerresidenten sind, werden den russischen Organisationen gleichgestellt und unterliegen der Steuerpflicht mit dem Welteinkommen.

1. *Russische Organisationen*

Russische Organisationen sind juristische Personen, die nach dem Recht der Russischen Föderation gegründet wurden (Art. 11 Abs. 2 StK). Sie sind unabhängig von dem Sitz oder dem Ort der Leitung kraft Registrierung in Russland Gewinnsteuersubjekte. Juristische Person ist eine in das Register eingetragene Organisation, die über abgesondertes Vermögen verfügt, mit dem sie für ihre Verpflichtungen haftet, und die rechts- und prozessual parteifähig ist (Art. 48 ZGB i.V.m. Art. 11 Abs. 1 StK).[41] Zu juristischen Personen gehören gem. Art. 66 ZGB insbesondere die Gesellschaften (Aktiengesellschaft und Gesellschaft mit begrenzter Haftung) und die Genossenschaften (volle Genossenschaft und Kommanditgenossenschaft).[42]

Die einfache Genossenschaft gem. Art. 1041 ff. ZGB (entspricht der GbR)[43] und die stille Genossenschaft (Art. 1054 ZGB) sind keine juristischen Personen und steuerlich transparent. Die Besteuerung erfolgt auf der Ebene der Genossen, denen die Einkünfte steuerlich zugerechnet werden.

2. *Ausländische Organisationen*

Zu ausländischen Organisationen gehören gem. Art. 11 Abs. 2 StK nach ausländischem Recht gegründete juristische Personen, Gesellschaften (russ.: „компании“) und andere körperschaftliche Gebilde, die zivilrechtsfähig sind, internationale Or-

---

40 Siehe § 1 C.I.3, S. 8.

41 Die Definition (Organisation durch juristische Person durch Organisation) wirkt zirkulär. Entgegen *Gert*, Unternehmensbesteuerung, S. 4, sind allerdings die Begriffe der Organisation und der juristischen Person nicht gleichbedeutend. Eine russische Organisation im Sinne des Steuerrechts ist eine juristische Person. Diese ist eine Unterart zivilrechtlicher Organisationen.

42 Diese entsprechen den deutschen OHG und KG.

43 Gem. Art. 1041 Abs. 2 ZGB können auf systematische Gewinnerzielung gerichtete einfache Partnerschaften nur durch Einzelunternehmer und/oder kommerzielle Organisationen gegründet werden.

ganisationen sowie Filialen und Vertretungen der genannten Personen und internationaler Organisationen, die auf dem Gebiet der Russischen Föderation errichtet wurden.[44]

Das Unternehmenssteuergesetz 1990[45] erklärte nur solche Organisationen (Kompanien, Firmen, Körperschaften) für steuerpflichtig, die in ihrem Herkunftsstaat als juristische Person anerkannt wurden. Hingegen kam es im Unternehmersteuergesetz 1991[46] auf die Eigenschaft als juristische Person nicht an. Gewinnsteuersubjekt konnte jede nach ausländischem Recht gegründete Organisation (Kompanie, Firma etc.) sein. Im Ergebnis unterlagen allerdings nach beiden Regelungen natürliche Personen, die Inhaber von im Herkunftsstaat transparent besteuerten Einzelunternehmen (russ.: „владельцы личных компаний“) waren,[47] der Steuer auf Einkommen natürlicher Personen.[48]

Der Steuerkodex hat sich bei der Formulierung teils an den vorgefundenen nationalen Regelungen, teils am OECD-Muster orientiert, wirft gleichwohl einige Fragen auf.

a. *Ausländische juristische Personen*

Ob das ausländische Rechtsgebilde eine juristische Person ist, beurteilt sich nach dem Recht des Gründungsstaates. Das ergibt sich bereits aus dem Wortlaut der Norm („gegründet nach dem Recht des ausländischen Staates“), jedenfalls aber aus dem Kollisionsrecht im Zivilgesetzbuch, das mangels einer steuerrechtlichen Definition gem. Art. 11 Abs. 1 StK anzuwenden ist. Nach Art. 1202 Abs. 1 ZGB ist das Recht des Staates anzuwenden, in dem die juristische Person gegründet wurde („Gründungstheorie“). Unerheblich ist, ob der ausländische Staat die juristische Person als Steuersubjekt einordnet.[49]

Die deutsche AG und die GmbH sind als juristische Personen in Russland taugliche Gewinnsteuersubjekte.

---

44 Im Vergleich zur alten Fassung des Art. 11 Abs. 2 wurde durch Föderales Gesetz v. 27.07.2006, Nr. 137-FZ, RG Nr. 165, 29.07.2006 klargestellt, dass Filialen und Vertretungen sich nicht nur auf internationale Organisationen beziehen.

45 Siehe unten § 4 C.IV, S. 84.

46 Siehe unten § 4 C.V, S. 85.

47 Vgl. allerdings die deutsche Übersetzung als Personengesellschaft in Art. 2 Abs. 1 lit. b DBA-Schweiz/UdSSR, BB Schweiz 1987 I, S. 853.

48 Art. 9 Abs. 3 Gewinnsteuergesetz 1990, Art. 27 Einkommensteuergesetz UdSSR 1990 bzw. Art. 15 Abs. 2 UA 2 Einkommensteuergesetz RSFSR 1991.

49 Vgl. AS MO v. 29.07.2015, A40-3279/14 (Rechtssache *Freshfields*). Das Gericht hat die Abkommensberechtigung der britischen Partnerschaft abgelehnt, ohne jedoch an der nationalen Gewinnsteuerpflicht der Klägerin zu zweifeln. Zu beachten ist, dass seit dem 06.08.2014 alle Föderalen Arbitragegerichte (FAS) die Bezeichnung Arbitragegerichte tragen.

b. Kompanien und andere körperschaftliche Gebilde, die zivilrechtsfähig sind

Die beiden Begriffe haben keine eigenständige Bedeutung. Es handelt sich um bloße Begriffshülsen für ausländische Personenvereinigungen. Entscheidend ist alleine die Zivilrechtsfähigkeit eines Rechtsgebildes.

Nach der grammatischen Auslegung ist Kompanie ein Unterfall eines körperschaftlichen Gebildes. Das Erfordernis der Zivilrechtsfähigkeit bezieht sich auf beide Begriffe (entweder bereits syntaktisch, jedenfalls aber, weil Kompanie ein Unterfall der Körperschaft mit Zivilrechtsfähigkeit ist). Aus der Aufzählung „juristische Personen, Gesellschaften sowie andere körperschaftliche Gebilde" folgt ferner, dass eine Körperschaft nicht notwendig eine juristische Person ist. Andernfalls wäre allein die Nennung der juristischen Person ausreichend.

Der Begriff Kompanie stammt aus dem OECD-MA und ist dem russischen Gesellschafts- und Steuerrecht außerhalb des Art. 11 Abs. 2 StK fremd. In den russischen Sprachfassungen von Doppelbesteuerungsabkommen steht Kompanie für Gesellschaft („company"). Darunter versteht man juristische Personen und sonstige Gebilde, die für Zwecke der Steuer als Körperschaften behandelt werden (vgl. z.B. Art. 3 Abs. 1 lit. c DBA-Russland). Das legt den Schluss nahe, dass Kompanien nur Subjekte der Gewinnsteuer sind, wenn sie wie eine Körperschaft, d.h. intransparent, besteuert werden. Dagegen spricht jedoch, dass der Gesetzgeber im StK anders als in den DBA nicht auf die Besteuerung wie eine Körperschaft, sondern auf die Rechtsfähigkeit des körperschaftlichen Gebildes abstellt. Die rechtsgeschichtliche Entwicklung zeigt, dass „Kompanie" im nationalen Recht nicht einheitlich verstanden wurde. Nach dem Gesetz aus dem Jahr 1990 handelte es sich dabei stets um eine juristische Person,[50] während nach der geltenden Rechtslage Kompanien keine juristischen Personen sein müssen.

Bis zur Reform des Gesellschaftsrechts im Jahr 2014 wurde auch der Begriff „Körperschaft" weder im Steuerrecht noch im Zivilrecht verwendet.[51] Mit der Gesellschaftsrechtsreform vom 05.05.2014[52] hat der Gesetzgeber nach fast zwanzigjähriger Ungewissheit den Begriff der Körperschaft nach russischem Recht geklärt. Unterschieden wird nunmehr zwischen körperschaftlich verfassten und unitaren

---

50 Allerdings zählte Art. 9 Abs. 3 Gewinnsteuergesetz 1990 transparent besteuerte juristische Personen mit natürlichen Personen als Gesellschaftern inkonsequenterweise nicht zu Subjekten der Gewinnsteuer (während sie als solche besteuert wurden, wenn die Gesellschafter juristische Personen waren).

51 Der Klassifikator der russischen Rechtsformen (Russian Classification of Organisational and Legal Forms) gem. Verordnung des Gosstandart v. 30.03.1999, Nr. 97, i.d.F. v. 16.10.2012 (außer Kraft) nannte nur eine Rechtsform mit körperschaftlicher Struktur in Russland: die staatliche Korporation (Nr. 28005). Sie wird beschrieben als nichtkommerzielle staatliche Organisation, die nicht auf Mitgliedschaft basiert. Das Begriffsverständnis unterscheidet sich damit vom deutschen, dessen wichtigstes Merkmal die mitgliedschaftliche und vom Bestand der Mitglieder unabhängige Verfasstheit ist.

52 Föderales Gesetz v. 05.05.2014, Nr. 99-FZ, RG Nr. 101, 07.05.2014.

juristischen Personen (Art. 48 Abs. 3 ZGB). Körperschaften sind juristische Personen, deren Teilnehmer (Gründer) ein Beteiligungsrecht (Mitgliedschaftsrecht) haben und das Leitungsorgan formieren (Art. 65.1 ZGB). Da eine „Körperschaft“ nach Art. 11 Abs. 2 StK nicht notwendig eine juristische Person ist, sind die beiden zuletzt genannten Kriterien entscheidend. Diese können auch von deutschen Personengesellschaften erfüllt werden.

Die Zivilrechtsfähigkeit beurteilt sich gem. Art. 11 Abs. 1 StK, Art. 1203 StK nach dem Recht des Staates, in dem das Rechtsgebilde errichtet wurde. Wegen der (Teil-) Rechtsfähigkeit der Personenhandelsgesellschaften und der Außen-GbR sind sie als solche Subjekte der Gewinnsteuer. In den wenigen einschlägigen Entscheidungen der Arbitragegerichte wird – freilich ohne sich mit der Frage zu beschäftigen – die deutsche GmbH & Co. KG als ausländische Organisation im Sinne des Art. 11 Abs. 2 StK angesehen.[53] Auch das Finanzministerium qualifiziert deutsche Kommanditgesellschaften als eigenständige Steuersubjekte.[54]

Die Anknüpfung der Steuerrechtssubjektivität an die Zivilrechtsfähigkeit einer ausländischen Organisation entbehrt einer sachlichen Rechtfertigung. Sie schafft anders als der in Deutschland praktizierte Typenvergleich weder Gleichbehandlung mit inländischen Steuersubjekten[55] noch ist sie im Unterschied zu einer Anknüpfung an die steuerrechtliche Einordnung des Ansässigkeitsstaates geeignet, Konflikte aus der unterschiedlichen Einordnung der Steuersubjekte zu vermeiden.

Art. 11 Abs. 2 StK i.d.F. vom 24.11.2014[56] enthält nunmehr eine Definition der „ausländischen Struktur ohne Bildung einer juristischen Person“. Darunter sind ausländische Organisationsformen (insb. Trusts, Partnerschaften, Genossenschaften, andere Formen der Ausübung gemeinsamer Investitionen und/oder treuhänderischer Verwaltung) zu verstehen, die zwar keine juristischen Personen sind, jedoch nach dem jeweiligen Gesellschaftsstatut im Interesse ihrer Teilnehmer oder anderer Begünstigter eine auf Einnahmen- bzw. Gewinnerzielung gerichtete Tätigkeit auszuüben dürfen. Art. 19 StK bestimmt, dass solche Strukturen in vom Steuerkodex vorgesehenen Fällen Steuerzahler sein können. Eine spezielle Regelung enthält der Steuerkodex bislang nicht.[57]

---

53 FAS PO v. 01.03.2013, A49-478/2011; FAS MO v. 03.04.2007, A40-60038/05–151-333; FAS MO v. 11.10.2006, A40-70124/06–114-463; FAS MO v. 06.03.2006, A40-39972/05–76-341.

54 Minfin Schreiben v. 04.08.2014, 03–08-rz/38351. Für die Abkommensberechtigung soll es jedoch auf die Ansässigkeit der Gesellschafter ankommen.

55 Siehe Venezuela-Entscheidung des RFH RStBl 1930, 444.

56 Föderales Gesetz Nr. 376-FZ, RG Nr. 272, 28.11.2014.

57 Vgl. allerdings die Deklarationspflicht bei der Steuer auf Vermögen von Organisation gem. Art. 386 Abs. 3 UA 2 StK.

c. *Filialen und Vertretungen*

Zu den ausländischen Organisationen rechnet Art. 11 Abs. 2 StK weiter die in Russland errichteten Filialen und Vertretungen der ausländischen Personen, obwohl sie gem. Art. 55 ZGB nicht rechtsfähig sind. Sie werden teilweise gem. Art. 19 Abs. 1, 246 Abs. 1 StK als steuerpflichtig angesehen.[58] Das hätte beispielsweise zur Folge, dass Steuerforderungen, die sich gegen eine russische Filiale eines ausländischen Unternehmens richten, nicht gegen die andere russische Filiale desselben Unternehmens vollstreckt werden können.[59] Auf die Bemessungsgrundlage wirkt sich das grundsätzlich nicht aus, da Art. 307 Abs. 4 StK die Konsolidierung des Geschäftsergebnisses für Zwecke der Gewinnsteuer im Regelfall ohnehin verbietet und die Bemessungsgrundlage für jede inländische Betriebsstätte gesondert zu ermitteln ist.

Nach zutreffender Auffassung im Schrifttum und eines Teils der Rechtsprechung sind der ausländische Rechtsträger und seine Filialen und Vertretungen *ein* Steuerzahler im Sinne des Art. 19 StK.[60] Im Rahmen der Gewinnsteuer ergibt sich das auch aus Art. 246 Abs. 1 StK, wonach ausländische Organisationen mit ihren Betriebsstätteneinkünften und Einkünften aus inländischen Quellen steuerpflichtig sind. Nicht die Filiale oder Vertretung betreiben in diesem Fall die Betriebsstätte, sondern ihre Tätigkeit ist als Betriebsstätte der ausländischen Organisation anzusehen.

3. *Ausländische Organisationen als Steuerresidenten*

Mit Gesetz vom 24.11.2014[61] wurde der Kreis der Steuersubjekte der Gewinnsteuer bei der unbeschränkten Steuerpflicht auch auf ausländische Organisationen erweitert. Gem. Art. 246 Abs. 5 StK werden ausländische Organisationen, wenn sie nach Art. 246.2 StK zu den Steuerresidenten zu rechnen sind, für Zwecke der Gewinnsteuer russischen Organisationen gleichgestellt. Zum Steuerresidenten wird eine ausländische Organisation in drei Fällen: (1) wenn sie nach dem einschlägigen Doppelbesteuerungsabkommen in Russland ansässig ist – „für Zwecke dieses Abkommens"; (2) vorbehaltlich einer Regelung im DBA, wenn sich der Ort ihrer Geschäftsleitung in Russland befindet und (3) auf Antrag, wenn sie in einem DBA-Staat ansässig ist und eine abgesonderte Einheit in Russland unterhält. Man wird davon ausgehen müssen, dass der Gesetzgeber durch die erste Fallgruppe die materielle Steuerpflicht an die abkommensrechtliche Ansässigkeit knüpfen wollte. Taugliche Anknüpfungsmerkmale im Fall des DBA-Russland wären damit der Ort der Regis-

---

58 Unklar *Bruk*, in IFA, Cahiers 99b, S. 671, 672; vgl. zu dieser Tendenz in den Post-UdSSR-Staaten bereits *Vann*, in Thyronyi u. A., Tax Law Design and Drafting, Band 2, Kapitel 18, S. 57 und § 12 lit. c Nr. 1 Model-Steuerkodex von *Hussey/Lubick*, Basic World Tax, dem viele GUS-Staaten (z.B. Kazaschstan) in ihrer nationalen Gesetzgebung gefolgt sind.

59 Siehe dazu *Золотарева/Киреева/Шаталов*, Проблемы определения, S. 210 ff.

60 *Денисаев*, Юрист 2003, Nr. 1, S. 21 ff.; FAS MO v. 09.09.2011, A40-138835/2010; 7 AAS v. 11.01.2013, A67-5257/12.

61 Föderales Gesetz Nr. 376-FZ, RG Nr. 272, 28.11.2014.

trierung, der Ort der Geschäftsleitung sowie innerhalb der Tie-Breaker-Klausel die tatsächliche Geschäftsleitung (Art. 4 Abs. 1 S. 1 und Abs. 3 DBA-Russland).[62]

II. Verhältnis des Steuerkodex zu anderen Föderalen Gesetzen

Als Reaktion auf das Rechtschaos nach Zusammenbruch der UdSSR will die h.M. zur Sicherstellung der Einheit und Stabilität der Rechtsordnung einem Kodex allgemein- und speziell dem Steuerkodex – als Ganzes den Vorrang gegenüber späteren Gesetzen derselben Stufe einräumen („primus inter pares").[63] Mangels verfassungsrechtlicher Vorgaben stützt sich diese Auffassung auf den in einer Kodifizierung selbst zu Tage tretenden Willen des Gesetzgebers: Erlass föderaler Gesetze betreffend Steuern und Abgaben nur „in Übereinstimmung" mit dem StK (Art. 1 Abs. 1 StK), Änderung nur durch ein eigenständiges Gesetz (Art. 1 Abs. 7 StK), Einführung oder Aufhebung von Steuern und Abgaben nur im Steuerkodex (Art. 12 Abs. 5 und 6 StK).[64] Richtigerweise bezieht sich der lex-specialis-Grundsatz nicht auf den abstrakten Gegenstand einer Kodifizierung, sondern auf die konkreten Regelungen. Die zitierten Vorschriften sind jedoch auch kein „Nonsens".[65] Da der spätere Gesetzgeber diese Regelungen kennt, muss er kenntlich machen, wenn er davon abweichen, d. h. außerhalb des Steuerkodex steuerliche Regelungen ändern, aufheben oder außer Kraft setzen will.[66]

D. Untergesetzliche normative Akte auf föderaler Ebene

Mit dem Inkrafttreten des Steuerkodex wurden die Rechtsetzungsbefugnisse der Exekutive begrenzt. Zuvor haben Instruktionen des Steuerdienstes die nach dem

---

62 Vgl. die Formulierung in Art. 4 Abs. 1 S. 1 DBA-Russland „[...] aufgrund [...] des Ortes der Gründung als juristische Person durch Registrierung, des Ortes ihrer Geschäftsleitung oder eines anderen ähnlichen Kriteriums steuerpflichtig ist." Ob dem Gesetzgeber die Verknüpfung der nationalen Steuerpflicht mit der Ansässigkeit nach Abkommensrecht gelungen ist, hängt von der Auslegung der Formulierung „für Zwecke dieses Abkommens" in Art. 246.2 Abs. 1 Nr. 2 StK ab. Denn das Abkommen verfolgt nicht den Zweck, die nationale Steuerpflicht zu begründen, sondern setzt eine solche voraus (dazu unten § 3 A.III) Möglicherweise soll Art. 246.2. StK insoweit lediglich klarstellen, dass für die Anwendung des Abkommens die Definition der Ansässigkeit im Abkommen maßgeblich ist.

63 Vgl. KS RF v. 29.06.2004, Nr. 13-P und KS RF v. 02.03.2006, Nr. 54-O (Strafprozesskodex); Plenum VAS v. 23.03.2012, Nr. 14 (ZGB), a.A. KS RF v. 05.11.1999, Nr. 182-O; vgl. zuletzt *Демин/Петров*, Налоги и финансовое право, 2014, Nr. 11, 111 f.

64 Das Betrifft den gesamten Regelungsbereich des Steuerkodex nach Art. 1 Abs. 2 StK (Steuerarten, Tatbestand, Verfahren, Haftung etc.).

65 So aber *Бланкенагель, in* Пепеляев, Налоговое право в решениях, 2004, S. 107.

66 Vgl. zu § 2 AO *Musil*, in H/H/Sp, AO/FGO, § 2 AO Rn. 171 ff. Siehe aber BVerfG v. 15.02.2015, 2 BvL 1/12, Rn. 48.

Zerfall der UdSSR kurzerhand verabschiedete defizitäre Steuergesetzgebung präzisiert und teilweise gegen ihren Wortlaut modifiziert.[67] Auf föderaler Ebene können nunmehr die Regierung und das Finanzministerium in den von der Steuer- und Abgabengesetzgebung vorgesehenen Fällen normative Rechtsakte (abstrakt-generelle Regelungen) erlassen.[68] Sie stehen im Rang unter Föderalen Gesetzen und können gem. Art. 4 Abs. 1 StK die Steuer- und Abgabengesetzgebung nicht ändern. Zu nennen sind hier die Vorschriften über die steuerliche Registrierung auf Grundlage des Art. 83 Abs. 1 StK.[69]

E. Erläuterungen des Finanzministeriums und des Föderalen Steuerdienstes

Da detaillierte Rechtsprechung oder Kommentarliteratur zur Betriebsstättenbesteuerung nicht zur Verfügung stehen, sind Erläuterungen (russ.: „разъяснения“) des Finanzministeriums und des Föderalen Steuerdienstes[70] über die Anwendung der Steuergesetzgebung von großer praktischer Bedeutung.[71] Auch Gerichte berufen sich regelmäßig auf solche Erläuterungen.[72]

Das Finanzministerium erteilt auf Anfrage oder auf eigene Initiative an Steuerbehörden, Steuerpflichtige und Steueragenten schriftliche Erläuterungen über die Auslegung und Anwendung der Steuergesetzgebung (Art. 34.2 StK).[73] Damit korrespondiert ein subjektives Recht der Steuerpflichtigen und Agenten auf kostenlose Auskunft (Art. 21 Abs. 1 S. 2 StK).

---

67 *Шаталов*, Комментарий к НК части первой, Art. 4, S. 41.

68 Zum Begriff „normativer Rechtsakt“ vgl. KS RF v. 31.03.2015, 6-P; VAS v. 25.03.2008, 9504/07. Der Präsident ist kein Exekutivorgan, seine Erlasse (Art. 90 VerfRF) fallen nicht unter Art. 4 Abs. 1 StK. Sie stehen im Rang unter den Föderalen Gesetzen, aber über den Akten der Regierung, welche wiederum Akten anderer föderaler Exekutivorgane vorgehen, s. *Шахмаметьев*, Международное налоговое право, S. 236; *Breig*, Eigentum, S. 32.

69 Minfin Anordnung v. 30.09.2010, Nr. 117n; vgl. ferner die Ermächtigungen in Art. 148 Abs. 2 Nr. 1 und Art. 150 Nr. 1 bis 3 StK sowie Art. 284 Abs. 3 Nr. 1 StK (Liste der Steueroasen).

70 Der Föderale Steuerdienst (FNS) ist ein dem Finanzministerium untergeordnetes föderales Exekutivorgan, das für die Kontrolle und die Aufsicht über die Einhaltung der Steuergesetzgebung zuständig ist (Art. 4 Abs. 2 StK). Diesem unterstehen wiederum die regionalen Steuerbehörden; vgl. die Übersicht in *Ionova/Scholz*, Rechnungslegung in Russland, S. 6 und *Wellmann*, Russische Föderation, in Mennel/Förster, Steuern in Europa, Rn. 15 ff.

71 Allein zur Betriebsstättendefinition in Art. 306 Abs. 2 StK liefert die juristische Datenbank Consultant Plus über 300 Schreiben. Jährlich erlässt das Finanzministerium ca. 3000 Schreiben zu Steuerfragen, *Корня*, Ведомости, 27.02.2015 (3780).

72 Vgl. z.B. VAS RF v. 30.11.2010, VAS-4350/10.

73 Für Finanzorgane der Subjekte und der munizipalen Körperschaften im Rahmen ihrer Zuständigkeit vgl. Art. 34.2 Abs. 2, 3 StK.

Schreiben an konkrete Personen sind nicht zur Veröffentlichung bestimmt, werden jedoch von den Adressaten an juristische Datenbanken, Zeitschriften etc. weitergeleitet und dort zugänglich gemacht. Schreiben des Finanzministeriums an nachgeordnete Behörden veröffentlicht der Föderale Steuerdienst auf seiner Internetpräsenz.[74] Dort finden sich auch eigene Schreiben (russ.: „письма“) des Föderalen Steuerdienstes nach Art. 32 Abs. 1 Nr. 4 StK an Steuerbehörden, sofern sie mit dem Finanzministerium abgestimmt wurden oder mit der Auffassung des Finanzministeriums übereinstimmen.[75]

Steuerbehörden sind verpflichtet, die an sie gerichteten schriftlichen Erläuterungen des Finanzministeriums und des Föderalen Steuerdienstes zu „befolgen“/ „руководствоваться“ (Art. 32 Abs. 1 Nr. 5 StK).[76] Folgt der Steuerpflichtige der Auffassung des Finanzministeriums, die in einem an ihn oder an einen unbestimmten Kreis von Personen adressierten Schreiben geäußert wurde, wirkt das schuldausschließend (Art. 111 Abs. 1 Nr. 3 StK). Auch Verzugszinsen werden nicht fällig (Art. 75 Abs. 8 StK). Ob diese Rechtsfolgen auch gelten, wenn der Steuerpflichtige auf Schreiben vertraut, die an Behörden adressiert sind, ist umstritten.[77] Durch die Veröffentlichung richten sie sich faktisch an einen unbestimmten Kreis von Personen, sodass die Voraussetzungen der Art. 111 Abs. 1 Nr. 3, Art. 75 Abs. 8 StK erfüllt sind.[78] Ein Teil der Rechtsprechung hält das Vertrauen auch auf nicht offiziell veröffentlichte Schreiben der Behörde an andere Steuerpflichtige für schutzwürdig.[79]

Nach der neuesten Rechtsprechung des Verfassungsgerichts können die Verwaltungsschreiben von Steuerpflichtigen wie normative Rechtsakte beim VAS (nunmehr VS) angefochten werden, auch wenn sie die Voraussetzungen normativer Rechtsakte nicht erfüllen:[80] Verlassen sie den Rahmen der vertretbaren Auslegung, stellen sie faktisch abstrakt-generelle Regelungen auf.[81]

---

74 Abrufbar unter www.nalog.ru.

75 Vgl. Minfin Schreiben v. 23.09.2011, ED-4–3/15678@.

76 KS RF v. 31.03.2015, 6-P; Minfin Schreiben v. 25.11.2013, 03–05-06-02/50830.

77 Nach Auffassung des Minfin richten sich seine Schreiben generell nicht an einen unbestimmten Kreis von Personen, siehe Minfin Schreiben v. 16.05.2013, 03–02-08/17019; v. 22.04.2013, 03–02-07/1/13890.

78 Ebenso *Романова,* Новая бухгалтерия 2015, Nr. 7, S. 64 ff. Im Einzelnen ist hier vieles strittig, vgl. *Данченко,* Налоговая проверка 2015, Nr. 3, S. 45 f.

79 Wohl VAS RF v. 30.11.2010, VAS-4350/10. A.A. VS RF v. 20.07.2016, Nr. AKPI16-435; 9 AAS v. 22.11.2016, A40-171035/15; 14 AAS v 02.09.2014, A05-3448/2014; siehe auch Minfin Schreiben v. 07.08.2007, 03–02-07/2–138.

80 Solche Schreiben müssen weder in einem für normative Akte vorgesehenen Verfahren erlassen noch publiziert noch vom Justizministerium registriert werden.

81 KS RF v. 31.03.2015, 6-P. Der Gesetzgeber hat diese Rechtsprechung in Art. 21 Nr. 1.1. Verwaltungsgerichtsverfahrenskodex, Nr. FZ-21, v. 08.03.2015 i.d.F. v. Nr. 18-FZ, v. 15.02.2016, umgesetzt, wonach Akte föderaler Organe „mit normativen Eigenschaften“ beim VS RF angefochten werden können.

Die Rechtsauffassung der Verwaltung zur Besteuerung von Betriebsstätten ergab sich zwischen 2003 und 2012 auch aus dem Erlass des Ministeriums für Steuern und Abgaben („Methodische Empfehlungen“).[82] Da das Ministerium (später Föderaler Steuerdienst) nicht zu den Organen gehört, die gem. Art. 4 Abs. 1 StK normative Rechtsakte erlassen dürfen (vgl. ausdrücklich Art. 4 Abs. 2 StK), beanspruchten sie für Steuerpflichtige keine Rechtsverbindlichkeit.[83] Trotz Außerkrafttreten der Methodischen Empfehlungen ist davon auszugehen, dass die in dem Erlass geschilderte Rechtsauffassung mangels neuer Regelungen weiter angewendet wird.[84] Zudem sind die wichtigsten Rechtsbereiche wiederum in eigenen Verwaltungsschreiben konkretisiert worden, die auch nach Außerkrafttreten der Methodischen Empfehlungen von Gerichten zitiert werden.[85]

Die Steuerbehörden haben bei Widersprüchen zwischen den für sie verbindlichen Verwaltungsschreiben und den Entscheidungen des Obersten Arbitragegerichts (VAS) und des Obersten Gerichts (VS) nunmehr den veröffentlichten Gerichtsentscheidungen zu folgen.[86]

Das Finanzministerium bezeichnet sich selbst wiederholt als „die zuständige Behörde für die Anwendung von Doppelbesteuerungsabkommen“.[87] Seine Zuständigkeit begrenzt sich jedoch auf die Durchführung von Verständigungs- und Konsultationsvereinbarungen (vgl. Art. 3 Abs. 1 lit. f, Art. 25 DBA-Russland). Weitergehende Befugnisse stehen dem Finanzministerium nicht zu. Seine Erläuterungen über die Auslegung von Doppelbesteuerungsabkommen sind für die Gerichte nicht bindend.[88]

Das russische Recht enthält weder bei der Einkommensteuer noch bei der Gewinnsteuer eine abschließende Aufzählung der steuerbaren inländischen Einkunftsquellen (vgl. Art. 207 Abs. 1 Nr. 10 StK und Art. 309 Abs. 1 Nr. 9 StK). Das Finanzministerium entscheidet bei Zweifeln über die Zuordnung von erzielten Einkünften zu in- oder ausländischen Quellen auf Antrag des Steuerpflichtigen oder Steueragenten (Art. 207 Abs. 4 StK). Für Organisationen ist der Föderale Steuerdienst zuständig (Art. 42 Abs. 2 StK). Die Entscheidung ist richtigerweise für die Gerichte nicht bindend.[89]

---

82 MNS Erlass v. 28.03.2003, BG-3-23/150@ (außer Kraft gesetzt durch FNS Erlass v. 19.12.2012, MMB-7-3/980@).

83 VAS v. 27.04.2012, 1896/12 gab der Klage auf isolierte Anfechtbarkeit des Punktes 5.3 Abs. 6 unter Hinweis auf seinen Widerspruch zum StK statt.

84 Ebenso *Золотарева/Киреева/Шаталов*, Проблемы определения резидентства, S. 215.

85 9 AAS v. 02.09.2014, A40-38356/14 und AS MO v. 10.03.2015, A40-38312/2014 verweisen auf Minfin Schreiben v. 24.06.2008, 03-08-05 und UFNS Moskau v. 08.10.2008, 20-12/094140.

86 Minfin Schreiben v. 07.11.2013, 03-01-13/01/47571.

87 Minfin Schreiben v. 21.04.2016, 03-08-RZ/23009.

88 A.A. möglicherweise VAS RF v. 20.09.2011, 5317/11.

89 Siehe die Hinweise auf die Unverbindlichkeit in Minfin Schreiben v. 24.02.2016, 03-04-06/10120 und v. 21.01.2016, 03-04-06/1902; unklar *Тимаев*, Налоговед 2012, Nr. 6, S. 20 ff.

§ 2 Auslegung von Doppelbesteuerungsabkommen durch nationale Gerichte und Behörden

Für die Auslegung von Völkervertragsrecht gelten besondere Auslegungsregeln und zwar unabhängig davon, ob der völkerrechtliche Vertrag durch Vollzugsbefehl vollziehbar gemacht oder in das nationale Recht transformiert wird.[90] Einer Anwendung der vielfach unterschiedlichen nationalen Auslegungsregeln und -prinzipien ist die Gefahr der uneinheitlichen Rechtsanwendung in den Vertragsstaaten immanent.[91] So enthält Art. 7 Abs. 3 StK eine dem deutschen Recht unbekannte auf Rechtsfragen bezogene „in dubio contra fiscum"-Regelung, wonach bei Zweifeln über die Auslegung einer Rechtsnorm die für den Steuerpflichtigen günstigste Auslegungsvariante vorzuziehen ist. Des Weiteren erachtet die russische höchstrichterliche Rechtsprechung eine Rechtsfortbildung im Steuerrecht durch Analogien zugunsten wie zulasten des Steuerpflichtigen generell für unzulässig.[92] Im Folgenden werden die für DBA geltenden Auslegungsregeln, insbesondere ihre Rezeption in Deutschland und Russland, untersucht.

A. Auslegungsgrundsätze der Art. 31 und 32 WÜRV

Art. 31 ff. Wiener Übereinkommen über das Recht der Verträge aus dem Jahr 1969[93] normieren Regeln zur Auslegung völkerrechtlicher Verträge. Zeitlich findet das Übereinkommen Anwendung auf Verträge, die von Staaten geschlossen werden, nachdem das Übereinkommen für sie in Kraft getreten ist (vgl. Art. 4 WÜRV).

Für Deutschland trat das Übereinkommen am 20.08.1987 in Kraft.[94] Als Rechtsnachfolgerin der UdSSR hinsichtlich internationaler Verträge ist die Russische Föderation ebenfalls Partei des Übereinkommens.[95] Die UdSSR ist dem Abkommen am

---

90 *Gosch*, ISR 2013, 87 f.

91 *Vogel*, StuW 1982, 116, 121.

92 Vgl. Informationsschreiben Präsidium VAS RF v. 31.05.1999, Nr. 41, Punkt 7; großzügiger BFH v. 20.10.1983, IV R 175/79, Rn. 35 ff.; BVerfGE 13, 153, 160; *Wernsmann*, in H/H/Sp, AO/FGO, § 4 AO Rn. 690 ff.

93 UN, Treaty Series, Band 1155, S. 331; Inkrafttreten mit Hinterlegung der 35. Ratifikationsurkunde am 27.01.1980.

94 BGBl. II 1985, 926 und BGBl. II 1987, 757.

95 Außenministerium RF Schreiben v. 13.01.1992, 11/Ugp. Ausländische Staaten erkannten die Nachfolge in Rechte und Pflichten der UdSSR stillschweigend oder ausdrücklich an, vgl. für das DBA-UdSSR BMF v. 03.03.1992, BStBl. I 1992, 114; siehe auch Art. 34 Abs. 1 lit. a Wiener Übereinkommen über das Recht der Staatennachfolge in Verträge. Zur umstrittenen Einordnung als Dismembration oder Teil-Kontinuität vgl. *Kembaev*, Archiv des Völkerrechts 2008 (46), 106 ff.

29.05.1986 beigetreten.[96] Anders als auf das DBA-UdSSR 1981[97], das bis zum Inkrafttreten des DBA-Russland im Jahr 1996 fortgalt, sind damit auf das DBA-Russland die Art. 31 ff. WÜRV unmittelbar anwendbar.[98]

Während der BFH bei der Auslegung von Doppelbesteuerungsabkommen regelmäßig auf die in Art. 31 ff. WÜRV niedergelegten Grundsätze zurückgreift, werden entgegen der ausdrücklichen Anweisung durch das Plenum des VS RF[99] Art. 31 ff. WÜRV zur Auslegung völkerrechtlicher Verträge selten und zur Auslegung von DBA vereinzelt herangezogen.[100]

I. Art. 31 und 32 WÜRV

Ein völkerrechtlicher Vertrag als Konsens der beteiligten Parteien ist in besonderem Maß auf Rechtssicherheit durch einheitliche Auslegung angewiesen. Im Vordergrund steht daher der Vertragstext. Der subjektive Wille der Parteien ist nur relevant, soweit er im Vertrag objektiv zu Tage tritt.[101] So bestimmt die sog. „Allgemeine Auslegungsregel" in Art. 31 Abs. 1 WÜRV, dass ein Vertrag „nach Treu und Glauben in Übereinstimmung mit der gewöhnlichen, seinen Bestimmungen in ihrem Zusammenhang zukommenden Bedeutung und im Lichte seines Zieles und Zweckes auszulegen" ist.

Ausgangspunkt ist die „gewöhnliche Bedeutung" des Ausdrucks, wobei gewöhnlich nicht notwendig allgemeinsprachlich bedeutet.[102] Nach dem Zusammenhang kann auch eine zum Zeitpunkt des Vertragsschlusses international übliche technische Bedeutung eines Ausdrucks gewöhnlich im Sinne des Art. 31 Abs. 1 WÜRV sein.[103] Eine andere als gewöhnliche Bedeutung (besondere Bedeutung) ist einem Ausdruck nur beizulegen, wenn feststeht, dass die Parteien das übereinstimmend gewollt haben (Art. 31 Abs. 4 WÜRV). Ob das der Fall ist, beurteilt sich nach der Allgemeinen Auslegungsregel (Wortlaut, Zusammenhang, Telos) und nur ergänzend

---

96 Vedomosti VS SSSR, 10.09.1986, Nr. 37, S. 772.

97 BGBl 1993 II, S. 169.

98 Anwendung als Völkergewohnheitsrecht auf Altabkommen, siehe BVerfG, Beschl. v. 08.12.2014, 2 BvR 450/11, Rn. 37.

99 Plenum VS RF v. 10.10.2003, Nr. 5 (i.d.F. v. 05.03.2013), Punkt 10.

100 Vgl. auch den Überblick bei *Мачехин*, Юрист 2011, Nr. 7, S. 17 ff.

101 Siehe auch BFH 24.04.1975, R 204/73, Rn. 12; *Талалаев*, Комментарий, §§ 31, 32 Rn. 2; *Евинтов*, Многоязычные договоры, S. 85.

102 *Vogel*, StbJB 1983/84, 373 f.; *Gardiner*, Treaty Interpretation, S. 334.

103 *Gloria*, Verständigungsverfahren, S. 77; *Wassermeyer*, in Wassermeyer, DBA, Art. 3 Rn. 78. *Lang/Brugger*, Australian Tax Forum 2009, 95, 99. A.A. *Böth*, Evolutive Auslegung, S. 110.

nach Art. 32 WÜRV.[104] Art. 31 Abs. 4 WÜRV ist eine Beweislastregel.[105] Die „gewöhnliche" Bedeutung des Ausdrucks ist aus dem Zusammenhang zu bestimmen. Das ist im Übrigen auch der Grund, warum das Gesetz von „der" gewöhnlichen Bedeutung spricht. Zum Zusammenhang gehören insb. Wortlaut, Präambel und Anlagen sowie anlässlich des Vertragsschlusses getroffene Vereinbarungen oder ausgetauschte Urkunden (Art. 31 Abs. 2 WÜRV).[106]

Der Vertrag ist im Lichte seines Zieles und Zweckes (russ.: „в свете объекта и целей") auszulegen, wobei diese ebenfalls dem Vertragstext entnommen werden müssen.[107] Als Ausfluss der teleologischen Auslegung ist der Effektivitätsgrundsatz zu beachten, wonach unter mehreren möglichen Deutungsvarianten diejenige vorzuziehen ist, die dem Zweck des Vertrages am besten entspricht.[108]

In gleicher Weise wie der Zusammenhang ist die nachträgliche einvernehmliche Auslegung durch die Vertragsparteien in Form späterer Übereinkunft oder späterer Übung heranzuziehen (Art. 31 Abs. 3 lit. a und b WÜRV). Ausdrücklich geregelte Fälle einer solchen authentischen Auslegung sind Verständigungs- und Konsultationsvereinbarungen nach Art. 25 DBA-Russland.[109] Eine nicht mehr vom Wortlaut gedeckte Interpretation ist mangels parlamentarischer Zustimmung (Art. 59 Abs. 2 S. 2 GG bzw. Art. 15 Abs. 1 lit. a GVV) weder für Gerichte noch für Steuerpflichtige bindend.[110] Das gilt nach Auffassung des BFH selbst bei Umsetzung einer Konsultationsvereinbarung durch Rechtsverordnung auf Grund des § 2 Abs. 2 AO n. F.[111] Die russische Rechtsprechung hat sich zur Bindung von Verständigungsverfahren bisher noch nicht ausgesprochen. Die Vereinbarungen werden wohl nur ergänzend herangezogen.[112] Nach Auffassung des Finanzministeriums ist die in den Vereinbarungen enthaltene authentische Auslegung für nachgeordnete Behörden ab Veröffentlichung in Verwaltungsschreiben bindend.[113]

---

104 Vgl. *Gardiner*, Treaty Interpretation, S. 335 ff.; *Villiger*, Commentary on the 1969 Vienna Convention, Art. 31 Rn. 27; *Schönfeld/Häck*, in Schönfeld/Ditz, DBA, Systematik Rn. 90, 94. A.A. *Dörr*, in Dörr/Schmalenbach, Vienna Convention, Art. 31 Rn. 107. Im Einzelnen ist das Verhältnis zwischen der gewöhnlichen und besonderen Bedeutung nicht geklärt, vgl. auch *Mortenson*, American Journal of International Law 2013, 780, 786.

105 *Linderfalk/Hilling*, Nordic Tax Journal 2015, 34, 48.

106 Das betrifft nicht das Schlussprotokoll zum DBA-Russland, welches ausweislich des Einleitungssatzes „Bestandteil des Abkommens" ist.

107 „Objektiver Vertragswille", BFH v. 19.02.1975, I R 26/73, Rn. 19.

108 Vgl. BFH v. 04.06.2008, I R 62/06, Rn. 12; *Лукашук*, Современное право, S. 621, betrachtet das als eigenständigen Grundsatz, folgert ihn aber ebenfalls aus der Auslegung im Sinne des Zieles und Zwecks.

109 *Lehner*, in Vogel/Lehner, DBA, Grundlagen Rn. 109c.

110 BFH v. 02.09.2009, I R 111/08, Rn. 15 nimmt die Wirkung einer Verwaltungsvorschrift an.

111 BFH v. 10.06.2015, I R 79/13, Rn. 18 ff.

112 KS RF v. 24.03.2015, 695-O; 9 AAS v. 28.08.2012, A40-5772/12–99-332.

113 Minfin Schreiben v. 07.07.2005, 03–08-05.

Ergänzend können andere Auslegungsmittel, insbesondere die vorbereitenden Arbeiten und die Umstände des Vertragsschlusses, herangezogen werden, wenn die Auslegung gem. Art. 31 WÜRV die Bedeutung „mehrdeutig oder dunkel lässt oder zu einem offensichtlich sinnwidrigen oder unvernünftigen Ergebnis führt" oder um ein nach Art. 31 WÜRV gefundenes Ergebnis zu bestätigen (Art. 32 WÜRV). Wird das nach Art. 31 WÜRV gefundene Ergebnis nicht bestätigt, so kann ein klarer Vertragswortlaut durch ergänzende Auslegungsmittel nur ausnahmsweise und nur durch Argumente besonderen Gewichts überwunden werden.[114] Zu den Materialien nach Art. 32 WÜRV gehören nicht die einseitigen Erläuterungen der nationalen Organe, wie z.B. Denkschriften in Deutschland oder die Erläuterungsschreiben zu den Abkommen in Russland.

II. Verhältnis der Auslegungsmittel

Die Auslegungsmethoden des Art. 31 WÜRV stehen grundsätzlich gleichrangig nebeneinander.[115] Art. 31 Abs. 1 WÜRV benennt sie in einem Atemzug als Bestandteile der Allgemeinen Auslegungsregel. Wie im innerstaatlichen Recht bildet der Wortlaut den Ausgangspunkt und die Grenze der Auslegung.[116] Lässt er mehrere Deutungsvarianten zu, ist diejenige vorzuziehen, die dem Zweck der Vorschrift am besten entspricht.[117] Eine Auslegung gegen den Wortlaut darf jedoch selbst dann nicht erfolgen, wenn dadurch der Zweck des DBA besser erreicht werden könnte.[118] Nicht zu folgen ist der Auffassung, die jegliche Lückenschließung durch teleologische Reduktionen, Extensionen oder Analogien für unzulässig erklärt, da es an den Parteien liege, den Wortlaut des Abkommens zu ändern.[119] Nach Art. 32 WÜRV können (subsidiär) ergänzende Auslegungsmethoden zur Bestimmung der Bedeutung bei unklaren bzw. sinnwidrigen oder unvernünftigen Auslegungsergebnissen herangezogen werden. Dazu gehören auch die Methoden zur Lückenschließung.[120]

B. Besonderheiten bei der Auslegung von Doppelbesteuerungsabkommen

Neben den geschilderten allgemeinen Auslegungsmethoden sind für die Auslegung von Doppelbesteuerungsabkommen besondere Auslegungsgrundsätze anerkannt,

---

114 Vgl. *Mortenson*, American Journal of International Law 2013, 780, 787.

115 *Villiger*, Commentary on the 1969 Vienna Convention, Art. 31 Rn. 28 f.

116 Vgl. nur BFH v. 10.06.2015, I R 79/13, Rn. 16.

117 BFH v. 04.06.2008, I R 62/06, Rn. 12.

118 BFH v. 20.08.2008, I R 39/07, Rn. 18.

119 Gegen Lückenschließung BFH v. 14.12.1988, I R 148/87, Rn. 17; *Oellerich*, in Beermann/Gosch, AO/FGO, § 2 AO Rn. 38.

120 Ebenso *Villiger*, Commentary on the 1969 Vienna Convention, Art. 32 Rn. 5. I.E. BFH v. 14.03.2011, I R 23/10, Rn. 14; BFH v. 05.03.2008, I R 55/07, Rn. 12. Siehe auch *Gosch*, ISR 2013, 87, 88.

die dem spezifischen Gegenstand und Zweck des Abkommens Rechnung tragen und der einheitlichen Auslegung dienen.[121]

I. Abkommensautonome Auslegung

DBA bilden einen eigenen Rechtskreis mit eigener Begriffssprache.[122] Die Begriffe des Abkommens sind grundsätzlich eigenständig (aus sich heraus, autonom) auszulegen, damit in beiden Staaten einheitliche Rechtsfolgen ausgelöst werden können.[123]

Doppelbesteuerungsabkommen zielen auf die Vermeidung der juristischen Doppelbesteuerung ab, was durch sachgerechte Aufteilung des Steueraufkommens zwischen den Vertragsstaaten erreicht wird.[124] Um das zu erreichen, muss das Abkommen entweder selbst regeln, was nötig ist, – beispielsweise die Ermittlung der zu verteilenden Unternehmensgewinne – oder insoweit auf das jeweilige nationale Steuerrecht der Vertragsstaaten Bezug nehmen. Im zweiten Fall wird die Begriffsautonomie des Abkommens durchbrochen. Eigene Definitionen enthalten z. B. Art. 3 Abs. 1 und Art. 5 DBA-Russland (Betriebsstätte). Da die klassischen Doppelbesteuerungsabkommen weder die Schaffung einer parallelen „Steuerordnung"[125] noch die Harmonisierung des nationalen Rechts bezwecken[126] und der Regelungsdichte im Abkommen auch praktische Grenzen gesetzt sind,[127] wird im Übrigen entweder ausdrücklich (z. B. in Art 6 Abs. 2 DBA-Russland/OECD-MA) oder über die sog. Lex-Fori-Klausel in Art. 3 Abs. 2 DBA-Russland (OECD-MA) auf das innerstaatliche Recht verwiesen.

II. Besonderheiten der teleologischen Auslegung

Vermieden werden soll jedoch nicht die juristische Doppelbesteuerung schlechthin, sondern nur im Rahmen der Verteilungsnormen, welche im Lichte eigener Regelungszwecke auszulegen sind.[128] Ein allgemeines Auslegungsgebot, die Doppel-

---

121 *Lehner*, in Vogel/Lehner, DBA, Grundlagen Rn. 97; *Хаванова*, Международные договоры, S. 148.

122 BFH v. 15.01.1971, III R 125/69, Rn. 18; BFH v. 21.08.1985, I R 63/80, Rn. 16.

123 Vgl. z. B. BFH v. 11.12.2013, I R 4/13, Rn. 38.

124 Vgl. *Schönfeld*, in Festgabe für Wassermeyer, S. 97 f.; *Häck/Kolb*, in F/W/K, DBA-Schweiz, Art. 24 DBA Rn. 8.

125 *Debatin*, DStR 1992, Beihefter zu Heft 23, 1, 2.

126 *Lampert*, Doppelbesteuerungsrecht und Lastengleichheit, S. 70.

127 *Wassermeyer*, in Blumenwitz, Auslegung, S. 19, 23.

128 Vgl. *Wassermeyer*, in Wassermeyer, DBA, Art. 3 Rn. 78; *Lang*, IWB 2011, 281, 282. Die Vermeidung der doppelten Nichtbesteuerung bezwecken ältere Abkommen wie das DBA-Russland nicht. A.A. Minfin Schreiben v. 26.06.2012, 03-08-13 (mit Verweis auf eine – nicht veröffentlichte – Verständigungsvereinbarung zwischen Deutschland und Russland). Nunmehr schreiben sowohl die deutsche Verhandlungsgrundlage v. 17.04.2013 als auch das russische Musterabkommen v.

besteuerung möglichst zu vermeiden, besteht nicht.[129] Die Bedeutung der übergeordneten Zwecksetzung des DBA erschöpft sich in dem Streben nach einheitlicher Auslegung in den Vertragsstaaten (sog. Entscheidungsharmonie):[130] Anzustreben ist eine Auslegung, „die am ehesten Aussicht bietet, in beiden Staaten akzeptiert zu werden"[131]. Unter diesem Aspekt gewinnt auch die Rechtsvergleichung eine besondere Bedeutung.[132]

Der BFH ließ zunächst offen, ob Entscheidungsharmonie bei der Auslegung von DBA maßgebend ist,[133] hält sie mittlerweile aber für „zwischenstaatlich geboten"[134], ohne allerdings ihren Anwendungsbereich oder die Rechtsfolgen zu erläutern. Ihre Bedeutung ist aus der Sicht des BFH indes nicht groß: Für die Herstellung der Entscheidungsharmonie ist nur Raum, wenn nach allgemeinen Auslegungsgrundsätzen mehrere Deutungen möglich sind.[135] Die Figur wird meist bemüht, um die Notwendigkeit einer abkommensautonomen Auslegung zu unterstreichen,[136] oder als Möglichkeit, Verständigungs- bzw. Konsultationsvereinbarungen bei der Abkommensauslegung zu berücksichtigen[137]. Meist wird auf den Grundsatz zur Bekräftigung der eigenen Position verwiesen.[138] Ausländische Gerichtsentscheidungen zieht der BFH nur zögerlich heran.[139] Der einzige Hinweis auf die Entscheidungsharmonie in der russischen Rechtsprechung (Prinzip der einheitlichen bzw. identischen Auslegung[140]) dient dazu, im Fall eines DBA mit einem OECD-Staat die Ausführungen

24.02.2010, SZ RF 08.03.2010, Nr. 10, Pos. 1078, die Verhinderung der doppelten Nichtbesteuerung als Abkommensziel fest (jeweils Überschrift und Präambel). Eine entsprechende Regelung sieht nunmehr Art. 6 Abs. 1 MLI vor, das von Deutschland und Russland am 07.06.2017 unterzeichnet wurde (oe.cd/mli).

129 A.A. neuerdings KS RF v. 25.06.2015, 16-P, das die Bedeutung der übergeordneten Zwecksetzung von Doppelbesteuerungsabkommen hervorhebt. Konkrete Schlussfolgerungen hieraus zog das Gericht nicht.

130 Für teleologische Auslegung, BFH v. 17.11.1999, I R 7/99, Rn. 23. Ähnlich *Schönfeld/Ditz*, in Schönfeld/Ditz, Systematik Rn. 92.

131 *Flick*, in Felix, Von der Auslegung, S. 151, 158. Siehe auch *Vogel*, StuW 1982, 111, 122 f.

132 Vgl. *Kluge*, Das Internationale Steuerrecht, Rn. R 45 (Entscheidungsharmonie als „rechtsvergleichende Auslegung").

133 BFH v. 09.10.1985, I R 128/80, Rn. 29.

134 BFH v. 11. 12. 2013, I R 4/13, Rn. 14. Vgl. aber BFH v. 04. 05. 2011, II R 51/09, Rn. 29 („Im Grundsatz angestrebte"); BFH v. 17.10.1999, I R 7/99, Rn. 23 („Gedanke"); BFH v. 24.03.1999, I R 114/97, Rn. 43 („Gebot").

135 BFH v. 12.10.2011, I R 15/11, Rn. 16; BFH v. 09.10.1985, I R 128/80, Rn. 29. Siehe auch *Hahn*, IStR 2012, 941 ff.

136 BFH v. 04.05.2011, II R 51/09, Rn. 29.

137 BFH v. 13.06. 2012, I R 41/11, Rn. 16.

138 BFH v. 06.06.2012, I R 8/11, Rn. 23.

139 Vgl. *Gosch*, ISR 2013, 87, 90.

140 Unter diesem Begriff auch *Flick*, in Felix, Von der Auslegung, S. 151, 158.

durch den OECD-MK auch für die russische Rechtsprechung für „verbindlich“ zu erklären.[141]

Festzuhalten ist jedenfalls, dass eine Bindung nationaler Organe des einen Vertragsstaates an die Auslegungspraxis des anderen Vertragsstaates ohne ausdrückliche Regelung im Abkommen ausgeschlossen ist.[142] Das Streben nach Entscheidungsharmonie bedeutet daher, dass nationale Gerichte und Verwaltungsbehörden einschlägige Verwaltungs- und Gerichtsentscheidungen des anderen Staates als Auslegungsmaterial berücksichtigen.[143] Den Rahmen hierfür steckt das nationale Verfahrensrecht ab, das allerdings den völkervertraglich angeordneten Auslegungsgrundsatz nicht aushöhlen darf.[144]

III. Bedeutung des OECD-Musterabkommens und des OECD-Musterkommentars

Übernehmen oder übersetzen Vertragsparteien Vorschriften des OECD-Musterabkommens, kann nicht zweifelhaft sein, dass dem Musterabkommen und dem dazugehörigen Kommentar eine gewisse Auslegungsrelevanz zukommt: Zum einen können Auslegungszweifel wegen unklarer Formulierungen oder Differenzen zwischen den Sprachfassungen unter Rekurs auf das OECD-Musterabkommen beseitigt werden. Zum anderen kann der OECD-Musterkommentar Aufschluss über die Bedeutung der verwendeten Begriffe geben. Zu untersuchen ist daher, welchen Einfluss das Musterabkommen und der Musterkommentar auf die Abkommensauslegung haben, mit der Besonderheit, dass Russland kein Mitglied der OECD ist.

1. Arbeitsweise der OECD

1963 veröffentlichte die OECD in Anlehnung an die Vorarbeiten des Völkerbundes das erste offizielle Abkommenmuster samt Kommentar; 1977 erfolgte eine Totalrevision des OECD-MA und des OECD-MK.[145] Seit 1992 werden das OECD-MA und

---

141 AS MO v. 08.12.2015, A40-32910/2015; vgl. ähnlich schon BFH v. 02.05.1969, I R 176/66, Rn. 25.

142 Allgemeine Auffassung, vgl. *Wassermeyer*, in Wassermeyer, DBA, Art. 3 Rn. 78; *ders.*, StuW 1990, 404, 409; *Schönfeld/Häck*, in Schönfeld/Ditz, DBA, Systematik Rn. 92; *Lampert*, Doppelbesteuerungsrecht und Lastengleichheit, S. 78.

143 Vgl. *Lehner*, in Vogel/Lehner, DBA, Grundlagen, Rn. 116 und *Гидирим*, Основы, 6.3.

144 Möglich ist eine analoge Anwendung des § 293 ZPO, § 155 FGO sowie Art. 14 Arbitrageprozesskodex. Direkte Anwendung scheidet außerhalb eines abkommensrechtlichen Verweises auf das nationale Recht des ausländischen Staates aus, da das DBA Teil der eigenen Rechtsordnung und damit kein ausländisches Recht ist, siehe auch *Hendrircks*, IStR 2011, 711, 712 f. und *Pleil/Schwibinger*, StuW 2016, 15, 21.

145 Vgl. OECD-MK 2014 Einl. Rn. 4 ff. Ausführlich zur geschichtlichen Entwicklung *Kobetsky*, Permanent Establishment, S. 111 ff.

noch häufiger der Musterkommentar fortlaufend verändert,[146] was bei Ablehnung einer dynamischen Auslegung zu Schwierigkeiten bei der Feststellung führt, welchen Inhalt das Musterabkommen oder der Musterkommentar zum Zeitpunkt des Vertragsschlusses hatte bzw. von welcher Fassung die Vertragsparteien ausgingen.[147]

Innerhalb der OECD ist der Steuerausschuss (CFA) mit seinen Untergruppen für das Erarbeiten von Änderungsvorschlägen zum OECD-MA/MK zuständig.[148] Der Ausschuss und seine Untergruppen bestehen aus stimmberechtigten Vertretern der OECD-Mitgliedstaaten sowie eingeladenen Partnern, die mit Ausnahme der Associates kein Stimmrecht haben.[149] In einstimmig abzugebenden Empfehlungen (Art. 5 lit. b OECD-Konvention) schlägt der aus Vertretern der Mitgliedsstaaten gebildete OECD-Rat den Mitgliedstaaten vor, dem MA und MK bei Abschluss oder Revision von DBA untereinander und mit Drittstaaten zu folgen.[150] Seit 1997 werden die vom Steuerausschuss vorgeschlagenen Änderungen nicht mehr durch Resolutionen des Rates als Empfehlungen verabschiedet, sondern schlicht gebilligt.[151] Die Entscheidung im Rat ist ein bloß formeller Akt. Durch die Möglichkeit der OECD-Mitgliedstaaten, Vorbehalte gegenüber Abkommensbestimmungen und Bemerkungen zur Auslegung durch den Kommentar zu äußern, wird das Konsensprinzip flankiert.[152] Ab 1991 wurden auch Nichtmitgliedstaaten (nunmehr sog. non-oecd economies) in den CFA eingeladen. 1996 hat der Steuerausschuss beschlossen, auch den Nichtmitgliedstaaten die Möglichkeit einzuräumen, Vorbehalte gegen Abkommensvorschriften oder Bemerkungen gegen Interpretationen durch den MK zu äußern, die separat im MK veröffentlicht werden. Die ersten Positionen der Nicht-Mitgliedstaaten stammen vom 23.10.1997.[153]

---

146 1994, 1995, 1997, 2000, 2003, 2005, 2008, 2010, 2012, 2014 sowie die geplanten Änderungen durch BEPS 2015.

147 Um die zur Zeit der Verhandlungen bzw. des Abschlusses bestehende Fassung des OECD-MA und des MK zu finden, muss der Rechtsanwender im Anhang zum OECD-MA/MK die historische Entwicklung nachvollziehen. Da sich nicht nur der Inhalt des Kommentars im Laufe der Zeit verändert, sondern dabei auch die Rn. verschoben werden, ist das Auffinden der damals existierenden Kommentierung durchaus mit Schwierigkeiten verbunden; vgl. auch *Vogel*, BIFD 2000, 612, 615 f.

148 Gegründet 1971 als Nebenorgan des Rates gem. Art. 9 OECD-Konvention. Überblick bei *Ault*, DStJG 36 (2013), 113, 117 ff. Struktur: http://webnet.oecd.org/OECDGROUPS/Bodies/ListByChapterView.aspx?book=true.

149 Art. 12 c OECD-Konvention sowie *OECD*, Resolution of the Council on Partnerships in OECD Bodies v. 09.10.2012, C(2012)100/Final, Nr. 2 und Annex Nr. 3 lit. f., Nr. 4 lit. e, Nr. 5 lit. c.

150 Siehe *OECD*, Recommendation v. 23.10.1997, C(97)195/FINAL, I Nr. 1 und 2.3, abgedruckt in OECD-MA 2014 Appendix II, A. 48.

151 *Lehner*, in Vogel/Lehner, DBA, Grundlagen Rn. 124c.

152 Vorbehalte und Bemerkungen werden im MK bei den entsprechenden Artikeln wiedergegeben (vgl. OECD-MA Einleitung Rn. 30 f.).

153 OECD-MA 2014 P(1)-1 ff.

a. Mitwirkung Russlands als Nicht-OECD-Staat

Den rechtlichen Rahmen für die Zusammenarbeit zwischen Russland und der OECD bilden die „Deklaration über die Zusammenarbeit zwischen der OECD und der Russischen Föderation“ und das „Abkommen über die Privilegien und Immunitäten der OECD in der Russischen Föderation“ vom 08.06.1994.[154] In § 2 der Deklaration hat sich Russland zur Unterstützung der OECD bei ihrer Unterstützung Russlands auf dem Übergang zur Markwirtschaft verpflichtet. Russland ist nicht Mitglied der OECD, seit März 1998 aber ständiger Beobachter (nunmehr sog. Participant) im OECD-Steuerausschuss und in seinen Untergruppen.[155] Damit kann es im Unterschied zur bloßen Mitwirkung als non-oecd-economy sachlich die Beschlüsse vorbereiten. Seit 2013 ist Russland zusätzlich Associate (stimmberechtigtes Mitglied) im BEPS-Projekt.[156] Die im Jahr 2007 aufgenommenen Verhandlungen über den OECD-Beitritt der Russischen Föderation[157] wurden durch den Beschluss des OECD-Rates vom 13.03.2014 als Reaktion auf die Krim-Krise auf unbestimmte Zeit unterbrochen.[158]

b. Zwischenergebnis

Soweit die Bedeutung des OECD-MA und des MK bei der Auslegung konkreter Abkommen auf der Mitgliedschaft beider Vertragsstaaten in der OECD beruht, sind sie für das DBA-Russland ohne Bedeutung.

Soweit die beratende Mitwirkung im Steuerausschuss zur Heranziehung des OECD-MA/MK ausreicht, gilt das im Fall Russlands nur für Abkommen, die nach März 1998 abgeschlossen wurden, und damit nicht für das DBA-Russland vom 29. Mai 1996.

Soweit die Relevanz des OECD-MA/MK von der ab 1997 bestehenden Möglichkeit eines Staates abhängt, Vorbehalte oder Bemerkungen anzubringen, kann das für das DBA-Russland ebenfalls keine Geltung haben. Bedeutung hat das allenfalls für Abkommen, die nach dem Zeitpunkt abgeschlossen werden, als die Positionen der Nicht-OECD-Staaten erstmals im OECD-MA/MK veröffentlicht werden konnten, also ab 23.10.1997.

Bejaht man die Möglichkeit der dynamischen Auslegung, könnte unter Umständen das spätere Verhalten im Steuerausschuss auch zur Auslegung von Altabkommen herangezogen werden. Richtigerweise können jedoch weder späteres Anbringen/Nichtanbringen von Bemerkungen zu bereits bei Vertragsschluss existenten Passagen als Ablehnung/Billigung noch das Anbringen von Bemerkungen

154 SZ RF 1996, Nr. 20, S. 2324.

155 *OECD*, Resolution v. 12.03.1998, C/M(98)6/PROV/ANN2, Nr. 62.

156 http://webnet.oecd.org/OECDGROUPS/Bodies/ShowBodyView.aspx?BodyID=963&BodyPID=9756&Lang=en&Book=True.

157 Vgl. *OECD*, Roadmap v. 30.11.2007, C(2007)103/FINAL.

158 http://www.oecd.org/newsroom/statement-by-the-oecd-regarding-the-status-of-the-accession-process-with-russia-and-co-operation-with-ukraine.htm.

zu Änderungen als Ablehnung einen Einfluss auf den Inhalt eines zuvor abgeschlossenen Abkommens haben.[159]

Das DBA-Russland fällt damit in die Kategorie: Abkommen zwischen einem OECD-Mitgliedstaat und einem Nicht-OECD-Staat ohne Mitwirkung im Steuerausschuss.

2. *Rechtliche Grundlage für die Heranziehung des MA und des MK*

Da der OECD-MK die eigene Verbindlichkeit für Auslegungszwecke nicht selbst bestimmen kann, beschränken sich seine Ausführungen auf die Hervorhebung der großen faktischen Bedeutung für die Rechtsinterpreten.[160] Diese komme ihm zu, da er „von den Experten ausgearbeitet wird, die durch Regierungen der Mitgliedstaaten in den Steuerausschuss entsandt worden sind“[161]. Er sei ferner eine „allgemein akzeptierte Richtlinie für die Auslegung und die Anwendung von bilateralen Abkommen“[162].

Das Musterabkommen und der dazugehörige Musterkommentar sind weder ein völkerrechtlicher Vertrag noch Bestandteil des jeweiligen DBA, sondern allenfalls Verhandlungsgrundlage oder Grundlage für die jeweilige nationale Verhandlungsgrundlage.[163] Die innerstaatliche Zustimmung des Parlaments erstreckt sich nur auf den konkreten Vertragstext, dem das OECD-MA samt Kommentar nicht beigefügt werden.[164] Wegen ihres Empfehlungscharakters handelt es sich ebenso wenig um Völkergewohnheitsrecht.[165] Weil sie als Empfehlungen und gerade nicht als bindende Entscheidungen nach Art. 5 lit. a OECD-Konvention ergehen, besteht weder eine „abgeschwächte Verpflichtung“[166] noch eine „gelockerte Rechtspflicht“[167] der Mitgliedstaaten, Abkommen nach dem OECD-Muster abzuschließen.[168] Die Ausfüh-

159 Allgemein zu Bemerkungen/Vorbehalten *Lang*, in Festschrift für Gosch, S. 235, 243.

160 Art. 24 Rn. 79 OECD-MK rechnet nicht den OECD-MK als Ganzes, sondern das an dieser Stelle vertretene Auslegungsergebnis zum Zusammenhang des OECD-MA, a.A. *Brandl*, Mehrfachansässigkeit, S. 139.

161 OECD-MK 2014 Einl. Rn. 29.

162 OECD-MK 2014 Einl. Rn. 15.

163 Der OECD-MK ist nicht dazu bestimmt, Bestandteil eines konkreten DBA zu sein (vgl. OECD-MK 2014 Einl. Rn. 29). Russland verweist in seiner Vertragspraxis teilweise ausdrücklich auf die jeweils aktuelle Fassung des OECD-MK, z.B. in Nr. 8 des Protokolls zum DBA-Russland/Mexiko.

164 Vgl. *Frotscher*, Internationales Steuerrecht, Rn. 349.

165 Ebenso *Lampert*, Doppelbesteuerungsrecht und Lastengleichheit, S. 81; Nach *Van der Bruggen*, Intertax 2003, 259, 265 steht der Empfehlungscharakter der Annahme von Gewohnheitsrecht nicht entgegen. Jedenfalls fehlt es an der erforderlichen Übung, siehe *Brandl*, Mehrfachansässigkeit, S. 140 ff.

166 *Vogel*, StuW 1982, 111, 124.

167 Vgl. *Dahm*, DÖV 1959, 361, 363 f.

168 Nach Art. 18 lit. b OECD-Verfahrensordnung, sind die Regierungen verpflichtet, die Empfehlungen den Mitgliedstaaten „zur Prüfung zu unterbreiten, ob sie es für angebracht („opportune“) halten, ihnen zu folgen.

rungen durch den OECD-MK sind auch für die Steuerverwaltungen nicht bindend.[169] An dem Empfehlungscharakter vermag auch die Möglichkeit der Mitgliedstaaten, Vorbehalte oder Bemerkungen zu Änderungen des OECD-MA/MK anzubringen, nichts zu ändern. Erst recht ergibt sich hieraus keine Bindung der innerstaatlichen Judikative an die Auslegung des OECD-MA durch den OECD-MK.[170]

Bedeutung kann ihnen damit nur im Rahmen der Auslegung zukommen. Umstritten ist indes ihre Einordnung in Art. 31 ff. WÜRV. Drei Grundströmungen lassen sich identifizieren: primäres Auslegungsmittel (Art. 31 WÜRV), ergänzendes Auslegungsmittel (Art. 32 WÜRV) und bloße Expertenmeinung.

a. Literatur

aa. Primäres Auslegungsmittel

Wegen des hohen Maßes „an internationaler Übereinstimmung"[171] wird von Teilen der Literatur angenommen, dass die Deutung von aus dem Musterabkommen übernommenen Begriffen durch den Kommentar in der bei Abschluss bestehenden Fassung die „gewöhnliche Bedeutung" der Begriffe im Sinne des Art. 31 Abs. 1 WÜRV abbilde.[172] Teils soll sich wegen der Häufigkeit der Updates nach 1992 die gewöhnliche Bedeutung nur noch aus den Fassungen von 1963 und 1977[173] bzw. aus „eingebürgerten" (z.B. zehn Jahre zurückliegenden) Erläuterungen ergeben.[174] Es besteht ersichtlich keine Einigkeit, was als „Grundkonsens des internationalen Steuerrechts" anzusehen ist. Spätere vor der Unterzeichnung des konkreten DBA liegende Fassungen sollten ggf. als „besondere Bedeutung", als ergänzendes Auslegungsmittel bzw. in Abhängigkeit von ihrer Überzeugungskraft[175] herangezogen werden. Ein anderer Teil der Literatur will die Auslegung durch den MK als „besondere Bedeutung" eines Begriffs (Art. 31 Abs. 4 WÜRV) verstehen.[176] Schließlich wird vertreten, dass OECD-MK/MA als solche bzw. als Urkunden oder Übereinkünfte zum Zusammenhang des konkreten DBA gehören (Art. 31 Abs. 1, Abs. 2 lit. a, b WÜRV).[177]

---

169 Die OECD „empfiehlt" den Regierungen, dass ihre Behörden dem jeweils aktuellen (!) OECD-MK in der Verwaltungspraxis folgen, siehe *OECD*, Recommendation v. 23.10. 997, C(97)195/FINAL, I. 2. Für Wirkung einer Verwaltungsvorschrift *Vogel*, in Haarmann, Auslegung, S. 1, 14.

170 *Lehner*, in Vogel/Lehner, DBA, Grundlagen Rn. 124c.

171 *Wassermeyer*, in Wassermeyer, DBA, vor Art. 1 Rn. 34.

172 *Prokisch*, SWI 1994, 52, 57 ff.

173 *Vogel*, BIFD 2000, 612, 616.

174 *Lehner*, in Vogel/Lehner, DBA, Grundlagen Rn. 131.

175 *Lehner*, in Vogel/Lehner, DBA, Grundlagen Rn. 131.

176 *Ault*, Intertax 1994, 144, 146 f.

177 Vgl. umfangreiche Nachweise bei *Lehner*, in Vogel/Lehner, Grundlagen, Rn. 125a.

Grundlage der Heranziehung soll eine tatsächliche Vermutung für das entsprechende Verständnis der Parteien sein.[178] Dabei wird differenziert, ob es sich um ein DBA zwischen zwei OECD-Mitgliedstaaten, zwischen einem OECD-Mitgliedstaat und einem Nicht-OECD-Staat oder zwischen Nicht-OECD-Staaten handelt. Bei einem Nicht-OECD-Staat sei es zudem von Bedeutung, ob er seine Position zum OECD-MA/MK zum Ausdruck bringen kann. Die Vermutung soll bestehen, soweit das konkrete DBA zwischen zwei OECD-Mitgliedsstaaten mit dem MA identisch oder eine wortgetreue Übersetzung desselben ist[179] bzw. in Aufbau und Formulierungen dem OECD-Muster entspricht.[180] Selbst wenn einzelne Formulierungen vom OECD-MA abweichen oder der Zusammenhang für eine vom OECD-MK abweichende Auslegung spricht, soll weiterhin eine „starke Vermutung" für eine Auslegung im Sinne des OECD-MK bestehen, wenn der Wortlaut der gewählten Formulierung die Auslegung im Sinne des Kommentars noch zulässt.[181] Für Verträge mit Nicht-OECD-Staaten soll die Bindung schwächer sein. Die Vermutung soll hier nur bei identischem Wortlaut und nicht entgegenstehendem Zusammenhang greifen.[182] Sie könne insbesondere durch Vorbehalte zu Vorschriften des OECD-MA oder Bemerkungen zur Interpretation im OECD-MK widerlegt werden.[183]

bb. Ergänzendes Auslegungsmittel

Die Einordnung des MA/MK als vorbereitende Arbeiten i.S.v. Art. 32 WÜRV und damit als subsidiäres Auslegungsmittel[184] hängt davon ab, ob darunter auch Materialien zu verstehen sind, die nicht im Laufe der Verhandlungen von den Parteien angefertigt wurden, sondern ausdrücklich oder konkludent als Verhandlungsgrundlage dienten.[185] Möglich ist jedenfalls, dass MA und MK als sonstiges ergänzendes Auslegungsmittel im Rahmen der historischen Auslegung heranzuziehen („insbesondere" in Art. 32 WÜRV) sind.[186] Auch im Steuerausschuss wird „allenfalls" die Anwendung des Art. 32 WÜRV befürwortet.[187]

---

178 *Wassermeyer*, in Wassermeyer, DBA, Art. 3 Rn. 78. *Ders.*, in Blumenwitz, Auslegung, S. 19, 22.
179 *Lehner*, in Vogel/Lehner, DBA, Grundlagen Rn. 130.
180 *Wassermeyer*, in Wassermeyer, DBA, vor Art. 1 Rn. 51.
181 *Lehner*, in Vogel/Lehner, DBA, Grundlagen Rn. 133; vgl. auch *Vogel* JBStB 1983/1984, S. 373, 378.
182 *Lehner*, in Vogel/Lehner, DBA, Grundlagen Rn. 134.
183 Kritisch *Lang*, in Festschrift für Gosch, S. 235, 243.
184 „Auslegungshilfsmittel" *Gosch*, in Lüdicke, Vermeidung der Doppelbesteuerung, S. 1, 12.
185 *Wassermeyer*, in Wassermeyer, DBA, vor Art. 1 Rn. 37; dafür *Mössner*, in Festschrift für Seidl-Hohenveldern, S. 403, 411 f.; dagegen *Gloria*, Verständigungsverfahren, S. 90.
186 So z.B. *Lang*, in Gassner/Lang/Lechner, Entwicklungen, S. 11, 16.
187 So *Krabbe*, IStR 2000, 196, 197.

cc. Unverbindliche Expertenmeinung

Die geringste Bedeutung wird dem OECD-MK eingeräumt, wenn man ihn wie *Frotscher* nur soweit als bindend ansieht, wie er das Abkommen zutreffend auslege.[188] Dem Musterkommentar käme dann – ähnlich einem juristischen Kommentar oder einem Lehrbuch – lediglich der Stellenwert einer unverbindlichen Expertenmeinung zu.

dd. Statische oder dynamische Auslegung

Sehr stark umstritten ist, ob spätere Änderungen des OECD-MK auf zuvor abgeschlossene Abkommen zurückwirken können. Nach Auffassung des OECD-MK sollen vor Änderungen des MK abgeschlossene DBA „soweit wie möglich im Einklang mit dem neuen Kommentar ausgelegt werden".[189] Eine ausführliche Diskussion der Problematik würde den Rahmen dieser Arbeit sprengen.[190] Fest steht jedenfalls, dass, sofern der Vertragswortlaut den Willen der Vertragsparteien zum Zeitpunkt des Vertragsschlusses widerspiegeln soll, nachträgliche Änderungen des OECD-MK durch die OECD grundsätzlich unbeachtlich sein müssen. Das gilt auch für die Einordnung des OECD-MK als ergänzendes Auslegungsmittel im Sinne des Art. 32 WÜRV.

Selbst wenn die spätere Kommentierung ohne Widerspruch zu bisherigen Ausführungen einen bestehenden Punkt präzisiert oder neue Fragenkomplexe erläutert, so hängt ihre Berücksichtigung davon ab, ob sie von dem Vertragstext und u. U. von der damals bestehenden Kommentierung bereits umfasst war. Ist das der Fall, so folgt das Ergebnis – wie *Lang* zutreffend ausführt – bereits aus der Auslegung des konkreten Abkommens, ohne dass es der Neukommentierung bedürfte.[191]

Lediglich wenn man dem OECD-MK den Charakter einer bloßen Expertenmeinung beimisst, kommt eine Berücksichtigung späterer Fassungen in Betracht;[192] freilich mit der entsprechenden Relevanz einer juristischen Abhandlung.

b. Sicht der Verwaltung und Rechtsprechung

aa. Deutschland

Der BFH greift bei der Auslegung von Abkommen mit OECD-Mitgliedstaaten[193] wie auch mit Nichtmitgliedstaaten (konkret Russland)[194] auf das OECD-

188 *Frotscher*, Internationale Steuerrecht, Rn. 351.

189 OECD-MK 2014 Einl. Rn. 33–37.

190 Verwiesen sei auf die ausführliche Auseinandersetzung mit den vertretenen Auffassungen durch *Brandl*, Mehrfachansässigkeit, S. 179 ff. sowie die Nachweise bei *Lehner*, Vogel/Lehner, DBA, Grundlagen Rn. 127 ff.

191 *Lang*, in Festschrift für Gosch, S. 235, 240 f.

192 Vgl. *Lampert*, IStR 2012, 513, 516.

193 Z.B. BFH v. 14.09.1994, I R 116/93, Rn. 15.

194 BFH v. 26.05.2004, I R 54/03, Rn. 15 (Russland); BFH v. 13.01.2006, I B 35/05, Rn. 13 (Russland); vgl. auch BFH v. 03.02.2014, I B 156/12, Rn. 1 (Russland) unter Ver-

Musterabkommen und auf den OECD-Musterkommentar zurück: Bei einer Bestimmung, die dem Wortlaut des OECD-MA entspricht, sei „zu vermuten", dass die Vertragsparteien sie „im Sinne des Musterkommentars verstanden haben"[195]. Die Heranziehung erfolgt meist, um ein gefundenes Ergebnis zu bestätigen[196] oder wenn die Bedeutung unklar bleibt[197]. Das Vorgehen entspricht der Einordnung als ergänzendes Auslegungsmittel gem. Art. 32 WÜRV. Eine Bindung an den bei Vertragsschluss geltenden Musterkommentar scheint der BFH nicht zu akzeptieren.[198]

Die Vermutung für ein Verständnis im Sinne des Kommentars besteht nach Auffassung des BFH jedoch nicht, wenn die Regelung vom Wortlaut des OECD-MA abweicht.[199] Umgekehrt sollen sprachliche Abweichungen keinen Rückschluss auf ein abweichendes Verständnis bedeuten.[200]

Eine dynamische Auslegung lehnt der BFH in ständiger Rechtsprechung ab: Die nach Abschluss des konkreten Abkommens erfolgten Kommentaränderungen können „den Willen der Vertragsparteien [...] nicht widerspiegeln" und als Meinungen „beteiligter Fisci" sind sie keine spätere Übung oder Übereinkunft der DBA-Vertragsstaaten.[201] Die deutsche Finanzverwaltung folgt hingegen einem dynamischen Verständnis.[202]

bb. Russland

Anders als noch vor einigen Jahren ist die Feststellung unberechtigt, dass russische Gerichte und Behörden dem OECD-MA/MK keine Beachtung schenken.[203] Arbitragegerichte sowie Verwaltung berufen sich in den letzten Jahren zunehmend auf die Arbeiten der OECD, ohne allerdings die Anwendung im Kontext der Auslegungsregeln des Art. 31 ff. WÜRV zu erläutern. Dabei wird der OECD-MK nicht

---

weis auf BFH v. 16.01.2014, I R 30/12 (USA); BFH v. 10.11.1993, I R 53/91, Rn. 11 ff. (Zypern). Siehe auch BFH v. 29.04.2008, I R 79/07, Rn. 14 (Nichtmitgliedschaft unschädlich wegen der „inhaltlichen Nähe" des DBA-China zum OECD-MA).

195 BFH v. 23.09.2008, I R 57/07, Rn. 17.

196 BFH v. 09.12.2010, I R 49/09, Rn. 40; BFH v. 08.12.2010, I R 92/09, Rn. 15; BFH v. 08.04.1997, I R 51/96, Rn. 13; BFH v. 14.09.1994, I R 116/93, Rn. 15.

197 BFH v. 18.12.2002, I R 96/01, Rn. 35 („Da [...] aus sich heraus verständlich ist, können [...] lediglich flankierend [...] herangezogen werden."); BFH v. 26.02.1992, I R 85/91, Rn. 21 („Es muss deshalb [...] zurückgegriffen werden").

198 BFH v. 16.01.2014, I R 30/12, Rn. 19; BFH v. 04.03.2009, I R 6/07, Rn. 38.

199 BFH v. 23.09.2008, I R 57/07, Rn. 17.

200 BFH v. 08.09.2010, I R 6/09, Rn. 27.

201 BFH v. 25.05.2011, I R 95/10, Rn. 19.

202 Vgl. BMF v. 26.09.2013, IV B 5-S 1300/09/10003, Tz. 4.1.3.3.1 f. Beschränkt auf OECD-Staaten, vgl. die restriktive Auslegung des Art. 1 Abs. 5 S. 8 AStG durch VWG-BsGaV Rn. 427 ff.

203 So noch *Variychuk*, in Lang u. A., The Impact, S. 915, 917. Allgemein zur Heranziehung des MA/MK: *Мачехин*, Налоговед 2016, Nr. 30, S. 61 ff.; *Шепенко*, Проблеми законності 2010, Nr. 111, S. 190 ff.

nur zur Auslegung abgeschlossener DBA herangezogen, sondern auch zur Auslegung nationaler Normen, die dem OECD-MA nachgebildet sind. Betroffen sind insbesondere die nationalen Regelungen über die Unterkapitalisierung und die Verrechnungspreise sowie die Betriebsstättendefinition und -besteuerung (Art. 306 ff. StK).[204] Zitiert werden auch Berichte der OECD. Dabei fällt auf, dass der OECD-Musterkommentar insbesondere herangezogen wird, um eine für den Steuerzahler nachteilige Entscheidung zu begründen.[205]

Vereinzelt werden die einschlägigen Passagen aus dem MK ohne Quellenangabe[206] in die Urteilsgründe bzw. Verwaltungsschreiben „hineingeschmuggelt". So wird bei der Frage der Unabhängigkeit eines Vertreters wörtlich Art. 5 Abs. 6 Rn. 37 OECD-MK ohne Hinweise auf die Quelle zitiert.[207] Auch bei der Auslegung der Betriebsstättendefinition im Abkommensrecht sowie des Art. 306 Abs. 2 StK werden die Ausführungen aus Art. 5 Rn. 4 OECD-MA wörtlich, aber ohne Quellenangabe wiedergegeben.[208]

(1) Verwaltung

In einem Teil der Schreiben werden die einschlägigen Ausführungen im OECD-MK sofort einbezogen, ohne dass zuvor eine eigene Interpretation der Norm versucht wird.[209] Das legt die Einordnung des OECD-MK als primäres Auslegungsmittel nahe. Überwiegend wird jedoch auf den OECD-MK zurückgegriffen, um ein zuvor ermitteltes Ergebnis zu bestätigen[210] oder Auslegungsunklarheiten zu beseitigen, was methodisch der Anwendung des Art. 32 WÜRV entspricht.[211]

Soweit eine Begründung für die Heranziehung gegeben wird, beschränkt sie sich auf den Hinweis, dass sich die Russische Föderation beim Abschluss von Doppelbesteuerungsabkommen an dem OECD-MA bzw. ihm nachgebildeten russischen Musterabkommen orientiert und die Heranziehung „zweckmäßig" sei.[212]

---

204 VAS v. 15.11.2011, Nr. 8654/11; Schreiben Minfin v. 22.06.2015, GD-4–3/10807@.

205 Vgl. die Übersicht bei http://www.pwc.ru/en/tax-consulting-services/legislation/assets/tax-flash-report-issue-35-353-rus.pdf; siehe auch *Wellmann*, Russische Föderation, in Mennel/Förster, Steuern in Europa, Rn. 253.

206 Vgl. z.B. die Ausführungen im Minfin Schreiben v. 07.05.2008, 03-08-05.

207 FAS SZO v. 21.06.2005, A56-26540/2004.

208 Verwiesen wird lediglich auf die Schreiben UFNS Moskovskaâ oblast' v. 02.11.2006, 22–22-I/0510 sowie Minfin v. 10.04.2009, 03–08-05/1. Diese wiederum geben die Ausführungen als eigene aus.

209 Minfin Schreiben v. 19.11.2015, 03–08-05/67072; v. 10.03.2015, 03–08-05/12340; v. 9.02.2015, 03–08-05/5182.

210 Minfin Schreiben v. 24.08.2015, GD-4–3/14895 „[...] durch OECD-MK bestätigt wird [...]"; 20.12.2006, 03–08-05 „widerspricht nicht den Ausführungen im OECD-MK (...)".

211 Minfin Schreiben v. 04.06.2015, 03–09-13/32514.

212 Minfin Schreiben v. 10.03.2015, 03–08-05/12340.

(2) Rechtsprechung

Ein Teil der Arbitragegerichte lehnt die Heranziehung des MA/MK zu Auslegungszwecken nach wie vor ab. Verwiesen wird auf den – selbst in den OECD-Mitgliedstaaten – fehlenden normativen Charakter des OECD-MA/MK,[213] die Unverbindlichkeit für Steuerpflichtige und Finanzbehörden,[214] die Nichtmitgliedschaft Russlands[215] bzw. der beiden Vertragsparteien[216] in der OECD, ergänzend auf das Fehlen einer amtlichen Übersetzung sowie einer Bezugnahme im konkret anzuwendenden DBA.[217] Überwiegend jedoch wird der Kommentar mit Unterschieden in Begründung und Gewicht zu Auslegungszwecken herangezogen.[218]

Der Auffassung des Finanzministeriums[219] folgend hält ein Teil der Rechtsprechung die Heranziehung des MK für „zweckmäßig", da das russische Musterabkommen auf dem OECD-MA beruht.[220] Alternativ wird darauf abgestellt, dass der OECD-MK von zuständigen Organen der Vertragsstaaten bei der Anwendung[221] (sic!), richtigerweise bei Vertragsschluss oder -änderung,[222] berücksichtigt wird. Ferner wird ein „Recht" der Russischen Föderation, sich auf den OECD-MK in der aktuellsten Fassung zu berufen, aus Nr. 5 der Einleitung zu Stellungnahmen der Nicht-OECD-Staaten hergeleitet. Dort haben die Nicht-OECD-Staaten ihr grundsätzliches Einverständnis mit dem OECD-MA und seiner Auslegung durch den MK erklärt.[223]

Vereinzelt wird zur Begründung auf die Deklaration vom 08.06.1994 abgestellt, die das Verhältnis Russlands zur OECD regelt.[224] Unabhängig von einer OECD-Mitgliedschaft könnten die Stellungnahmen im Kommentar als „professionelle" („doktrinale") Auslegung, d.h. als Expertenmeinung, zur Auslegung der geschlossenen Abkommen herangezogen werden.

Teils wird die Eigenschaft des OECD-MA/MK als Rechtsquelle bejaht,[225] teils auf die führende Rolle der OECD in der Bestimmung der Tendenzen des internationalen

---

213 9 AAS v. 23.12.2009, A40-99133/2009.

214 9 AAS v. 15.02.2011, A40-78837/2010.

215 AS SZO v. 25.11.2014, A05-14961/2013.

216 4 AAS v. 01.10.2013, A19-2735/2013.

217 AS SZO v. 25.11.2014, A05-14961/2013.

218 Ohne Begründung z.B. FAS MO v. 17.04.2008, A40-37463/07–127-218; v. 28.02.2013, A40-65284/11–91-279; lediglich unter Hinweis auf den Ursprung im OECD-MA AS MO v. 30.04.2015, A40-143354/2013.

219 Minfin Schreiben v. 07.05.2008, 03–08-05.

220 FAS DVO v. 17.12.2013, A51-24072/2012.

221 FAS MO v. 02.08.2012, A40-58575/2011.

222 FAS ZSO v. 07.07.2014, A81-4077/2013.

223 9 AAS v. 02.09.2015, A40-32910/2015, best. durch AS MO v. 08.12.2015 (ohne Erwähnung).

224 9 AAS v. 22.10.2015, A40-81712/2015, bestätigt durch AS MO v. 05.04.2015.

225 AS MO v. 11.12.2014, A40 126792/2014, bestätigt durch VS RF v. 30.09.2015 (ohne Erwähnung).

Steuerrechts verwiesen[226] oder das Musterabkommen und der Kommentar unter Missachtung ihres Empfehlungscharakters als allgemein anerkannte Prinzipien des Völkerrechts im Sinne des Art. 15 Abs. 4 VerfRF verstanden.[227] Nach anderer Auffassung definieren OECD-MA/MK „Grundprinzipien der Doppelbesteuerungsbeseitigung" und sollen die Harmonisierung der grundlegenden Begriffe des Internationalen Steuerrechts erlauben.[228]

Für den Fall, dass der andere Vertragsstaat Mitglied der OECD ist, wird die „Verbindlichkeit" des MK und MA für die Russische Föderation aus dem Grundsatz der einheitlichen Auslegung (Entscheidungsharmonie) hergeleitet, da sie für den anderen Teil verbindlich seien.[229] Richtigerweise sind sie weder für OECD-Mitglieder bindend, noch ist – eine Bindung unterstellt – die Folgerung einer Bindung für Russland zwingend, da nach dem Grundsatz der einheitlichen Auslegung sich der andere Vertragsstaat ebenso gut an der russischen Sichtweise orientieren kann.

Am häufigsten wird die Entscheidung des VAS vom 15.11.2011 rezipiert.[230] Das Gericht berief sich auf den „offiziellen Kommentar der OECD" zum Musterabkommen, welche es als „Rahmendokument" ansieht, das allgemeine Prinzipien und Methoden zur Beseitigung der Doppelbesteuerung „aufstellt". Ob der OECD-MK insoweit als primäres Auslegungsmittel oder gar als verbindlich verstanden wird, bleibt offen. Jedoch wird in der Mehrzahl der Fälle der OECD-MK meist herangezogen, um ein bereits gefundenes Ergebnis zu bestätigen.[231] Insoweit entspricht die Vorgehensweise der Rechtsprechung des BFH.[232]

(3) Statische oder dynamische Heranziehung

Obwohl die Behörden nicht darlegen, auf welche Fassung des OECD-MA und des MK sie sich berufen, wurden wiederholt auch Ausführungen im OECD-MK zitiert, die nach dem Abschluss des konkret auszulegenden DBA aufgenommen wurden.[233] Es wird damit stillschweigend die aktuellste Fassung des Musterkommentars zugrunde gelegt. Überhaupt scheinen die nationalen Organe in Russland kein Problembewusstsein hinsichtlich dieser Frage zu haben. So verweist die Regierung in den Erläuterungsschreiben zu Abkommen teilweise darauf, dass das OECD-MA

226 9 AAS v. 25.11.2014, A40-108465/2013, bestätigt durch VS RF v. 08.06.2015 (ohne Erwähnung).

227 AS HMO v. 22.10.2008, A75-303/2007. Die Auffassung vermag allerdings nicht zu erklären, warum Staaten dennoch DBA abschließen.

228 FAS ZSO v. 07.07.2014, A81-4077/2013.

229 AS MO v. 08.12.2015, A40-32910/2015.

230 VAS RF v. 15.11.2011, 8654/2011.

231 Siehe z.B. AS M v. 13.12.2014, A40-146032/2014; AS M v. 21.05.2014, A40-18022/2014; 9 AAS v. 30.09.2014, A40-155695/2012.

232 Dazu oben § 2 B.III.2.b.aa, S. 25.

233 Z.B. Minfin Schreiben v. 08.10.2008, 03–08-05/1.

beim Vertragsschluss als Verhandlungsgrundlage gedient hat, ohne jedoch zu erklären, um welche Fassung es sich gehandelt hat.[234]

Mit wenigen Ausnahmen haben auch Gerichte in der Vergangenheit nicht klargestellt, auf welche Fassung des Musterkommentars sie sich berufen. Die Analyse der in Bezug genommenen Ausführungen zeigt, dass häufig Kommentarstellen zitiert werden, die erst nach Inkrafttreten des streitgegenständlichen Abkommens aufgenommen wurden.[235]

Nunmehr finden sich Entscheidungen, in denen ausdrücklich auf eine nach dem Abschluss des konkreten Abkommens gültige Fassung des Musterkommentars verwiesen wird. In der Rechtssache *BNP Paribas* beruft sich das Gericht ausdrücklich auf Art. 11 Rn. 21.1 OECD MK 2008 und 2010, obwohl das einschlägige DBA zwischen Russland und Frankreich vom 26.11.1996 stammt.[236] Dasselbe Gericht zitiert zur Auslegung von Vorschriften des DBA-Russland/Polen vom 22.05.1992 Ausführungen des OECD-MK 2010.[237] Allerdings sind die entsprechenden Kommentarstellen in beiden Fällen bereits vor Abschluss des jeweils streitgegenständlichen DBA geändert worden, sodass es inhaltlich kein Fall einer dynamischen Auslegung ist. In einigen Entscheidungen werden jedoch auch Kommentarstellen zitiert, die bei Abschluss des streitgegenständlichen DBA noch nicht existent waren. Beispielsweise legten die Gerichte in der Rechtssache *Oriflame* das Merkmal der Unabhängigkeit eines Vertreters in Abkommen aus den Jahren 1995 und 1996 unter Berufung auf Art. 5 Rn. 38.4. OECD-MK 2004 aus.[238] Auch bei der Auslegung des Begriffs des „faktisch Nutzungsberechtigten" berufen sich Gerichte ausdrücklich auf spätere Fassungen des OECD-MK (2010).[239] Das VS RF stützte sich bei der Auslegung des Begriffs „Höhe des investierten Kapitals" in Art. 10 Abs. 2 lit. a DBA-Russland-Schweden aus 1993 u. a. auch auf die nicht entgegenstehende Formulierung in dem russischen Musterabkommen aus dem Jahr 2010.[240] Hieraus kann jedoch nicht auf eine Systematik geschlossen werden, es ist insbesondere möglich, dass die Inbezugnahme der aktuellsten Fassung unbewusst oder jedenfalls aus Praktikabilitätsgründen erfolgt.[241]

---

234 Vgl. z. B. Erläuterungsschreiben zum Ratifikationsgesetz Nr. 421707–6, v. 30.12.2013 (DBA-Russland/Malta).

235 Vgl. z. B. VAS v. 15.11.2011, 8654/11; AS MO v. 27.05.2016, A40-116746/2015.

236 FAS AO v. 30.04.2015, A40-143354/2013 (Einstufung von Reserveakkreditiven als verdeckte Gewinnausschüttungen).

237 AS MO v. 08.12.2015, A40-32910/2015. Siehe auch 09 AAS v. 03.12.2015, A40-25939/2015 Auslegung des DBA-Russland/GB v. 15.02.1994 anhand des OECD-MK 2008; vgl. auch AS MO v. 27.05.2016, A40-116746/15 (DBA-Russland/Zypern v. 05.12.1998, OECD-MK 2010).

238 AS MO v. 11.06.2015, A40-138879/2014 (bestätigt durch VS RF v. 14.01.2016, 305-KG15-11546. Ebenso FAS DVO v. 17.12.2013, A51-24072/2012 (Rechtssache *Fesco*).

239 AS MO v. 25.05.2015, A40-116746/2015.

240 VS v. 21.12.2015, 310-KG15-17102.

241 Vgl. ähnlich *Variychuk*, in Lang u. A., The Impact, S. 915, 919.

c. *Stellungnahme*

Gegen die Annahme, dass der OECD-MK als Ganzes stets die gewöhnliche Bedeutung eines Begriffs wiedergibt, spricht zunächst die Häufigkeit, mit welcher der MK seit 1992 verändert worden ist und wird. Die gewöhnliche Bedeutung eines Ausdrucks kann sich nicht innerhalb des kurzen Zeitraums zwischen zwei Updates ändern. Nicht überzeugen kann auch die vermittelnde Ansicht, nach der sich die gewöhnliche Bedeutung aus den OECD-MA 1963/1977 ergibt. Ein solches Vorgehen steht der einheitlichen Auslegung, welche durch die Heranziehung des OECD-MA/MK ermöglicht werden soll, gerade entgegen. Verhandeln zwei Staaten – beispielsweise Deutschland und Russland – im Jahr 1995 über den Abschluss des Abkommens, ist nicht auszuschließen, dass eine Partei von dem Verständnis in der aktuellen Fassung des OECD-MK ausgeht, während die andere Partei das OECD-MA 1977 samt MK zugrunde legt.[242] Das gleiche gilt, soweit nicht mehr auf das OECD-MA 1977 als „Grundkonsens", sondern darauf abgestellt wird, ob eine Kommentierung „längere Zeit" (z.B. zehn Jahre) vorliegt. Ebenso nicht überzeugend ist es, den OECD-MK 1966 und 1977 als Grundlage und im Übrigen nur solche Passagen des Kommentars heranzuziehen, die nicht im Widerspruch dazu stehen. Sollte das OECD-MA und der OECD-MK im Rahmen des Art. 31 WÜRV herangezogen werden, kann sich das sinnvollerweise nur auf die aktuellste Fassung vor dem Abschluss des Abkommens beziehen.

Im Einzelfall können jedoch das OECD-MA samt MK helfen, die gewöhnliche Bedeutung eines Ausdrucks zu ermitteln. Insofern sind sie eine Erkenntnisquelle neben einem Lexikon oder einem Wörterbuch.[243] Es muss damit in jedem Einzelfall geprüft werden, ob die Ausführungen im OECD-MK die gewöhnliche Bedeutung eines im konkreten DBA verwendeten Ausdrucks wiedergeben. Existiert eine davon abweichende (allgemeinsprachliche) Bedeutung, ist insbesondere durch teleologische und systematische Auslegung zu ermitteln, welche Bedeutung vorzuziehen ist. Beruft sich eine Vertragspartei auf eine der möglichen Wortbedeutungen, so ist sie insoweit nach Art. 31 Abs. 4 WÜRV beweispflichtig. Ist beispielsweise nach dem Lexikon die Bedeutung A möglich und nach dem OECD-MK die Bedeutung B, ist jede Partei, die sich nur auf eine Alternative beruft, beweispflichtig. Dieser Beweis wird ihr nicht gelingen, wenn sich aus dem Kommentar ergibt, dass die andere Partei eine Bemerkung gegen die betreffende Auslegung angebracht hat. Damit ist m.E. gerade nicht derjenige stets nach Art. 31 Abs. 4 WÜRV beweispflichtig, der sich auf eine vom OECD-MK abweichende Interpretation beruft.[244] Insofern macht es keinen Unterschied, ob man die Auslegung durch den Kommentar als eine der gewöhnlichen Bedeutungen oder als besondere Bedeutung versteht. Der Beweis ist primär nach Art. 31 Abs. 1 bis 3 WÜRV, d.h. aus dem Vertragstext selbst, zu führen und lediglich ergänzend nach Art. 32 WÜRV.

242 Die Parteien müssten also zusätzlich um die Vermutung von *Klaus Vogel* wissen.
243 In diese Richtung auch *Linderfalk/Hilling*, Nordic Tax Journal 2015, 34, 43.
244 So aber *Prokisch*, SWI 1994, 52, 59.

Gegen die Maßgeblichkeit des Kommentars als primäres Auslegungsmittel spricht entscheidend, dass dadurch dem Kommentar faktisch eine Bindungswirkung zukommt, die ihm als bloße Empfehlung gerade nicht zukommen sollte, und das obwohl die Kommentierung nicht Gegenstand des Gesetzgebungsverfahrens war. Zwar wird von Befürwortern der Auffassung vielfach versucht, die Bindungswirkung des OECD-MK durch Einschränkungen abzumildern. Zwar solle der OECD-MK die „besondere Bedeutung“ abbilden, seine Ausführungen sollten jedoch unbeachtet bleiben, wenn sie außerhalb der „Wortlautgrenze“ des konkreten Abkommens sind.[245] Das widerspricht jedoch dem Verständnis der „besonderen Bedeutung“ in Art. 31 Abs. 4 WÜRV. Ein typisches Beispiel für eine besondere Bedeutung wäre eine abkommensautonome Definition. Steht danach fest, dass die Parteien einem Ausdruck eine besondere Bedeutung beimessen wollten, kommt es auf die Frage nicht an, ob die Wortgrenzen eingehalten sind. Zwar kann aus dem Wortlaut die Maßgeblichkeit der besonderen Bedeutung folgen, für die Befürworter der „besonderen Bedeutung“ soll der Beweis jedoch bereits durch die Übernahme des Abkommenswortlauts erbracht sein. Zudem wird m.E. inkonsequent einerseits die Bindungswirkung der „besonderen Auslegung“ durch den OECD-MK und andererseits die Existenz anderer (grundsätzlich gleichrangiger) Auslegungsmittel betont.[246] Tatsächlich bleibt aber für die anderen Auslegungsmittel wenig Raum, nachdem der Rechtsanwender eine besondere Bedeutung eines Begriffs festgestellt hat. Denn sie folgt gerade aus der systematisch-teleologischen Auslegung des Abkommenswortlauts. Allenfalls kann innerhalb des ermittelten Verständnisses eine einschränkende Auslegung erfolgen.

Schließlich können das Musterabkommen oder der Musterkommentar zwischen dem Beginn der Vertragsverhandlungen und dem Vertragsschluss (mehrfach) geändert werden. Haben die Parteien an einer alten Formulierung des OECD-MA festgehalten, ist zu klären, ob es sich um eine bewusste (und umkehrschlussfähige) Abweichung handelt. Ist bei unverändertem Wortlaut des Musterabkommens nur der Musterkommentar geändert worden, muss geklärt werden, welche Fassung die Vertragsparteien gekannt und in ihren Willen aufgenommen haben. Diese Überlegungen führen den Rechtsanwender weg vom Vertragstext und hin zu den Umständen des Vertragsschlusses, die nach Art. 32 WÜRV nur ergänzend zu berücksichtigen sind. Diese Fragen werden zudem in den meisten Fällen nicht genau beantwortet werden können.[247]

Auch die Handhabung der Vermutung überzeugt nicht. Die Abänderung von Vorschriften ist eher ein Indiz gegen die Auslegung im Sinne des Abkommens.[248] In diesem Fall wäre zu klären, ob eine abweichende Formulierung auch einen Un-

---

245 *Schönfeld/Häck*, in Schönfeld/Ditz, DBA, Systematik Rn. 98.

246 Vgl. *Lehner*, in Vogel/Lehner, DBA, Grundlagen Rn. 126 einerseits und 126b andererseits; *Plansky*, Gewinnzurechnung, S. 32 f.

247 Vgl. z.B. zu Art. 3 Abs. 2 DBA-Russland unter § 2 B.V.

248 So schon *Gloria*, Verständigungsverfahren, S. 88.

terschied in der Sache bedeutet, was häufig umso näher liegt, je stärker die Abweichung ist.[249] Entscheidend ist jedoch die Auslegung des konkreten Abkommens. Dagegen sind Vorbehalte gegen MA-Vorschriften nicht geeignet, die Vermutung zu erschüttern, wenn die Vertragsparteien dennoch die gerügte Vorschrift in das konkrete Abkommen übernommen haben.[250]

Schließlich ist die Wirkung des OECD-MA und des MK bei Verträgen zwischen OECD-Mitgliedstaaten und den Nichtmitgliedstaaten jedenfalls dann gleich, wenn der Vertragsstaat seine Position zum OECD-MA/MK äußern kann, und erst recht bei Mitwirkung als Participant oder Associate. Durch die Möglichkeit der Nicht-OECD-Staaten, zu den einzelnen Änderungen des MK/MA Vorbehalte und Bemerkungen einzubringen, hat sich deren Stellung derjenigen der Mitglieder angenähert. Dafür spricht die grundsätzliche Annahme von Änderungen im Steuerausschuss und im OECD-Rat, welche durch das Instrumentarium von Vorbehalten und Anmerkungen ermöglicht wird.

3. Zwischenergebnis

Im Ergebnis erscheint allein die Heranziehung als subsidiäres Auslegungsmittel gem. Art. 32 WÜRV sachgerecht. Im Rahmen der historischen Auslegung können das OECD-MA und der OECD-MK helfen, die von den Parteien beabsichtigte Bedeutung eines Ausdrucks zu ermitteln.

In Bezug auf die Planungssicherheit lässt sich die Feststellung treffen, dass die deutsche Rechtsprechung einem statischen und die deutsche und die russische Verwaltung sowie die russische Rechtsprechung einem dynamischen Verständnis folgen.

IV. Vergleich mit anderen DBA

Ebenso wie die nationale Verhandlungsgrundlage können eigene Parallelabkommen bzw. solche des Vertragsstaates Aufschluss über die Bedeutung der vereinbarten Formulierungen geben. Allerdings gilt auch hier, dass aus einer abweichenden Formulierung nicht auf inhaltliche Unterschiede geschlossen werden darf.[251] Maßgeblich ist der konkrete Vertragstext. Eigene Parallelabkommen oder Abkommen

---

249 *Lang/Brugger*, Australian Tax Forum 2008, 95, 100. Diese Auffassung steht auch nicht der Auffassung von *Vogel* entgegen. Indem er feststellt, dass die geänderte Formulierung die Auslegung im Sinne des Kommentars noch gestatten muss, nimmt er im Ergebnis eine Auslegung des Wortlauts nach Art. 31 Abs. 1 WÜRV vor, siehe *Vogel*, StuW 1982, 111, 124.

250 *Lang*, in Gassner/Lang/Lechner, Entwicklungen, S. 11, 20 ff. A.A. wohl *Wassermeyer*, in Wassermeyer, DBA, vor Art. 1 Rn. 31.

251 Im Verhältnis zu OECD-MA vgl. BFH v. 08.09.2010, I R 6/09, Rn. 27. A.A. wohl *Reimer*, in Lehner, Reden zum Andenken an Klaus Vogel, S. 89, 120 f., der aus Abweichungen im Wortlaut regelmäßig auf inhaltliche Abweichungen schließen will.

des Vertragspartners sind ebenso wie Abkommensmuster oder Verhandlungsgrundlagen lediglich Auslegungshilfsmittel. Selbstverständlich können auch die zu Parallelabkommen ergangene Rechtsprechung und Verwaltungsschreiben herangezogen werden.

V. Rückgriff auf das nationale Recht gem. Art. 3 Abs. 2 DBA-Russland

1. *Anwendungsbereich und Rechtsfolge*

Gem. Art. 3 Abs. 2 DBA-Russland hat bei der „Anwendung des Abkommens durch einen Vertragsstaat [...], wenn der Zusammenhang nichts Anderes erfordert, jeder im Abkommen nicht definierte Ausdruck die Bedeutung, die ihm nach dem Recht dieses Staates über die Steuern zukommt, für die das Abkommen gilt". Soweit es um den Rückgriff auf das nationale Recht geht, ist Art. 3 Abs. 2 DBA-Russland gegenüber Art. 31 ff. WÜRV lex specialis; im Übrigen – auch für Auslegung des Art. 3 Abs. 2 DBA-Russland selbst – bleiben Art. 31 ff. WÜRV anwendbar.[252] Die Vorschrift entspricht Art. 3 Abs. 2 OECD-MA in der Fassung von 1977/1992. Die bei Unterzeichnung bereits erfolgten Änderungen des Art. 3 Abs. 2 OECD-MA durch OECD-MA 1995 wurden nicht übernommen.

Soweit das Abkommen selbst eine Definition bereitstellt, geht sie (vorbehaltlich eines „Treaty Overrides") bereits nach dem lex specialis Grundsatz anderen Bedeutungen auch aus dem innerstaatlichen Recht vor. Enthält die Definition auslegungsbedürftige Begriffe, die nicht eigens definiert werden, bleibt grundsätzlich Raum für den Rückgriff auf das nationale Recht.[253]

Zurückgegriffen wird auf die Bedeutung „nach dem Recht des Staates über die Steuern, für die das Abkommen" gilt. Aus der Nichtübernahme der am 21.09.1995 in das OECD-MA eingefügten Formulierung „im Anwendungszeitraum" kann nicht im Umkehrschluss auf ein statisches Verständnis geschlossen werden. Entscheidend ist die Auslegung des tatsächlich Vereinbarten, dessen Wortlaut beide Auslegungen zulässt. Indes wird grundsätzlich alleine der dynamische Verweis dem Zweck des Abkommens gerecht, zukünftige, d. h. im jeweiligen Anwendungszeitraum entstehende Steueransprüche zu modifizieren.[254] Der OECD-MK hat sich zudem bereits 1992 für ein dynamisches Verständnis ausgesprochen, das durch die Änderung des Abkommenswortlauts lediglich klargestellt werden sollte.[255] Zudem liefen die Abkommensverhandlungen bereits mehrere Jahre vor und nur wenige Monate nach

252 Siehe *Wassermeyer*, in Wassermeyer, DBA, Art. 3 Rn. 77, 83.

253 Für den Begriff „Forderungen" als Bestandteil der Definition Zinsen in Art. 11 Abs. 2 DBA-Russland/Ukraine AS M v. 31.07.2015, A40-78218/2015.

254 Ebenso *Widmann*, DStJG 8 (1984), 235, 249 ff.

255 Art. 3 Rn. 11 OECD-MK i.d.F. seit 1992.

der Änderung des OECD-MA.[256] Auch von russischer und deutscher Rechtsprechung wird der Verweis in Altabkommen dynamisch ausgelegt.[257]

Deklaratorisch soll auch der zweite 1995 in den OECD-MA eingefügte Zusatz sein, dass „die Bedeutung nach dem in diesem Staat anzuwendenden Steuerrecht den Vorrang vor einer Bedeutung hat, die der Ausdruck nach anderem Recht dieses Staates hat“[258]. Aus teleologischer Sicht ist es durchaus sachgerecht, dieser Formulierung über den unstreitigen Vorrang hinaus zu entnehmen, dass auch eine Verwendung außerhalb des steuerlichen Kontexts bedeutungsprägend sein kann.[259] Denn eine Vertragspartei könnte auf eine ausdrückliche Definition im Abkommen möglicherweise deshalb verzichten, weil der entsprechende Begriff im innerstaatlichen Recht – wenn auch außerhalb des Steuerrechts – bekannt ist.[260] Die neue Auslegung widerspricht jedoch dem klaren Wortlaut des Art. 3 Abs. 2 DBA-Russland.

Andererseits muss der Ausdruck im nationalen Recht nicht identisch mit dem abkommensrechtlichen sein.[261] Eine inhaltliche Nähe reicht aus,[262] da die Verwendung nationaler Termini technici im Spannungsverhältnis zur Identität der Sprachfassungen des Abkommens und u. U. möglichst wortlautgetreuen Übernahme des OECD-MA steht.

Aus russischer Sicht scheint die Frage, ob auch eine Verwendung allein außerhalb des Steuerrechts ausreichend ist, auf den ersten Blick keine Bedeutung zu haben, da Begriffen aus anderen Rechtsgebieten, die im StK verwendet werden, nach Art. 11 Abs. 1 StK die Bedeutung dieser anderen Rechtsgebiete zukommt. Die Vorschrift ordnet die Bezugnahme nach ihrem Wortlaut jedoch nur für solche Begriffe an, die im Steuerkodex selbst verwendet werden. Ein anderes Ergebnis wäre zudem für den anderen Vertragsstaat unpraktisch, der stets einen Überblick nicht nur über das fremde Steuerrecht, sondern über die gesamte Gesetzesordnung behalten müsste. Russische Rechtsanwender allerdings kommen regelmäßig über eine dem Art. 3 Abs. 2 OECD-MA entsprechende Vorschrift i.V.m. Art. 11 Abs. 1 StK zu Bedeutungen

---

256 Siehe *Büge*, IStR 1996, 408. Die Unsicherheiten über die Umstände des Vertragsschlusses zeigen anschaulich, warum der OECD-MK nicht mehr als ein Auslegungshilfsmittel sein kann.

257 VS RF v. 21.12.2015, A14-13723/2013 (stillschweigend). BFH v. 13.12.1989, I R 39/87, Rn. 14; BFH v. 02.02.1994, I R 66/92, Rn. 28. Aus russischer Sicht wäre die Gegenauffassung insbesondere deshalb misslich, weil der gesamte Steuerkodex erst nach Abschluss des DBA-Russland in Kraft trat.

258 Art. 3 Rn. 13.1 OECD-MK i.d.F. seit 1995.

259 So z. B. *Dürrschmidt*, in Vogel/Lehner, DBA, Art. 3 Rn. 111 f.; a.A. *Pohl* in Schönfeld/Ditz, DBA, Art. 3 Rn. 77.

260 Vgl. *Wassermeyer*, in Wassermeyer, DBA, Art. 3 Rn. 71a.

261 Vgl. BFH v. 19.03.2001, I S 21/00, Rn. 13; FAS SZO v. 28.07.2003, A56-37837/02 („отделение“/„филиал“).

262 Vgl. *Lehner*, in Vogel/Lehner, DBA, Grundlagen Rn. 152c („sachliche Übereinstimmung im Begriffskern“).

außerhalb des Steuerrechts.[263] Bei der Auslegung der Betriebsstättendefinition wird die Problematik entschärft, da das nationale Recht die Begriffe aus Art. 5 DBA-Russland wörtlich oder jedenfalls sinngemäß wiederholt.

Dem Ausdruck kommt die Bedeutung nach dem nationalen Recht des Anwenderstaates zu, „wenn der Zusammenhang nichts Anderes erfordert". Die russische Fassung scheint weniger strenge Anforderungen an den Zusammenhang zu stellen: Aus diesem darf sich nichts Anderes „ergeben". Gleiche Diskrepanz besteht ferner im Einleitungssatz des Art. 3 Abs. 1 DBA-Russland. Der Unterschied in der Formulierung ist nicht unerheblich, da aus der Formulierung „require"/„erfordert" teilweise „Gründe besonderen Gewichts" gefordert werden.[264] In der russischen Abkommenspraxis finden sich noch weiter vom OECD-MA entfernte Formulierungen. Vereinzelt darf „in Abhängigkeit vom Zusammenhang nichts anderes vorgesehen" sein.[265] In einer Vielzahl russischer DBA bekommt der Ausdruck „in Abhängigkeit vom Zusammenhang die Bedeutung nach dem innerstaatlichen Recht"[266]. Die jeweils andere Fassung – im DBA-Russland/Italien und DBA-Russland/Spanien auch die authentische englische Fassung – verwenden die vom OECD-MA empfohlene Formulierung. Es scheint sich bloß um einen sprachlichen Unterschied zu handeln, ohne dass damit ein Unterschied in der Sache verbunden ist. Das folgt jedenfalls auch aus dem Rückgriff auf Art. 3 Abs. 2 OECD-MA.

Die missverständliche Formulierung in Art. 3 Abs. 2 OECD-MA ist Gegenstand einer fast 50-jährigen Kontroverse: Teils wird darin der Vorrang der abkommensautonomen Auslegung gesehen („völkerrechtliche Theorie"), teils auch der Auslegung nach Landesrecht („landesrechtliche Theorie").[267] Der BFH tendiert mittlerweile klar zum Vorrang der autonomen Auslegung: Die Abkommensbegriffe seien „zunächst nach dem Wortlaut und den Definitionen des Abkommens, sodann nach dem Sinn und dem Vorschriftenzusammenhang innerhalb des Abkommens und schließlich nach den Begriffsbestimmungen des innerstaatlichen Rechts auszulegen".[268] Lediglich vereinzelt wird – vor allem in älteren Entscheidungen – mangels einer Definition im Abkommen unmittelbar auf das nationale Recht zurückgegriffen.[269] Das wiederum ist der Regelfall in der russischen Rechtsprechung,[270] die sich offenbar im heimischen Recht „wohler fühlt". In den meisten Entscheidungen wird eine abkommensautonome Interpretation gar nicht erst versucht.

---

263 UFNS Moskau v. 10.11.2005, 20–12/73008 (Unternehmenstätigkeit).

264 *Vogel*, in Vogel/Lehner, DBA, 5. Auflage, Art. 3 Rn. 120.

265 DBA-Russland/Italien v. 09.04.1996, SZ RF 15.02.1999, Nr. 7, Pos. 881.

266 Z.B. DBA-Russland/Spanien v. 16.12.1998, SZ RF 27.11.2000, Nr. 48. Pos. 4633.

267 Einerseits z.B. *Debatin*, DStR 1992, Beihefter zu Heft 23, 1, 6 sowie *Lang*, IWB 2011, 281, 287 und andererseits *Vogel*, in Vogel/Lehner, DBA, 5. Auflage, Art. 3 Rn. 119 ff.

268 BFH v. 26.08.2010, I R 53/09, Rn. 14; siehe auch BFH v. 08.12.2010, I R 92/09, Rn. 15.

269 BFH 02.09.2008, I R 90/08, Rn. 15; BFH v. 18.12.1986, I R 52/83, Rn. 24; BFH v. 15.12.1993, II R 66/89, Rn. 12; BFH v. 26.04.1966, I 216/63, Rn. 9.

270 Z.B. VAS RF v. 27.04.2012, 1896/12.

Der Begriff des Zusammenhangs in Art. 3 Abs. 2 OECD-MA ist älter als Art. 31 WÜRV und geht darüber hinaus.[271] Darunter fällt der nach Art. 31 ff. WÜRV ausgelegte Text des Abkommens (also auch das OECD-MA samt Kommentar),[272] darüber hinaus auch das innerstaatliche Recht des Nichtanwenderstaates.[273]

2. *Qualifikationskonflikte i.e.S.*

Soweit die Voraussetzungen des Art. 3 Abs. 2 DBA-Russland erfüllt sind, wendet jeder Vertragsstaat sein eigenes innerstaatliches Recht an. Die Unterschiede des nationalen Rechts können dazu führen, dass die Vertragsstaaten eine Verteilungsnorm unterschiedlich oder unterschiedliche Verteilungsnormen anwenden.[274] Für die Lösung von Qualifikationskonflikten, die sich aus den Unterschieden des nationalen Rechts ergeben, auf das nach dem Abkommen zulässigerweise Rückgriff zu nehmen ist, und die zur Doppelbesteuerung oder doppelten Nichtbesteuerung führen, sieht der OECD-MK seit 2000 die Bindung des Ansässigkeitsstaates an die Qualifikation durch den Quellenstaat vor (sog. Qualifikationsverkettung).[275]

Die OECD kommt zu diesem Ergebnis durch eine Neuinterpretation des im Wesentlichen seit 1966 unveränderten Art. 23 A Abs. 1 bzw. B Abs. 1 OECD-MA (entspricht Art. 23 Abs. 2 lit. a bzw. Abs. 1 DBA-Russland). Nach diesen Vorschriften hat der Ansässigkeitsstaat die Doppelbesteuerung durch Freistellung bzw. Anrechnung zu vermeiden, wenn die Einkünfte im anderen Vertragsstaat „nach diesem Abkommen besteuert werden können“. Kommt nun der Quellenstaat unter zulässigem Rückgriff auf sein nationales Recht zu der Ansicht, dass ihm das Abkommen ein Besteuerungsrecht zuweise, so hat der Ansässigkeitsstaat nach Auffassung der OECD die ausländische Steuer anzurechnen oder die Einkünfte freizustellen, da sie im Sinne des Art. 23 A/B Abs. 1 OECD-MA nach diesem Abkommen im anderen Staat besteuert werden können.[276] Das vermeidet die Doppelbesteuerung bei Qualifikationskonflikten i.e.S. Umgekehrt soll der Ansässigkeitsstaat zur Freistellung nicht verpflichtet sein, wenn der Quellenstaat für sich aufgrund seines gem. Art. 3 Abs. 2 DBA-Russland anzuwendenden nationalen Rechts kein Besteuerungsrecht

271 *Lampert*, Doppelbesteuerungsrecht und Lastengleichheit, S. 101.

272 Ebenso *Wassermeyer*, in Wassermeyer, DBA, Art. 3 Rn. 82; siehe auch *Gosch*, ISR 2013, 87, 88 f.; a.A. BFH v. 28. 3. 1973, I R 59/71, Rn. 10.

273 Art. 3 Rn. 12 OECD-MK 2014; siehe dazu *Dürrschmidt*, in Vogel/Lehner, DBA, Art. 3 Rn. 121a.

274 Z.B. behandelt ein Vertragsstaat einen Sachverhalt als Bauausführungen, die erst nach Ablauf von 12 Monaten eine Betriebsstätte begründet, während der andere Staat nach Art. 5 Abs. 1 DBA-Russland die Geschäftseinrichtungsbetriebsstätte bereits nach Ablauf von 6 Monaten bejaht.

275 Art. 23 Rn. 32.1 ff. OECD-MK 2000 (seitdem unverändert).

276 Art. 23 Rn. 32.3 f. OECD-MK 2000 (seitdem unverändert).

beansprucht.[277] Dadurch wird für die Anwendung der Freistellungsmethode die doppelte Nichtbesteuerung bei Qualifikationskonflikten i.e.S vermieden.

Gegen den neuen Ansatz spricht, dass der Formulierung „nach diesem Abkommen im anderen Staat besteuert werden können" keine Festlegung auf das innerstaatliche Recht des Quellenstaates entnommen werden kann.[278] Zudem folgt aus der Existenz von ausdrücklichen Verweisen auf das innerstaatliche Recht eines der Vertragsstaaten mit Bindungswirkung für den anderen Staat (z.B. Art. 6 Abs. 1 S. 1, Art. 4 Abs. 1 DBA-Russland) im Umkehrschluss, dass für eine Bindung kein Raum ist, wo eine solche Formulierung fehlt.[279] Schließlich kann der neue Ansatz in Kombination mit der großzügigen Anwendung des Art. 3 Abs. 2 DBA-Russland dazu führen, dass der Quellenstaat durch innerstaatliche Regelungen unilateral verbindlich über die Auslegung und Anwendung des Abkommens entscheiden und Steuersubstrat an sich ziehen kann.[280]

Die deutsche Finanzverwaltung folgt der Auslegung durch den OECD-MK und wendet sie auch auf vor der Änderung abgeschlossene Abkommen an.[281] Der BFH lehnt allgemein die dynamische Heranziehung des OECD-MK ab und hat konkret jedenfalls Zweifel, ob die Neuinterpretation auch auf Altabkommen wirken dürfe.[282] Für die Subjektqualifikation einer ausländischen Gesellschaft hat der BFH die Anwendung einer Qualifikationsverkettung explizit abgelehnt.[283]

Russische Rechtsprechung hierzu fehlt. Da Russland jedoch zu einer Anrechnung im Ausland gezahlter Steuern tendiert, ohne zu prüfen, ob ausländische Einkünfte im Sinne des nationalen russischen Rechts vorliegen,[284] ist davon auszugehen, dass die Rechtsprechung dem neuen OECD-Ansatz folgen könnte.

C. Mehrsprachigkeit

Da die völlige Deckungsgleichheit mehrerer Sprachfassungen weder theoretisch noch praktisch möglich ist,[285] wurden bereits vor dem WÜRV Regeln entwickelt, wie mit Bedeutungsunterschieden zwischen mehreren verbindlichen Fassungen umzugehen ist. Diskutiert wurden unter anderem die Maßgeblichkeit der klareren Fassung, der Fassung in der eigenen Landessprache, der engeren gemeinsamen

277 Art. 23 Rn. 32.3 und 32.6 MK 2000 (seitdem unverändert).
278 BFH v. 25.05.2011, I R 95/10, Rn. 17 ff.; BFH v. 19.05.2010, I B 191/09, Rn. 34 ff.
279 So auch *Wiesemann*, Nicht- und Minderbesteuerung, S. 39.
280 *Wiesemann*, Nicht- und Minderbesteuerung, S. 140 ff.
281 Vgl. BMF v. 26.09.2013, IV B 5-S 1300/09/10003, Tz. 4.1.3.3.1 f.
282 BFH v. 19.05.2010, I B 191/09, Rn. 34 ff.
283 BFH v. 25.05.2011, I R 95/10, Rn. 17 ff.
284 Dazu unter § 3 A.II.2, S. 51.
285 Vgl. *Hilf*, Auslegung, S. 20.

oder der schuldnerfreundlichsten Bedeutung, der Ursprungsfassung bzw. der vorbereitenden Arbeiten etc.[286] Nunmehr regelt Art. 33 WÜRV diesen Fragenkomplex.

Ausgangspunkt ist Art. 33 Abs. 1 WÜRV, der die Rechtsfolge für Art. 10 WÜRV normiert, wenn nach der Einigung von Vertragsparteien mehrere Sprachen authentisch sind. Vorbehaltlich anderer Vereinbarung sind alle authentischen Fassungen gleich maßgeblich (Prinzip der Einheit des Textes). Das DBA-Russland ist in deutscher und russischer Sprache abgefasst, die nach der Schlussklausel gleichermaßen verbindlich sind. Eine dritte authentische Sprache (vgl. Art. 33 Abs. 1, 2 WÜRV) wurde nicht festgelegt.

Aus der gleichen Verbindlichkeit authentischer Sprachfassungen folgt, dass der Rechtsanwender beide Texte bei der Auslegung beachten muss. Da vor Abschluss des Abkommens beide Fassungen miteinander abgestimmt werden, wird in Art. 33 Abs. 3 WÜRV widerlegbar vermutet, dass die Ausdrücke in jedem authentischen Text dieselbe Bedeutung haben.[287] Weil wegen der Einheit des Textes die Bedeutung eines Ausdrucks nur aus dem Vergleich beider Fassungen ermittelt werden kann[288] und Zweifel an der Bedeutungsidentität erst nach dem Vergleich entstehen können, soll nach teilweise vertretener Auffassung die primäre Orientierung an nur einer Sprachfassung nicht zulässig sein.[289] Das gelte jedenfalls bei der Auslegung von DBA, weil vor Gericht nicht die Vertragsparteien selbst verhandeln und ein Bedeutungsunterschied unerkannt bleiben könnte.[290] Faktisch liefe es zudem auf eine Verlagerung der Beweislast für die Auslegung von Vorschriften auf den Steuerpflichtigen hinaus, die gegen den Grundsatz „iura novit curia“[291] verstoße.[292] Nach der herrschenden Meinung dagegen darf der Rechtsanwender wegen der widerlegbaren Vermutung der Gleichwertigkeit bei der „Routineinterpretation“ jede der authentischen Fassungen auslegen und anwenden.[293] Ein Textvergleich wird erst notwendig, wenn Zweifel an der Bedeutungsidentität bestehen. Auch der BFH folgt dieser Auffassung, indem er z. B. aus der gleichen Verbindlichkeit beider Sprachfassungen des DBA-Kroatien folgert, dass für die Auslegung des Abkommens von der deutschen Sprachfassung ausgegangen werden könne.[294] Für die herrschende Meinung spricht, dass die Berücksichtigung aller authentischen Sprachfassungen

---

286 Übersicht bei *Mössner*, Archiv des Völkerrechts 1971/1972, 273, 281 ff. Kritik bei *Евинтов*, Многоязычные договоры, S. 95 f. sowie 103 ff.

287 Vgl. bereits *Hilf*, Auslegung, S. 73 ff.

288 Auch der Wortlaut des Art. 33 Abs. 4 WÜRV („wenn ein Vergleich [...] einen solchen Bedeutungsunterschied aufdeckt [...]“) spricht für ein solches Verständnis.

289 *Lang*, in Maisto/Nikolakakis/Ulmer, Essays, S. 15, 19 ff.

290 *Lang*, in Maisto/Nikolakakis/Ulmer, Essays, S. 15, 20.

291 BFH v. 31.01.2008, VII B 88/07, Rn. 20. Da DBA kein ausländisches Recht sind, ist § 155 FGO i.V.m. § 293 S. 1 ZPO nicht anwendbar, siehe *Hendricks*, IStR 2011, 711, 712 f.

292 *Lang*, in Maisto/Nikolakakis/Ulmer, Essays, S. 15, 21.

293 Vgl. z. B. *Villiger*, Commentary on the 1969 Vienna Convention, Art. 33 Rn. 8 f. und *Gardiner*, Interpretation, S. 421.

294 BFH v. 27.10.2011, III R 14/08, Rn. 19.

auf praktische Schwierigkeiten stößt, insbesondere bei multilateralen Verträgen, die mehr als zwei authentische Sprachen haben.[295] Zudem wurde die Aufnahme einer solchen Verpflichtung in das WÜRV erwogen, jedoch schließlich abgelehnt.[296]

Die Vermutung ist widerlegbar, wenn sich aus dem Text ein Bedeutungsunterschied ergibt. Allein aus der Verwendung von Rechtsbegriffen des nationalen Rechts kann – wie die Existenz ausdrücklicher Bezugnahmen z.B. in Art. 4 Abs. 1, 6 Abs. 1 DBA-Russland belegt – nicht geschlossen werden, dass die Parteien einen Rückgriff auf das nationale Recht und damit einen eventuellen Bedeutungsunterschied gewollt haben.[297] Die Frage ist nach Art. 3 Abs. 2 DBA-Russland zu entscheiden.

Wird nun durch den Textvergleich ein Bedeutungsunterschied ausgemacht, muss zuerst versucht werden, ihn durch die Anwendung der Art. 31, 32 WÜRV zu beseitigen. Diese Selbstverständlichkeit bringt Art. 33 Abs. 4 WÜRV durch den Verweis auf die Vorschriften zum Ausdruck. Insbesondere die teleologische Auslegung kann klären, ob ein mehrdeutiger Begriff in der einen Sprachfassung die Bedeutung hat, die ihm in der anderen Fassung zukommt. Nach der allgemeinen Regel des Art. 31 Abs. 1 WÜRV muss – wie auch bei der Auslegung innerstaatlichen Rechts – der Wortlaut beider Fassungen als Grenze beachtet werden. Eine Auslegung gegen den Wortlaut darf grundsätzlich nicht erfolgen. Soweit sich die Divergenz nicht nach Art. 31 und 32 WÜRV beseitigen lässt, wird diejenige Bedeutung zugrunde gelegt, die unter Berücksichtigung von Ziel und Zweck des Vertrags die Wortlaute am besten miteinander in Einklang bringt (Art. 33 Abs. 5 WÜRV). Dieser nochmalige Rückgriff auf die teleologische Auslegung neben Art. 31 Abs. 1 WÜRV ist nicht entbehrlich. Im Unterschied zum vorherigen Schritt ist die Bindung an die übrigen Auslegungsmethoden aus Art. 33 Abs. 1 WÜRV abgeschwächt, die Auslegung kann tatsächlich gegen den Wortlaut einer der Sprachfassungen erfolgen.[298]

Nicht zulässig ist es, wie bisweilen von russischen Gerichten praktiziert, im Konfliktfall die weiteste Bedeutung zugrunde zu legen.[299] Auf ein praktisches Problem hat das 9. AAS in seiner Entscheidung vom 26.01.2015 hingewiesen. Das Gericht hat sich geweigert, die authentische und bei Divergenzen sogar vorgehende englische Fassung des Abkommens zwischen Russland und Niederlanden zu berücksichtigen, weil das Abkommen entsprechend der russischen Praxis nur in der russischen

295 Ebenso bereits *Waldock*, in YBILC 1966/II, S 100 § 23.

296 Ebd.

297 Ebenso *Lehner*, in Vogel/Lehner, DBA, Grundlagen Rn. 152d; a.A. *Wassermeyer*, in Wassermeyer, DBA, Art. 3 Rn. 83.

298 Ebenso *Hilf*, Auslegung, S. 102; a.A. *Villiger*, Commentary on the 1969 Vienna Convention, Art. 33 Rn. 12; *Хаванова*, Избежание двойного налогообложения, S. 329; unklar *Dörr*, in Dörr/Schmalenbach, Vienna Convention, Art. 33 Rn. 37. Für Teildissens *Vogel*, StuW 1982, 111, 122. Anders nunmehr *Lehner*, in Vogel/Lehner, DBA, Grundlagen Rn. 112a.

299 AS M v. 31.07.2015, A40-78218/2015.

Sprache offiziell veröffentlicht wurde.[300] Tatsächlich ist eine Veröffentlichung aller Sprachfassungen weder in der Verfassung selbst noch einfachgesetzlich im Gesetz über völkerrechtliche Verträge angeordnet. Das Gericht hätte jedenfalls eine Kopie des beim Außenministerium gem. Art. 28 Abs. 1 GVV hinterlegten Abkommens anfordern können.[301] Rechtlich problematisch ist indessen das Heranziehen der anderen Sprachfassung, wenn sie für den Steuerpflichtigen belastender ist als die offiziell in Russland veröffentlichte. Aus der Wertung des Art. 15 Abs. 3 S. 1 und 2 VerfRF ergibt sich, dass unveröffentlichte Rechtsnormen, die in die Rechte des Einzelnen eingreifen, nicht angewendet werden dürfen. Insofern stellt sich ein verfassungsrechtliches Problem, das in der russischen Literatur bisher nicht erkannt wurde.

Bei Doppelbesteuerungsabkommen lassen sich Zweifel über eventuelle Wortlaut- und Bedeutungsdivergenzen leichter klären, weil die meisten DBA entweder auf dem OECD- oder UN-Muster basieren. Werden Klauseln des OECD-MA übersetzt und sind die beiden authentischen Fassungen unterschiedlich, kann zur Bestimmung des Inhalts auf die englische und französische Fassung des OECD-MA zurückgegriffen werden.[302] Damit wird nicht eine dritte Sprache (englisch und/oder französisch) entgegen der Vertragsvereinbarung nach Art. 33 Abs. 2 WÜRV als stillschweigend mitvereinbart betrachtet.[303] Die Berücksichtigung des OECD-MA kann je nach vertretener Auffassung über Art. 33 Abs. 4, 31 Abs. 1 WÜRV oder richtigerweise über Art. 32 WÜRV erfolgen.

300 9 AAS v. 26.01.2015, A40-100177/2013 (aus anderem Grund aufgehoben durch AS MO v. 19.05.2015).

301 Siehe dazu *Хаванова*, Международные договоры, S. 168.

302 *Lang*, IStR 2011, 403, 407.

303 So aber *Frotscher*, Internationales Steuerrecht, S. 125.

§ 3 Bedeutung des Betriebsstättenbegriffs und des Betriebsstättenprinzips bei der Besteuerung grenzüberschreitender Unternehmenstätigkeit

A. Funktion der Betriebsstätte und des Vertreters

I. Deutschland

Der Begriff der Betriebsstätte wird in § 12 AO und derjenige des ständigen Vertreters in § 13 AO legaldefiniert. Den Anspruch des Gesetzgebers, in § 12 AO eine „Manteldefinition“[304] zu schaffen, welche für alle Steuergesetze gilt (§ 1 Abs. 1 AO), hat der BFH in seiner Rechtsprechung relativiert: Es ist durch Auslegung zu ermitteln, ob die Einzelsteuergesetze nicht eine normspezifische Auslegung des § 12 AO erfordern.[305] Im Folgenden wird die Funktion des Betriebsstättenbegriffs im Rahmen der Ertragsbesteuerung grenzüberschreitender Unternehmenstätigkeit untersucht.

1. Inbound-Fall[306]

Natürliche Personen ohne Wohnsitz oder gewöhnlichen Aufenthalt im Inland (sog. Steuerausländer) sind mit ihren inländischen Einkünften beschränkt steuerpflichtig (§ 1 Abs. 4 EStG). Einkünfte aus Gewerbebetrieb sind inländisch, wenn für den Gewerbebetrieb im Inland eine Betriebsstätte unterhalten wird oder ein ständiger Vertreter bestellt ist (§ 49 Abs. 1 Nr. 2 lit. a).[307] § 49 EStG gilt über § 8 Abs. 1 KStG auch für die Körperschaftsteuer. Zwar wurden die Anknüpfungsmerkmale für Einkünfte aus Gewerbebetrieb in § 49 Abs. 1 Nr. 2 EStG mittlerweile erweitert, dennoch bleibt die Betriebsstätte für gewerbliche Einkünfte das zentrale Anknüpfungskriterium

---

304 Vgl. BT-Drs. VII/1979, S. 1, BT-Drs. VI/1982, S. 103.

305 Hauptanwendungsfall einer solchen „Modifikation“ in Form einer teleologischen Reduktion (*Kruse*, StuW 2003, 344, 438) ist § 4 Abs. 5 S. 1 Nr. 6 EStG. Betriebsstätte ist hiernach als Beschäftigungsstätte des Arbeitnehmers zu verstehen, vgl. zuletzt BFH v. 22.10.2014, X R 13/13, Rn. 12; vgl. auch *Drüen*, in Tipke/Kruse, AO/FGO, § 12 AO Rn. 3.

306 Der Inbound-Fall betrifft die Tätigkeit eines Steuerausländers im Inland (beschränkte Steuerpflicht), der Outbound-Fall die Tätigkeit des Steuerinländers im Ausland (unbeschränkte Steuerpflicht).

307 Aus deutscher Sicht müsste daher von einem Betriebsstätten- und Vertreterprinzip gesprochen werden, siehe bereits *Kumpf*, in Haarmann, Beschränkte Steuerpflicht, S. 27, 29.

für die Begründung der (beschränkten) Steuerpflicht.[308] Vorbehaltlich anderer Anknüpfungsmerkmale markiert die Betriebsstätte eine Untergrenze, ab welcher der ausländische Unternehmer mit seinen Einkünften in Deutschland steuerpflichtig ist. In den Worten des BFH wird hier die Besteuerungsmöglichkeit „von einer bestimmten Intensität der geschäftlichen Beziehung zu dem jeweiligen Territorium abhängig" gemacht.[309]

Von der Existenz einer Betriebsstätte oder eines ständigen Vertreters hängt nicht nur das „Ob", sondern auch der Umfang des Steuerzugriffs ab. Nur Einkünfte des Steuerausländers, welche durch die Betriebsstätte oder den ständigen Vertreter erzielt worden sind, sind sog. inländische Einkünfte und unterliegen im Inland der Einkommen- oder der Körperschaftsteuer (vgl. § 49 Abs. 1 Nr. 2 lit. a EStG).[310] Da eine Betriebsstätte lediglich unselbstständiger Teil des sog. Einheitsunternehmens ist, muss geklärt werden, welchen Gewinn die Betriebsstätte bzw. der ständige Vertreter erzielt bzw. welcher Teil des Gesamtgewinns auf sie entfällt.

Gem. § 2 Abs. 1 S. 3 GewStG unterliegt ein Gewerbebetrieb der Gewerbesteuer, soweit für ihn im Inland eine Betriebsstätte unterhalten wird. Die Bestellung eines ständigen Vertreters ist für die Gewerbesteuer irrelevant. Die Existenz einer Betriebsstätte entscheidet zudem über die Hebeberechtigung einer Gemeinde (vgl. § 4 Abs. 1 GewStG). Bei mehreren Betriebsstätten in verschiedenen Gemeinden wird der Gewerbeertrag aufgeteilt. Insofern entspricht die innerkommunale Verteilung des Steuersubstrats der zwischenstaatlichen auf Abkommensebene.[311]

2. *Outbound-Fall*

Im Outbound-Fall werden die nachteiligen Folgen der Doppelbesteuerung unilateral durch Anrechnung im Ausland gezahlter Steuern auf ausländische Einkünfte gem. § 34c Abs. 1 EStG beseitigt. Einkünfte aus Gewerbebetrieb sind ausländisch, wenn sie durch eine im Ausland belegene Betriebsstätte oder einen im Ausland tätigen ständigen Vertreter erzielt werden (§ 34d Nr. 2 lit. a EStG). Anders als bei der Definition der inländischen Einkünfte fehlt bei ausländischen Einkünften aus selbstständiger Arbeit (§ 34d Nr. 3 EStG) und Vermietung und Verpachtung (§ 34d Nr. 7 EStG) die Anknüpfung an die ausländische Betriebsstätte. Da der stehende Gewerbebetrieb der Gewerbesteuer ohnehin nur unterliegt, soweit für ihn eine inländische Betriebsstätte unterhalten wird, müssen insbesondere Gewinne, die auf eine nicht

---

308 Siehe auch *Puls*, Betriebsstätte, S. 13. Ferner sind Einkünfte aus selbstständiger Arbeit (§ 18 EStG) inländisch, wenn sie im Inland ausgeübt oder verwertet wird oder worden ist, oder für die im Inland eine feste Einrichtung oder eine Betriebsstätte unterhalten wird (§ 49 Abs. 1 Nr. 3 EStG). Auch bei Einkünften aus Vermietung und Verpachtung wird neben dem Belegenheitsprinzip an die Verwertung in einer inländischen Betriebsstätte (§ 49 Abs. 1 Nr. 6 EStG) angeknüpft.

309 BFH v. 21.04.1999, I R 99/97, Rn. 17.

310 Deutlicher insoweit § 34d Nr. 2 lit. a EStG; vgl. BFH v. 24.02.1988, I R 95/84, Rn. 18.

311 Vgl. bereits *Puls*, Betriebsstätte, S. 8.

im Inland belegene Betriebsstätte entfallen, gem. §§ 9 Nr. 3, 7 S. 1 GewStG aus dem Gewinn gekürzt werden.

II. Russland

Im nationalen russischen Steuerrecht ist der Begriff der Betriebsstätte als Anknüpfungsmerkmal allein für Organisationen von Bedeutung. Daher wird der Begriff nicht im Allgemeinen Teil des Steuerkodex, sondern speziell für die Zwecke der Steuer auf Gewinn von ausländischen Organisationen legaldefiniert (Art. 306 Abs. 2 StK).[312] Der abhängige Agent (Vertreter) wird – wie im Abkommensrecht – einer Betriebsstätte gleichgestellt (Art. 306 Abs. 9 StK). Außerhalb des Außensteuerrechts übernimmt die „gesonderte Einheit" i.S.d. Art. 11 Abs. 2 StK (auch alternatives Tatbestandsmerkmal der Betriebsstättendefinition in Art. 306 Abs. 2 StK) viele Funktionen, die im deutschen Recht der Betriebsstätte zukommen: Sie ist Verteilungskriterium für das Gewinnsteueraufkommen zwischen den Subjekten,[313] Anknüpfungsmerkmal für die steuerliche Registrierung[314] und für die Entstehung von Steuereinbehaltungs- und -entrichtungspflichten als Steueragent.[315] Zudem wurde durch Föderales Gesetz vom 24.11.2014[316] ausländischen Organisationen die Möglichkeit eröffnet, auf Antrag unbeschränkt steuerpflichtig zu werden, wenn sie im Inland eine gesonderte Einrichtung unterhalten (Art. 246.2 Abs. 8 StK).[317]

Ferner sind ausländische Organisationen mit einer Betriebsstätte in Russland gem. Art. 310 Abs. 1 StK als Steueragenten zur Einbehaltung und Entrichtung von Quellensteuern auf Einkünfte ausländischer Organisationen ohne Betriebsstätte in Russland verpflichtet.

Das Bestehen einer Betriebsstätte ist zudem relevant für die Bestimmung des Ortes der Leistung für mehrwertsteuerpflichtige Arbeiten und Dienstleistungen (Art. 148 Abs. 1 Nr. 4 StK).

1. Inbound-Fall[318]

Nach ausländischem Recht gegründete rechtsfähige Rechtsgebilde (ausländische Organisationen), die keine Steuerresidenten sind, sind nur steuerpflichtig, wenn sie

312 Der abhängige Vertreter wird wie im Abkommensrecht einer Betriebsstätte gleichgestellt (vgl. Art. 306 Abs. 9 StK).

313 Art. 288, 11 Abs. 2 StK.

314 Art 83 Abs. 4 StK.

315 Z.B. für die Umsatzsteuer gem. Art. 161 Abs. 2, 5, 83 Abs. 4 StK, die Einkommensteuer gem. Art. 226 Abs. 1 StK.

316 Nr. 376-FZ, RG Nr. 272, 24.11.2014.

317 In der Ursprungsfassung sprach Art. 246.2 Abs. 8 StK uneinheitlich teils von einer Betriebsstätte, teils von gesonderter Einheit; geändert durch Föderales Gesetz v. 15.02.2016, Nr. 32-FZ, RG Nr. 33, 17.02.2016.

318 Aus russischer Sicht bedeuten Inbound die Tätigkeit eines Steuerausländers im Inland und Outbound die Tätigkeit eines russischen Unternehmens im Ausland.

über eine Betriebsstätte in Russland tätig sind und/oder Einkünfte aus Quellen in der Russischen Föderation erzielen. Besteht eine inländische Betriebsstätte, besteuert Russland grds. die Differenz aus durch die Betriebsstätte erzielten Einnahmen und verursachten Ausgaben sowie die Einnahmen aus Quellen in der russischen Föderation, die (wirtschaftlich) zur Betriebsstätte gehören (Art. 307 Abs. 1 StK).

Für die Besteuerung natürlicher Personen folgt der Steuerkodex – wie bereits die russischen bzw. die sowjetischen Vorgängerregelungen – nicht dem Betriebsstättenprinzip, sondern zählt in Art. 208 StK die einzelnen inländischen Quellen auf.

Das Bestehen einer inländischen Betriebsstätte ist zudem Anknüpfungsmerkmal für die Steuer auf Vermögen von Organisationen (Art. 373 Abs. 1 und 2, 374 Abs. 2 StK).[319]

2. *Outbound-Fall*

Für die Vermeidung der Doppelsteuerung von natürlichen Personen sieht der Steuerkodex – im Unterschied zur Vorgängerregelung – keine unilateralen Maßnahmen[320] mehr vor (Art. 232 Abs. 1 StK und klarstellend für Dividenden Art. 214 Abs. 2 UA 1 StK).[321]

Hingegen können russische Organisationen und Steuerresidenten die nach dem Recht eines ausländischen Staates gezahlten der Gewinnsteuer gleichartigen Steuern auf die russische Steuerschuld anrechnen lassen (Art. 311 Abs. 3 StK).[322] Das gilt nach zutreffender Auffassung auch, wenn zwischen den Staaten kein Abkommen

319 Besteht eine inländische Betriebsstätte, wird das bewegliche und unbewegliche Sachanlagevermögen sowie das aufgrund eines Konzessionsvertrags überlassene Vermögen unabhängig von seiner Belegenheit im Inland besteuert. Im Übrigen wird nur das in Russland belegene unbewegliche Vermögen besteuert (Art. 373 Abs. 1, 2; 374 Abs. 2 StK).

320 Einzelunternehmer werden zumindest die im Ausland bezahlten Steuern als Betriebsausgaben im Inland abziehen dürfen (str., Art. 221 Nr. 1, Art. 252 Abs. 1 StK), vgl. *Лермонтов*, Контроль, ревизия, проверка 2016, S. 27 ff.

321 Anders noch Art. 4 Abs. 3 Gesetz „Über die Einkommensteuer von natürlichen Personen" v. 07.12.1991, Nr. 1998–1, RG Nr. 59, 13.03.1992. Über die Motive des Gesetzgebers lässt es sich nur mutmaßen. *Шахмаметьев*, Межднународное налоговое право, S. 429 f. verweist auf steuerlichen Missbrauch und Erhebungsdefizite. Beides träfe – wenn auch in einem geringeren Umfang – auch auf die ausländischen Einkünfte russischer Organisationen zu. Es liegt daher nahe, dass der Gesetzgeber durch unilaterale Maßnahmen bei der Gewinnsteuer russische Unternehmen zur Auslandstätigkeit animieren möchte. In Bezug auf in Russland ansässige natürliche Personen, die im Ausland typischerweise passive Einkünfte und Einkünfte aus selbstständiger Arbeit erzielen, wird hingegen die Kapital- und Arbeitnehmerflucht vermieden.

322 Minfin Schreiben v. 14.01.2016, 03–08-13/679.

besteht.[323] Aus dem Zusammenhang mit Art. 311 Abs. 1 und 2 StK[324] folgt, dass hier Steuern auf Einkünfte aus Quellen außerhalb der Russischen Föderation gemeint sein müssen. Das Gesetz enthält allerdings keine Aussagen zu der Frage, wann eine Einkunftsquelle im Ausland liegt. Jedenfalls muss gem. Art. 311 Abs. 4, 288 Abs. 5 StK beim Bestehen ausländischer abgesonderter Einheiten die Steuer am Sitz der Organisation in Russland erklärt und bezahlt werden, d. h. entsprechende Einkünfte entstammen ausländischen Quellen. Damit wird dem ausländischen Staat mehr Steuersubstrat zugestanden als Russland für sich im Inbound-Fall beansprucht, weil auch Steuern angerechnet werden können, die auf eine ausländische Hilfsbetriebsstätte entfallen. Da eine Betriebsstätte anders als eine abgesonderte Einheit keine stationären Arbeitsplätze voraussetzt, können nach allgemeiner Auffassung auch Steuern auf ausländische Betriebsstätteneinkünfte angerechnet werden.[325]

Besonderheiten gelten im Anwendungsbereich von Doppelbesteuerungsabkommen. Da diese gem. Art. 15 Abs. 4 S. 2 VerfRF, Art. 7 StK dem nationalen Recht vorgehen, wird die völkerrechtlich vereinbarte Verteilung des Steuersubstrats der Anrechnung zu Grunde gelegt.[326] Im Rahmen der Unternehmensgewinne wird die Anrechnung zugelassen oder nicht, je nachdem ob im Ausland eine Betriebstätte im Sinne des Abkommens gegeben ist.[327] Damit kann ein Steuerpflichtiger mit Einkünften aus einem DBA-Staat schlechter gestellt werden als mit Drittstaateinkünften.

Im Nicht-DBA-Fall stellt sich dagegen die Frage, nach welchem Recht das Vorliegen einer Betriebstätte beurteilt wird. Kommt es bereits zur Anrechnung, wenn eine Betriebsstätte nach ausländischem – aber keine abgesonderte Einheit oder Betriebsstätte nach russischem – Recht vorliegt? Die Betriebsstättendefinition in Art. 306 Abs. 2 StK gilt jedenfalls nach ihrem Wortlaut nur für die inländische Tätigkeit ausländischer Organisationen. Ferner ist nicht klar, für welchen Teil der Einkünfte des russischen Einheitsunternehmens die Anrechnung gewährt wird. Schließlich ist die Anwendung des Anrechnungshöchstbetrags problematisch. Nach Art. 311 Abs. 2 StK ist die Anrechnung begrenzt auf den „Betrag der Steuer, der von dieser Organisation in der Russischen Föderation zu zahlen ist.“ Überwiegend wird der missverständliche Wortlaut einschränkend ausgelegt: Nicht der Gesamtbetrag

---

323 Eindeutig insoweit Minfin Schreiben v. 05.12.2012, 03–08-05; v. 23.12.2009, 03–03-06/2/236. A.A. *Ежова*, Финансовые и бухгалтерские консультации 2015, Nr. 5 (69), S. 20, 22.

324 Die beiden Absätze betreffen aus ausländischen Quellen stammende Einnahmen und damit zusammenhängende Ausgaben.

325 Minfin Schreiben v. 24.12.2008, 03–03-05/180.

326 Für ausländische Betriebsstätten siehe Minfin Schreiben v. 06.08.2015, 03–08-05/45365 und UFNS Moskau v. 18.08.2009, 6–15/085547 und v. 05.03.2010, 16–15/023294@.

327 Die Anrechnung wird ferner versagt, wenn nach dem innerstaatlichen Recht des Quellenstaates die Steuer hätte nicht erhoben werden dürfen, Minfin, Schreiben v. 05.03.2010, 16–15/023294@ und 16–15/023299@; FAS SKO v. 29.04.2009, A32-17925/2009.

der Steuer bildet die Anrechnungsgrenze, sondern der Teil der russischen Steuer, der auf die ausländischen Einkünfte entfällt.[328] Zu diesem Zweck muss die Höhe der Einkünfte nach russischem Recht ermittelt und von den Gesamteinkünften abgegrenzt werden. Eine gesetzliche Grundlage hierfür fehlt. Die Vorschriften für den Inbound-Fall sind jedenfalls nicht direkt anwendbar.

Die Doppelbesteuerung des Vermögens russischer Organisationen im Ausland wird unabhängig vom Bestehen einer ausländischen Betriebsstätte konsequent nach dem Belegenheitsprinzip beseitigt (Art. 386.1 Abs. 1 StK).

III. Abkommensrecht

Art. 5 DBA-Russland definiert den Begriff der Betriebsstätte. Die Hauptfunktion der Betriebsstätte ergibt sich aus Art. 7 Abs. 1 DBA-Russland. Danach dürfen Gewinne eines Unternehmens grundsätzlich nur im Ansässigkeitsstaat besteuert werden. Als Ausnahme davon darf (auch) der andere Staat von seinem Besteuerungsrecht Gebrauch machen, wenn das Unternehmen seine Tätigkeit durch eine dort belegene Betriebsstätte ausübt. Das Besteuerungsrecht des Betriebsstättenstaates wird jedoch auf die Gewinne beschränkt, die der Betriebsstätte zugerechnet werden können. Nach welchem Prinzip die Zurechnung erfolgt, bestimmen Art. 7 Abs. 2 bis 4 DBA-Russland. Danach werden der Betriebsstätte in jedem Staat die Gewinne zugerechnet, die sie als selbstständiges und unabhängiges Unternehmen erzielt hätte (Art. 7 Abs. 2 S. 1 DBA-Russland). Deutschland als Ansässigkeitsstaat hat gem. Art. 23 Abs. 2 lit. a DBA-Russland die Einkünfte in diesem Umfang von der Besteuerung auszunehmen und Russland die im Ausland gezahlten Steuern auf die inländische Steuerschuld anzurechnen (Art. 23 Abs. 1 DBA-Russland).

Im Abkommensrecht dient damit der Betriebsstättenbegriff im Inbound-Fall der Bestätigung der innerstaatlich begründeten Steuerpflicht und im Outbound-Fall ihrer Beschränkung.[329] Dieser Mechanismus wird als das abkommensrechtliche Betriebsstättenprinzip bezeichnet. Das abkommensrechtliche Betriebsstättenprinzip wie auch allgemein Doppelbesteuerungsabkommen dienen hingegen nicht dazu, nach nationalem Recht nicht bestehende Steueransprüche zu begründen. Diese bloße Schrankenwirkung eines Doppelbesteuerungsabkommens ist allerdings kein Dogma. Die Vertragsstaaten können durch ein Abkommen auch materielle Steuerpflichten begründen. Das setzt jedoch eine entsprechende Einigung voraus. Die dem OECD-MA folgenden Doppelbesteuerungsabkommen begründen solche Pflichten aus sich heraus nicht. Ferner steht es den Staaten auch frei, die innerstaatliche Steuerpflicht an die Steuerverteilung im Abkommen zu knüpfen.[330]

---

328 Das ist kaum mit der Zweifelsregelung in Art. 3 Abs. 7 StK vereinbar, *Тендрякова*, Финансы и кредит 2009, Nr. 11, 75, 81.

329 Vgl. auch *Schönfeld*, DStJG 36 (2013), 233, 237.

330 So in Frankreich, siehe *Lehner/Waldhoff*, in K/S/M, EStG, § 1 EStG Rn. A 287; siehe auch BFH v. 20.07.2016, I R 50/15, Rn. 17; *Гидирим*, Основы, 5.4.1 f.

Kein Aliud, sondern Teil der geschilderten Funktion sind die sog. abkommensrechtlichen Betriebsstättenvorbehalte. DBA enthalten einen lückenlosen und vom nationalen Recht unabhängigen Katalog der Einkunftsarten. Im Unterschied zum nationalen Recht gilt der Grundsatz der Subsidiarität von Unternehmensgewinnen (Art. 7 Abs. 1 DBA-Russland). Für Einkünfte aus Dividenden, Zinsen oder Lizenzgebühren verweist das Abkommen jedoch zurück auf die Vorschrift über die Unternehmensgewinne, wenn die zugrunde liegenden Vermögenswerte tatsächlich zu einer Betriebsstätte des Nutzungsberechtigten im Quellenstaat gehören (sog. Betriebsstättenvorbehalte, vgl. Art. 10 Abs. 3, 11 Abs. 3, 12 Abs. 4 DBA-Russland).[331]

Nichts mit der eigentlichen Funktion der Betriebsstätte als Gewinnabgrenzungsobjekt gemein hat die Regelung des Art. 15 Abs. 2 lit. c DBA-Russland. Danach hat der Ansässigkeitsstaat für Einkünfte einer Person aus unselbstständiger Arbeit, die im Nichtansässigkeitsstaat nicht länger als 183 Tage ausgeübt wird, kein ausschließliches Besteuerungsrecht, wenn die Vergütung von einer im Nichtansässigkeitsstaat befindlichen Betriebsstätte des Arbeitgebers getragen wird.

IV. Abgrenzung zu konkurrierenden Anknüpfungsmerkmalen

Völkergewohnheitsrechtlich anerkannt ist, dass ein souveräner Staat Rechtsfolgen an Sachverhalte mit Auslandsbezug knüpfen darf, soweit ein „hinreichender Anknüpfungspunkt" bzw. „ein genuine link" besteht.[332] Sieht man die Rechtfertigung der Steuer in der Nutzung der nationalen (Rechts-)Ordnung, sind sowohl die Staatsangehörigkeit als auch die Territorialität ein hinreichender Anknüpfungspunkt für die Auferlegung von Steuern und Abgaben.[333] Die territoriale Anknüpfung kann sich insbesondere aus der Ansässigkeit des Steuerpflichtigen oder aus der Belegenheit der Einkunftsquelle ergeben.[334] Damit stellt das Völkergewohnheitsrecht nur minimale Anforderungen an den Inlandsbezug bei der beschränkten Steuerpflicht.[335] Hinreichend wäre z.B. die Nutzung des inländischen Absatzmarktes durch Direktgeschäfte aus dem Ausland.[336] Auch verfassungsrechtlich ist der Gesetzgeber bei der Wahl des Anknüpfungsmerkmals weitgehend frei.[337] Begrenzt wird er zum

---

331 Dagegen fehlt im DBA-Russland eine Art. 21 Abs. 2 OECD-MA 2014 vergleichbare Regelung (Betriebsstättenvorbehalt für „andere Einkünfte").

332 BVerfGE 63, 343, 368. StIGH v. 07.09.1927, PCIJ, Series A, Nr. 10, S. 4 ff. (Lotus-Entscheidung) sowie IGH v. 06.04.1955, ICJ Rep. 1055, 4, 20 ff. (Nottenbohm).

333 BVerfGE 67, 100, 143; *Wernsmann*, in Festschrift für Bengel und Reimann, S. 371, 373; *Valta*, Entwicklungshilfe, S. 197.

334 BVerfGE 63, 343, 369: „Staatsangehörigkeit, Niederlassung, Wohnsitz oder Aufenthalt im Inland, die Verwirklichung eines Abgabentatbestandes im Inland oder die Herbeiführung eines abgabenrechtlich erheblichen Erfolges im Inland".

335 Vgl. *Wassermeyer*, DStJG 08 (1985), 49, 54; *Vogel*, in Festschrift für Ritter, S. 771 ff.

336 *Hey*, IWB 2004, Fach 3, Gruppe 1, 2003, 2009.

337 Mittlerweile hat der Gesetzgeber im Bestreben, Besteuerungslücken zu schließen, in § 49 Abs. 1 EStG einen „Flickenteppich" von Anknüpfungsmerkmalen geschaf-

einen durch die den Einkunftsarten eigenen Sachgesetzlichkeiten. Da sich die Anknüpfungsmerkmale in ihrer Intensität der Inlandsbeziehung sowohl innerhalb einer Einkunftsart als auch zwischen den einzelnen Einkunftsarten unterscheiden, bedürfen hieraus resultierende Ungleichbehandlungen von Steuerpflichtigen zum anderen der Rechtfertigung vor dem Gleichheitssatz (Art. 3 Abs. 1 GG).[338]

Als Ausprägungen des Territorialitätsprinzips werden neben dem Betriebsstättenprinzip herkömmlich das Belegenheits-, Tätigkeits- und das Kassenprinzip genannt. §§ 49 Abs. 1 und 34d EStG enthalten eine abschließende Aufzählung von darauf beruhenden Anknüpfungsmerkmalen für die einzelnen Einkunftsarten. Das russische Körperschaftsteuerrecht geht einen anderen Weg: Es teilt die steuerbaren Einkünfte in solche aus einer russischen Betriebsstätte (Art. 306, 307 StK) und Einkünfte aus inländischen Quellen, die „nicht mit einer Tätigkeit durch eine Betriebsstätte in Russland verbunden" sind (Art. 309 StK).

Das Belegenheitsprinzip (lex rei sitae) stellt auf die tatsächliche oder rechtliche Belegenheit einer Sache bzw. bei Forderungen auf den Sitz des Schuldners (sog. Schuldnerprinzip) im Inland ab. Im EStG liegt das Belegenheitsprinzip z.B. der Anknüpfung bei Einkünften aus Land- und Forstwirtschaft, aus Vermietung und Verpachtung sowie privaten Veräußerungsgeschäften zugrunde (§ 49 Abs. 1 Nr. 1, 6, 8 EStG und § 34d Nr. 1, 6, 7, 8 EStG).[339] Das russische Steuerrecht macht für die Inlandsradizierung ebenfalls vom Belegenheitsprinzip Gebrauch.[340] Die nicht (!) abschließende Aufzählung der inländischen Einkünfte in Art. 309 Abs. 1 StK betrifft überwiegend Ausprägungen des Belegenheitsprinzips (vgl. Abs. 1 Nr. 1, 2, 3, 5, 6, 7). Im Abkommensrecht richtet sich danach z.B. die Besteuerung von Einkünften aus unbeweglichem Vermögen (Art. 6 DBA-Russland) sowie in Kombination mit dem Ansässigkeitsgrundsatz die Dividendenbesteuerung (Art. 10 DBA-Russland).

Auf die physische Tätigkeit im Inland stellt das Tätigkeitsprinzip ab, das sich insbesondere als Anknüpfung für Besteuerung von Dienstleistungen eignet. Im EStG findet es bei der Inlandsanknüpfung von selbstständiger Tätigkeit und künstlerischer und sportlicher gewerblicher Betätigung Verwendung (§ 49 Abs. 2 Nr. 2 lit. d, Nr. 3 und 4 EStG und § 34d Nr. 3, 5 EStG). Alternativer Anknüpfungspunkt insoweit ist das Verwertungs- oder Wirkungsprinzip. Inländisch ist danach auch die Auslandstätigkeit, wenn ihre Früchte im Inland genutzt werden.[341] Darauf stellt

---

fen, der zu recht zumindest als konzeptlos bezeichnet wird (*Hidien*, in K/S/M, EStG, § 49 Rn. D 197, F 35).

338 Siehe auch *Hidien*, in K/S/M, EStG, § 49 Rn. A 637 ff. Klassisches Beispiel für eine solche durch Typisierung gerechtfertigte Ungleichbehandlung ist die Anknüpfung an die Ausübung/Verwertung nach § 48 Abs. 1 Nr. 3 EStG im Rahmen der Einkünfte aus selbstständiger Arbeit im Vergleich zur Betriebsstättenanknüpfung bei gewerblichen Beratungsdienstleistungen.

339 *Hey*, IWB 2004, Fach 3, Gruppe 1, 2003, 2009; *Koblenzer*, BB 1996, 933, 935.

340 Für den Outbound-Fall aus russischer Sicht können die Regelungen jedenfalls als Rechtsgedanke herangezogen werden.

341 *Koblenzer*, BB 1996, 933, 935.

auch das russische Recht bei der Besteuerung von Einkünften aus der Verwertung von Urheberrechten ab (Art. 309 Abs. 1 Nr. 4 StK). Beim Tätigkeitsprinzip spielen die Dauer der inländischen Tätigkeit und der feste Ortsbezug grundsätzlich keine Rolle.[342]

Im Abkommensrecht wird bei der Besteuerung selbstständiger Tätigkeit nicht an die Tätigkeit, sondern an das Vorhandensein einer festen Einrichtung und damit an das Betriebsstättenprinzip angeknüpft (Art. 14 DBA-Russland). Die Besteuerung von Einkünften aus unselbstständiger Tätigkeit wird im Abkommensrecht zudem von der Dauer der Tätigkeit abhängig gemacht.[343]

Das Betriebsstättenprinzip kombiniert das Tätigkeits- und das Belegenheitsprinzip, ohne sich jedoch darin zu erschöpfen. Mit dem Belegenheitsprinzip hat die Betriebsstätte den Ortsbezug gemeinsam. Die bloße Belegenheit einer Geschäftseinrichtung reicht nicht aus, hinzukommen muss eine unternehmerische Tätigkeit des Steuerausländers. Im Unterschied zum Tätigkeitsprinzip sind sowohl eine gewisse Dauer als auch ein Ortsbezug erforderlich. Zudem werden bei Vorliegen einer inländischen Betriebsstätte auch Einkünfte besteuert, die zwar auf eine im Ausland ausgeübte Tätigkeit entfallen, aber wirtschaftlich zur Betriebsstätte gehören.[344] Weitergehende Anforderungen lassen sich aus der Abgrenzung nicht ziehen. Ergiebiger ist die Auslegung aus der Systematik der tatsächlich geregelten Anknüpfungsmerkmale. Beispielsweise kann aus der Anknüpfung auch an die schlichte Tätigkeit im Rahmen von § 49 Abs. 1 Nr. 3, § 18 EStG gefolgert werden, dass eine Betriebsstätte im nationalen Recht mehr als bloße Tätigkeit ist. Ein solcher Schluss kann jedenfalls aus der Behandlung selbstständiger Tätigkeit im Abkommen nicht gezogen werden, da Art. 14 DBA-Russland eine feste Geschäftseinrichtung voraussetzt.

Betriebsstätte als örtlich und zeitlich feste Geschäftseinrichtung markiert eine Intensitätsschwelle („permanent establishment threshold“[345]), innerstaatlich für den Steuerzugriff des Quellenstaates, abkommensrechtlich für die zwischenstaatliche Steuerverteilung. Der BFH spricht insoweit von „gewisser Verwurzelung des Unternehmers mit dem Ort der Tätigkeit“.[346] In Russland ist „von dem Grad der Anwesenheit des ausländischen Unternehmens, welcher die Besteuerung rechtfertigt“, die Rede.[347] Der Inhalt des Betriebsstättenprinzips hängt insbesondere vom Betriebsstättenbegriff ab.[348] Einen international anerkannten Betriebsstättenbegriff gibt es allerdings nicht. Es existiert nur das „Leitbild“[349] der Betriebsstätte aus dem preußischen Gewerbesteuerrecht (dazu sogleich), das international und innerstaatlich

342 Vgl. auch *Hey*, IWB 2004, Fach 3, Gruppe 1, 2003, 2009.
343 Belegenheitsprinzip *Koblenzer*, BB 1996, 933, 935, S. 936; Arbeitsortsprinzip *Lehner*, in Handbuch des Staatsrechts, Band XI, § 251, Rn. 47.
344 Vgl. *Wassermeyer*, in Wassermeyer, DBA, Art. 7 Rn. 176.
345 Art. 5 Rn. 42. 11 OECD-MK 20008 (seither unverändert).
346 BFH v. 17.09.2003, I R 12/02, Rn. 9.
347 *Коннов*, Постоянное представительство, S. 13.
348 *Puls*, Betriebsstätte, S. 10.
349 *Hidien*, in K/S/M, EStG, § 49 Rn. D 2093.

vielfältig eingeschränkt oder erweitert wird. Beispielsweise ist hier die sog. echte Dienstleistungsbetriebsstätte zu nennen, deren Vereinbarung in Abkommen Art. 5 Rn. 42.11 ff. OECD-MK seit 2003 empfiehlt, und die nur ein Zeitelement, aber keine Geschäftseinrichtung oder Ortsanknüpfung fordert. Zudem übernehmen Staaten das Betriebsstättenkonzept in die nationale Rechtsordnung und gestalten es durch Fiktionen, Sachverhaltserweiterungen oder durch Rechtsprechung aus.[350]

Den Regelungen ist jedoch gemeinsam, dass eine Betriebsstätte – was immer darunter zu verstehen ist – zum einen eine Intensitätsschwelle bildet, ab der dem Quellenstaat ein Besteuerungsrecht zukommt, und zum anderen die Betriebsstätte ein Gewinnzuordnungsobjekt darstellt. Trotz der unterschiedlichen Betriebsstättenbegriffe existiert damit ein einheitliches Betriebsstättenprinzip,[351] das durch die geschilderten Funktionen illustriert wird. Aber auch beim Betriebsstättenprinzip bestehen Unterschiede. Während Russland und Deutschland der Betriebsstätte keine Attraktivität für außerhalb einer Betriebsstätte erzielte Einkünfte zusprechen, werden in manchen Rechtsordnungen bei der Existenz einer inländischen Betriebsstätte auch andere im Inland erzielte Einkünfte als steuerbar qualifiziert.[352]

Die Einordnung als Intensitätsschwelle bedeutet, dass bei Vorliegen der Tatbestandsmerkmale typisierend auf eine hinreichende Nutzung der innerstaatlichen Infrastruktur geschlossen werden kann. Dadurch wird sichergestellt, dass nicht jede lockere Geschäftsbeziehung zum Inland nationale Dokumentations-, Steuererklärungs- und -entrichtungspflichten auslöst. Das auf dem ausländischen Markt unkundige Unternehmen wird erst dann mit der nationalen Steuerrechtsordnung konfrontiert, wenn seine (geplante) Tätigkeit einen Umfang erreicht, welcher den Geschäftsaktivitäten eines inländischen Unternehmens entspricht.[353] Das dient der Liberalisierung des zwischenstaatlichen Wirtschaftsverkehrs. Aus Gründen der Rechtssicherheit ist daher erforderlich, dass es dem potentiellen Steuerpflichtigen erkennbar sein muss, ob im Quellenstaat eine Betriebsstätte entsteht.

Aus der Sicht des Staates dient die Betriebsstätte als Intensitätsschwelle der Verwaltungseffizienz durch Vermeidung der Besteuerung in den Fällen, in denen das Steueraufkommen durch die Steuererhebungskosten aufgezehrt wird bzw. kein nennenswertes Steueraufkommen zu erwarten ist. Unter diesem Blickwinkel kann bei verbleibenden Auslegungszweifeln darauf abgestellt werden, ob einer angenom-

---

350 Zu Art. 306 Abs. 9 Alt. 1 StK (Betriebsstätte bei Lieferung nach Verarbeitung) siehe unten § 5 B.IV.2.b.gg, S. 149.

351 *Hidien*, in K/S/M, EStG, § 49 Rn. D 2093.

352 Siehe *Hemmelrath*, in Vogel/Lehner, DBA, Art. 7 Rn. 16. Einige russische DBA folgen dem Konzept der „eingeschränkten Attraktivität", so z.B. Art. 7 Abs. 1 lit. b DBA-Russland/Philippinen (Besteuerung von Gewinnen aus dem Verkauf von Waren, welche den von der Betriebsstätte verkauften gleichartig sind und Art. 7 Abs. 1 lit. b und c DBA-Russland/Kasachstan (zusätzlich Besteuerung von Gewinnen aus gleichartiger Unternehmenstätigkeit). Die Regelungen gehen jedoch nach der hier vertretenen Auffassung auf russischer Seite mangels nationaler Steuerpflicht ins Leere.

353 In diese Richtung auch *Reimer*, in Reimer/Rust, Double Taxation, Art. 5 Rn. 37.

men Betriebsstätte Gewinne zugeordnet werden können.[354] Ist das nicht der Fall, sollte diejenige Deutungsvariante vorzuziehen sein, nach der keine Betriebsstätte entsteht. Zugleich kann im Rahmen der teleologischen Auslegung berücksichtigt werden, dass die Verwaltung, da Steuerrecht Massenfallrecht ist, die Existenz einer Betriebsstätte möglichst mit wenig Aufwand überprüfen können muss.[355]

Zugleich wird durch die Existenz einer Geschäftseinrichtung der Steuerpflichtige im Inland lokalisiert. Die Geschäftseinrichtung bildet ferner typischerweise eine gewisse Vollstreckungsmaße für etwaige Steueransprüche im Inland.[356] Allerdings hat dieser Aspekt bereits durch die Einführung der Vertreterbetriebsstätte bzw. des ständigen Vertreters und erst recht durch die echte Dienstleistungsbetriebsstätte an Bedeutung verloren. Wie die innerstaatliche Anknüpfung im Rahmen der selbstständigen Arbeit an die Verwertung bzw. Ausübung und die abkommensrechtliche Anknüpfung bei Sportlern und Künstlern an die Ausübung zeigen, darf diesem Aspekt im Rahmen der Auslegung keine besondere Bedeutung beigemessen werden.

B. Verhältnis des nationalen und des abkommensrechtlichen Betriebsstättenbegriffs

I. Eigenständigkeit der Regelungskreise

Das nationale Recht und das Abkommensrecht bilden grundsätzlich geschlossene Regelungskreise mit eigenen Begriffen.[357] Das nationale Recht bestimmt den Inhalt und die Reichweite der innerstaatlichen Steueransprüche, welche die Parteien des Abkommens untereinander aufteilen.[358]

Den unterschiedlichen Funktionen entspricht eine unterschiedliche Interessenlage. Eine weite Betriebsstättendefinition für die Begründung der nationalen Steuerpflicht bietet Raum für Einschränkungen und damit eine „vorteilhafte Ausgangsposition bei Verhandlungen" über ein DBA.[359] Im Outbound-Fall wird durch eine weite Definition zwar mehr Steuersubstrat aus der eigenen Besteuerung entlassen, dadurch jedoch die Exporttätigkeit inländischer Unternehmer gefördert. Auf Abkommensebene steht die gerechte Steuerverteilung im Spannungsfeld zwischen der Ansässigkeits- und Quellenbesteuerung. Hier ist die vereinbarte Betriebsstättendefinition „das Ergebnis eines Verzichts auf innerstaatliche Steueransprüche im Wege gegenseitigen Nachgebens"[360]. Im nationalen Recht ist die gerechte zwischen-

354 Vgl. auch *Görl*, in Vogel/Lehner, DBA, Art. 5 Rn. 8.
355 Siehe auch *Vogelsang*, Begriff der Betriebsstätte, S. 58 ff.
356 *Valta*, Entwicklungshilfe, S. 395.
357 Die folgende Einteilung (§ 3 B I bis III) ist angelehnt an *Ernst*, Dienstleistungsbetriebsstätte, S. 65–68.
358 BFH v. 28.06.1972, I R 35/70, Rn. 30.
359 *Bühler*, Prinzipien, S. 177 f.
360 BFH v. 28.06.1972, I R 35/70, Rn. 30.

staatliche Steuerverteilung bei der Begründung und Beschränkung der Steuerpflicht grundsätzlich irrelevant.[361]

Wegen der unterschiedlichen Funktionen im nationalen Recht und im Abkommensrecht wird bei der Rechtsanwendung grundsätzlich weder der innerstaatliche Begriff durch den abkommensrechtlichen noch der abkommensrechtliche durch den innerstaatlichen verdrängt. Die Eigenständigkeit der abkommensrechtlichen Begriffe wird durch Art. 3 Abs. 2 DBA-Russland bestätigt. Umgekehrt ist der nationale Gesetzgeber nicht gehindert, steuerbegründende Rechtsfolgen an die Verwirklichung von Abkommensbestimmungen zu knüpfen.[362] Dafür bedarf es jedoch einer gesetzlichen Grundlage.[363]

Dass in beiden Rechtskreisen (nationales Recht und Abkommensrecht) das Betriebsstättenprinzip verwirklicht ist, ist seiner internationalen Akzeptanz zu verdanken, notwendig ist es nicht. Im Rahmen der Besteuerung natürlicher Personen knüpft das russische Recht an andere Merkmale an.

1. Deutschland

Für die Begründung der beschränkten Steuerpflicht sowie für die unilaterale Vermeidung der Doppelbesteuerung wird der Begriff der Betriebsstätte in § 12 AO und des ständigen Vertreters in § 13 AO – d.h. im nationalen Recht – definiert.[364] Das nationale Recht bleibt insoweit auch allein maßgeblich, wenn es sich um einen DBA-Fall handelt und das anwendbare Abkommen eine eigene Definition der Betriebsstätte enthält.[365] Bei der Anwendung des nationalen Rechts wird die Manteldefinition des § 12 AO verwendet,[366] für die Anwendung des DBA gilt Art. 5 DBA-Russland. Das belegt auch der Wortlaut des Art. 5 DBA-Russland: „Im Sinne dieses Abkommens" (russ.: „Für die Zwecke dieses Abkommens").

Zwar dienen beide Begriffe der territorialen Anknüpfung bei der Besteuerung von Einkünften oder Vermögen. Der Funktionszusammenhang ist jedoch unterschiedlich. Im nationalen Recht wird die Betriebsstätte als Anknüpfungspunkt für die Begründung bzw. Begrenzung der materiellen Steuerpflicht verwendet. Die Betriebsstättendefinition in Art. 5 DBA-Russland dient (z.B. i.V.m. Art. 7 Abs. 1 DBA-Russland) der Verteilung des Steuersubstrats zwischen den vertragschließenden

---

361 Die gerechte Steuerverteilung hat jedoch auch für den nationalen Betriebsstättenbegriff eine große Bedeutung im Gewerbesteuerrecht.

362 BFH v. 20.07.2016, I R 50/15, Rn. 17; BFH v. 05.06.1986, IV R 268/82 Rn. 17 ff. Aus russischer Sicht *Гидирим*, Основы, 5.4.1 f.

363 Wie möglicherweise in Art. 246.2 Abs. 1 StK für die Ansässigkeit.

364 BFH v. 08.02.1979, IV R 56/76, Rn. 30; BFH v. 28.07.1993, I R 15/93, Rn. 13.

365 Vgl. BFH v. 04.06.2008, I R 30/07, Rn. 13, BFH v. 17.12.1998, I B 101/98, Rn. 11; BFH v. 03.02.1993, I R 81/91, Rn. 45; vgl. auch BFH v. 02.04.2014, I R 68/12; *Buciek*, in Beermann/Gosch, AO/FGO, § 12 AO Rn. 4. Unklar *Frotscher*, in Schwarz/Pahlke, AO/FGO, § 12 AO Rn. 6.

366 Siehe § 1 Abs. 1 AO (Anwendungsbereich).

Staaten und knüpft an die bestehende innerstaatliche Steuerpflicht an. Ist die Betriebsstättendefinition des konkreten Abkommens weiter als die innerstaatliche, käme man nach § 49 Abs. 1 Nr. 2 lit. a EStG über das Abkommen zu einer Steuerpflicht, wo das nationale Recht keine vorsieht.

Im Outbound-Fall plädiert ein Teil der Literatur für eine weite Auslegung des Betriebsstättenbegriffs. Das Vorliegen einer ausländischen Betriebsstätte soll im Rahmen des § 34d Nr. 2 EStG nach nationalem, ausländischem oder DBA-Recht beurteilt werden.[367] Die Anwendung der weitesten Definition entspreche am besten dem Zweck, Doppelbesteuerung zu vermeiden.[368] Die Rechtsprechung wendet zu Recht §§ 12, 13 AO an.[369] Mit der Argumentation der Literatur ließe sich die Betriebsstättenanknüpfung bei Auslandseinkünften gänzlich abschaffen. Am wirkungsvollsten kann die Doppelbesteuerung nämlich durch Anrechnung aller im Ausland bezahlten Steuern vermieden werden. Ein solches Vorgehen würde des Weiteren ausländische Staaten animieren, ihre innerstaatlichen Steueransprüche zu Lasten Deutschlands auszudehnen.[370]

Nichts anderes gilt für die Begründung der Gewerbesteuerpflicht nach § 2 Abs. 1 GewStG und die Kürzung des auf die Auslandsbetriebsstätte entfallenden Gewinns nach § 9 Nr. 3 GewStG.[371]

2. *Russland*

Aus russischer Sicht wird überwiegend nicht zwischen der steuerbegründenden Wirkung des nationalen Rechts und den DBA als Schrankennormen unterschieden.[372] Diese Feststellung lässt sich der einschlägigen Praxis der Gerichte und Verwaltung entnehmen, auch wenn sie sich hierzu nicht explizit geäußert haben. Die Schnittstelle zwischen dem nationalen Recht und dem DBA bildet Art. 7 StK, welcher den Anwendungsvorrang von Doppelbesteuerungsabkommen anordnet. Es überrascht, dass insoweit nicht auf Art. 15 Abs. 4 S. 2 VerfRF abgestellt wird, was rechtshierarchisch alleine zutreffend wäre.[373]

Nicht überzeugend ist es indes, die steuerbegründende Wirkung wegen des speziellen steuerrechtlichen Gesetzesvorbehaltes in Art. 57 S. 1 VerfRF zu verneinen.[374] Die Verfassung selbst räumt jedenfalls solchen Abkommen, denen in Form eines Gesetzes zugestimmt wurde, den Rang über den einfachen Gesetzen ein. Allerdings ist nicht zu verkennen, dass die parlamentarische Mitwirkung bei Zustimmungs-

---

367 *Wassermeyer/Lüdicke*, in Flick u. A., Außensteuerrecht, § 34d EStG Rn. 38 ff.

368 *Wassermeyer/Lüdicke* a. a. O. Rn. 41.

369 Z.B. BFH v. 19.12.2007, I R 19/06, Rn. 46.

370 *Schaumburg*, Internationales Steuerrecht, Rn. 15.80.

371 BFH v. 20.07.2016, I R 50/15, Rn. 14 ff.; a.A. Vorinstanz FG Köln v. 07.05.2015, 10 K 73/13, Rn. 17 ff.

372 Statt vieler *Schmook*, WiRO 2005, 102, 103.

373 Ebenso *Денисаев*, Правовое регулирование налоговых отношений, S. 69.

374 So aber *Денисаев*, ebd.

gesetzen nach russischem Recht – ähnlich wie in Deutschland – im Vergleich zu „normaler Gesetzgebung" eingeschränkt ist, weil der Gesetzgeber nur die Möglichkeit hat, das Abkommen als Ganzes anzunehmen oder abzulehnen.[375]

Insbesondere die Finanzverwaltung versucht über den Anwendungsvorrang des Abkommens, Steuerpflichten zu konstruieren, die nach innerstaatlichem Recht nicht bestehen. So wurde unter Berufung auf den Anwendungsvorrang des Abkommens festgestellt, dass sich der Quellensteuersatz auf Dividenden nach dem jeweils einschlägigen Abkommen bestimme, wenn dieses einen höheren Steuersatz als das nationale Recht zulasse.[376] Nach den Ausführungen in einem anderen Verwaltungsschreiben soll sich die unbeschränkte Steuerpflicht einer natürlichen Person in Russland im DBA-Fall nach dem Innehaben einer ständigen Wohnstätte oder dem Mittelpunkt der Lebensinteressen bestimmen, obwohl das nationale Recht ausdrücklich lediglich an eine 183-Tage-Regelung anknüpft (Art. 207 Abs. 2 StK).[377] In einem anderen Fall wurde die beschränkte Steuerpflicht einer deutschen juristischen Person, welche sich an einer russischen einfachen Gesellschaft (vergleichbar einer GbR) beteiligt hat, unter Verweis auf Art. 5 Abs. 1 DBA-Russland bejaht, obwohl die Behörde zuvor die Voraussetzungen der nationalen Betriebsstättendefinition verneint hat.[378] Zuletzt hat das Finanzministerium die Tätigkeit eines ausländischen Caterers auf einer schwimmenden Bohrplattform im russischen Festlandsockel unter Hinweis auf Art. 3 DBA-Russland/Großbritannien als betriebsstättenbegründend angesehen, obwohl dieses Gebiet für Zwecke der Gewinnsteuer mit Ausnahme des Art. 306 Abs. 2 UA 2 StK vom Steuerkodex nicht als Teil der Russischen Föderation betrachtet wird; anders beispielsweise für die Vermögensteuer (vgl. Art. 376 Abs. 2 StK).[379]

In der Entscheidung vom 25.06.2015 hat das russische Verfassungsgericht indes deutlich hervorgehoben, dass DBA die „übermäßige Steuerlast" reduzieren sollen und insoweit an die nationalen Steuerpflichten anknüpfen.[380]

Die Betriebsstättendefinition in Art. 306 Abs. 2 StK gilt nach ihrem Wortlaut nur für die Zwecke des Kapitels über die Gewinnsteuer und in Art. 5 Abs. 1 DBA-

375 *Агешкина*, Комментарий, Art. 14, unter 2. Es können jedoch Empfehlungen und sonstige Kommentare des Parlaments beigefügt werden (z.B. für Zwecke des Art. 28 WÜRV), vgl. *Осминин*, Принятие и реализация, S. 271. Kritisch zum Parallelproblem im deutschen Recht *Lehner*, in Kirchhof/Birk/Lehner, Steuern im Verfassungsstaat, S. 94.

376 GNS Schreiben v. 31.05.1999, Ûu-6–06/308. Das überrascht insbesondere deshalb, weil die auf dem OECD-MA basierenden Verteilungsvorschriften keinen festen Steuersatz, sondern einen Maximalsteuersatz festlegen (vgl. Art. 10 Abs. 1 Hs. 2 DBA-Russland: „[...] die Steuer darf aber nicht übersteigen [...]".

377 FNS Schreiben v. 16.01.2015, OA-3–17/87@.

378 UFNS Moskau Schreiben v. 30.07.2010, 16–15/080338@.

379 Minfin Schreiben v. 10.09.2014, 03–08-05/45385. Zum Kontinentalschelf vgl. *Лермонтов*, Комментарий к главе 25 НК, Art. 246.

380 KS RF v. 25.06.2015, 16-P.

Russland nur für Zwecke des Abkommens. Ist eine Person in einem Vertragsstaat ansässig, beurteilt die Finanzverwaltung, ob eine Betriebsstätte vorliegt, nach der abkommensrechtlichen Definition.[381] Alternativ wird formuliert, dass sich das Bestehen einer Betriebsstätte nach nationalem Recht unter Berücksichtigung des einschlägigen DBA beurteile, wobei letzterem gem. Art. 7, 15 VerfRF der Vorrang zukomme.[382] Die Rechtsprechung schließt sich diesem Vorgehen an.[383] Teilweise wird nur die Abkommensdefinition geprüft (ggf. unter Rückgriff auf das nationale Recht nach der „lex fori"-Klausel).[384] In der Regel wird jedoch von der innerstaatlichen Definition in Art. 306 Abs. 2 StK ausgegangen und sodann unter Hinweis auf den Anwendungsvorrang des DBA (Art. 7 StK) unter die abkommensrechtliche Definition subsumiert. Alternativ wird in vielen Fällen auf die Alternative „anderer Ort der Tätigkeit" in Art. 306 Abs. 2 StK abgestellt und dann wiederum unter Hinweis auf Art. 7 StK die in der Regel gleichlautende Formulierung im Abkommen herangezogen.[385] Von einem Vorrang der abkommensrechtlichen Betriebsstättendefinition auch für die Begründung der materiellen Steuerpflicht scheint auch der VAS auszugehen.[386] Es finden sich jedoch auch Entscheidungen, die zwischen der steuerbegründenden Wirkung des nationalen Betriebsstättenbegriffs und der Beschränkung durch das Abkommensrecht unterscheiden.[387]

Begnügt man sich anders als die h.M. in Russland nicht mit dem Hinweis auf den Anwendungsvorrang des Abkommens und sucht nach einer Rechtsgrundlage für die Anknüpfung der innerstaatlichen Steuerpflicht an das Vorliegen einer abkommensrechtlichen Betriebsstätte, kann allenfalls die im Jahr 2011 eingeführte Regelung der Gewinnabgrenzung in Art. 307 Abs. 9 StK herangezogen werden. Hiernach sind bei der Ermittlung der Betriebseinnahmen und -ausgaben Funktionen, Aktiva und Risiken zu berücksichtigen, wenn „die unternehmerische Tätigkeit der ausländischen Organisationen auf dem Gebiet der Russischen Föderation nach diesem Steuerkodex *oder* (eigene Hervorhebung) nach dem Recht des Doppelbesteuerungsabkommens zu einer Betriebsstätte führt". Jedoch spricht viel dafür, dass es sich lediglich um einen missverständlichen Hinweis des Gesetzgebers auf die eventuelle Einschränkung der Steuerpflicht durch das abkommensrechtliche

---

381 Methodische Empfehlungen Tz. I.2.1 (außer Kraft). Richtigerweise muss das Abkommen persönlich und sachlich anwendbar sein.

382 Vgl. nur Minfin Schreiben v. 04.06.2015, 03-08-05/32358; v. 30.12.2014, 03-08-05/68595; v. 18.06.2014, 03-08-05/29161; v. 07.04.2014, 03-08-05/15485; v. 31.12.2012, 03-08-05.

383 FAS MO v. 02.08.2012, A40-58575/2011 (Rechtssache *Medas Trading*).

384 Nur auf Art. 5 DBA abstellend z.B. AS M v. 07.09.2007, A53-5048/2007, bestätigt durch VAS v. 18.06.2008.

385 Nach AS SO v. 11.03.2012, A60-52589/2011 dürfe das Tatbestandsmerkmal der gesonderten Einheit nicht herangezogen werden, da das einschlägige DBA diese Formulierung nicht enthalte (rkr.).

386 Informationsschreiben Präsidium VAS v. 09.07.2013, Nr. 158.

387 FAS MO v. 14.12.2010, A40-144495/2009 (Rechtssache *Stik*).

Betriebsstättenprinzip handelt. Im Rahmen der Vermögensteuer bestimmt Art. 373 Abs. 2 StK ähnlich missverständlich, dass das Bestehen einer Betriebsstätte sich nach Art. 306 Abs. 2 StK beurteilt, wenn durch einen völkerrechtlichen Vertrag nichts Anderes bestimmt ist.

3. Zwischenergebnis

Es bleibt festzuhalten, dass in Russland eine Rechtsgrundlage für die Maßgeblichkeit des Art. 5 DBA-Russland für die Begründung der Steuerpflicht in Russland fehlt. Praktisch ist der Streit nicht von großer Relevanz, da die abkommensrechtliche Definition i.d.R enger ist. Das geschilderte Vorgehen birgt jedoch die Gefahr, dass ein Widerspruch zwischen den beiden Definitionen nicht entdeckt wird.

II. Anwendbarkeit des Art. 3 Abs. 2 DBA-Russland auf Definitionsbestandteile des Art. 5 DBA-Russland

Da das Abkommen eine eigene Definition der Betriebsstätte enthält, ist ein Rückgriff auf das nationale Recht gem. Art. 3 Abs. 2 DBA-Russland unzulässig. Fraglich ist die Zulässigkeit des Auslegungsrückgriffs für diejenigen Tatbestandsmerkmale (Hilfsbegriffe) der Betriebsstättendefinition, die im Abkommen nicht weiter definiert werden.

Aus deutscher Sicht wird der Rückgriff praktiziert zur Definition des Unternehmens,[388] der Zweigniederlassung,[389] der Geschäftsstelle,[390] der Bauausführung/ Montage;[391] in Russland zur Definition des Unternehmens,[392] der zeitlichen Festigkeit,[393] der Vorbereitungs- oder Hilfstätigkeit,[394] der Bauausführung/Montage.[395] Ein wichtiger Anwendungsfall ist ferner die Existenz einer Abschlussvollmacht im Rahmen des Art. 5 Abs. 5 DBA-Russland.[396]

Nach anderer Auffassung ist ein Rückgriff hinsichtlich der Definitionsbestandteile der abkommensrechtlichen Betriebsstättendefinition unzulässig.[397] Untauglich ist zunächst der Verweis auf die Funktionsdivergenz der beiden Ebenen;[398] für die

---

388 BMF BStBl. I 2010, 354, Tz. 2.2.1.

389 FG BW v. 11.11.2013, 6 K 1483/12, Rn. 63 (rkr., BFH v. 08.06.2015, I B 3/14).

390 BFH v. 17.12.1998, I B 101/98, Rn. 16 (DBA-Ungarn).

391 *Hruschka* in Schönfeld/Ditz, DBA, Art. 5 Rn. 92.

392 Minfin Schreiben v. 04.06.2015, 03–09-13/32514.

393 Vgl. Minfin Schreiben v. 19.08.2005, 03–08-05.

394 Z.B. 9 AAS v. 13.04.2010, A40-138887/2009; AS M v. 17.12.2010, A40-94391/10–142-134.

395 Minfin Schreiben v. 17.12.2010, 03–08-05; UFNS Moskau Schreiben v. 25.08.2005, 20–12/60183.

396 Siehe dazu § 5 D.II.2.c.aa, S. 194.

397 *Wassermeyer*, in Wassermeyer, DBA, Art 5 Rn. 8; *Ernst*, Dienstleistungsbetriebsstätte, S. 66 f.

398 A.A. *Ernst*, Dienstleistungsbetriebsstätte, S. 66.

Anwendung des Art. 3 Abs. 2 OECD-MA ist eine Verwendung im innerstaatlichen steuerlichen Kontext ausreichend. Gegen die Zulässigkeit des Rückgriffs kann ferner vorgebracht werden, dass die Vertragsparteien durch eine ausdrückliche Definition im Abkommen zum Ausdruck bringen, den Begriff auch hinsichtlich seiner Bestandteile ausschließlich autonom definieren zu wollen.[399] Das ist zwar nicht in dieser Allgemeinheit, jedoch mit der Maßgabe zutreffend, dass das Bestehen einer abkommensrechtlichen Definition ein gewichtiges Argument für die Bedeutung einer übereinstimmenden Auslegung ist, wenn zu klären ist, ob der abkommensrechtliche Zusammenhang „nicht etwas Anderes" als die Auslegung nach dem innerstaatlichen Recht erfordert. Das gilt insbesondere für das zentrale Merkmal der Betriebsstätte. Ein Rückgriff gem. Art. 3 Abs. 2 DBA-Russland würde die Vertragsstaaten dazu motivieren, durch extensive nationale Definitionen das Besteuerungsrecht aus dem Abkommen zu eigenen Gunsten auszuweiten.[400] Folgte man dem sog. New Approach der OECD, wäre der Ansässigkeitsstaat an eine solche Auslegung u. U. sogar gebunden. Nicht von der Hand zu weisen ist auch, dass der Auslegungsrückgriff die Entstehung von Qualifikationskonflikten i.e.S. begünstigt. Indes kann die Zulässigkeit des Rückgriffs nicht allgemein, sondern nur für jedes Merkmal gesondert beantwortet werden.

III. Inhaltliches Verhältnis

Bei der Auslegung des abkommensrechtlichen Betriebsstättenbegriffs kann seine historische Herkunft aus dem deutschen Gewerbesteuerrecht allenfalls als Inspiration außerhalb des Art. 32 WÜRV berücksichtigt werden.[401] Die Auslegung des Betriebsstättenbegriffs im russischen Recht kann sich wiederum an der Auslegung des Art. 5 OECD-MA orientieren, dem die nationale Vorschrift nachgebildet ist.

Es besteht keine Vermutung, dass jede Betriebsstätte nach Abkommensrecht auch die Voraussetzungen des nationalen Betriebsstättenbegriffs erfüllt.[402] Das konkret abgeschlossene Abkommen ist ein Kompromiss zwischen den Vertragsparteien. Dieser Kompromiss kann darin liegen, dass eine Betriebsstättendefinition gewählt wird, die in bestimmten Fällen einem Staat das Besteuerungsrecht „zuweist", welcher innerstaatlich davon keinen Gebrauch macht. Deutlich wird das in der Vereinbarung einer echten Dienstleistungsbetriebsstätte in den jüngsten Abkommen, die auf der deutschen Seite ins Leere läuft, weil in der Regel keine nationale Steuerpflicht besteht.[403]

---

399 So wohl *Korff*, Besteuerungskonflikte, S. 189.

400 *Dürrschmidt*, in Vogel/Lehner, DBA, Art. 3 Rn. 125c will dem mit dem Einwand des Rechtsmissbrauchs begegnen. Was jedoch rechtsmissbräuchlich ist, muss sich i. d. R. aus der autonomen Auslegung des Abkommens ableiten lassen.

401 I.E. ebenso *Wassermeyer*, in Wassermeyer, DBA, Art. 5 Rn. 8, Art. 3 Rn. 71 f., 82.

402 A.A. *Wassermeyer*, in Wassermeyer, DBA, Art. 5 Rn. 9.

403 Vgl. Art. 5 Abs. 3 lit. b DBA-Deutschland/China v. 28.03.2014, DBA-Deutschland/Türkei v. 19.09.2011.

Deutsche Rechtsprechung und Verwaltung gehen grds. davon aus, dass der abkommensrechtliche und der nationale Betriebsstättenbegriff insoweit identisch sind, als beide eine feste Geschäftseinrichtung voraussetzen.[404] Noch weitergehend wird unter Vernachlässigung der unterschiedlichen Tätigkeitserfordernisse in § 12 S. 1 AO bzw. Art. 5 OECD-MA („dienen" bzw. „ausüben") der einzige Unterschied in der Ausnahme für Hilfs- und Vorbereitungstätigkeiten durch Art. 5 Abs. 4 OECD-MA gesehen.[405] Will man dem OECD-MA/MK eine Auslegungsrelevanz beimessen, ist dieses Auslegungsergebnis des BFH schon deshalb kritisch zu betrachten, weil der OECD-MK seit 1995 zur zeitlichen und räumlichen Komponente sowie insbesondere zur Verfügungsmacht (die der BFH teilweise als rechtliche Komponente der Festigkeit versteht)[406] Erläuterungen enthält, die von der Rechtsprechung des BFH nicht gedeckt sind.[407]

Auch die russischen Rechtsanwender gehen grds. von einer übereinstimmenden Auslegung aus, wobei das russische Recht in einigen Punkten vom OECD-MA abweichen soll.[408]

C. Lösungsmöglichkeiten für Besteuerungskonflikte

Die Konflikte aus dem Zusammenspiel des nationalen Rechts und des Abkommensrechts beim grenzüberschreitenden Einsatz von Betriebsstätten können wie folgt systematisiert werden:

Divergenzen in der autonomen Auslegung des Abkommens sind dadurch gekennzeichnet, dass die Auslegung in einem Vertragsstaat unzutreffend ist. Das gilt auch für die unterschiedliche Auffassung über die Voraussetzungen des Art. 3 Abs. 2 DBA-Russland. Konflikte können ferner aus der unterschiedlichen Sachverhaltsermittlung resultieren. Soweit beide Vertragsstaaten für sich ein Besteuerungsrecht beanspruchen, können solche Auslegungskonflikte zur Doppelbesteuerung führen. Soweit kein Vertragsstaat sich zur Besteuerung berufen sieht, kann eine doppelte Nichtbesteuerung nur bei der Freistellung, nicht dagegen bei der Anrechnung entstehen.

---

404 BFH v. 03.02.1993, I R 80/91, Rn. 65; BMF BStBl. I 1999, 1076, Tz. 1.2.1.1. Anders BFH v. 26.02.1992, I R 85/91, Rn. 18: „[...] eine andere Funktion und auch ein anderer Inhalt [...]".

405 BFH v. 30.10.1996, II R 12/92, Rn. 27.

406 BFH v. 17.09.2003, I R 12/02, Rn. 11.

407 Ähnlich *Ernst*, Dienstleistungsbetriebsstätte, S. 68 f. Die Auffassung der Rechtsprechung kann deshalb nur unter der Voraussetzung zutreffend sein, dass die Finanzverwaltung durch entsprechende Vorbehalte und Bemerkungen im Rahmen der OECD die Übereinstimmung der Begriffe kontrolliert. Indes haben Gerichte eigenständig das konkret Vereinbarte auszulegen, ohne dass der Finanzverwaltung eine Deutungshoheit zukommt.

408 FAS SZO v. 16.12.2010, A56-6861/2010; Minfin Schreiben v. 10.09.2014, 03-08-05/45385; *Bruk/Konnov*, in IFA, Cahiers 94a, S. 541, 542.

Unterschiedliche Auslegungsergebnisse, die auf den Unterschieden des nationalen Rechts beruhen, auf das gem. Art. 3 Abs. 2 DBA-Russland zulässigerweise Rückgriff zu nehmen ist, sind dem Abkommen immanent (Qualifikationskonflikte i.e.S.).[409] Auch hier können Doppelbesteuerungen und bei der Wahl der Freistellungsmethode doppelte Nichtbesteuerung entstehen.

Konfliktträchtig ist ferner das nationale Recht außerhalb der Auslegung und Anwendung von Abkommen: So kann das Abkommen das Besteuerungsrecht einer Partei zuweisen, deren innerstaatliches Recht im konkreten Fall keine Steuerpflicht vorsieht. Bei der Anwendung der Freistellungsmethode könnte insoweit eine doppelte Nichtbesteuerung entstehen. Ferner ist möglich, dass die nationalen Rechtsordnungen unterschiedliche Subjekte besteuern.

So würde Russland eine deutsche Personengesellschaft der Gewinnsteuer unterwerfen, während Deutschland die Personengesellschaft transparent besteuern und die Gewinne den Gesellschaftern zurechnen würde. Folgende Lösungsmöglichkeiten stehen zur Lösung von Besteuerungskonflikten bereit:

I. Verfahren nach Art. 25 DBA-Russland

Mit dem Verfahren nach Art. 25 Abs. 1 DBA-Russland können auf Antrag des Steuerpflichtigen Fälle der Doppelbesteuerung aufgrund von Auslegungs- und Sachverhaltskonflikten gelöst werden. Das sog. Konsultationsverfahren nach Art. 25 Abs. 3 DBA-Russland dient der Vermeidung von Doppelbesteuerung und doppelter Nichtbesteuerung bei Auslegungs- und Anwendungsschwierigkeiten ohne Bezug zu einem konkreten Fall.

Gegenstand des Verständigungsverfahrens nach Art. 25 Abs. 1 DBA-Russland sind Maßnahmen eines Vertragsstaates, die zu einer abkommenswidrigen Besteuerung führen (werden). Da die Einleitung des Verfahrens von einem Antrag des Steuerpflichtigen abhängt, wird es sich um Fälle einer abkommenswidrigen Doppelbesteuerung handeln. Fälle der Abkommenswidrigkeit sind: unzutreffende Sachverhaltsermittlung oder Abkommensauslegung (z.B. des Art. 3 Abs. 2 DBA-Russland oder der Betriebsstättendefinition[410]) und die fehlerhafte Auslegung/Anwendung des gem. Art. 3 Abs. 2 DBA-Russland anzuwendenden nationalen Rechts.[411]

Umstritten ist, ob ein Verständigungsverfahren auch dann statthaft ist, wenn das gem. Art. 3 Abs. 2 DBA-Russland anzuwendende nationale Recht zutreffend ausgelegt wird, aber in den beiden Vertragsstaaten zu unterschiedlichen Ergebnissen führt.[412] Dagegen spricht, dass eine Besteuerung nach dem jeweiligen Recht des Anwenderstaats im Einklang mit Art. 3 Abs. 2 DBA-Russland systemimmanent und daher nicht „abkommenswidrig“ ist. Zudem kann bei Qualifikationskonflikten

409 Dazu bereits oben § 2 B.V.2, S. 37.

410 So Art. 25 Rn. 9 OECD-MK 2014.

411 *Lehner*, in Vogel/Lehner, DBA, Art. 25 Rn. 30.

412 Von BFH v. 26.02.1992, I R 85/91, Rn. 24, in einem obiter dictum ohne Auseinandersetzung bejaht.

i.e.S. – anders als bei Auslegungs- oder Sachverhaltskonflikten – nicht die eine zutreffende Lösung gefunden werden. Das jeweilige nationale Recht muss vollzogen werden. Möglich bleibt aber ein gegenseitiges Nachgeben aus Billigkeitsgründen (z.B. gem. §§ 163, 227 AO). Praktisch wird in der Regel schon streitig sein, ob die Voraussetzungen des Art. 3 Abs. 2 DBA-Russland vorliegen.

Die zweite Verfahrensart ist das Konsultationsverfahren gem. Art. 25 Abs. 3 DBA-Russland. Danach bemühen sich die zuständigen Behörden der Vertragsstaaten, Schwierigkeiten oder Zweifel, die bei der Auslegung oder Anwendung des Abkommens entstehen, in gegenseitigem Einvernehmen zu beseitigen (Art. 25 Abs. 3 Alt. 1 DBA-Russland). Gegenstand des Verfahrens sind Rechtsfragen, Sachverhaltsfragen und Fragen der Verwaltungspraxis.[413] Der Verfahrensgegenstand ist hier weiter formuliert und erfasst alle Fälle des Abs. 1 auch ohne Bezug zum konkreten Fall sowie Qualifikationskonflikte i.e.S. Darüber hinaus können die Behörden über die Vermeidung der Doppelbesteuerung in den Fällen beraten, die im Abkommen nicht behandelt sind (Art. 25 Abs. 3 Alt. 2 DBA-Russland).

II. Switch-Over-Klausel

Mit der Switch-Over-Klausel nach Art. 23 Abs. 2 lit. e sublit. aa DBA-Russland kann in Deutschland als Ansässigkeitsstaat die doppelte Nichtbesteuerung oder Niedrigbesteuerung verhindert werden.[414] Danach geht Deutschland von der Freistellung zur Anrechnung über, wenn in den Vertragsstaaten Einkünfte oder Vermögen unterschiedlichen Abkommensbestimmungen zugeordnet oder verschiedenen Personen zugerechnet werden (außer nach Art. 9) und dieser Konflikt sich nicht durch ein Verfahren nach Art. 25 Abs. 3 DBA-Russland regeln lässt und wenn aufgrund dieser unterschiedlichen Zuordnung oder Zurechnung die betreffenden Einkünfte oder Vermögenswerte unbesteuert oder zu niedrig besteuert würden.

Die Vertragsstaaten müssen die fraglichen Einkünfte unterschiedlichen Abkommensbestimmungen zuordnen. Teilweise wird die Zuordnung zu unterschiedlichen Verteilungsnormen (Art. 6 bis 22 OECD-MA) verlangt.[415] Mit diesem Verständnis fielen Divergenzen in der Auslegung des Betriebsstättenbegriffs nicht in den Anwendungsbereich der Switch-Over-Klausel.[416] Bejaht nun Deutschland und verneint Russland die Existenz einer russischen Betriebsstätte, so wird zunächst nur Art. 5

---

413 *Lehner*, in Vogel/Lehner, DBA, Art. 25 Rn. 153.

414 Eine Switch-Over-Klausel enthält ferner § 20 Abs. 2 AStG für Zwischeneinkünfte eines unbeschränkt Steuerpflichtigen aus einer ausländischen Betriebsstätte, soweit sie fiktiv der Hinzurechnungsbesteuerung zu unterwerfen wären, siehe dazu *Schütte/Euler*, in Lübbehüsen/Kahle, Brennpunkte, S. 671 ff.

415 *Schmidt/Blöchle*, in S/K/K, AStG/DBA, Art. 23 DBA Rn. 160. *Schönfeld/Häck*, in Schönfeld/Ditz, DBA, Art. 23A Rn. 95 wollen auch die Zuordnung zu „unterschiedlichen Absätzen innerhalb einer Verteilungsnorm“ darunter fassen.

416 So *Schmidt/Blöchle*, in S/K/K, DBA, Art. 23 DBA Rn. 160; A.A. *Wolf*, in Wassermeyer, DBA-USA, Art. 23 Rn. 291.

DBA-Russland unterschiedlich ausgelegt und angewendet. Infolgedessen bejaht Russland die Voraussetzungen des Art. 7 Abs. 1 Satz 1 Hs. 1 (Besteuerung nur in Deutschland), weil es die Voraussetzungen der Ausnahme in Art. 7 Abs. 1 Satz 1 Hs. 2, S. 2 DBA-Russland (Besteuerungsrecht auch in Russland) als nicht gegeben ansieht. Deutschland dagegen käme nach Anwendung des Art. 7 Abs. 1 S. 1 und 2 zur Freistellung der Einkünfte i.V.m. Art. 23 Abs. 2 DBA-Russland. Das heißt, hier werden die Einkünfte nicht unterschiedlichen Abkommensbestimmungen (Art. 6 bis 21 DBA-Russland) zugeordnet, sondern eine Bestimmung unterschiedlich angewendet.

Die Herausnahme der wohl häufigsten Form von Auslegungskonflikten aus dem Anwendungsbereich der Switch-Over-Klausel widerspricht jedoch dem Wortlaut sowie Zweck der Vorschrift.[417] Voraussetzung der Switch-Over-Klausel ist die Zuordnung zu unterschiedlichen Abkommens-Bestimmungen. Der Begriff wird im DBA-Russland selbst mehrfach als Synonym im Sinne einer Vorschrift verwendet. Ein Artikel oder ein Absatz, selbst ein Satz kann mehrere Bestimmungen enthalten.[418]

Nach dem Wortlaut der Norm ist es unerheblich, ob die unterschiedliche Zuordnung aus Unterschieden in der Sachverhaltsermittlung, in der Auslegung der Abkommensbestimmungen oder aus dem Rückgriff auf das nationale Recht gem. Art. 3 Abs. 2 DBA-Russland resultiert.[419] Nicht erfasst ist der Fall, dass die Einkünfte in Russland bereits nach nationalem Recht nicht steuerbar oder steuerpflichtig sind.[420] Die Nichtbesteuerung bzw. Minderbesteuerung beruht dann nicht auf der unterschiedlichen Zuordnung der Einkünfte. Der zweite Anwendungsfall der Switch-Over-Klausel ist die Zurechnung der Einkünfte an verschiedene Personen (sog. Zurechnungskonflikte).

Der Übergang zur Anrechnung ist nur zulässig, wenn der Konflikt sich nicht durch ein Konsultationsverfahren regeln lässt. Dadurch wird nicht der Anwendungsbereich der Switch-Over-Klausel auf die Fälle beschränkt, die nicht unter Art. 25 Abs. 3 DBA-Russland fallen, sondern die erfolglose Durchführung eines Konsultationsverfahrens als Voraussetzung der Umschaltklausel statuiert. Daran wird deutlich, dass die Switch-Over-Klausel ein stumpfes Schwert ist und praktisch eher selten zur Anwendung kommen wird.

417 Ebenso *Wiesemann*, Nicht- und Minderbesteuerung, S. 309.

418 Vgl. „Ungeachtet der Bestimmungen des Buchstabens a" (Art. 23 Abs. 2 lit. e DBA-Russland) „folgende Bestimmungen" (vor der Aufzählung in Art. 4 Abs. 4 DBA-Russland), „Bestimmungen dieses Artikels" (Art. 5 Abs. 4, 7 Abs. 3 DBA-Russland), „Bestimmungen des Buchstabens a" (Art. 23 Abs. 2 lit. c) etc. Vgl. schon *Hannes*, Qualifikationskonflikte, S. 156 und *Wiesemann*, Nicht- und Minderbesteuerung, S. 309.

419 So auch BMF BStBl. I 2014, 1258 Tz. 4.1.3.1. und 2.

420 *Schaflitzl*, in Festgabe für Wassermeyer, S. 477, 479.

III. § 50d Abs. 9 S. 1 EStG

§ 50d Abs. 9 S. 1 Nr. 1 EStG versagt die abkommensrechtlich gebotene Freistellung der Einkünfte, wenn der Quellenstaat das Abkommen so anwendet, dass die Einkünfte dort nicht oder nur mit einem begrenzten Steuersatz besteuert werden.[421] Damit betrifft die Vorschrift ebenfalls eine Nicht- oder Minderbesteuerung als Ergebnis der Abkommensanwendung (d.h Qualifikationskonflikte i.w.S.). Mögliche Ursachen sind Unterschiede der Sachverhaltsermittlung, Abkommensauslegung sowie des nach Art. 3 Abs. 2 DBA-Russland anwendbaren nationalen Rechts.[422]

Nach § 50d Abs. 9 S. 1 Nr. 2 EStG erfolgt keine Freistellung, wenn die Einkünfte in dem anderen Staat „nur deshalb nicht steuerpflichtig sind", weil sie von einer Person bezogen werden, die dort nicht unbeschränkt steuerpflichtig ist. Das ist der Fall, wenn die Einkünfte zwar im Rahmen der unbeschränkten, aber nicht der beschränkten Steuerpflicht erfasst werden.[423] Ursache können sowohl besondere Steuerbefreiungen für beschränkte Steuerpflichtige sein als auch bloße Lücken bei den Anknüpfungsmerkmalen für die Begründung der beschränkten Steuerpflicht.

IV. Verhältnis der Lösungsmöglichkeiten

Nach hier vertretener Auffassung ist der sog. New Approach jedenfalls auf Altabkommen nicht anwendbar. Aber auch die Anhänger der Anwendbarkeit der Neuinterpretation wenden vorrangig die durch das konkrete Abkommen vorgesehene Switch-Over-Klausel an (hier Art. 23 Abs. 2 lit. e sublit. aa DBA-Russland). Diese hat die Durchführung eines Verständigungsverfahrens zur Voraussetzung. Die Switch-Over-Klausel hat in ihrem Anwendungsbereich auch Vorrang vor § 50d Abs. 9 EStG, da die Einkünfte nicht nach dem DBA von der deutschen Besteuerung auszunehmen sind, wenn die Voraussetzungen der Switch-Over-Klausel erfüllt sind. Hat die Nichtbesteuerung ihre Ursache im nationalen Recht, kommt allein § 50 d Abs. 9 S. 1 Nr. 2 EStG zur Anwendung.

---

421 Das gleiche gilt für DBA-Normen mit abschließender Rechtsfolge, vgl. *Jankowiak*, Doppelte Nichtbesteuerung, S. 230 f.

422 BT-Drs. 16/2712, S. 61.

423 Ebd. Siehe auch *Schönfeld*, in Flick u. A., Außensteuerrecht, § 50d Abs. 9 EStG, Rn. 103.

D. Besteuerungskonflikte beim Einsatz von Betriebsstätten oder Vertretern

I. Konstellationen

Wird ein in Deutschland ansässiges Unternehmen in Russland oder ein in Russland ansässiges in Deutschland tätig, so können in Bezug auf die Frage, ob im Tätigkeitsstaat eine Betriebsstätte entsteht, folgende Konstellationen unterschieden werden:[424]

AS = Ansässigkeitsstaat; QS = Quellenstaat;
+ = Betriebsstätte wird bejaht; – = Betriebsstätte wird verneint

Fall	1	2	3	4	5	6	7	8	9	10	11	12	13	14	15	16
AS: nationale Betriebsstätte	+	–	–	+	+	–	+	–	+	–	–	+	+	–	–	+
QS: nationale Betriebsstätte	+	+	–	+	–	+	–	–	+	+	+	+	–	–	–	–
AS: DBA-Betriebsstätte	+	+	–	–	–	–	+	+	+	+	–	–	–	–	+	+
QS: DBA-Betriebsstätte	+	+	–	–	–	–	+	+	–	–	+	+	+	+	–	–

Im Folgenden wird dargestellt, wie sich Konflikte bei der Auslegung der Betriebsstättendefinition(en) auf die Einkommen-, Gewerbe-, und Körperschaftsteuerpflicht in Deutschland bzw. auf die Einkommen- und Gewinnsteuerpflicht in Russland auswirken. Für alle Fälle gilt: Bejaht Deutschland als AS eine ausländische Betriebsstätte im Sinne des § 12 AO, wird der für die Gewerbesteuer maßgebliche Gewinn auch dann um die ausländischen Betriebsstätteneinkünfte gekürzt (§ 9 Nr. 3, § 7 S. 1 GewStG), wenn eine ausländische Betriebsstätte weder nach nationalem Recht des Quellenstaates noch nach Abkommensrecht besteht.[425] Auch wenn im QS keine Betriebsstätte besteht, können dort Quellensteuern anfallen, die der AS eventuell anrechnen muss.[426] Die folgenden Ausführungen gelten mit Ausnahme der Gewerbesteuer auch für den Einsatz von ständigen Vertretern (abhängigen Agenten) entsprechend.

Fall 1: AS und QS bejahen eine Betriebsstätte. QS besteuert und AS vermeidet die Doppelbesteuerung durch Freistellung oder Anrechnung.

Fall 2: AS verneint eine ausländische Betriebsstätte, im Übrigen wie Fall 1.

---

424 Angelehnt an *Kaminski*, StbG 2012, 354, 359 und *Kahle/Kindich*, in Lübbehüsen/Kahle, Brennpunkte, S. 50, die allerdings nicht zwischen den Konflikten bei der Auslegung der abkommensrechtlichen Definition unterscheiden.

425 Dazu oben § 3 A.I.2, S. 43.

426 Siehe die Kataloge in § 49 Abs. 1 EStG bzw. Art. 309 Abs. 1 StK (§ 34c Abs. 1, § 34d EStG bzw. Art. 311 StK) sowie die Verteilungsnormen in Art. 6 und 8 ff. DBA-Russland.

Fall 3: AS und QS verneinen eine Betriebsstätte. QS besteuert nicht, AS besteuert das Welteinkommen. Unter Umständen erhebt QS Quellensteuern, die AS anrechnen muss.

Fall 4: AS bejaht eine ausländische Betriebsstätte, QS bejaht die beschränkte Steuerpflicht. Beide gehen übereinstimmend davon aus, dass eine Betriebsstätte nach Abkommensrecht nicht besteht. AS besteuert das Welteinkommen.

Fall 5: AS bejaht eine ausländische Betriebsstätte. Nach dem nationalen Recht des QS besteht keine (beschränkte) Steuerpflicht. Beide gehen übereinstimmend davon aus, dass eine Betriebsstätte auch nach Abkommensrecht nicht besteht. AS besteuert das Welteinkommen

Fall 6: AS verneint eine ausländische Betriebsstätte, QS bejaht die beschränkte Steuerpflicht. Beide gehen übereinstimmend davon aus, dass eine Betriebsstätte nach Abkommensrecht nicht besteht und allein AS besteuern darf.

Fall 7: AS bejaht eine ausländische Betriebsstätte. Nach dem nationalen Recht des QS besteht keine (beschränkte) Steuerpflicht. Beide gehen übereinstimmend davon aus, dass eine Betriebsstätte nach Abkommensrecht besteht. QS darf bereits nach seinem nationalen Recht nicht besteuern. AS vermeidet die Doppelbesteuerung. Ist Russland der Ansässigkeitsstaat, kommt die Anrechnungsmethode zum Einsatz. Deutschland als Ansässigkeitsstaat müsste die Einkünfte gem. Art. 23 Abs. 2 lit. a DBA-Russland freistellen. Die Switch-Over-Klausel ist nicht anwendbar, da die Nichtbesteuerung nicht in einer unterschiedlichen Anwendung des Abkommens, sondern im nationalen Recht ihre Ursache hat. Jedoch ist § 50d Abs. 9 S. 1 Nr. 2 EStG anwendbar. Deutschland geht zur Anrechnung über.
Allerdings ist nicht auszuschließen, dass Russland die materielle Steuerpflicht an die Existenz einer abkommensrechtlichen Betriebsstätte knüpft. Dann besteuert Russland als Quellenstaat und Deutschland stellt frei.

Fall 8: AS verneint eine ausländische Betriebsstätte, im Übrigen wie Fall 7.

Fall 9: AS bejaht eine ausländische Betriebsstätte, QS bejaht die beschränkte Steuerpflicht. Nach Ansicht des AS darf der Quellenstaat besteuern. Nach Ansicht des QS steht ihm das Besteuerungsrecht nicht zu. Deutschland als Ansässigkeitsstaat müsste freistellen. Die doppelte Nichtbesteuerung wird jedoch durch die Switch-Over-Klausel verhindert, und zwar unabhängig davon, ob das fehlende Tatbestandsmerkmal autonom oder gem. Art. 3 Abs. 2 DBA-Russland nach nationalem Recht auszulegen ist.

Fall 10: AS verneint eine ausländische Betriebsstätte, im Übrigen wie Fall 9.

Fall 11: AS verneint eine ausländische Betriebsstätte, QS bejaht die beschränkte Steuerpflicht. Nach Ansicht des AS darf der Quellenstaat nicht besteuern. Nach Ansicht des QS steht ihm das Besteuerungsrecht zu. AS wird die Doppelbesteuerung nicht vermeiden. Der Konflikt führt zur Doppelbesteuerung und kann nur durch ein Verständigungsverfahren gem. Art. 25 Abs. 1 DBA-Russland gelöst werden. Resultiert die Divergenz aus dem Rückgriff auf das nationale Recht (Art. 3 Abs. 2 DBA-Russland), ist die Doppelbesteuerung vorbehaltlich des Art. 25 Abs. 3 DBA-Russland endgültig.

Fall 12: AS bejaht eine Betriebsstätte, im Übrigen wie Fall 11.

Fall 13: AS bejaht eine ausländische Betriebsstätte nach nationalem Recht, QS verneint die beschränkte Steuerpflicht. Nach Ansicht des AS darf QS nicht besteuern. Aus der Sicht des QS ordnet das DBA ihm das Besteuerungsrecht zu. AS besteuert das Welteinkommen.

Deutschland als Quellenstaat wird mangels nationaler Steuerpflicht nicht besteuern. Russland als Quellenstaat könnte u. U. durch die Anknüpfung an den Betriebsstättenbegriff im Abkommensrecht besteuern wollen. Aus deutscher Sicht besteht keine DBA-Betriebsstätte, weshalb auch keine Freistellung erfolgt. Die Doppelbesteuerung kann nur durch das Verständigungsverfahren gelöst werden (siehe Fall 11).

Fall 14: AS verneint eine ausländische Betriebsstätte, im Übrigen wie Fall 13.

Fall 15: AS verneint eine ausländische Betriebsstätte nach nationalem Recht; QS verneint die beschränkte Steuerpflicht. Nach Ansicht des AS darf QS abkommensgemäß besteuern. QS besteuert nicht (weil keine materielle Steuerpflicht besteht und er sich durch das DBA gesperrt sieht). Deutschland als Ansässigkeitsstaat müsste freistellen. Es könnten jedoch die Voraussetzungen der Switch-Over-Klausel vorliegen. Es liegt ein Konflikt bei der Abkommensanwendung vor, der zur Anwendung unterschiedlicher Bestimmungen führt. Die unterschiedliche Auslegung des Abkommens ist jedoch nicht kausal für die Nichtbesteuerung in Russland, da bereits keine nationale Steuerpflicht besteht. Art. 23 Abs. 2 lit. e sublit. aa DBA-Russland ist nicht anwendbar. Es kommt jedoch § 50d Abs. 9 EStG zum Zug. Deutschland geht zur Anrechnung über.

Folgt man dagegen der russischen Auffassung hinsichtlich der Verknüpfung des innerstaatlichen Steueranspruchs und des Abkommensrechts, sind die Auslegungsdivergenzen kausal für die Nichtbesteuerung; Art. 23 Abs. 2 lit. e. sublit. aa DBA-Russland wäre anwendbar.

Fall 16: AS bejaht eine ausländische Betriebsstätte, im Übrigen wie Fall 15.

II. Zwischenergebnis

Eine doppelte Nichtbesteuerung wegen der unterschiedlichen Auslegung des abkommensrechtlichen Betriebsstättenbegriffs oder wegen der unterschiedlichen nationalen Betriebsstättenbegriffe ist nicht zu befürchten. Doppelbesteuerung droht dagegen, wenn nur der Quellenstaat eine Betriebsstätte im abkommensrechtlichen Sinn bejaht (Fälle 11 bis 14). Sie ist endgültig, wenn sie auf einem Qualifikationskonflikt gem. Art. 3 Abs. 2 DBA-Russland beruht.

§ 4 Entwicklung des Betriebsstättenbegriffs

Auf die Entwicklung des Betriebsstättenbegriffs im deutschen Steuerrecht und im Abkommensrecht wird hier nur kurz eingegangen, da dieses Thema in der Literatur bereits erörtert wurde.[427]

A. Deutschland

Als Rechtsbegriff wird Betriebsstätte erstmals 1846 im preußischen Gewerberecht verwendet. Sedes materiae ist nach modernem Sprachgebrauch das Immissionsschutzrecht: Betriebsstätte ist das körperliche und ortsfeste Element einer „lästigen" und deshalb genehmigungsbedürftigen Anlage.[428] Mit der Übernahme in die Gewerbeordnung des Norddeutschen Bundes (1869) kommt auch ein neutrales Verständnis hinzu.[429] Die Vorschriften sind später en bloc in die GewO und ab 1975 in § 4 ff. BImSchG übergegangen. Nach der Definition der damaligen Rspr. ist eine Betriebsstätte im Sinne des Gewerberechts „der gesamte, zur Ausübung des Gewerbes benutzte Raum mit allem Zubehör"[430]. Ein gewöhnliches stehendes Gewerbe war vor Ort lediglich anzeigepflichtig.[431]

Das stehende Gewerbe wird wegen der vielfältigen Erscheinungsformen gesetzlich nicht definiert, sondern lediglich negativ von dem Gewerbe im Umherziehen abgegrenzt.[432] Der funktionale Begriff beschreibt nicht eine Geschäftseinrichtung (Lokal, Anlage etc.), sondern setzt eine solche voraus. Ein Gewerbe war stehend, wenn der Gewerbetreibende mindestens eine zeitlich und örtliche feste Lokalität hatte (Niederlassung, Werkstätte, Wohnsitz) hatte.[433] Insofern betrieben z.B. Bauhandwerker ein stehendes Handwerk in ihrer Gemeinde, auch wenn sie ausschließlich bei Kunden vor Ort tätig wurden. Das zeigt die Unzulänglichkeiten des Begriffs als territoriales Anknüpfungs- und Abgrenzungskriterium für Steuerzwecke in Zei-

427 Zur Entwicklung in Deutschland siehe *Hidien*, in K/S/M, EStG, § 49 Rn. D 86 ff. Auf Abkommensebene *Kobetsky*, Permanent Establishment, S. 106 ff. sowie *Skaar*, Permanent Establishment, S. 65 ff.

428 § 26 Allgemeine Gewerbeordnung von Preußen v. 17.01.1845, PrGS 1845, 41 lautete: „Eine besondere polizeiliche Genehmigung ist nur erforderlich: 1) zur Errichtung gewerblicher Anlagen, welche durch die örtliche Lage oder die Beschaffenheit der Betriebsstätte [...]".

429 § 3 der Gewerbeordnung des Norddeutschen Bundes v. 21.06.1869, BGBl. 1869, 245: „Der gleichzeitige Betrieb [...] desselben Gewerbes in mehreren Betriebs- oder Verkaufsstätten".

430 PrOVG PrVerwBl 21 (1899), S. 268.

431 § 14 GewO Norddeutscher Bund.

432 § 15 GewO Norddeutscher Bund.

433 *Hoffmann*, Befugniss zum Gewerbebetrieb, 1841, S. 237 ff.

ten der Mobilisierung und Fraktionierung der Unternehmenstätigkeit, insbesondere für die interkommunale Steuerabgrenzung: Ein Bäcker mit einer Bäckerei und einer Verkaufsstätte innerhalb einer Gemeinde betrieb gewiss ein einzelnes stehendes Gewerbe. Galt das auch bei Lokalen in umliegenden Gemeinden oder wenn seine Produkte dort durch wandernde Gesellen verkauft wurden?[434]

Für Steuerzwecke bleibt dennoch zunächst der tradierte Begriff zentral. Die interkommunale steuerliche Abgrenzung knüpft an das Betreiben eines stehenden Gewerbes im Gemeindegebiet an.[435] Hingegen setzt die Einkommensbesteuerung von Ausländern die Existenz von „gewerblichen oder Handels-Anlagen" voraus.[436] In der Definition der Anlage durch die Rechtsprechung zeichnen sich die Merkmale der heutigen Betriebsstätte ab.[437]

Das erste deutsche Doppelbesteuerungsabkommen im Jahr 1869 verteilt das Steuersubstrat aus dem Betrieb des stehenden Gewerbes („von gewerblichen oder Handels-Anlagen") anhand des Ausübungsortes.[438] Nach § 3 des Doppelsteuergesetzes des Norddeutschen Bundes vom 13.05.1870[439] darf der Bundesstaat, in dem das Gewerbe betrieben wird, das Einkommen hieraus besteuern, unabhängig davon, ob es sich um ein stehendes oder umherziehendes Gewerbe handelt.

Ihre heutige Funktion als territoriales Anknüpfungs- und Abgrenzungskriterium erhält die Betriebsstätte erstmals durch § 2 S. 1 des Kommunalabgaben-Notgesetzes (1885).[440] Einkommen aus Gewerbebetrieb wurden danach in denjenigen Gemeinden besteuert, in welchen sich *„der Sitz, eine Zweigniederlassung, eine Betriebs-, Werk- oder Verkaufsstätte oder eine Agentur befindet."*[441] Aus dieser Aufzählung wurde gefolgert, dass eine Betriebsstätte negativ von den anderen genannten Einrichtungen

---

434 Beispiel nach *Hoffmann*, Befugniss zum Gewerbebetrieb, 1841, S. 237 ff.; § 55 GewO Norddeutscher Bund stellt denn auch drei Kriterien des umherziehenden Gewerbes auf: außerhalb des Wohnorts, ohne Begründung einer gewerblichen Niederlassung und ohne vorgängige Bestellung.

435 Vgl. 4 Abs. 3 der Städte-Ordnung für die sechs östlichen Provinzen der Preußischen Monarchie v. 30.05.1853, PrGS 1853, 261.

436 § 18 Abs. 1 des Preußischen Gesetzes, betreffend die Einführung einer Klassen- und klassifizierten Einkommensteuer v. 01.05.1851, PrGS 1851, 193.

437 Es sind Einrichtungen, die zum Zwecke des fortgesetzten Betriebes dienen und daher auf eine „gewisse Dauer" angelegt sind, wobei besondere Vorrichtungen nicht vorausgesetzt sind.

438 Art. 2 S. 1 der Übereinkunft zwischen Preußen und Sachsen wegen Beseitigung der doppelten Besteuerung der beiderseitigen Staats-Angehörigen v. 16.04.1869, PrGS 1870, 142.

439 BGBl. 1870, 119.

440 Gesetz, betreffend Ergänzung und Abänderung einiger Bestimmungen über Erhebung der auf dem Einkommen gelegten direkten Kommunalabgaben v. 27.07.1885, PrGS 1885, 327. Insoweit unwesentlich geändert durch das Kommunalabgabengesetz v. 14.07.1891, PrGS 1891, 175.

441 Das Steuersubstrat verteilte sich über diese Unternehmenseinheiten auf die Gemeinden grds. anhand der Lohnkosten. Gesondert geregelt war bereits die

abzugrenzen sei (Betriebsstätte i.e.S.).[442] Sie sollte sich nach der Rechtsprechung dort befinden, wo „Arbeiten geleistet werden, welche die den Gegenstand des Unternehmens bildenden Waren oder Leistungen hervorbringen“[443]. Betriebsstätte ist hiernach der „feste örtliche Mittelpunkt“ des „umgehenden“ Betriebs.[444] Darunter fielen gewerbliche Anlagen, bauliche Einrichtungen oder zumindest ein abgrenzbarer Bereich, welche(r) zur Disposition des Unternehmers standen und auf gewisse Stetigkeit angelegt waren.[445]

Ein weites Verständnis der Betriebsstätte als Oberbegriff lag der Verwendung im preußischen Einkommensteuergesetz 1891 zugrunde.[446] Einkommensteuerpflichtig waren Ausländer mit ihrem Einkommen aus preußischen Gewerbe- oder Handelsanlagen oder sonstigen gewerblichen Betriebsstätten (§ 2 Abs. 1 lit. b Alt. 2 EStG 1891). Das Gewerbesteuergesetz[447] vom selben Tag unterwirft in Preußen betriebene stehende Gewerbe der Gewerbesteuer, ohne zu definieren, wann ein stehendes Gewerbe im Inland betrieben wird. Die Inlandsanknüpfung nichtansässiger Gewerbebetriebe erfolgt nicht mittels des Betriebsstättenbegriffs, sondern durch die Reihe „Zweigniederlassung, Fabrikations-, Ein- oder Verkaufsstätte“ oder in sonstiger Weise unterhaltene „stehende Betriebe“ (§ 2 S. 1 GewStG 1891).[448]

Interessant ist der Blick auf die Ausführungsanweisungen zu den beiden Gesetzen.[449] Die Umschreibungen des Begriffs der Betriebsstätte und des „stehenden Betriebs“ sind nahezu identisch. Art. 2 lit. c der Ausführungsanweisung v. 05.09.1891 zum EStG 1891 definiert die Betriebsstätte wie folgt:

„Als solche gelten nicht nur die dem Gewerbebetriebe dienenden sichtbaren Anstalten, wie Zweigniederlassungen, Speicher, Warenlager, Verkaufsstellen, Kontore, sondern es genügt die Ausübung des stehenden Gewerbebetriebs in Preußen durch ständig zu diesem Zweck sich daselbst aufhaltende Geschäftsteilnehmer, Prokuristen, Agenten oder andere ständige Vertreter“.

Art. 3 Abs. 1 der Ausführungsanweisung v. 10.04.1892 zum GewStG 1891 (stehender Betrieb) ergänzt die Aufzählung um Fabrikationsstätten, viel wichtiger aber erstmals um „alle sonstigen Geschäftseinrichtungen, welche sich als Ausübung eines stehenden Gewerbes in Preußen darstellen“. Zudem wird das Innenverhältnis

Verteilung bei einer mehrgemeindlichen „Betriebsstätte, Station etc.“ (§ 7 lit. b Kommunalabgaben-Notgesetz).

442 *Jebens*, Aufsätze, S. 340.

443 PrOVGE 17, 250.

444 PrOVGE 2, 338.

445 *Jebens*, Aufsätze, S. 347 m.w.N. zur Rspr.

446 V. 24.06.1981, PrGS 1891, 175.

447 V. 24.06.1981, PrGS 1891, 205.

448 Von Betriebsstätte spricht das Gesetz lediglich in dem Zusammenhang, dass die Betriebssteuer bei Betrieben, die geistige Getränke ausschenken, für „jede Betriebsstätte“ gesondert erhoben wird (§ 60 GewStG 1891).

449 Ausführungsanweisung v. 05.09.1891 zum EStG 1891 sowie v. 10.04.1892 zum GewStG 1891.

zwischen dem ständigen Vertreter und Prinzipal erläutert (Dienstverhältnis oder Abschlussvollmacht).

1899 wird zwischen Preußen und Österreich-Ungarn das erste umfassende deutsche DBA mit einem ausländischen Staat geschlossen.[450] Es enthält die erste gesetzliche Definition des Betriebsstättenbegriffs. Sie entspricht der Definition in der Ausführungsanweisung GewStG 1891, lässt jedoch den Hinweis auf das Innenverhältnis zwischen dem Agenten und Prinzipal aus:

„Als Betriebsstätten gelten Zweigniederlassungen, Fabrikationsstätten, Niederlagen, Comtoire, Ein- oder Verkaufsstellen und sonstige Geschäftseinrichtungen zur Ausübung des stehenden Gewerbes durch den Unternehmer selbst, Geschäftsteilhaber, Prokuristen oder andere ständige Vertreter."[451]

Noch in der Gegenwart sichtbare Konturen erhält die Betriebsstättendefinition dann im Doppelsteuergesetz des Deutschen Reichs vom 22.03.1909[452]. Der Aufzählung wird eine allgemeine Definition vorangestellt:

„Betriebsstätte ist jede feste örtliche Anlage oder Einrichtung, die der Ausübung des Betriebs eines stehenden Gewerbes dient. Außer dem Hauptsitz eines Betriebes gelten hiernach als Betriebsstätten Zweigniederlassungen, Fabrikationsstätten, Ein- und Verkaufsstellen, Niederlagen,[453] Kontore und sonstige zur Ausübung des Gewerbes durch den Unternehmer selbst, dessen Geschäftsteilhaber oder andere ständige Vertreter unterhaltene Geschäftseinrichtungen."

In der deutschen Abkommenspraxis taucht diese fortschrittliche Definition jedoch nicht auf. Bis 1925 dominiert in den Verteilungsnormen für Unternehmensgewinne die bereits im DBA aus dem Jahr 1899 verwendete Definition der Betriebsstätte.[454]

Der Wortlaut der Betriebsstättendefinition in Art. 3 Abs. 2 aus dem Abkommen mit Italien aus dem Jahr 1925[455] ist im Wesentlichen mit dem heute im OECD-MA verwendeten identisch:

---

450 Doppelbesteuerungsvertrag zwischen Preußen und Österreich-Ungarn v. 21.06.1899, PrGS 1900, 280.

451 Der ständige Vertreter außerhalb einer Geschäftseinrichtung war noch nicht erfasst, unklar *Hidien*, in K/S/M, EStG, § 49 D 102.

452 RGBl. 1909, 332. Später ergänzte § 10 Abs. 2 Landessteuergesetz v. 30.03.1920, RGBl. 1920, 402, die Definition um Bauausführungen.

453 Niederlage ist eine veraltete Bezeichnung für eine Zweigstelle, an der etwas gelagert wird.

454 DBA Bayern/Österreich v. 06.10.1903, Finanzarchiv 1904, Bd. 2, 805 ff.; Deutschland/Tschechoslowakei v. 18.03.1922, RGBl. II 1923, 70 ff.; Deutschland/Ungarn v. 06.10.1923, RGBl. II 1925, 642 ff.; Deutschland/Österreich v. 23.05.1922, RGBl. II 1923, 90 ff.; Deutschland/UdSSR v. 12.10.1925, RGBl. II 1926, 2 ff. Auf den Betrieb eines stehenden Gewerbes abstellend z.B. Art. 2 Staatsvertrag zwischen Hessen und Österreich v. 03.01.1912, Finanzarchiv 1912, Bd. 2, 795 ff.

455 V. 31.10.1925, RGBl. II 1925, 1145; Nr. 5 des Schlussprotokolls zum Abkommen enthält erwartungsgemäß einen Positivkatalog.

„Betriebsstätte im Sinne des gegenwärtigen Abkommens ist eine ständige Geschäftseinrichtung des Unternehmens, in welcher die Tätigkeit dieses Unternehmens ganz oder teilweise ausgeübt wird."

Vorgänger des § 12 AO war § 16 Steueranpassungsgesetz vom 16.10.1934[456]. Im Unterschied zur heutigen Regelung forderte § 16 Abs. 1 StAnpG eine „feste örtliche Anlage oder Einrichtung" (heute: feste Geschäftseinrichtung oder Anlage) sowie die „Ausübung eines stehenden Gewerbes" (heute: „Dienen" der Tätigkeit eines Unternehmens). Auch kannte § 16 Abs. 2 Nr. 2 StAnpG nur den ständigen Vertreter innerhalb einer Geschäftseinrichtung.

Die Betriebsstätte steht im Zusammenhang mit einem stehenden Gewerbe im Gegensatz zum Hausierergewerbe. Mit der zunehmenden Mobilität und Fraktionierung von Unternehmensprozessen erweist sich der Begriff des stehenden Gewerbes als Anknüpfungs- und Abgrenzungsmerkmal im Steuerrecht als ungenau und unzureichend, sodass der Gesetzgeber auf das ortsfeste Element des stehenden Gewerbes zurückgreift.[457] Historisch ist eine Betriebsstätte ferner von einem bloßen Tätigkeitsbezirk zu unterscheiden.

B. Internationale Vertragsmuster

Den Gewerbe- und Handelsetablissements kommt im Bericht der Wirtschaftsexperten (1923) wegen der Präferenz für die Besteuerung im Ansässigkeitsstaat noch keine steuerrechtliche Bedeutung zu.[458] Hingegen sollte nach dem Bericht der Technischen Experten (1925) der Quellenstaat den auf inländische Filialen, Agenturen oder Etablissements entfallenden Teil des Gewinns besteuern dürfen.[459] Deutschland als Kriegsschuldiger war bei diesen Arbeiten des Völkerbundes zu Doppelbesteuerungsfragen zunächst nicht vertreten. 1926 wurde das Komitee der Technischen Experten erweitert und Herbert Dorn als Vertreter des Deutschen Reichs hinzugezogen. Ihm hat die Betriebsstätte wohl auch den neuen Namen („permanent establishment")[460] und auch ihre Erfolgsgeschichte zu verdanken. Der von den Sachverständigen im Jahr 1927 präsentierte Entwurf enthält allerdings – anders als bereits das DBA-Italien 1925 – keine vollwertige Betriebsstättendefinition, sondern lediglich eine Aufzählung von Betriebsstättenformen. Als Betriebsstätten galten: Orte der Leitung, beherrschte Gesellschaften, Zweigniederlassungen, Fa-

---

456 RGBl. I 1934, 925.

457 Vgl. auch *Hidien*, K/S/M, EStG, § 49 D 94.

458 *League of Nations*, Report on Double Taxation (1923), S. 30: „[...] mines and oil wells, [...] industrial establishments or factories; [...] commercial establishments with a fixed location.".

459 *League of Nations*, Double Taxation and Tax Evasion (1925), S. 31: „[...] branch, an agency, an establishment, [...] or a permanent representative[...]".

460 Erstmals vorgestellt im *Dorns* Schema zu einem Doppelbesteuerungsabkommen (UNOG-Archiv, Dok.-Nr.-10/51547/49799) in der ersten Sitzung des Expertenkomitees; siehe auch *Bräunig*, Herbert Dorn, S. 204.

briken, Verkaufsstellen, Geschäftsräume und Depots. Klargestellt wurde, dass selbstständige Vertreter (Kommissionäre, Makler) keine Betriebsstätte für den Vertretenen begründen.[461] In den nachfolgenden Entwürfen wurden beherrschte Gesellschaften aus der Aufzählung herausgenommen und die Aufzählung um Minen und Ölvorkommen ergänzt.[462]

Erst in den Musterabkommen von Mexiko (1943) und von London (1946) wurde dem Katalog eine „Generalklausel" hintangestellt („other fixed places of business having a productive character").[463] Hinzu kam eine Regelung für Bauausführungen, welche nach damaligem Verständnis wegen ihres vorübergehenden (nicht permanenten) Charakters nicht von dem Begriff der Betriebsstätte erfasst wurden.[464] Die in den Musterabkommen empfohlene Regelung wurde nahezu wörtlich aus Art. 16 Abs. 2 Nr. 3 StAnpG übernommen.[465] Im Unterschied zu den Vorgängervorschriften gab es nun auch eine positive Regelung der Betriebsstättenfiktion beim Einsatz von Vertretern.[466]

Nach dem Krieg wurde im Rahmen der OEEC (später OECD) die Arbeit an Doppelbesteuerungsfragen fortgesetzt und 1963 das erste Musterabkommen samt Kommentar veröffentlicht (OECD-MA/MK 1963). Seit der ersten Definition im OECD-MA 1963 wurde der Wortlaut des Art. 5 OECD-MA nur einmal im Jahr 1977 überarbeitet. Lässt man die wenigen sprachlichen Änderungen außer Betracht, so weicht die aktuelle Fassung von der 1963 geltenden in folgenden Punkten ab:

- Nunmehr muss die Tätigkeit nicht mehr „in der", sondern „durch die" Geschäftseinrichtung ausgeübt werden (Änderung 1977).
- Die Bau- und Montagebetriebsstätte wurde aus dem Positivkatalog in Abs. 2 herausgenommen und im eigenen Abs. 3 geregelt (Änderung 1977).
- Für Hilfs- und Vorbereitungstätigkeiten in Abs. 4 wird klargestellt, dass sie „ungeachtet der vorstehenden Bestimmungen" nicht als Betriebsstätten gelten; aus Abs. 4 lit. f wurden „Werbung, Informationserteilung, Forschung" gestrichen, geblieben ist nur der Auffangtatbestand: „[...] andere Tätigkeiten [...], die vorbereitender Art sind oder eine Hilfstätigkeit darstellen"; Abs. 4 lit. g stellt seit 1977 klar, dass auch Kombinationen mehrerer Tätigkeiten aus Abs. 4 keine Be-

---

461 *League of Nations*, Double Taxation and Tax Evasion (1925), Art. 5.

462 Siehe die Einzelheiten bei *Skaar*, Permanent Establishment, S. 85 ff. und *Kobetsky*, S. 123 ff.

463 *League of Nations*, Fiscal Committee, London and Mexico Model Tax Conventions 1946, Art. 5 Abs. 1 des Protokolls zu Musterabkommen.

464 *Dorn*, StuW 1926, 97, 108; *Skaar*, Permanent Establishment, S. 87, 344 ff.

465 Eine Baubetriebsstätte sollte bei geplantem oder tatsächlichem Bestehen der Bauausführung von über zwölf Monaten entstehen.

466 Art. 5 MA-Mexiko/London bediente sich einer Fiktion nur im Fall der Vertreterbetriebsstätte („is deemed to be"), nicht hingegen bei Bauausführungen („a building site constitues"). Das lässt Zweifel an der herrschenden These aufkommen, dass die Macher der Abkommen eine Baubetriebsstätte nicht als Betriebsstätte nach der allgemeinen Definition ansahen.

triebstätte begründen, solange die Gesamttätigkeit den Charakter einer Hilfs- und Vorbereitungstätigkeit hat.
- Die Ausnahmefälle beim Vertreter (Abs. 5) wurden über den Einkauf hinaus auf den gesamten Abs. 4 erweitert.

Diesen vorsichtigen Wortlautänderungen des Art. 5 OECD-MA stehen die zahlreichen Änderungen des Art. 5 OECD-MK gegenüber, welche das Betriebsstättenkonzept „durch die Hintertür" der Kommentaränderung über die Jahre modifizierten. Ein Bruch mit dieser Tradition ist durch die Implementation der Maßnahme 7 im Rahmen des BEPS-Projekts[467] zu erwarten, welche umfangreiche Wortlautänderungen des Art. 5 Abs. 4 OECD-MA (Hilfs- und Vorbereitungstätigkeiten, Fragmentierung) und des Art. 5 Abs. 5, 6 OECD-MA (Vertreterbetriebsstätte) vorsieht.[468]

C. Russland

Während in Deutschland die nationale Betriebsstättendefinition seit 1934 nahezu unverändert geblieben ist und von der Rechtsprechung in unzähligen Entscheidungen präzisiert und fortentwickelt worden ist und wird, ist die einschlägige Rechtsprechung in Russland überschaubar. Dafür haben sich seit 1990 dreimal die Rechtsgrundlagen geändert und auch die seit 2002 bestehende Regelung in Art. 306 ff. StK wird fortlaufend modifiziert. Die aktuelle Regelung im Steuerkodex ist als Antwort auf die defizitäre und unklare bisherige Gesetzeslage zu verstehen. So sind beispielsweise Teile der Verwaltungsvorschriften zur Vorgängerregelung nunmehr in Art. 306 StK gesetzlich fixiert worden. Dadurch sind Zweifelsfragen teilweise gelöst, teilweise aber übernommen worden. Die einzelnen Begriffsmerkmale lassen sich jedenfalls besser verstehen, wenn man die geschichtliche Evolution des Betriebsstättenbegriffs betrachtet.

Nach einhelliger Auffassung der russischen Rechtswissenschaft wurde das Betriebsstättenkonzept in den siebziger Jahren unter dem Einfluss der Arbeiten der OECD in das russische Recht übernommen.[469] Die geschilderte Entwicklung in Deutschland sowie der maßgebliche deutsche Einfluss[470] auf die russische Finanzrechtswissenschaft im 19. Jahrhundert legen jedoch die Annahme nahe, dass sich im 19. Jahrhundert ein dem deutschen Recht vergleichbarer steuerrechtlicher Begriff aus dem Ordnungsrecht entwickelt haben könnte. Auch das soll im Folgenden untersucht werden.

---

467 *OECD*, Action 7, Final Report 2015. Siehe dazu *Schmidt-Heß*, IStR 2016, 165 ff.

468 Die Änderungen betreffen nur zukünftige Abkommen und werden in dieser Arbeit nur am Rande erörtert.

469 Statt aller *Кашин*, Налоговые соглашения, S. 188; *Filinov/Lukina/Ostrovskiy/Yasnovskiy*, Russian Federation, in Reimer u. A., Permanent Establishment, Rn. 11 f.

470 Zum sog. „deutschen Akzent" des russischen Finanzrechts in dieser Zeit *Лушникова/Лушникова*, Российская школа финансового права, S. 18 ff.

I. Bis 1917

1. Handels- und Gewerbeetablissements im Gewerbe- und Gewerbesteuerrecht

Bis zur Abschaffung der Stände im Jahr 1860 stand das Recht auf Handel nur den Kaufleuten zu.[471] Je nach Gilde variierten der Umfang des Handelsrechts sowie die Höhe der Gildenabgabe.[472] Ab 1824 ging man zum Verkauf von Handels- und Gewerbescheinen über, welche zum Betrieb von Unternehmen mit bis zu drei Verkaufsstätten (russ.: „лавка") oder „gewerblichen Etablissements" (russ.: „промышленное заведение") berechtigten.[473] Das Abgabenstatut aus dem Jahr 1863 spricht insoweit von Handels- und Gewerbeetablissements (russ.: „торговые и промышленные заведения").[474] Die Zahl der Etablissements ist zunächst das einzige quantitative Kriterium für die Bemessung der Abgabe.[475]

Mit dem Staats-Gewerbesteuergesetz (St-GewStG 1899) werden nunmehr Handels- und industrielle Unternehmungen zum Gegenstand der Gewerbesteuer.[476] Erhoben wird sie als fester Beitrag pro Handels- oder Gewerbeetablissement in Abhängigkeit von Art, Größe und Standort (Hauptgewerbesteuer) sowie von publizitätspflichtigen Unternehmen als Prozentsatz auf das Gesamt-Gewerbekapital und den Gesamt-Gewerbegewinn, von anderen Unternehmen als Repartitions- und Gewinnsteuer (Zusatzsteuer; §§ 41 ff. und §§ 96 ff. St-GewStG 1899).

---

471 „Urkunde über die Privilegien und Rechte der Städte des Russischen Reichs" v. 21.04.1785, PSZ I 22, 358 (Nr. 16187). Zur Geschichte der Steuern in Russland vgl. *Алексеенко*, Действуещее законодательство о прямых налогах sowie Nachweise bei *Sodoffsky*, Finanzarchiv 1900, Bd. 1, 464 Fn. 1.

472 Die Abgabe errechnete sich als fester Prozentsatz von dem „nach Gewissen erklärten" (d.h. nicht nachzuprüfenden) Kapital, dessen Höhe für jede der drei Gilden vom Kaiser festgesetzt wurde. Damit konnte jeder Freie, der die Abgabe aufbringen konnte, sich in die entsprechende Gilde einschreiben.

473 Für jede weitere Einrichtung benötigte man ein zusätzliches sog. Billet, ausführlich dazu *Алексеенко*, Действуещее законодательство о прямых налогах, S. 92 ff.

474 § 17 Statut „Über Abgaben für das Recht auf kaufmännische Tätigkeit und auf anderes Gewerbe" v. 01.01.1863, PSZ II 38, 3 (Nr. 39118). Siehe auch *v. Keussler*, Finanzarchiv 1885, Bd. 2, 217 ff. Keiner Abgabe unterlagen bestimmte „nicht ständige Etablissements", vgl. *Алексеенко*, Действуещее законодательство о прямых налогах, S. 90.

475 Siehe § 28 Statut. Im Übrigen war die Höhe der Abgabe von der Art der Tätigkeit und dem Standort (Klasse I–IV) abhängig; 1865 kommt als Kriterium die Anzahl der Arbeiter hinzu, vgl. § 33 ff. Statut „Über Abgaben auf Handel und Gewerbe", PSZ II 40, 157 (Nr. 41779); 1885 wurden die Steuer auf den Reingewinn von Gesellschaften und eine Repartitionssteuer eingeführt, Regeln „Über Zusatzabgaben (prozentuale und umgelegte) auf Handels- und Gewerbeunternehmen" PSZ III 5, 10 (Nr. 2664), dazu *v. Keussler*, Finanzarchiv 1885, Bd. 2, 217, 228.

476 Gesetz „Über die Staatsgewerbesteuer" v. 08.06.1899, PSZ III 18, 489 (Nr. 15601).

Das Gesetz definiert Handelsetablissements als Räumlichkeiten in einem Gebäude, welche einer oder mehreren Personen gehören und die für den Handelsbetrieb eingerichtet wurden; Gewerbeetablissements (Fabriken, Werke, Werkstätten usw.) sind geschlossene oder offene Räumlichkeiten, welche sich innerhalb eines Fabrikgebiets befinden und untereinander nach der Art des Gewerbes in unmittelbarer Verbindung stehen (§§ 43 f. St-GewStG 1899). Die Literatur spricht insoweit von der „Sichtbarkeit und [der] örtliche[n] Festigkeit eines Unternehmens“[477] bzw. schlicht von einem festen Ort der Tätigkeit.[478] Für Bauausführungen und andere vorübergehende (z. B. saisonale) Tätigkeiten konnte ein Handels- oder Gewerbeschein für sechs Monate gelöst werden (§ 63 St-GewStG 1899). Damit sind mit Ausnahme einer voll ausgeprägten zeitlichen Komponente alle Merkmale des heutigen Betriebsstättenbegriffs zumindest rudimentär gegeben.

Das Problem der Gewinnermittlung/der Gewinnabgrenzung stellte sich allerdings nur bei Etablissements nicht rechnungslegungspflichtiger Unternehmen.[479] Hier musste die Repartitionssteuer zwischen allen Etablissements einer Branche in einem Steuerbezirk nach dem Verhältnis ihrer Reinerträge verteilt werden, wobei auf Antrag das Geschäftsergebnis mehrerer gleichartiger Etablissements eines Unternehmens in einem Steuerbezirk zusammengefasst werden konnte (§ 132). Für Unternehmen mit Einrichtungen in verschiedenen Gebieten galt das nicht. Sie wurden als eigenständiges Unternehmen betrachtet.

2. *Besteuerung ausländischer Unternehmer*

Im Russischen Zarentum und im Russischen Imperium wechselten Perioden der Begünstigung ausländischer Kaufleute mit Perioden des Protektionismus ab. Auf die weitgehende Handels- und z. T. Abgabenfreiheit im 16. Jahrhundert im Austausch für ausländische Darlehen folgten restriktive Zulassungserfordernisse und doppelte Abgabenlast für „иноземцы“ und „торговые Немцы“ nach dem Torgovy-Ustav von 1653,[480] die wiederum durch eine liberale Politik im 18. Jahrhundert abgelöst wurden.[481]

---

477 *Удинцев*, Русское торгово-промышленное право, S. 217.

478 *Шершеневич*, Курс торгового права, S. 71.

479 Rechnungslegungspflichtige Unternehmen mussten nur das Gesamtkapital und den Gesamtgewinn (§ 99 ff. St-GewStG 1899) ermitteln. Kommanditgesellschaften und bestimmte andere Unternehmen konnten auf Antrag zur Besteuerung des Gesamtkapitals und des Gesamtgewinns optieren, wenn sie Bücher geführt hatten.

480 Vgl. § 2 Ukaz „Über Abgabenerhebung in Moskau und in den Städten mit der Mitteilung, wieviel erhoben wird und von welchen Waren“ v. 25.10.1653, PSZ I 1, 302 (Nr. 107). Die höhere Abgabenlast wurde damit begründet, dass inländische Kaufleute daneben noch andere Abgaben zu zahlen hatten, vgl. § 56 a.E. Novotorgoviy Ustav v. 22.04.1667, PSZ I 1, 685 (Nr. 408). Nicht verkaufte Waren wurden bei der Ausfuhr nochmals besteuert.

481 Weitgehende Handelsfreiheit nach dem Prinzip der Gegenseitigkeit bestand aufgrund von Handelsverträgen mit Preußen, vgl. Nachweise bei *Семенов*, Изучение исторических сведений, S. 89 f.

Ab 1807 wird bei Ausländern zwischen „ausländischen Gästen“ (russ.: „иностранные гости“) und „umherfahrenden Kaufleuten“ (russ.: „заезжие купцы“) differenziert.[482] Ein ausländischer Gast verfügte über einen Wohnsitz in einer Hafen- oder Grenzstadt und durfte ausschließlich dort Handel treiben. Zusätzlich zur regelmäßigen Abgabenlast war er mit 25 % des eingesetzten Kapitals bei einem Freibetrag von 50.000 Rubel abgabenpflichtig. Später bedurfte er der Zulassung als Kaufmann erster Gilde und war damit mit Ausnahme von Naturalleistungen wie russische Kaufleute in dieser Stadt abgabenpflichtig.[483] Die umherfahrenden Kaufleute durften nur an Börsen und in Zollgebieten, nicht aber innerhalb der Städte Handel treiben, dafür in den ersten sechs Monaten ab Ankunft zulassungs- und abgabenfrei.[484] Der Zeitraum von sechs Monaten (vgl. § 12 S. 1 AO und Art. 5 OECD-MA) wurde offensichtlich auch damals als gerecht empfunden.[485]

Nach Abschaffung der Stände 1860 konnten „Handels- und Gewerbeurkunden“ gleichermaßen russischen Staatsbürgern und Ausländern erteilt werden.[486] Erstmalig gab es zuerst völkerrechtliche und dann innerstaatliche Regelungen über die Tätigkeit „ausländischer Gesellschaften“/„иностранные общества“.[487] Für die Ausübung der Tätigkeit war – wie bei russischen Gesellschaften – eine Erlaubnis des Kaisers notwendig. Sie erging jeweils in Form eines Gesetzes, das bei ausländischen Gesellschaften jedoch nicht die Errichtung, sondern „die Bedingungen für die Tätigkeit“, d. h. Pflichten der Gesellschaft in Russland bestätigte.[488] Insbesondere musste die Gesellschaft eine „besondere verantwortliche Agentur“ errichten, welche als organisatorische Einheit des Unternehmens für die Erfüllung von steuerlichen und sonstigen Pflichten der Gesellschaft zuständig war. Die dadurch erfolgte Angleichung und Liberalisierung endete mit dem kurz nach dem Ausbruch des Ersten Weltkrieges verhängten Verbot der unternehmerischen Betätigung von Staatsangehörigen der feindlichen Staaten.[489]

---

482 Siehe § 10 Manifest „Über die den Kaufleuten geschenkten neuen Nutzen, Auszeichnungen und Vorteile und über neue Methoden der Verbreitung und Verstärkung von Handelsunternehmen“ v. 01.01.1807, PSZ I 29, 371 ff. (Nr. 22418).

483 Vgl. §§ 204 f. Handels-Gesetz, SZRI Band 11, Teil 2 (1857). Die Errichtung von Fabriken, Werken und Manufakturen war dagegen nur aufgrund besonderer Zustimmung im Einzelfall bei anerkanntem Nutzen für den Staat (§ 211) zulässig.

484 Vgl. §§ 216 ff. Handels-Gesetz, SZRI Band 11, Teil 2 (1857).

485 Dazu unten § 5 B.II.1.b.bb, S. 109 ff.

486 Erlass „Über Rechte der sich in Russland aufhaltenden Ausländer“ v. 07.06.1860, PSZ II 35, 706 f. (Nr. 35880) sowie Statut „Über Abgaben für das Recht auf Handel und andere Gewerbe“ v. 01.01.1863, PSZ II 38, 3 (Nr. 39118).

487 Ausführlich *Курысь*, Правовое регулирование иностранного инвестирования, S. 36 ff.

488 Vgl. z. B. Erlaubnis für „Starley (Russia) Limited“ v. 24.09.1898, PSZ III 18, 560 f. (Nr. 15655).

489 Siehe zu den einzelnen Regelungen *Курысь*, Правовое регулирование иностранного инвестирования, S. 80 ff.; *Смирнов*, Правовое регулирование иностранного предпринимательства, S. 129 ff.

II. 1917 bis 1978

Nach der Oktoberrevolution finanzierte sich der Staat zunächst hauptsächlich aus Kontributionen, Emissionen und Lebensmittelumlagen, so dass ausländische Investitionen und Steuern erst zu Zeiten des NEP[490] (1921–1929) wieder relevant wurden.[491]

Die oben aufgestellte These über die Wesensgleichheit der Handels- und Gewerbeetablissements mit der Betriebsstätte wird durch den völkerrechtlichen Vertrag zwischen dem Deutschen Reich und der UdSSR vom 12. Oktober 1925 bestätigt.[492] Dieser enthielt im Teil V (Steuerabkommen) Regelungen über die Vermeidung der Doppelbesteuerung auf Grundvermögen sowie auf Einkünfte hieraus und auf Einkünfte aus Gewerbebetrieb.

Von der russischen Rechtswissenschaft nicht beachtet, enthält das Abkommen in Art. 2 lit. b eine „Definition" (eigentlich eine Aufzählung von Positivfällen) der Betriebsstätte für Steuerzwecke, die wie andere deutsche DBA dieser Zeit dem Doppelbesteuerungsvertrag zwischen Preußen und Österreich-Ungarn aus dem Jahr 1899 folgte.[493] Als Betriebsstätte galten nach § 2 lit. b S. 2 des Steuerabkommens „neben der Geschäftsleitung: Handelsniederlassungen, Fabrikationsstätten, Ein- und Verkaufsstätten, Niederlagen, Kontore und sonstige zur Ausübung des Handels oder Gewerbes durch den Unternehmer selbst, dessen Geschäftsteilhaber, Prokuristen oder andere ständige Vertreter unterhaltene Geschäftseinrichtungen". Äquivalent zur Betriebsstätte spricht die russische Fassung von einem Etablissement für die Ausübung gewerblicher Tätigkeit (russ.: „заведение"); die Geschäftseinrichtung wird wörtlich mit „коммерческое установление" übersetzt. Die Begriffe bilden das Wesen der Betriebsstätte im Gegensatz zum später verwendeten Begriff der „ständigen Vertretung" (vgl. sogleich) zutreffend ab.

Gewerbebetriebe sollten nach § 2 lit. b S. 1 des Steuerabkommens nur in dem Staat zu den direkten Steuern herangezogen werden, in dem eine Betriebsstätte zur Ausübung des stehenden Gewerbes unterhalten wird. In dem Fall, dass sich Betriebsstätten in beiden Staaten befinden, sollte die Besteuerung jeweils nur nach Maßgabe „des von den inländischen Betriebsstätten aus stattfindenden Betriebs" erfolgen. Dieser Vertrag wird bis in die sechziger Jahre des 20. Jahrhunderts der einzige völkerrechtliche Vertrag der UdSSR auf dem Gebiet des Steuerrechts bleiben.

---

490 NEP (Neue Ökonomische Politik) bezeichnet die Phase des Aufbaus und der Förderung der durch den „Militärkommunismus" zerstörten privaten Wirtschaft. Zu Konzessionen an ausländische Unternehmen siehe *Курысь*, Правовое регулирование иностранного инвестирования, S. 94 ff. und *Петров*, Налогообложение иностранных юридических лиц, S. 30 ff.

491 *Петрыкин*, Некоторые правовые проблемы, S. 45; Gert, Unternehmensbesteuerung, S. 69.

492 RGBl. II 1926, 1 ff., außer Kraft getreten am Tag des Überfalls auf die UdSSR am 22.06.1941, siehe Vedomosti SND SSSR, VS SSSR, 1989, Nr. 29, Pos. 579.

493 Allerdings wurde bereits am 31.10.1925 das DBA-Deutschland/Italien mit der modernen Betriebsstättendefinition abgeschlossen, siehe oben § 4 A, S. 72.

Im Dekret aus dem Jahr 1923 wurde wenige Jahre zuvor die Zulassung „ausländischer Firmen“ in der UdSSR geregelt. In Abkehr von der vorrevolutionären Terminologie wurden von da an die Begriffe „Kontor, Abteilung, Vertretung usw.“ als Beispiel für die innerstaatliche Präsenz des ausländischen Unternehmens verwendet.[494] 1926 gibt es nunmehr erstmals nationale Regelungen über die Besteuerung von Ausländern: Natürliche Personen waren unabhängig von ihrer Ansässigkeit und Staatsbürgerschaft mit Einkünften aus inländischen Quellen steuerpflichtig; ausländische Gesellschaften und Genossenschaften, die zur Tätigkeit in Russland zugelassen waren, wurden hinsichtlich der Operationen in Russland am Ort der Filiale oder der Vertretung besteuert.[495]

1931 werden die Zulassungsvoraussetzungen präzisiert. Es bleibt insoweit bei der Formulierung „Vertretung, Kontor, Abteilung usw.“[496] 1936 wird eine gesetzliche Grundlage speziell für die Besteuerung ausländischer Unternehmen geschaffen. Steuerpflichtig sind Handels-, Produktions- und sonstige Wirtschaftsorganisationen (Gesellschaften, Partnerschaften usw.) und natürliche Personen mit ausländischen Unternehmen, die in der UdSSR nach den gesetzlichen Vorschriften *„Vertretungen, Kontore, Abteilungen usw.“* errichtet haben, in Höhe von ¼ des Umsatzes auf dem Gebiet der UdSSR.[497] Angeknüpft wurde damit an eine nach den Vorschriften der UdSSR gegründete Vertretung. Inhaltliche Kriterien wie gewisse Ständigkeit, feste Geschäftseinrichtung etc. wurden nicht aufgestellt. Zwar war die Zulassung nicht erforderlich für die Durchführung von Vertragsverhandlungen und den Abschluss einzelner Rechtsgeschäfte mit den zuständigen Außenwirtschaftsstellen, das galt jedoch nur, sofern die Tätigkeit keinen ständigen Charakter hatte.[498] An dieser letzten Voraussetzung fehlte es bei der Errichtung von Vertretungen im Inland, so dass auch diese Hilfs- oder nur vorübergehenden Tätigkeiten in einer Vertretung wohl steuerpflichtig waren.[499] Diese steuerrechtlichen Grundlagen blieben bis 1978

---

494 Dekret v. 12.04.1923, SU RSFSR, 1923, Nr. 31, Pos. 345. Die Zulassungen wurden jedoch sehr restriktiv erteilt, Zahlen bei *Филиппова*, Особенности, S. 23. Der Begriff des „Etablissements“ im beschriebenen Sinne wurde noch vereinzelt im Handelsrecht verwendet, z. B. im Dekret „Über gewerbliche Trusts“ v. 10.04.1923, SU RSFSR 1923, Nr. 29, Pos. 336.

495 Art. 1 lit. a, c und Art. 7 Beschluss v. 24.09.1926, SZ SSSR 1926, Nr. 64, Pos. 483.

496 Beschluss v. 11.03.1931, SZ SSSR 1931, Nr. 24, Pos. 197.

497 Art. 1 der Verordnung v. 02.02.1936 „Über die Besteuerung von Vertretungen ausländischer Wirtschaftsorganisationen, die auf dem Gebiet der UdSSR Handelsoperationen ausführen“, SZ SSSR 1936, Nr. 5, Pos. 41; siehe auch *Amandi*, Die steuerrechtlichen Beziehungen, S. 9.

498 Art. 12 der Verordnung v. 02.02.1936 a. a. O.

499 Das überrascht nicht, denn obwohl ideologisch weit von freiem Markt und internationalen Doppelbesteuerungsproblemen entfernt, entsandte auch die UdSSR ihre Vertreter zur Konferenz in Genf im Jahr 1928, wo erstmalig Entwürfe des Musterabkommens präsentiert wurden, *Падейский*, Вестник финансов 1929, Nr. 11/12, S. 83, 86 f.

in Kraft. Es ist jedoch nicht bekannt, ob sie jemals angewendet wurden.[500] Berichtet wird, dass die Unsicherheit über die Entstehung und den Umfang steuerlicher Pflichten dazu führte, dass ausländische Organisationen ihre Erfüllung vertraglich auf die sowjetischen Partner abgewälzt haben.[501]

Die Fragen des Internationalen Steuerrechts verloren in dieser Zeit angesichts des staatlichen Monopols im Außenwirtschaftsrecht und des grundsätzlichen Verbots unternehmerischer Betätigung an Bedeutung. Im sowjetischen Schrifttum wurden ausländische juristische Personen in diesem Zeitraum jedenfalls nicht als Subjekte öffentlich-rechtlicher Rechte und Pflichten angesehen.[502] Erst Mitte der sechziger Jahre des 20. Jahrhunderts rückten die Fragen der internationalen Besteuerung wieder in den Fokus der Wissenschaft.[503] Die Entwicklung der internationalen Luft- und Schifffahrt sowie der Beitritt der UdSSR zum Welturheberrechtsabkommen führte dazu, dass die UdSSR zu Beginn der siebziger Jahre mit einigen Staaten Steuerabkommen in Bezug auf Einkünfte aus Luft- und Schifffahrtunternehmen sowie Lizenzgebühren abschloss.[504]

Gleichzeitig begannen die Verhandlungen über die ersten umfassenden bilateralen Doppelbesteuerungsabkommen der UdSSR mit dem Ausland (BRD, Finnland und USA). Das Interesse der ausländischen Staaten an Verträgen mit der UdSSR war allerdings nicht stark, weil die wenigen ausländischen Unternehmen, die in der UdSSR tätig waren, aufgrund der unklaren Rechtslage dort ohnehin nicht besteuert wurden.[505]

Das erste umfassende Doppelbesteuerungsabkommen wird 1973 mit den USA abgeschlossen.[506] Auf Drängen des sowjetischen Außenministeriums wurde dem OECD/UN-Muster nicht gefolgt und statt „Permanent Establishment" eine Vertretung („Representation"/„представительство") zum Verteilungsmerkmal für Einkünfte aus unternehmerischer Tätigkeit (Art. 4 Abs. 1, 2 DBA-UdSSR/USA). Nach der vielzitierten Auffassung von *Kašin* konnte sich das Außenministerium damals nicht vorstellen, dass ausländische Unternehmen in der UdSSR andere als repräsentative Aufgaben ausüben würden.[507] Von ähnlichen Bedenken berichten *Brownell/Johnson*: „The Soviets are wary of the connotations of ‚permanent establishment', which

---

500 *Mentz*, Das internationale Steuerrecht der RGW-Länder, S. 10, 20 f.

501 *Janus*, Steuerrecht und internationales Steuerrecht der Sowjetunion, S 190; *Mentz*, Das internationale Steuerrecht der RGW-Länder, S. 25.

502 Vgl. Nachweise bei *Филиппова*, Особенности, S. 25 f.

503 Vgl. *Ровинский*, Советское государство и право 1965, 60 ff.

504 Dazu *Чуприков*, Особенности, S. 17 ff.; *Кашин*, Международные налоговые соглашения, S. 158 f.

505 Vgl. z. B. Denkschrift zum Abkommen zwischen der BRD und UdSSR v. 24.11.1981, BT-Drs. 9/1698, S. 9.

506 Vedomosti VS SSSR, 1976, Nr. 1, Pos. 3.

507 *Кашин*, Налоговые соглашения, S. 188 und *ders.*, Налоговая политика и практика, 2009, Nr. 10, S. 12, 15; vgl. aber noch deutlich zurückhaltender *ders*, Международные налоговые соглашения СССР, S. 115.

seems to imply the ability of Americans to establish permanent investments in the Soviet economy“[508].

Das Abkommen enthält darum auch zwei unterschiedliche Definitionen der Vertretung: Kontor oder Repräsentanz (engl. „office or representative bureau“) für die Tätigkeit in der UdSSR bzw. Kontor oder anderer Ort der Tätigkeit („office or other place of business“) auf dem Gebiet der USA; in beiden Ländern musste die Errichtung im Einklang mit dem nationalen Recht erfolgen. Das Kriterium der Ständigkeit („fixed place of business“) fehlt. Es ist also unzutreffend, dass bereits dieses DBA eine moderne Definition der Betriebsstätte enthalten hatte.[509] Obwohl die Betriebsstättendefinition lediglich auf formale Kriterien abstellt, enthielt das Abkommen in Art. 3 Abs. 2 Regelungen, die inhaltliche Ähnlichkeit mit den Tatbeständen des Art. 5 OECD-MA aufwiesen: Ausnahme für Montagearbeiten an Projekten unter 36 Monaten (Art. 3 Abs. 2 lit. d) sowie für Hilfs- und Vorbereitungstätigkeiten (Art. 3 Abs. 2 lit. c).

Die Vorschrift hatte jedoch einen nur beschränkten Anwendungsbereich,[510] da Einkünfte aus der Tätigkeit über einen unabhängigen Vertreter auch bei Bestehen einer Vertretung nur im Ansässigkeitsstaat besteuert werden konnten (Art. 3 Abs. 1 lit. e, 4 Abs. 5 DBA-UdSSR/USA). Ausländische Unternehmen durften in der Sowjetunion nur durch Vermittlung der sowjetischen Außenhandelsorganisation tätig werden und waren deswegen i. d. R. nicht steuerpflichtig. Im Ausland handelte die UdSSR durch Handelsvertretungen, die als Teile der Botschaft angesehen und deshalb nicht besteuert wurden.[511]

Das nächste Abkommen der UdSSR – diesmal mit Finnland – vom 15.04.1977[512] verwendet in Art. 5 Abs. 4 ebenfalls den Begriff einer Vertretung, die wie im DBA UdSSR-USA definiert wird. Eine Befreiung für Vertretungen, die mit unabhängigen Agenten kontrahieren, sieht das Abkommen nicht mehr vor, es regelt in Art. 5 Abs. 3 nur, dass die Tätigkeit eines unabhängigen Agenten alleine nicht zur Begründung einer Vertretung führt.

---

508 *Brownell/Johnson*, Law and Policy in International Business 1976, 763, 773, Fn. 72.

509 Anders *Filinov/Lukina/Ostrovskiy/Yasnovskiy*, Russian Federation, in Reimer u. A., Permanent Establishment, Rn. 11.

510 Vgl. bereits *Mentz*, Das internationale Steuerrecht der RGW-Länder, S. 159 ff.

511 Monopol im Außenwirtschaftsrecht, siehe Dekret des Rats der Volkskommissare v. 11.03.1931, SZ SSSR 1931, Nr. 24, Pos. 197; *Filinov/Lukina/Ostrovskiy/Yasnovskiy*, Russian Federation, in Reimer u. A., Permanent Establishment, Rn. 11; *Братусь*, Юридические лица, S. 168. Von der UdSSR beherrschte abhängige Agenten in den USA sollten jedoch nach dem Abkommen mit der Vergütung aus der Kommission steuerpflichtig sein; vgl. Punkt 1 der Note zum DBA-UdSSR/USA 1973; ähnlich Art. 4 Abs. 5 DBA-UdSSR/Schweden 1981, Vedomosti VS SSSR 1982, Nr. 44, Pos. 828.

512 SDD, Band 33, S. 81 ff.

III. 1978 bis 1990

Die zweite Phase der sowjetischen Besteuerung von Betriebsstätten beginnt mit dem Ukaz „Über die Steuer auf Einkünfte ausländischer juristischer Personen und natürlicher Personen" vom 12. Mai 1978,[513] der die Regelung aus dem Jahr 1936 außer Kraft setzte. Er sollte nach verbreiteter Auffassung wegen der sog. Gegenseitigkeitsklausel (siehe Art. 6 Abs. 3 Einkünftesteuerukaz 1978) andere Staaten zum Abschluss von Doppelbesteuerungsabkommen mit der UdSSR bewegen.[514] Steuerpflichtig waren Einkünfte ausländischer juristischer Personen aus eigener unmittelbarer Tätigkeit auf dem Gebiet der UdSSR und aus der Tätigkeit durch eigene Vertretungen (Art. 1 Einkünftesteuerukaz 1978).

Der Begriff der Vertretung wird auch hier streng formal verstanden und umfasst durch eine ausländische juristische Person nach sowjetischem Recht auf dem Gebiet der UdSSR eröffnete „Büros, Agenturen, Kontore usw." und sowjetische Organisationen, die auf dem Gebiet der UdSSR die Interessen der ausländischen juristischen Person vertreten. Damit wird zwischen der Grundform der Betriebsstätte und der Vertreterbetriebsstätte differenziert. Eine solche Vertretung konnte jedoch nicht bereits durch regelmäßige Tätigkeit, sondern erst durch einen staatlichen Akt entstehen.[515] Nur zivilrechtlich anerkannte Einrichtungen waren Betriebsstätten. Das ist für die damalige Zeit selbstverständlich, da eine unternehmerische Tätigkeit in der Sowjetunion ohne staatliche Erlaubnis nicht zulässig war.[516]

Diese Regelung aus dem Jahr 1978 ist mitursächlich dafür, dass natürliche Personen auch nach derzeitigem nationalem Steuerrecht keine Betriebsstätte begründen können. Die Vorgängerregelung aus dem Jahr 1936 hatte die Steuerpflicht von ausländischen juristischen Personen und natürlichen Personen mit privaten Unternehmen an die Existenz einer inländischen Vertretung geknüpft.[517] Nach Art. 6 des Einkünftesteuerukaz 1978 richtete sich die Besteuerung ausländischer Staatsbürger (damit wurde die Anknüpfung an Wohnsitz/Aufenthalt nicht nachvollzogen) grundsätzlich nach den Regeln über die Besteuerung sowjetischer Bürger. Entscheidend war die in einem besonderen Verfahren zugelassene Ausübung einer Tätigkeit auf dem Gebiet der UdSSR. Im Vergleich dazu waren ausländische juristische Personen – d.h. „Kompanien, Firmen, Körperschaften und alle anderen nach ausländischem Recht gegründeten Organisationen" (Art. 11 lit. a Einkünfte-

513 Bestätigt durch Gesetz der UdSSR v. 06.07.1978, Vedomosti VS SSSR, 1978, Nr. 28, Pos. 442.

514 Vgl. Denkschrift zum Abkommen zwischen der BRD und UdSSR v. 24.11.1981, BT-Drs. 9/1698, S. 12. Ferner *Mentz*, Das internationale Steuerrecht der RGW-Länder, S. 38, 152, 172.

515 § 9 Ordnung „Über das Verfahren betreffend die Gründung und die Tätigkeit von Vertretungen ausländischer Firmen, Banken und Organisationen in der UdSSR", Verordnung des Ministerrats v. 23.05.1977, Nr. 427, SPP SSSR Nr. 16, 1977, Pos. 95.

516 *Чуприков*, Особенности, S. 19.

517 Dazu oben § 4 C II, S. 79.

steuerukaz 1978) – grds. erst bei Bestehen einer Vertretung steuerpflichtig.[518] Die Steuergesetze 1990 haben das Konzept übernommen und zudem ausdrücklich festgelegt, dass natürliche Personen die Inhaber von im Herkunftsland transparent besteuerten Einzelunternehmen und Gesellschafter von Personengesellschaften (russ.: „владельцы личных компании") Subjekte der Einkommensteuer waren. Sie waren unabhängig von einer Betriebsstätte mit Einkünften aus inländischen Quellen steuerpflichtig. Mitursächlich für diese Herausnahme natürlicher Personen aus dem Kreis der Unternehmer, die eine Betriebsstätte unterhalten können, war das bis in die neunziger Jahre vorherrschende formale Verständnis einer Betriebsstätte (ständigen Vertretung) als registrierte Filiale bzw. Vertretung, deren Gründung auch nach geltendem Recht nur Organisationen offensteht. In der UdSSR entsprach die damalige Regelung dem Geist der Zeit, da eine unternehmerische Tätigkeit durch ausländische natürliche Personen nicht ernsthaft in Betracht kam.[519]

Nur kurze Zeit nach dem Erlass schließt die UdSSR am 19. Mai 1978 mit den anderen RGW-Mitgliedsländern zwei multilaterale DBA.[520] Die Abkommen in Bezug auf die Besteuerung juristischer Personen folgt nicht dem Betriebsstättenprinzip. Unternehmensgewinne werden, auch wenn sie „durch Filialen, Abteilungen, Agenturen, Kontore und ähnliche Organisationen" erzielt werden, im Quellenstaat freigestellt und nur im Ansässigkeitsstaat besteuert (Art. 3). Das entsprach den sowjetischen Interessen, die wirtschaftliche Aktivität der Außenwirtschaftsorganisationen als Teile des Staates nur selbst im eigenen Staat zu besteuern.

Im Abkommen der UdSSR mit Norwegen vom 15.02.1980[521] heißt es zwar noch immer „Vertretungen" und nicht „ständige Vertretungen", in der Definition selbst ist nunmehr das Festigkeitskriterium enthalten („Agentur, Abteilung, Kontor oder andere *ständige Einrichtung*"). Leider hat sich der Begriff der ständigen Einrichtung, welcher die treffende Übersetzung des „permanent establishment" ist, weder als Definiendum (wie in Art. 5 OECD-MA) noch als Definitionsmerkmal (wie in § 12 S. 1 AO und Art. 4 Abs. 4 DBA-UdSSR/Norwegen) durchgesetzt. Lediglich vereinzelt (z. B. im Abkommen mit Kasachstan vom 18.10.1996) taucht dieser Begriff auf.[522]

---

518 *Amandi*, Die steuerrechtlichen Beziehungen, S. 31 meint, auch ausländische Einzelunternehmer fielen in der UdSSR unter den Begriff „Organisation". Dagegen sprechen nicht nur der klare Wortlaut, sondern auch die Vorgänger- und die Nachfolgeregelungen. Sie unterschieden klar zwischen natürlichen Personen und Privatunternehmungen natürlicher Personen, die im Herkunftsstaat wie eine Körperschaft besteuert wurden. Vgl. auch *Martinez*, Columbia Journal of Transnational Law 1981, 455, 472.

519 Vgl. *Кашин*, Налоговая политика и практика, 2009, Nr. 10, S. 12, 15.

520 Vgl. zum Folgenden *Mentz*, Das internationale Steuerrecht der RGW-Länder, S. 150 ff., 191 ff.

521 Vedomosti VS SSSR v. 29.04.1981, Nr. 17, Pos. 693.

522 Es liegt möglicherweise daran, dass das kasachische nationale Steuerrecht diesen Terminus als Anknüpfungsmerkmal in Art. 198 Steuerkodex verwendet.

Das nächste Abkommen, diesmal mit Österreich vom 10.04.1981,[523] spricht ebenfalls von einer Vertretung (Repräsentanz), stellt aber in der russischen Fassung nicht auf eine ständige Einrichtung, sondern auf den ständigen Ort der Tätigkeit ab (Art. 4 Abs. 1).[524] Von nun an folgt die UdSSR in der Formulierung dem OECD-MA („fixed place of business") und nicht dem deutschen Verständnis der festen Geschäftseinrichtung.

Erst in dem Abkommen mit der Bundesrepublik Deutschland vom 24.11.1981[525] wurde aus der Vertretung eine *ständige Vertretung* (russ: „постоянное представительство"). Definitionsmerkmal ist wie im OECD-MA der Ort der Tätigkeit. Damit erfolgte unter Beibehaltung der russischen Terminologie eine Anpassung an den Wortlaut des OECD-MA („permanent establishment"). Dieser Begriff wird seitdem im russischen nationalen und internationalen Recht verwendet. Die deutsche Fassung stellte lediglich auf das Vorhandensein der Betriebsstätte ab (Art. 4 DBA UdSSR/Deutschland).

IV. 1990

Die vierte Phase beginnt mit dem Einkommensteuergesetz vom 23.04.1990[526] und dem Unternehmenssteuergesetz vom 14.06.1990[527].

Bei juristischen Personen wird unterschieden zwischen Tätigkeitseinkünften – hier wird an eine inländische und nunmehr ständige Vertretung anknüpft – und sonstigen Einkünften aus Quellen in der UdSSR. Natürliche Personen ohne Wohnsitz in der UdSSR sind mit Einkünften aus inländischen Quellen steuerpflichtig; für sie gilt das Betriebsstättenprinzip wie schon in der Vorgängerregelung nicht.

Unter einer ständigen Vertretung versteht das Gesetz „Büros, Kontore, Agenturen, jeden anderen Ort der Tätigkeit" (verbunden mit der Gewinnung von Naturressourcen, der Ausführung von Bauarbeiten, Errichtung, Montage, Zusammenbau, Reparatur und Bedienung von Anlagen und anderen entsprechenden Tätigkeiten) sowie Organisationen und Bürger, die auf dem Gebiet der UdSSR eine ausländische juristische Person vertreten (Art. 9 Abs. 2 Unternehmenssteuergesetz 1990).

Im Vergleich zur Vorgängerregelung führt das Gesetz in Anlehnung an das OECD-MA einen „anderen Ort der Tätigkeit" als Oberbegriff für Büro, Kontor und Agentur ein. Neu ist auch der offene Positivkatalog möglicher unternehmerischer Tätigkeiten. Zudem wird die Figur des ständigen Vertreters auf natürliche Personen erweitert, allerdings ohne Beschränkung auf abhängige Vertreter. Eine gesonderte Regelung der Bau- und Montagebetriebsstätten fehlt noch, ebenso die Befreiung für Hilfs- und Vorbereitungstätigkeiten.

---

523 ÖBGBl. 411/1982.

524 Die deutschsprachige Fassung des Art. 4 Abs. 1 DBA-Österreich-UdSSR spricht in der Definition von fester Betriebsstätte.

525 BGBl. II 1983, 2 ff.

526 Vedomosti SND SSSR, VS SSSR, 1990, Nr. 19, Pos. 320.

527 Vedomosti SND SSSR, VS SSSR, 1990, Nr. 27, Pos. 522.

Wie heute noch (Art. 306 Abs. 2 StK) und im Unterschied zum OECD-MA fehlt das Definitionsmerkmal der Festigkeit des Tätigkeitsortes („fixed place of business"). Im Unterschied zur aktuellen Regelung fehlt auch das zeitliche Element der Festigkeit. Lediglich im Definiendum deutet die Ständigkeit der Vertretung zumindest auf eine zeitliche Verfestigung hin. Die Regelung folgt weiterhin einem formalistischen Verständnis. Voraussetzung für die Entstehung einer Vertretung ist ihre steuerliche Registrierung, bei deren Fehlen die erzielten Einnahmen (sic!) als hinterzogen galten (Art. 9 Abs. 6 Unternehmenssteuergesetz 1990). Eine Registrierung war erforderlich bei einer Tätigkeitsdauer von über einem Monat (Art. 9 Abs. 4–6). In verschiedenen Formen ist dieser Zeitraum für die Besteuerung ausländischer Gewerbebetriebe noch immer maßgeblich (Regelmäßigkeit der unternehmerischen Betätigung/Registrierungspflicht/Entstehen der Betriebsstätte).[528]

V. 1991 bis 2002

Nach dem Zerfall der UdSSR ändern sich 1991 abermals die gesetzlichen Grundlagen.[529] Sie gelten mit zahlreichen Änderungen bis zum Inkrafttreten der Kapitel 23 und 25 des StK in den Jahren 2000 und 2002.

Die gesetzliche Betriebsstättendefinition selbst (§ 1 Abs. 3 UA 2 Gewinnsteuergesetz 1991) weicht nur unwesentlich von der Vorgängerreglung ab: Der Positivkatalog wird um Dienstleistungen und die Durchführung von sonstigen Arbeiten erweitert, bei der Vertreterbetriebsstätte stellt das Gesetz – sprachlich ungenau – nunmehr nicht auf die tatsächliche Ausübung der Vertretungsfunktionen, sondern bereits auf die Bevollmächtigung zur Ausübung von Vertretungsfunktionen ab. Die Gesetzesänderung im Jahr 1995[530] fügte Filialen als Unterfall des Tätigkeitsortes hinzu und ergänzte den Tätigkeitskatalog um die Suche nach Bodenressourcen. Zwar gab es weiterhin keinen Ausnahmetatbestand für Hilfs- und Vorbereitungstätigkeiten, Gewinne aus Einkaufsgeschäften werden jedoch aus der Bemessungsgrundlage herausgenommen (Art. 3 Gewinnsteuergesetz 1991).

Den knappen und teilweise unklaren Wortlaut des Gesetzes präzisierten untergesetzliche Rechtsakte, insb. die Instruktion Nr. 13[531] und später Instruktion Nr. 34.[532] Die Instruktion forderte entgegen dem Gesetzeswortlaut einen *ständigen Ort regelmäßiger Tätigkeit* mit der Eignung der Einnahmeerzielung im In- oder Ausland (§ 6 Instruktion Nr. 13). Damit entsprach die Betriebsstättendefinition jedenfalls für kurze Zeit ihrem Vorbild im Abkommensrecht, denn das örtliche Kriterium wurde in Art. 306 Abs. 2 StK nicht übernommen (dazu sogleich).

---

528 Siehe dazu § 5 B.II.2, S. 115.

529 Gesetz der RF „Über die Steuer auf den Gewinn von Unternehmen und Organisationen" v. 27.12.1991, Nr. 2116–1, Vedomosti SND, VS RF, 1992, Nr. 11, Pos. 525.

530 Föderales Gesetz v. 31.12.1995, Nr. 227-FZ, RG Nr. 5, 11.01.1996.

531 Instruktion GNS RF v. 27.05.1992 Nr. 13 (Экономика и жизнь 1992, Nr. 24/25).

532 Instruktion GNS RF v. 16.06.1995 Nr. 34 (Российские вести 1995, Nr. 139).

In dieser Phase wurde dem formellen Verständnis der Ständigen Vertretung endlich die Absage erteilt: Für die Entstehung einer Ständigen Vertretung werden die organisationsrechtliche Form (Filiale, Vertretung etc.) und die steuerliche Registrierung für unerheblich erklärt (§ 7 Instruktion 13 und § 1.19 und 1.12 Instruktion 34). Dem Gesetz selbst fehlt ebenfalls der Hinweis auf die Registrierung als Voraussetzung für die Entstehung der Ständigen Vertretung.

Der Positivkatalog wird um den Verkauf aus inländischen Lagern, die Benutzung von Spielgeräten und um sonstige auf Einnahmen(!)-Erzielung gerichtete Tätigkeiten erweitert (§ 1. 4 Instruktion 34). Hinzu kommen detaillierte Regelungen über Bauausführungen.[533]

VI. Ab 2002

Die letzte Phase, die bis heute anhält, begann mit dem Inkrafttreten des zweiten Teils des Steuerkodex.

VII. Zwischenergebnis

Die historische Analyse der steuerrechtlichen und ordnungsrechtlichen Rechtsgrundlagen in Russland zeigt, dass sich ab der Mitte des 19. Jahrhunderts ein dem deutschen Recht vergleichbarer Begriff der Betriebsstätte (Handels- und Gewerbeetablissement, russ.: „торгово-промышленное заведение") zu entwickeln beginnt. Die Entwicklung bricht innerstaatlich nach der Oktoberrevolution 1917 und völkerrechtlich nach dem DBA mit Deutschland 1925 ab und setzt erst seit den Siebzigerjahren des 20. Jahrhunderts unter dem Einfluss der Arbeiten der OECD neu ein.

Bis 1991 wurde der Betriebsstättenbegriff allerdings streng formal verstanden. Neben der irreführenden Bezeichnung ist die Irrelevanz der Betriebsstättenanknüpfung bei der Besteuerung von natürlichen Personen ein Überbleibsel der sowjetischen Zeit. Das Ringen um die angemessene Übernahme des OECD-MA (völkerrechtlich 1973–1981 und national vor allem zwischen 1990 und 2002) betrifft insbesondere das Festigkeitskriterium, das zum einen regelmäßig nicht Bestandteil der Definition ist und zum anderen als Ständigkeit sprachlich nur die zeitliche Komponente betrifft.

533 Zur Vertreterbetriebsstätte § 5 D.II.2.b.aa, S. 189.

§ 5 Begriff der Betriebsstätte und des ständigen Vertreters

A. Struktur

I. §§ 12, 13 AO

§ 12 S. 1 AO regelt den „Grundtatbestand“[534] der Betriebsstätte. Satz 2 enthält eine nicht abschließende („insbesondere“) Aufzählung von „Einrichtungen und Tätigkeiten“[535] (Nr. 1–7 und Nr. 8), die als Betriebsstätten „anzusehen“ sind.[536] Der BFH und mit ihm die Finanzverwaltung sehen in § 12 S. 2 AO eine „Definitionserweiterung“, die jedenfalls in den Fällen der Nr. 1 (Stätte der Geschäftsleitung) und Nr. 8 (Bauausführungen und Montagen) keine feste Geschäftseinrichtung oder Anlage voraussetzt.[537] Hinter der Qualifikation der Geschäftsleitungsbetriebsstätte als Definitionserweiterung steht die zutreffende Überlegung, dass es betriebsstättenlose Einkünfte aus Gewerbebetrieb nicht gibt und jedes Unternehmen zumindest eine (Geschäftsleitungs-)Betriebsstätte haben muss.[538] Bauausführungen und Montagen finden in der Regel am Objekt des Auftraggebers statt, das mangels rechtlich abgesicherter Verfügungsmacht des Auftragnehmers nach Auffassung der Rechtsprechung häufig keine Betriebsstätte gem. § 12 S. 1 AO begründen könnte. Zudem ist fraglich, ob das Objekt der Tätigkeit eine der Unternehmenstätigkeit dienende Geschäftseinrichtung sein kann. Der Subsumtion unter Satz 1 könnte schließlich auch der fortschreitende Charakter einer Bauausführung entgegenstehen; das gilt gleichermaßen für fortschreitende oder schwimmende Stätten der Gewinnung von Bodenschätzen nach § 12 S. 2 Nr. 7 AO. Von vornherein abzulehnen ist lediglich die Begründung der Literatur, eine Baubetriebsstätte könne wegen ihrer vorübergehenden Natur keine Betriebsstätte nach S. 1 sein.[539] Denn auch im Grundtatbestand ist (die Ausrichtung auf) eine „gewisse Dauer“[540] ausreichend, da es keine unendlichen Tätigkeiten gibt.[541]

---

534 BFH v. 28.07.1993, I R 15/93, Rn. 16.

535 So BFH v. 17. 09.2003, I R 12/02, Rn. 8; BFH v. 30.05.2005, III R 76/03, Rn. 61.

536 Anders § 16 Abs. 2 StAnpG „Als Betriebsstätten gelten:“.

537 BFH v. 28.07.1993, I R 15/93, Rn. 16; BFH v. 16.05.1990, I R 113/87, Rn. 14; BMF BStBl. I 1999, 1076, 1082, Tz. 1.1.1.1.

538 BFH v. 28.07.1993, I R 15/93, Rn. 16; vgl. *Wassermeyer*, IStR 2004, 676 ff. als Antwort auf *Kramer*, IStR 2004, 672; *Kramer*, IStR 2016, 499 ff.

539 So z. B. *Hidien*, in K/S/M, EStG, § 49 Rn. D 2293.

540 Zuletzt BFH v. 22.12.2015, I R 40/15, Rn. 17. Anders noch RFH RStBl. 1936, S. 546 f.; 1934, S. 315 f. (DBA-UdSSR 1925).

541 Ähnlich *Buciek*, in Beermann/Gosch, AO/FGO, § 12 AO Rn. 38 Fn. 1; *Wassermeyer*, in Wassermeyer, DBA, Art. 5 Rn. 94, 96; A.A. z. B. *Kahle/Kindlich*, in Lübbehüsen/Kahle, Brennpunkte, Rn. 263; *Dorn*, StuW 1926, 97, 108; *Jebens*, Aufsätze, 346.

Soweit nach dieser Auffassung eine Betriebsstätte gem. § 12 S. 2 AO nicht alle Voraussetzungen des Satzes 1 erfüllen muss, kann die Vorschrift nicht lex specialis, sondern nur als eine Fiktion der Betriebsstätte verstanden werden.[542] Die Annahme einer Definitionserweiterung in Satz 2 bedeutet nicht, dass es weitere dort nicht ausdrücklich genannte Betriebsstätten gibt, welche die Voraussetzungen des Satzes 1 nicht erfüllen müssen. Der nicht abschließende Charakter des Katalogs („insbesondere") stellt klar, dass die Betriebsstätten nach Satz 1 nicht auf die dort genannten Fälle reduziert werden dürfen.[543]

Möglich ist indes auch die Einordnung des § 12 S. 2 AO als Katalog von Regelbeispielen, die ebenfalls über einen festen Ortsbezug verfügen, welcher aber wegen der Natur der Tätigkeit (z. B. im Fall von fortschreitenden Baustellen) eine besondere Form annimmt.

Der ständige Vertreter wird in § 13 AO als selbstständiges Anknüpfungsmerkmal geregelt.

II. Art. 306 ff. StK

Im Gegensatz zu § 12 AO enthält Art. 306 StK in dreizehn Absätzen umfangreiche Vorschriften zur Entstehung und Beendigung einer Betriebsstätte. Art. 306 StK basiert auf den Empfehlungen des OECD-MA, weicht gleichwohl in einigen Punkten von diesem ab.[544] Abs. 2 enthält eine Legaldefinition der „Grundform"[545] der Betriebsstätte mit den typischen Erscheinungsformen, nicht der Betriebsstätte, sondern des Tätigkeitsortes als Klammerzusatz (Filiale, Vertretung, Kontor usw.) und mit einem (offenen) Katalog unternehmerischer Tätigkeiten, die zur Betriebsstättenbegründung führen können. Abs. 3 regelt den Beginn und die Beendigung von Betriebsstätten, Abs. 4 einen teils konstitutiven, teils deklaratorischen Negativkatalog von Hilfs- und Vorbereitungstätigkeiten. M.E. bloß deklaratorisch sind die Ausnahmen in Abs. 5–8 (bloße Vermögensnutzung, Beteiligung an einer einfachen Genossenschaft, Personalentsendung, Ein- und Ausfuhr im Wege eines Direktgeschäfts). Abs. 9 regelt die Vertreterbetriebsstätte (abhängiger Agent) sowie die Entstehung der Betriebsstätte durch Auslieferung von Waren nach Verarbeitung im Zollgebiet oder unter Zollkontrolle. Der Wortlaut spricht für eine gesetzliche Fiktion,[546] was jedenfalls für den Fall der Auslieferung nach Verarbeitung unzweifelhaft zutreffend

542 Unklar *Wassermeyer*, in Wassermeyer, DBA, Art. 5 Rn. 94.

543 Vgl. aber für mehrere sich überschneidende Bauausführungen mit einer Gesamtdauer von mehr als 6 Monaten BFH v. 16.12.1998, I R 74/98, Rn. 11. Kritisch zur Gesetzestechnik *Puls*, Betriebsstätte, S. 30 f.

544 *Чуприков*, Особенности, S. 78; *Шаталов*, Комментарий к НК части второй, Art. 306, S. 569.

545 *Полежарова*, Механизм, S. 58 f., *Викулов*, Постоянное представительство, S. 78; *Коннов*, Постоянное представительство, S. 18.

546 Siehe Art. 306 Abs. 9 StK („Die ausländische Organisation wird betrachtet als hätte sie eine Betriebsstätte […]").

ist. Abs. 10 enthält die sog. Anti-Organ-Klausel.[547] In Art. 308 StK finden sich eine Definition der Bau- und Montagebetriebsstätte sowie weitere damit zusammenhängende Spezialregelungen. Bauausführungen und Montagen werden bereits im Tätigkeitskatalog des Betriebsstättengrundtatbestandes genannt. Daher ergibt sich aus dem Gesetz selbst, dass Bauausführungen und Montagen lediglich ein Unterfall der Grundform der Betriebsstätte nach Abs. 2 sind. Dieser Auffassung sind auch Rechtsprechung und Verwaltung (Unterfall/russ.: „частный случай" bzw. „подвид").[548] Die Anforderungen der allgemeinen Definition werden deshalb so weit herabgesenkt, damit sie Bau- und Montagebetriebsstätten umfassen.[549] Betroffen sind die Kriterien der örtlichen Festigkeit, der Verfügungsmacht sowie die funktionale Verbindung zwischen dem Ort der Tätigkeit und der Unternehmenstätigkeit. Aus russischer Sicht qualifiziert der Terminus Betriebsstätte eine Tätigkeit,[550] wobei die verschiedenen Betriebsstättenformen sich in der Art des Inlandsbezugs unterscheiden: In Art. 306 Abs. 2 StK ist es eine Geschäftseinrichtung bzw. die ortsgebundene Tätigkeit (darunter Bauausführungen und Montagen), bei der Vertreterbetriebsstätte – vom Gesetz als eine Betriebsstättenfiktion ausgestaltet – ist es die gewöhnliche Ausübung der Abschlussvollmacht durch den abhängigen Vertreter.

III. Art. 5 DBA-Russland

Art. 5 DBA-Russland beruht mit wenigen Abweichungen auf Art. 5 OECD-MA. Auf die „allgemeine Definition" in Abs. 1 folgen ein Positivkatalog (Abs. 2: sog. „prima facie"-Betriebsstätten), die Regelung der Bau- und Montagebetriebsstätten (Abs. 3), ein wiederum teils konstitutiver, teils deklaratorischer Negativkatalog (Abs. 4), die Vertreterbetriebsstätte (Abs. 5 und 6) und die Anti-Organklausel in Abs. 7.

Auch im Abkommensrecht ist das Verhältnis des Abs. 3 zur allgemeinen Definition nicht geklärt. Für das deutsche Verständnis gilt das zu § 12 S. 2 Nr. 8 AO Gesagte.[551] Die überwiegende Anzahl der OECD-Staaten[552] und der OECD-MK betrachten Bauausführungen und Montagen hingegen als einen Unterfall der allgemeinen Definition mit der Besonderheit, dass das zeitliche Kriterium genau

547 Abs. 11, 12 und 13 enthalten Spezialvorschriften für die Fußballweltmeisterschaft 2018.

548 Ausdrücklich FAS CO v. 12.12.2007, A36-3264/2006; Methodische Empfehlungen Tz. I 2.5. (außer Kraft); *Коннов*, Постоянное представительство, S. 18.

549 So zum DBA-Recht *Wichmann*, StbJb 2004/2005, 94, 99.

550 Anknüpfungspunkt der Definitionen ist die „Tätigkeit", vgl. z.B. Art. 306 Abs. 1 StK.

551 Explizit zum Abkommensrecht BFH v. 21.04.1999, I R 99/97, Rn. 26.

552 *Wichmann*, StbJb 2005/06, 94 f.; vgl. *Skaar/Sasseville*, General Report, in Skaar/Sasseville, Cahiers 94a, S. 46.

definiert ist.[553] Sie berufen sich auf den Wortlaut[554] sowie darauf, dass Art. 5 Rn. 4.6 OECD-MK seit dem Update 2003 die Merkmale der allgemeinen Definition anhand einer Bauausführung exemplifiziert. Dementsprechend legt diese Auffassung die Tatbestandsmerkmale der allgemeinen Definition weiter aus als die allgemeine Meinung in Deutschland.[555]

Die Vertreterbetriebsstätte ist auch hier als Betriebsstättenfiktion formuliert.[556]

B. Allgemeine Definition

Die allgemeine Definition bzw. der Grundtatbestand der Betriebsstätte besteht in allen Rechtskreisen aus je einer sachlichen, örtlichen, zeitlichen und funktionalen Komponente:[557] Erforderlich ist ein „sachlicher Apparat“[558], der einen festen Bezug zu einem Ort hat und in einem gewissen funktionalen Verhältnis zur Tätigkeit des Unternehmens steht.

Die Definitionen lauten:

Betriebsstätte, § 12 S. 1 AO:

> „[...] *jede feste Geschäftseinrichtung oder Anlage, die der Tätigkeit eines Unternehmens dient.*“

Ständige Vertretung, Art. 306 Abs. 2 StK:

> „[...] *Filiale, Repräsentanz, Abteilung, Büro, Kontor, Agentur, jede andere abgesonderte Einheit oder ein anderer Ort der Tätigkeit (Abteilung), durch den die Organisation regelmäßig unternehmerische Tätigkeit ausübt, verbunden mit* [...]“.

Betriebsstätte (russ.: Ständige Vertretung), Art. 5 Abs. 1 DBA-Russland:

> „[...] *feste Geschäftseinrichtung* (russ.: *ständiger Ort unternehmerischer Tätigkeit*), *durch die die Tätigkeit eines Unternehmens ganz oder teilweise ausgeübt wird.*“

---

553 Im OECD-MA 1977 wurden Bauausführungen und Montagen aus dem „prima-facie“-Katalog in Art. 5 Abs. 2 OECD-MA in einen eigenständigen Absatz 3 ausgegliedert.

554 Für Fiktionen verwendet das OECD-MA die Formulierung „deemed“; vgl. dazu *Pijl*, Intertax 2005, 189 ff.

555 Vgl. die Kritik bei *Wichmann*, StbJb 2005/06, 94 f.; *Görl*, StbJb 2004/05, 81, 84.

556 Art. 5 Abs. 5 DBA-Russland: „[...] so wird das Unternehmen ungeachtet der Absätze 1 und 2 so behandelt [...]“.

557 Anders die Einteilung von *Mössner*, in Mössner, Steuerrecht, S. 79 und *Коннов*, Постоянное представительство, S. 25, beide im Anschluss an *Skaar*, Permanent Establishment, S. 179 (objektive, subjektive und funktionale Komponente). Sie überzeugt nicht, da das zeitliche Kriterium sich weder alleine nach dem subjektiven Planungshorziont des Betriebsstättenbetreibers richtet noch auf das Kriterium der Verfügungsbefugnis beschränkt.

558 Vgl. schon *Dorn*, StuW 1926, 97, 107.

Im Vergleich dazu lautet die englische Fassung des Art. 5 Abs. 1 OECD-MA:

> „[...] ‚*permanent* establishment‘ *means a fixed place of business through which the business of an enterprise is wholly or partly carried on.*“

I. Körperlich-dingliche Komponente

Kernelement der Betriebsstättenbegriffe sind die Tatbestandsmerkmale der „festen Geschäftseinrichtung“ (§ 12 S. 1 AO), des „Ortes der Tätigkeit“ (Art. 306 Abs. 2 StK) bzw. des „ständigen Ortes der Tätigkeit“ (russische Fassung des Art. 5 DBA-Russland). Darin manifestiert sich die physische Präsenz des Unternehmers im Tätigkeitsstaat. Zusammen mit dem Tatbestandsmerkmal „fest“ bildet die Geschäftseinrichtung das objektive Element der Betriebsstätte. Je nach Lesart kommt dem Tatbestandsmerkmal entweder lediglich die Funktion zu, Aktivitäten ohne sachliches Substrat wie die bloße Inhaberschaft von Rechten auszuschließen[559] oder aber die physische Präsenz des Ausländers im Inland samt Vollstreckungsmasse sicht- und greifbar zu machen.[560]

1. § 12 S. 1 AO

Geschäftseinrichtung ist nach st. Rspr. des BFH jeder körperliche Gegenstand und jede Zusammenfassung körperlicher Gegenstände, die geeignet sind, Grundlage einer Unternehmenstätigkeit zu sein.[561]

a. „Geschäfts“-Einrichtung

Ob ein körperlicher Gegenstand geeignet ist, „Grundlage“ der Unternehmenstätigkeit zu sein, soll sich nach der ausgeübten Tätigkeit richten.[562] Da gem. § 12 S. 1 AO die Geschäftseinrichtung tatsächlich der Tätigkeit des Unternehmens dienen muss,[563] scheinen der Begriff der „Geschäfts“-Einrichtung und infolge dessen die Definition der Rechtsprechung redundant zu sein, zumal es in § 49 Abs. 1 Nr. 2 lit. a EStG um Einkünfte aus Gewerbebetrieb geht.[564] Deutlich wird das in der alternativ verwendeten Definition, wonach der körperliche Gegenstand geeignet sein

559 So *Hruschka*, in Schönfeld/Ditz, DBA, Art. 5 Rn. 37.
560 Vgl. *Häck*, in F/W/K, DBA-Schweiz, Art. 5 DBA Rn. 17.
561 Zuletzt BFH v. 02.04.2014, I R 68/12, Rn. 16.
562 *Jacobs/Endres/Spengel*, in Jacobs u. A., Unternehmensbesteuerung, S. 300.
563 Ebenso *Sarrazin*, in Lenski/Steinberg, GewStG, § 2 Rn. 2550; nach *Drüen*, in Tipke/Kruse, AO/FGO, § 12 AO Rn. 4 bezieht sich der Relativsatz hingegen nur auf die Anlage.
564 § 16 Abs. 1 StAnpG sprach noch von „Anlage oder Einrichtung“, nach der Gesetzesänderung, durch die der Wortlaut an die deutsche Abkommenspraxis angepasst worden war, sah sich der BFH wohl zu dieser Gesetzesauslegung gezwungen.

muss, der Unternehmenstätigkeit zu dienen.[565] Zudem ist nach dem Wortlaut eine feste Anlage bereits Betriebsstätte, wenn sie der Unternehmenstätigkeit dient (auch wenn sie hierzu nicht generell geeignet ist). Mit dem Erfordernis ist auch keine de-minimis-Regel verbunden, da es sich bei der Geschäftseinrichtung nach der Rspr. des BFH weder um wesentliche Betriebsgrundlagen, noch nicht einmal um Betriebsvermögen handeln muss.[566] Auch Einrichtungen, in denen nur untergeordnete, unwesentliche oder Hilfstätigkeiten ausgeübt werden, sind erfasst.[567] Tatsächlich prüft die Rechtsprechung teilweise die generelle Eignung,[568] ordnet aber die von der Literatur insoweit problematisierten Fallgruppen (Privatwohnung, vermietete Objekte, soziale Einrichtungen) anderen Tatbestandsmerkmalen zu (Festigkeit, unmittelbare Unternehmenstätigkeit).[569] Daneben hat der Geschäftscharakter der Einrichtung keinen eigenen Regelungsgehalt.[570] Eine Einrichtung, die der Unternehmenstätigkeit unmittelbar dient, ist stets eine Geschäftseinrichtung.

b. Geschäftseinrichtung oder Anlage

Der Kreis von Geschäftseinrichtungen ist weit, da keine besonderen Vorrichtungen erforderlich sind.[571] Eine Anlage ist eine Unterart der Geschäftseinrichtung.[572] Die gleichermaßen unklare wie praktisch irrelevante Abgrenzung zur Geschäftseinrichtung soll in der geringeren Größe der Anlage und in ihrer technischen und nicht kaufmännischen Ausstattung liegen.[573]

Typische Geschäftseinrichtungen sind Gebäude, einzelne Räumlichkeiten oder Teile von Räumlichkeiten (z.B. eine Büroecke).[574] Eine Geschäftseinrichtung muss

---

565 Kumulativ: BFH v. 30.10.1996, II R 12/92, Rn. 17; alternativ: FG Münster v. 22.08.2012, 10 K 2722/11 K, Rn. 39; vgl. auch FG Thüringen v. 07.07.2015, 2 K 646/12, Rn. 25: „als Grundlage für die Unternehmenstätigkeit [...] geeignet, denn sie dienten [...]", ebenso *Kroschel*, in Ernst & Young, KStG, § 49 EStG Rn. 113.

566 Vgl. BFH v. 02.03.1990, III R 24/85, Rn. 10. Zwar forderte BFH v. 09.03.1962, I B 156/58 S, Rn. 8 „Einrichtungsgegenstände von wirtschaftlich ins Gewicht fallender Bedeutung", der Fall betraf jedoch die Zurechnung der Betriebsstätte eines Vertreters an den Prinzipal.

567 BFH v. 08.12.1971, I R 3/69, Rn. 13.

568 BFH v. 16.12.2009, I R 56/08, Rn. 21 f.

569 Zu § 16 S. 1 StAnpG siehe BFH v. 10.05.1961, IV 155/60 U, Rn. 12 (Wohnung), BFH v. 16.06.1959, I B 214/58 U, Rn. 5 (soziale Einrichtungen). BFH v. 2.3. 1990, III R 24/85, Rn. 10 (Vermietung).

570 Ebenso *Hidien*, in K/S/M, EStG, § 49 Rn. D 551, D 557. A.A. *Puls*, Betriebsstätte, S. 40.

571 BFH v. 02.04.2014, I R 68/12, Rn. 16.

572 *Musil*, in H/H/Sp, AO/FGO § 12 AO Rn. 8.

573 *Drüen*, in Tipke/Kruse, AO/FGO, § 12 AO Rn. 4.

574 *Buciek*, in Beermann/Gosch, AO/FGO, § 12 AO Rn. 8.

jedoch nicht zum Aufenthalt von Menschen geeignet sein.[575] Auch ein einzelner körperlicher beweglicher Gegenstand kann ausreichen, denn eine Ortsbindung fordert das Merkmal der Geschäftseinrichtung nicht.[576] „Werkzeuge, der Laptop und Orderblock eines Verkäufers im Außendienst, seine Mustermappe oder der Bauchladen eines reisenden Händlers"[577] sind Geschäftseinrichtungen. Erfasst werden auch automatisch betriebene körperliche Gegenstände (z.B. Pipeline[578], Lärmmessstation[579]). Der physische Server („Host": einzelner Computer, Serverfarm, Microserver) ist im Gegensatz zur bloßen Software ebenfalls eine Geschäftseinrichtung.[580]

Grundlegend für das Verständnis einer Betriebsstätte nach § 12 S. 1 AO ist die Frage, ob auch der bloße Erdboden eine Betriebsstätte sein kann.

Weil die klare Abgrenzung zum Tätigkeitsprinzip verloren geht, erachtet ein Teil der Literatur einen konkret begrenzten oder begrenzbaren Teil der Erdoberfläche als solchen für nicht ausreichend und fordert zusätzliche körperliche Gegenstände in Form von Aufbauten etc.[581] Die Literatur hat dabei als worst case einen Unternehmer vor Augen, der eine Betriebsstätte durch regelmäßige Telefonate von einem öffentlichen Parkplatz aus begründen könnte.[582] Die Rechtsprechung kann insoweit mühelos eine Betriebsstätte ablehnen, da sie – über die rein tatsächliche Nutzung hinaus – eine rechtliche Absicherung der Verfügungsmacht verlangt. Jedenfalls fehlen in dem Szenario der Literatur tatsächliche Umstände, die darauf schließen lassen, dass der Unternehmer einen bestimmten Platz zur ständigen Verfügung hat. Weder ist hier die Wiederaufnahme der Tätigkeit gesichert, noch kann der Unternehmer andere von der Nutzung des Platzes ausschließen.

Bereits der RFH hat einen Lagerplatz[583] bzw. sogar eine bestimmte – besonders zugewiesene – Fläche[584] als Betriebsstätte angesehen. Auch der BFH hat sich dieser

---

575 BFH v. 04.04.2007, I R 23/06, Rn. 10 (Windkraftenergieanlagen); BFH v. 13.05.1958, I B 49/58 U, Rn. 3 (Plakatsäulen); BFH v. 16.12.2009, I R 56/08, Rn. 21 f. (Lärmmessstationen).

576 § 12 S. 1 AO fordert keine feste örtliche Anlage oder Einrichtung (anders § 16 Abs. 1 StAnpG), a.A. *Puls*, Betriebsstätte, S. 41.

577 BFH v. 17.09.2003, I R 12/02, Rn. 18.

578 BFH v. 30.10.1996, II R 12/92, Rn. 16 ff.

579 BFH v. 16.12.2009, I R 56/08, Rn. 21 f.

580 FG Schleswig-Holstein v. 06.09.2001, II 1224/97, Rn. 32; offen lassend BFH v. 05.06.2002, I R 86/01, Rn. 10.

581 *Puls*, Betriebsstätte, S. 42 f. Für Art. 5 OECD-MA siehe *Reimer*, IStR 2009, 378 f.; *ders.*, in Vogel, Taxation, Art. 5 OECD-MA Rn. 17. Anders deutlich BFH v. 22.10.2014, X R 19/12, Rn. 16.

582 *Puls*, Betriebsstätte, S. 42 f.

583 RFH RStBl 1941, 814. Der RFH bejahte eine Betriebsstätte bei einem Lagerplatz, an dem Holz nicht nur gelagert, sondern zersägt wird. Diese Einschränkung des RFH betrifft jedoch die Art der Tätigkeit und nicht das dingliche Element.

584 RFH RStBl 1942, 469; „Autodroschkenbesitzer, Schuhputzer, der selbständige Dienstmann, der Straßenhändler" haben eine Betriebsstätte am zugewiesenen Standplatz.

Rechtsprechung angeschlossen,[585] wobei den früheren Entscheidungen nicht klar zu entnehmen war, ob die relevante Geschäftseinrichtung der Standplatz, der mobile Verkaufswagen oder die Kombination aus Standplatz und Verkaufswagen ist.[586]

Richtigerweise ist in allen drei Varianten eine Geschäftseinrichtung gegeben, für die Entstehung einer Betriebsstätte kann jedoch nur der Standplatz entscheidend sein. Auf den Verkaufsstand selbst kann es nicht ankommen, da mangels Identität der Einrichtung (und damit Festigkeit) eine Betriebsstätte verneint werden müsste, wenn der Unternehmer mehrere Verkaufsstände (Wohnwagen etc.) besitzt, die er abwechselnd an verschiedenen Märkten regelmäßig aufstellt.[587] Selbst wenn man in dem regelmäßigen Abstellen auf einem bestimmten Platz das Merkmal der (örtlichen) Festigkeit als gegeben ansieht, muss sich die Verfügungsbefugnis nicht bloß auf den Gegenstand, sondern gerade auf die Nutzung als Geschäftseinrichtung an Ort und Stelle der Tätigkeit beziehen.[588] Denn dass der Unternehmer eine Verfügungsbefugnis über seine tragbaren Gerätschaften besitzt, ist für die gewisse Verwurzelung der Betriebsstätte, woraus sich das Erfordernis der Verfügungsbefugnis ergibt, irrelevant. Zudem leuchtet nicht ein, warum das Bestehen einer Betriebsstätte davon abhängen soll, ob der gewerbetreibende Wahrsager mit festem behördlich zugewiesenem Standplatz einen Hut zum Geldeinsammeln dabei hat oder nicht.[589] Schließlich ist es im Hinblick auf Art. 3 Abs. 1 GG auch irrelevant, ob der Unternehmer dieselbe Tätigkeit innen (z. B. in den Geschäftsräumen seines Vertragspartners) oder außen ausführt.[590]

Wenn der BFH jüngst in einem bewirtschafteten landwirtschaftlichen Grundstück auch ohne besondere Vorrichtungen wie asphaltierte Straßen oder Gewächshäuser eine Betriebsstätte sieht, mag man das für einen Grenzfall halten, da der Erdboden hier nicht bloß eine „Unterlage“ für den Unternehmer ist, sondern wie eine Fabrikationsstätte benutzt wird.[591] Das ist allerdings bei der „Zuweisung eines

---

585 BFH v. 18.10.1962, IV 319/60 U, Rn. 8; siehe auch FG Münster v. 22.11.1979, VIII–IV 3011/76 GrE, Rn. 18 (Zufahrtstraße).

586 BFH v. 09.10.1974, I R 128/73, Rn. 10 („Aufstellung eines mobilen Verkaufsstandes [Verkaufswagen] auf einem dem Händler für die jeweilige Marktveranstaltung zugewiesenen Platz“. Vgl. auch BFH v. 17.09.2003, I R 12/02, Rn. 19 (Verkaufsstand). Sieht man in dem Standplatz selbst eine Betriebsstätte, so ist in Folge fraglich, ob eine Betriebsstätte besteht, wenn der Unternehmer an jedem Verkaufstag einen anderen Standplatz zugewiesen bekommt. Ist der Verkaufsstand die Betriebsstätte, stellt sich die Frage nach der notwendigen Identität der Geschäftseinrichtung.

587 *Wassermeyer*, in Festschrift für Kruse, S. 589, 594; *Puls*, Betriebsstätte, S. 51. Von der Identität der Geschäftseinrichtung ist das folgenlose Austauschen von Bestandteilen zu unterscheiden, wohl auch *Vogelsang*, Begriff der Betriebsstätte, S. 79.

588 Siehe bereits *Storck*, Betriebsstätten, S 134.

589 Vergleichbares Beispiel eines Taxifahrers mit einem Stuhl am Standplatz *Ernst*, Dienstleistungsbetriebsstätte, S. 120.

590 Zutreffend daher *Kroppen*, in Festschrift für Wassermeyer, S. 691, 695.

591 BFH v. 02.04.2014, I R 68/12, Rn. 19.

Marktstandes“[592] oder der „Nutzung einer Parkfläche“[593] nicht der Fall, die nach den aktuellen Entscheidungen des BFH ebenfalls eine Betriebsstätte begründen können. Wie der BFH zutreffend feststellt, folgt aus dem im Gesetz nicht erwähnten Erfordernis der festen Beziehung zur Oberfläche, welches den Ortsbezug veranschaulichen soll, nicht, dass eine Geschäftseinrichtung von der Erdoberfläche verschieden sein muss.[594] Das Ergebnis widerspricht ebenso wenig dem Begriff des körperlichen Gegenstandes.[595]

Festzuhalten ist, dass nach der Rechtsprechung des BFH der schlichte Erdboden nur bei Vorliegen eines „rechtlichen Nexus“ in Form der Miete, Leihe oder der behördlichen Zuweisung betriebsstättenbegründend sein kann. Insoweit überschneidet sich die Frage der Geschäftseinrichtung mit dem Erfordernis der Verfügungsmacht. Erst durch diese Zuordnung wird die Fläche abgegrenzt bzw. abgrenzbar. Es ist daher nicht überraschend, dass diejenigen Autoren, die bereits die tatsächliche Nutzungsdauer statt einer rechtlich abgesicherten Verfügungsbefugnis ausreichen lassen, höhere Anforderungen an das Vorliegen einer Geschäftseinrichtung stellen.[596] Vermieden werden soll nach einhelliger Ansicht, dass die bloße dauerhafte Anwesenheit an einem Ort als Betriebsstätte qualifiziert wird. Die Literatur verneint in diesen Fällen bereits die Existenz einer Geschäftseinrichtung, die Rechtsprechung jedenfalls die „gewisse Verfügungsmacht“. Jedoch ist auch nach der Rspr. des BFH die Abgegrenztheit oder Abgrenzbarkeit der Fläche erforderlich, woran es bei einem austauschbaren Punkt der Erdoberfläche fehlen wird.[597] Zudem ist die Sorge der Literatur um die Abgrenzung zum Tätigkeitsprinzip, welches § 49 Abs. 1 Nr. 2 lit. d, Nr. 3, Nr. 4 EStG zugrunde liegt, unbegründet. Während dort bereits die Betätigung im Inland ausreichend ist, muss sie bei §§ 49 Abs. 1 Nr. 2 lit. a EStG, 12 S. 1 AO einen auf Dauer angelegten Bezug zu einem in der Verfügung des Unternehmens stehenden Ort der Tätigkeit aufweisen. Nur wenn man bereits die tatsächliche Nutzungsmöglichkeit von gewisser Dauer als hinreichende Verfügungsmacht ansieht, stellt sich die Frage, ob das Betriebsstättenprinzip mehr als dauerhafte ortsfeste Tätigkeit ist. Folgt man hingegen der Auffassung des BFH, ist eine Kombination der Produktionsfaktoren Boden, Arbeit und Kapital gegeben.

In diesem Zusammenhang wird die Frage aufgeworfen, ob ein Objekt, das von dem Unternehmer be- oder verarbeitet wird, zugleich seine Geschäftseinrichtung

592 BFH v. 13.09.2000, X R 174/96, Rn. 20.

593 BFH v. 18.03.2009, III R 2/06, Rn. 17. Das Gericht unterscheidet hier ausdrücklich zwischen der Parkfläche und dem Sattelschlepper, der in der Betriebsstätte „stationiert“ war und von dort eingesetzt wurde. *Wassermeyer*, in Wassermeyer, DBA, Art. 5 Rn. 37 verneint die Betriebsstätteneigenschaft einer Parkfläche unter Berufung auf FG München v. 11.03.1992 1 K 1067/87, Rn. 16 f.; dort fehlte es allerdings an einer Verfügungsmacht über eine konkrete Fläche.

594 BFH v. 02.04.2014, I R 68/12, Rn. 20; *Storck*, Betriebsstätte, S. 134.

595 Vgl. § 90 BGB; a.A. wohl *Puls*, Betriebsstätte, S. 42.

596 *Puls*, Betriebsstätte, S. 61 f.

597 Vgl. auch *Häck*, in F/W/K, DBA-Schweiz, Art. 5 Rn. 20.

sein kann. Wie sich bereits aus der Fragestellung ergibt, geht es um die Zurechnung einer existenten Geschäftseinrichtung an den Unternehmer sowie den funktionalen Bezug zur Tätigkeit (Verfügungsmacht, dienende Funktion).[598]

2. *Art. 306 Abs. 2 StK*

Gem. Art. 306 Abs. 2 StK muss die ausländische Organisation ihre unternehmerische Tätigkeit durch eine „Filiale, Vertretung, Abteilung, ein Büro, Kontor, eine Agentur, jede andere abgesonderte Einheit oder einen anderen Ort der Tätigkeit (Abteilung) in der Russischen Föderation“ ausüben.

Das Gesetz definiert den Begriff „Ort der Tätigkeit“ nicht, sondern nennt bestimmte Positivfälle (Filiale, Vertretung etc.). Oberbegriff zu den Positivfällen ist die abgesonderte Einheit, sie ist wiederum ein Unterfall des Ortes der Tätigkeit.[599]

a. Abgesonderte Einheit

aa. Definition

Der Steuergesetzgeber hat den Begriff der abgesonderten Einheit, der im Zivilrecht als Oberbegriff für Filiale und Repräsentanz fungiert (Art. 55 ZGB), in das Steuerrecht übernommen und in Art. 11 Abs. 2 StK für eigene Zwecke definiert. Damit konnten Rechtsfolgen an das Bestehen einer verselbstständigten Unternehmenseinheit geknüpft werden, die formell nicht als Filiale oder Repräsentanz organisiert war.[600] Vorgänger der abgesonderten Einheit ist die „strukturelle Einheit“ im sowjetischen Zivilrecht.[601] Der Begriff der „abgesonderten Einheit“ wird ähnlich ubiquitär wie die Betriebsstätte in Deutschland in unterschiedlichen Rechtsgebieten verwendet, im Steuerrecht insbesondere als Verteilungskriterium für das Aufkommen der Gewinnsteuer zwischen den Subjekten der Föderation und als registrierungspflichtige Präsenz einer in- oder ausländischen Organisation.[602]

Abgesonderte Einheit einer Organisation ist jede räumlich von der Organisation getrennte Einheit, an deren Sitz stationäre Arbeitsplätze eingerichtet sind (Art. 11 Abs. 2 StK). Unerheblich ist, ob die Errichtung in den Gründungsunterlagen zum Ausdruck kommt und welche Rechtsmacht der Einheit verliehen wurde.[603]

---

598 Vgl. auch BFH v. 13.09.2000, X R 174/96, Rn. 21.

599 Ebenso Minfin Schreiben v. 24.02.2012, 03-02-07/1-42; *Нарежный*, Финансовая газета 2003, Nr. 4, S. 9 f.

600 Ähnlich *Комягин/Нарежный*, Право и экономика 2000, Nr. 1, S. 46 f.

601 Siehe z. B. *Сумской*, Российская юстиция 2011, Nr. 11, S. 10 ff.

602 Der Begriff der Betriebsstätte nach Art. 306 Abs. 2 StK ist weiter als derjenige der abgesonderten Einheit, soweit er keine Arbeitsplätze voraussetzt, und enger insbesondere wegen der Ausnahme für bestimmte Hilfs- und Vorbereitungstätigkeiten.

603 Vgl. die Übersetzung bei *Ries/Knaul*, WiRO 2000, 57, 63.

Die räumliche Trennung ist gegeben, wenn sich die Adresse der Einheit von der Registeradresse der Organisation unterscheidet.[604] Das ist bei ausländischen Organisationen stets der Fall.

Unter einem Arbeitsplatz versteht man gem. Art. 11 Abs. 1 StK i.V.m. Art. 209 ArbK den Platz, an dem sich der Arbeitnehmer im Zusammenhang mit seiner Tätigkeit befinden oder an den er sich begeben muss.[605] Notwendig ist also ein Arbeitsverhältnis zur (ausländischen) Organisation.[606]

Ein Arbeitsplatz ist stationär (d.h. nicht beweglich oder fortschreitend), wenn er für den Zeitraum von über einem Monat eingerichtet wurde (Art. 11 Abs. 2 StK).[607] Maßgeblich ist der Planungshorizont des Unternehmers bei Errichtung des Arbeitsplatzes, auf die tatsächliche Anwesenheitsdauer des Arbeitnehmers kommt es nicht an.[608] Eine abgesonderte Einheit entsteht nicht bereits mit den Vorbereitungshandlungen, sondern erst mit der tatsächlichen Entfaltung der Tätigkeit.[609] Die Anforderungen an die Tätigkeitsausübung für eine Betriebsstätte – nicht für die steuerliche Anmeldung der abgesonderten Einheit – werden jedoch in Art. 306 StK sowohl in zeitlicher als auch qualitativer Hinsicht verschärft.[610]

Keine abgesonderte Einheit begründen Arbeitsplätze auf Schiffen[611] oder per Definitionem der Einsatz von Arbeitnehmern in Fernarbeit i.S.v Art. 321.1 ArbK.[612] Fahrbare Verkaufsstände, die für eine Dauer von über einem Monat auf einem behördlich zugewiesenen Standplatz abgestellt werden, sind dagegen abgesonderte Einheiten.[613]

---

604 Zuletzt 14 AAS v. 05.03.2015, A05-7419/2014; Minfin Schreiben v. 17.04.2013, 03–02-07/1/12946.

605 FAS SKO v. 15.02.2006, A32-29319/2005.

606 FAS MO v. 29.01.2008, A40-10267/07. Ferner *Коннов*, Постоянное представительство, S. 149. Der Abschluss sonstiger zivilrechtlicher Verträge reicht nicht aus. Diese Frage beurteilt sich nach dem jeweils einschlägigen Arbeitsrecht, nach Auffassung der Rechtsprechung und Verwaltung nach russischem Recht (Ortsrecht). Eine Umqualifizierung eines zivilrechtlichen Vertrages in ein Arbeitsverhältnis ist gem. Art. 11 Abs. 4 ArbK möglich.

607 Vgl. dazu *Винницкий*, Финансовое право 2004, Nr. 2 S. 55, 57.

608 FAS MO 29.11.2006, A32-38550/2005; Minfin Schreiben v. 17.03.2010, 03–02-07/1–114.

609 Minfin v. 19.02.2016, 03–02-07/1/9377. Siehe auch Minfin Erlass v. 30.09.2010, Nr. 117; FAS MO 24.08.2001, KA-A41/4467–01. A.A. ab Funktionsfähigkeit FAS SZO v. 02.11.2007, A26-11293/2005.

610 Dazu unten § 5 B.II.2.b, S. 117 ff. und § 5 B.IV.2, S. 140 ff.

611 Minfin Schreiben v. 24.09.2013, 03–04-06/39626; FNS Schreiben v. 08.05.2015, SA-4/14/7920 (wegen Unmöglichkeit, eine Registrierungsadresse zu ermitteln).

612 Minfin Schreiben v. 01.12.2014, 03–04-06/61300.

613 UFNS Moskau v. 01.04.2008, 09–14/031347.

Unter Einrichtung eines Arbeitsplatzes versteht man die Schaffung aller für die Arbeitserbringung notwendigen Bedingungen sowie die Arbeitserbringung selbst.[614]

Der Platz muss ferner der unmittelbaren oder mittelbaren Kontrolle des Arbeitgebers unterstehen (Art. 11 Abs. 1 StK, Art. 209 Abs. 4 ArbK).[615]

Nicht einheitlich beurteilt wird, die Schaffung wie vieler Arbeitsplätze erforderlich ist. Der Wortlaut (Plural) legt nahe, dass mindestens zwei Arbeitsplätze geschaffen werden müssen.[616] Die Finanzverwaltung und der überwiegende Teil der Rechtsprechung gehen hingegen zu Recht davon aus, dass ein Arbeitsplatz notwendig, aber auch hinreichend ist.[617]

bb. Anwendbarkeit der Definition

Nach verbreiteter Auffassung ist die Definition der abgesonderten Einrichtung aus Art. 11 Abs. 2 StK im Rahmen der Betriebsstättendefinition nicht anwendbar.[618] Diese Auffassung wird – soweit eine Begründung überhaupt gegeben wird – damit begründet, dass Art. 11 Abs. 2 StK vom „Sitz der Einheit" spricht, der Terminus bei den Begriffsbestimmungen des Art. 11 Abs. 2 StK aber nur für russische Organisationen definiert wird.[619] Offensichtlich handelt es sich um einen Fall der unvollkommenen Gesetzestechnik, da der Steuerkodex beispielsweise in Art. 83 Abs. 4 StK von gesonderten Einheiten ausländischer Organisationen spricht. Zudem ist eine abgesonderte Einheit nach der Definition ein Teil der Organisation, worunter russische und ausländische Organisationen zu verstehen sind. Auch aus teleologischen Gründen ergibt sich nichts Anderes. Zunächst handelt es bei beispielhaft aufgeführten Filialen, Vertretungen, Büros, Kontoren und Agenturen allesamt um abgesonderte Einheiten im Sinne des Art. 11 Abs. 2 StK. Umgekehrt können abgesonderte Einheiten auch andere Formen haben, d. h. nicht nur als Filialen oder Vertretungen verfasst sein.[620] Das ist der Fall, wenn die Voraussetzungen des Art. 55 ZGB fehlen, wenn also die Errichtung nicht in den Gründungsunterlagen erwähnt oder formell eingetragen ist. Als gesonderte Einheiten nach Art. 11 Abs. 2 StK können sie trotzdem Betriebsstätten im Sinne des Art. 306 Abs. 2 StK sein.[621]

---

614 FAS SZO v. 02.11.2007, A26-11293/2005; UFNS Moskau Schreiben v. 20.10.2010, 16–15/110055.

615 Siehe dazu § 5 B.III.2, S. 131.

616 So z. B. 9 AAS v. 24.06.2009, A40-69990/2008.

617 Minfin Schreiben v. 21.04.2008, 03–02-07/2–73; FAS MO v. 23.01.2003, KA-A41/9052–02.

618 *Гуев*, Комментарий к Налоговому кодексу, Art. 306 Abs. 2 1) b); kategorisch, jedoch ohne Begründung *Коннов*, Постоянное представительство, S. 35; A.A. wohl *Oelze/Heischkel*, IStR 2003, 698, 699.

619 *Денисаев*, Правовое регулирование налоговых отношений, S. 120 ist, soweit ersichtlich, der einzige, der eine Begründung für diese Auffassung zu geben versucht.

620 FNS Schreiben v. 22.04 2013, ED-4–3/7524@.

621 Vgl. VAS v. 24.09.2997, Nr. 8585/07 24; Кобзарь-Фролова, Налогово-правовой статус, S. 105.

Soweit Rechtsprechung und Verwaltung in DBA-Fällen ohne eine Subsumtion unter Art. 11 Abs. 2 StK unmittelbar auf den „Ort der Tätigkeit" abstellen, beruht das auf dem vermeintlichen Vorrang des Abkommens auch hinsichtlich der Entstehung der Steuerpflicht.[622] Da der nationale Begriff der abgesonderten Einheit im Abkommensrecht fehlt, wird unter den Begriff subsumiert, der in beiden Rechtsordnungen übereinstimmend verwendet wird.[623] In Auslandssachverhalten allerdings, die nicht in den Anwendungsbereich eines Abkommens fallende Steuern betreffen (z. B. im Fall des DBA-Russland/Türkei die Vermögensteuer), prüft das oberste Arbitragegericht zutreffend auch das Vorliegen der abgesonderten Einheit.[624]

b. Filiale, Vertretung, Büro, Kontor, Agentur

Mangels einer steuerrechtlichen Definition gilt Art. 55 ZGB i.V.m. Art. 11 Abs. 2 StK, soweit sich nicht aus dem StK etwas Anderes ergibt. Eine Vertretung (Repräsentanz)[625] ist eine abgesonderte Einheit der Organisation, die ihre Interessen vertritt und ihren Schutz wahrnimmt. Durch eine Repräsentanz werden lediglich Hilfs- und/oder Vorbereitungstätigkeiten ausgeübt. Nach russischem Verständnis fehlt es in diesen Fällen an unternehmerischer (kommerzieller) Tätigkeit.[626] Hingegen darf eine Filiale alle Funktionen der juristischen Person wahrnehmen, einschließlich der Funktionen einer Repräsentanz (§ 55 Abs. 2 ZGB).

Obwohl durch eine Vertretung zivil- und ordnungsrechtlich keine Tätigkeit ausgeübt werden darf, die nach Art. 306 Abs. 2, 4 StK betriebsstättenbegründend ist (z. B. Warenverkauf), kann es praktisch vorkommen.[627] Durch Bezugnahme in Art. 306 Abs. 2 StK wird jedoch sichergestellt, dass die an sich nicht zulässige unternehmerische Tätigkeit durch eine Vertretung zur Begründung einer Betriebsstätte führen kann. Das wird auch historisch durch die Vorgängerregelung belegt. Zwar fehlt in der Betriebsstättendefinition im Unternehmersteuergesetz 1991 noch der Verweis auf die Vertretung, § 1.9 der Instruktion 34 stellte jedoch klar, dass eine

622 AS SO v. 11.03.2012, A60-52859/2011 (rkr.), danach dürfe auf den (Ober-)Begriff „Abteilung" nicht abgestellt werden, da das einschlägige Doppelbesteuerungsabkommen diesen Begriff nicht enthält.

623 Deutlich z. B. FNS v. 22.04.2013, ED-4–3/7524@, der eine abgesonderte Einheit für Zwecke der Steueranmeldung bejaht, sodann aber unter die Betriebsstättendefinition des Abkommens subsumiert.

624 VAS v. 24.09.2007, 8585/07.

625 Vgl. FG München 16.10.1990, 7 K 7161/85, Rn. 14.

626 *Pfeiler*, in Pfeiler, Betriebsstätte, S. 30; *Викулов*, Постоянное представительство, S. 95 f.

627 Zahlen bei *Малышев*, Налогообложение прибыли, S. 64 ff. Laut *Терещенко/Штукмастер*, in Овчарова/Травкина/Ивлиева, Налогообложение, S. 20, 23 sind keine Fälle bekannt, dass eine Vertretung deswegen schließen musste. Mittlerweile sind jedoch Sanktionsmöglichkeiten geschaffen worden, siehe Art. 21 Abs. 7 UA 6 ff. des Föderalen Gesetzes „Über ausländische Investitionen" v. 09.07.1999, Nr. 160-FZ (i.d.F. v. 05.05.2014).

Betriebsstätte „kein organisationsrechtlicher Begriff" ist und neben Filialen auch Vertretungen umfasst, wenn die übrigen Voraussetzungen der Betriebsstättendefinition erfüllt sind. Daher ist die überwiegend vertretene Auffassung abzulehnen, wonach sich der Begriff der Vertretung nicht nach Art. 55 Abs. 1 StK bestimmt.[628]

Auch eine registrierte Filiale ist nur bei Vorliegen aller übrigen Voraussetzungen in Art. 306 Abs. 2 StK eine Betriebsstätte. Insbesondere muss durch die Filiale regelmäßig eine unternehmerische Tätigkeit ausgeübt werden.[629] In Abkehr von der formellen Betrachtungsweise der Vorgängerregelungen wird in der höchstrichterlichen Rechtsprechung regelmäßig betont, dass die Registrierung einer Filiale auf die Entstehung einer Betriebsstätte keinen Einfluss hat.[630] Das wird allgemein dahin verstanden, dass eine Betriebsstätte auch ohne Registrierung entsteht und eine Registrierung nicht zur Entstehung einer Betriebsstätte führt. Es liegt allerdings nahe, bei einer eingetragenen Filiale widerlegbar zu vermuten, dass der Unternehmer eine regelmäßige Tätigkeit ausüben will.[631] Eine solche Vermutung kann für eine Vertretung nicht gelten, da durch sie gerade keine unternehmerische Tätigkeit ausgeübt werden darf.

Die Begriffe Büro, Kontor, Agentur werden im nationalen Recht nicht definiert. Es handelt sich jedoch nicht – wie vielfach vertreten wird – um Übernahmen aus dem OECD-MA, da die Begriffe bereits im sowjetischen Recht vorhanden waren. Sie werden traditionell als Unterteilungen einer Filiale bzw. Vertretung verstanden. Ihre praktische Bedeutung ist jedoch gering. Damit eine Betriebsstätte vorliegt, müssen sie eine abgesonderte Einheit bzw. ein anderer Ort der Tätigkeit sein.

c. *Anderer Ort der Tätigkeit*

Der Oberbegriff „Ort der Tätigkeit" ist aus Art. 5 Abs. 1 OECD-MA übernommen worden („place of business") und wird entsprechend ausgelegt. Nach Auffassung der Verwaltung[632] und der Arbitragegerichte[633] fallen darunter alle „Räumlichkeiten, Einrichtungen und Anlagen, die der Ausübung der Tätigkeit des Unternehmens dienen, unabhängig davon, ob sie ausschließlich für diesen Zweck unterhalten werden. Ein Ort der Tätigkeit kann auch ohne Räumlichkeiten bestehen, ausreichend ist, dass das Unternehmen einen gewissen Platz zur Verfügung hat." Es handelt sich

628 Ähnlich FAS VSO 23.06.2009, A78-3848/2008. A.A. *Гуев*, Комментарий к Налоговому кодексу, Art. 306 Abs. 2 1) a), ohne allerdings zu erklären, welche Bedeutung dem Begriff zukommt.

629 13 AAS v. 25.02.2009, A56-39821/2008.

630 Informationsschreiben Präsidium VAS v. 09.07.2013, Nr. 158, Punkt 9; VAS v. 11.01.2002, 3646/01.

631 Ähnlich *Викулов*, Постоянное представительство, S. 50.

632 Minfin Schreiben v. 26.03.2010, 03–08-05; 10.04.2009, 03–08-05/1 08.10.2008, 03–08-05.

633 10 AAS v. 19.11.2013, A41-21442/2013; 10 AAS v. 15.07.2013, A41-17895/2010.

offensichtlich *um eine wörtliche* – nicht als solche gekennzeichnete – Übersetzung des OECD-MK.[634]

In den Anwendungsbereich fallen insbesondere Fälle, in denen eine abgesonderte Einheit nicht besteht, weil es keine stationären, der Kontrolle des Unternehmers unterstehenden Arbeitsplätze gibt. Das betrifft zum einen maschinelle Einrichtungen, wie z. B. Spiel- und Warenautomaten, Transformatoren, Pipelines, Server, Parabolantennen. Insoweit entsteht jedoch ein Vollzugsdefizit, da eine Pflicht zur Anmeldung bei den Steuerbehörden nur an die Existenz einer abgesonderten Einheit oder die Belegenheit von Immobilien oder Fahrzeugen anknüpft (dazu unten). Zum anderen werden Fälle der Tätigkeitsausübung in fremden Räumen angesprochen.

Ein Teil der Literatur[635] und vereinzelt die Rechtsprechung[636] fordern eine „Vermögensbasis“[637], d. h. eine Gesamtheit von eigenen oder gemieteten Sachen, die eine regelmäßige Tätigkeitsausübung ermöglichen, mit anderen Worten eine Geschäftseinrichtung. Die Diskussion gleicht der zu § 12 S. 1 AO geschilderten. Vertreten wird sogar, dass die ausländische Organisation Immobilien zu Eigentum oder gemietet haben muss. Zur Begründung wird im Sinne einer – im russischen Recht grds. nicht praktizierten – Ejusdem-Generis-Regel[638] auf die in Art. 306 Abs. 2 StK genannten Filialen und Vertretungen verwiesen, die allesamt zivilrechtlich über abgesondertes Vermögen verfügen.[639] Ungeachtet des zweifelhaften Schlusses vom Besonderen auf das Allgemeine, folgert die h.M. in Literatur und Rechtsprechung aus dem Wortlaut des Gesetzes, dass ein Ort der Tätigkeit oder ein geografisches Gebiet u. U. betriebsstättenbegründend seien.[640]

Dementsprechend wird in einzelnen Schreiben der Finanzverwaltung klargestellt, dass eine Betriebsstätte nicht nur eine „institutionalisierte Einheit“, sondern auch die Tätigkeit der ausländischen Organisation sein könne[641] und der Ort der Tätig-

634 Art. 5 Rn. 4 OECD-MK 1977 (seither unverändert). Dabei scheint die Verwaltung anders als der MK nicht die fremden Räumlichkeiten, sondern das andere Unternehmen selbst als den Ort der Tätigkeit zu begreifen: „Ebenfalls kann ein solcher Ort der Tätigkeit auch ein anderes Unternehmen sein, durch das das ausländische Unternehmen seine Unternehmenstätigkeit auf Grundlage regelmäßig abgeschlossener Verträge ausübt“, Minfin Schreiben v. 26.03.2010, 03–08-05.

635 *Коннов*, Постоянное представиетльство, S. 20 ff.; *Нарежный*, Финансовая газета 2003, Nr. 6, S. 7 f.

636 FAS MO v. 07.06.2006, A41-K2-5662/05; FAS SZO v. 14.10.2005, A05-2707/04–9; AS M v. 16.10.2008, A40-46403/2008.

637 *Коннов*, Постоянное представиетльство, S. 47 f.

638 Nach dieser Regel wird bei einer Aufzählung der allgemeine Begriff durch vorhergehende besondere Begriffe eingeschränkt, *siehe Байрамкулов*, Особенности толкования, S. 12.

639 *Семенихин*, Иностранные организации, S. 74.

640 Z.B. FAS PO v. 06.12.2000, A12-3545/2000-S25; FAS SZO v. 08.07.2003, A26-6181/01–02-03/380 (Rechtssache *Stora-Enso*); *Аракелеов*, Финансовая газета 2004, Nr. 30, S. 23 ff.

641 Minfin Schreiben v. 17.10.2014, 03–08-13/52359.

keit im Sinne einer geografischen Koordinate zu verstehen sei.[642] Teile der Literatur sagen weitergehend, dass eine Betriebsstätte stets die unternehmerische Tätigkeit selbst ist.[643] Der Blick auf das Konkurrenzproblem zwischen Bauausführungen und Montagen (Art. 308 StK) und der allgemeinen Betriebsstättendefinition bestätigt das Auslegungsergebnis. Verwaltung und Rechtsprechung betrachten die „Baustelle" als einen Unterfall der Betriebsstätte nach Art. 306 Abs. 2 StK. Das ist in der Regel nur möglich, wenn bereits eine mehr oder weniger ortsgebundene Tätigkeit betriebsstättenbegründend ist.

Wie Art. 306 Abs. 5 StK klarstellt, ist allein die Inhaberschaft von Rechten, Wertpapieren oder Beteiligungen an Kapitalgesellschaften mangels dinglichen Substrats kein Ort der Tätigkeit i.S.d. Art. 306 Abs. 2 StK.[644] Aus demselben Grund scheidet eine Webseite als Ort der Tätigkeit aus.[645] Die Verwaltung scheint teilweise auf das Erfordernis der physischen Präsenz im Land gänzlich verzichten zu wollen, wenn sie die Softwareentwicklung und Implementierung sowie Wartung per Fernzugriff aus dem Ausland auf einen in Russland befindlichen Computer als betriebsstättenbegründend ansieht.[646] Die Rechtsprechung hat in einem vergleichbaren Fall eine Betriebsstätte verneint.[647] Nunmehr stellt Art. 306 Abs. 14 StK ausdrücklich klar, dass alleine die Erbringung von „elektronischen Dienstleistungen" über das Internet keine Betriebsstätte des Unternehmers begründet.[648]

3. Art. 5 Abs. 1 DBA-Russland

Die deutsche Fassung spricht wie § 12 S. 1 AO von „Geschäftseinrichtung" und stimmt inhaltlich mit der authentischen französischen Fassung des OECD-MA (franz.: „installation d'affaires") überein.[649] In der russischen Fassung wird der englischsprachige Wortlaut des Art. 5 Abs. 1 OECD-MA wortgetreu als „Ort der unternehmerischen Tätigkeit" (engl.: „place of business") übersetzt. Die Formulierungen entsprechen der jeweiligen Vertragspraxis der Vertragsstaaten.[650] Bei der Auslegung ist die Herkunft aus dem OECD-MA zu berücksichtigen, sodass die unterschiedlichen Formulierungen keine Rolle spielen.

---

642 Minfin Schreiben v. 23.11.2001, 04-06-05/2/20.
643 *Шаталов*, Комментарий к НК части второй, Art. 306, S. 569.
644 FAS MO v. 14.05.2005, A40-43454/04-118-476 (Bankkonto).
645 Minfin Schreiben v. 11.04.2013, 03-08-05/12133.
646 Minfin Schreiben v. 08.10.2008, 03-08-05/1.
647 FAS MO 14.10.2011, A40-151888/2010.
648 Eingefügt durch Art. 2 Nr. 5 Föderales Gesetz v. 03.07.2016, Nr. 244-FZ, RG Nr. 146, 06.07.2016.
649 Das Fehlen der Anlage als Unterfall der Geschäftseinrichtung ist unschädlich (vgl. oben).
650 Vgl. Übersicht bei *Görl*, in Vogel/Lehner, DBA, Art. 5 Rn. 33; Art. 5 Musterabkommen RF v. 24.10.2010 sowie Musterabkommen RF v. 28.05.1992 (außer Kraft).

Die deutsche Finanzverwaltung und Rechtsprechung sind sich darin einig, dass § 12 S. 1 AO und Art. 5 Abs. 1 OECD-MA insoweit identisch sind, als beide Vorschriften an eine „feste Geschäftseinrichtung" anknüpfen.[651] Zum deutschen Verständnis gelten daher die Ausführungen zu § 12 S. 1 AO entsprechend.

Die russische Rechtsprechung und Verwaltung stellen in DBA-Fällen innerhalb des Art. 306 Abs. 2 StK auf den Oberbegriff „Ort der Unternehmenstätigkeit" und das entsprechende Merkmal im Abkommen ab und gehen ebenfalls von der Bedeutungsidentität aus.[652] Beide Staaten legen das Tatbestandsmerkmal jedenfalls vordergründig abkommensautonom aus, ohne explizit gem. Art. 3 Abs. 2 DBA-Russland auf das nationale Recht zurückzugreifen.

Nach der gewöhnlichen Bedeutung umfasst der Begriff „Ort der Tätigkeit" neben Räumlichkeiten, Maschinen oder sonstigen Ausrüstungen[653] auch schlicht einen „gewissen Platz", durch den das Unternehmen sich betätigt.[654] Aus dem Wortlaut des MA (engl.: „establishment") lässt sich nicht das Erfordernis von der Erdoberfläche verschiedener „körperlicher" Gegenstände ableiteten.[655] „Establishment" kann in diesem Sinne eine institutionalisierte Tätigkeit[656] bedeuten. Der schlichte Erdboden, z. B. ein landwirtschaftliches Grundstück, kann auch auf Abkommensebene eine Betriebsstätte darstellen.[657] Als Kontrollüberlegung kann nochmals die Sicht des OECD-MK auf das Verhältnis der Baubetriebsstätte zur allgemeinen Definition verwiesen werden. Nicht verkannt werden darf allerdings, dass international sowie durch den OECD-MK keine hohen Anforderungen an die Verfügungsbefugnis gestellt werden, mithin ein tatsächliches Tätigwerden über eine bestimmte Zeit ausreichen soll. Damit fehlt auf Abkommensebene die (rechtliche) Verfügungsbefugnis als entscheidendes Korrektiv.

Während man auf der Basis des OECD-MK 1977 noch durchaus vertreten konnte, dass eine Geschäftseinrichtung des Unternehmens auch im Rahmen des Art. 5 Abs. 1 OECD-MA erforderlich ist,[658] scheint der OECD-MK seit dem OECD-Update 2003 kein sachliches Substrat mehr zu fordern. Die Kommentierung lässt die Auslegung

---

651 BFH v. 30.10.1996, II R 12/92, Rn. 27; BFH v. 03.02.1993, I R 81/91, Rn. 65; BMF BStBl. I 1999, 1076, Tz. 1.2.1.1 i.V.m. 1.1.1.1.

652 Minfin Schreiben v. 19.07.2013 03–03-06/1/28350; v. 10.09. 2014, 03–08-05/45385 (DBA Russland/Irland).

653 Art. 5 Rn. 4 OECD-MK 1977 (seither unverändert).

654 Art. 5 Rn. 1 OECD-MK 1977 (seither unverändert).

655 A.A. *Reimer*, in Reimer/Rust, Double Taxation, Art. 5 Rn. 37.

656 Vgl. auch *Puls*, Betriebsstätte, S. 34.

657 Für die Einkünfte gilt jedoch Art. 6 Abs. 1 DBA-Russland; vgl. auch die geplante Klarstellung im OECD-MK durch *OECD*, Revised Proposals Concerning Art. 5, Rn. 5 ff.

658 A.A. *Reimer*, in Reimer/Rust, Double Taxation, Art. 5 Rn. 37. Vgl. auch *Korff*, Besteuerungskonflikte, S. 214 ff.

zu, dass der Ort der Tätigkeit in einer geographischen Koordinate zu sehen ist.[659] Deutlich wird das in dem Anstreicherbeispiel (Art. 5 Rn. 4.5 OECD-MK) sowie in dem Beispiel eines Unternehmens, das eine Straße pflastert und seine Tätigkeit „durch" diesen Ort ausübt (Art. 5 Rn. 4.6 OECD-MK). Diese Problematik betrifft allerdings nicht die Frage einer Geschäftseinrichtung, sondern die Zurechnung einer Geschäftseinrichtung an den Unternehmer (Verfügungsmacht) sowie das Kriterium „durch". Dementsprechend fordert Deutschland in einer Bemerkung gegen die Auslegung in Art. 5 Rn. 4.5 das Bestehen von Verfügungsmacht über die Räumlichkeiten.[660]

Mangels körperlicher Beschaffenheit sind immaterielle Wirtschaftsgüter[661] oder der sog. „Footprint" eines Satelliten[662] keine Geschäftseinrichtungen in diesem Sinne. Auch eine menschliche Tätigkeit ist nicht erforderlich.[663]

4. Zwischenergebnis

Der positive Kandidat einer Geschäftseinrichtung ist eine Fabrikanlage oder eine Filiale. Die Absenkung der Anforderungen, eine Entmaterialisierung, ist bereits seit der Rechtsprechung des RFH zu beobachten. Ursache ist die zunehmende Bedeutung der Dienstleistungen im Vergleich zur Herstellung und zum Verkauf. Eine Geschäftseinrichtung kann grundsätzlich jeder bewegliche körperliche Gegenstand sein und bei dessen Fehlen ein abgegrenzter oder abgrenzbarer Teil der Erdoberfläche. Damit kommt dem Merkmal keine Begrenzungsfunktion mehr zu, sie folgt erst aus dem Ortsbezug der Tätigkeit und der Verfügungsbefugnis. Der rechtliche Nexus unterscheidet im Ergebnis eine Geschäftseinrichtung des Unternehmens von einem bloßen Ort der Tätigkeit.

Aus russischer Sicht sind die Anforderungen noch geringer. Bewegliche Gegenstände werden nur als Ort der Tätigkeit relevant, wenn dort keine menschliche Tätigkeit stattfindet. Ansonsten ist die körperliche Komponente bloßer Ortsbezug. Betriebsstätte ist nicht eine Geschäftseinrichtung, sondern eine ortsgebundene Tätigkeit.

---

659 Kritisch *Wichmann*, in Lüdicke, Wo steht das deutsche Internationale Steuerrecht, S. 103, 107. Vgl. bereits Minfin Schreiben v. 23.11.2001, 04–06-05/2/20.

660 Art. 5 Rn. 45.7 OECD-MK 2014. Dass in der Bemerkung das Fehlen der Verfügungsmacht bemängelt wird, ergibt sich aus dem Verweis auf die Inkonsistenz zu den Ausführungen in Art. 5 Rn. 4.5. S. 1 OECD-MK 2014.

661 Möglich ist allerdings die Zurechnung einer Geschäftseinrichtung, in der immaterielle Wirtschaftsgüter eingesetzt werden, an das überlassende Unternehmen; vgl. unklar Art. 5 Rn. 8 OECD-MK 1977.

662 Klarstellend insoweit Art. 5 Rn. 5.5. OECD-MK 2010.

663 Spiel- und Verkaufsautomaten, Art. 5 Rn. 9 OECD-MK 1977 (Rn. 10 seit 1992); Pipeline, Art. 5 Rn. 26.1 und 42.6 OECD-MK 2003; physischer Server, Art. 5 Rn. 42.2 ff. OECD-MK 2003.

II. Örtliche und zeitliche Komponente

1. *§ 12 S. 1 AO*

Das Merkmal der Festigkeit enthält eine örtliche und zeitliche Komponente, durch welche sich die besonders intensive Verwurzelung der Tätigkeit mit dem Ort der Ausübung ausdrückt.[664] Die Rechtsprechung folgert aus dem Adjektiv ferner das Erfordernis der gewissen Verfügungsmacht als rechtliche Komponente.[665]

Eine Geschäftseinrichtung oder Anlage ist fest, wenn sie einen Bezug zu einem bestimmten Teil des Erdbodens aufweist und dieser Bezug von „gewisser Dauer" (Beständigkeit, Stetigkeit), also nicht nur vorübergehend ist.[666]

a. Ortsbezug

Nach Auffassung der Rechtsprechung muss die Einrichtung einen Bezug zu einem „bestimmten Teil" des Erdbodens haben. Instanzgerichte fordern plastisch eine „räumliche Begrenzung und örtliche Fixierung".[667] Ein unbestimmter Bezug zum gesamten Staatsterritorium genügt nicht, da eine Betriebsstätte mehr als die dauerhafte Inlandstätigkeit ist.[668] Anderes Verständnis führte de lege lata zu einer echten Dienstleistungsbetriebsstätte. Zudem sollte historisch die Existenz einer Betriebsstätte das stehende von dem umherziehenden Gewerbe unterscheiden. Ein Wanderzirkus, der an dem jeweiligen Ort nur vorübergehend verweilt, hat an keinem Ort eine feste Geschäftseinrichtung, auch wenn die Tätigkeit das gesamte Jahr in demselben Staat ausgeübt wird. Eine andere Frage ist, ob eine solche örtliche Verknüpfung de lege ferenda zweckmäßig ist.[669]

Fraglich ist im Übrigen, ob die Tätigkeit in einem geografischen Gebiet (z. B. Bezirk, Gemeinde etc.) einen hinreichenden Ortsbezug vermitteln kann. Die Literatur fordert in Übernahme des OECD-MK den Bezug zu einem „bestimmten Punkt" und legt diese Voraussetzung auch dem BFH in den Mund.[670] Sie verneint eine Betriebsstätte mit der zutreffenden Feststellung, dass ein „Bezirk kein bestimmter Punkt"

---

664 Vgl. BFH v. 04.06.2008, I R 30/07, Rn. 15; siehe dazu § B.III.1, S. 128 ff.

665 BFH v. 17.09.2003, I R 12/02, Rn. 10.

666 Zuletzt BFH v. 02.04.2014, I R 68/12, Rn. 16; BFH v. 17.09.2003, I R 12/02, Rn. 9 f.

667 FG Münster v. 28.02.1966, IIa 417/65, EFG 1966, 501; FG BW v. 22.06.2006, 6 K 35/04, Rn. 27.

668 A.A. *Züger*, in Gassner/Lang/Lechner, Betriebstätte, S. 31, 47 ff. und wohl de lege ferenda *Fresch/Strunk* in S/K/K, AStG/DBA, Art. 5 DBA Rn. 63.

669 Vgl. die Kritik an dem Erfordernis der örtlichen Verknüpfung von *Kemmeren*, Principle of origin, S. 358 f.

670 Vgl. z. B. *Mössner*, in Mössner, Steuerrecht, Rn. 2.105; *Fresch/Strunk*, in S/K/K, AStG/DBA, Art. 5 DBA Rn. 62; soweit ersichtlich hat einzig der RFH ein derartiges Erfordernis aufgestellt, z. B. RFH RStBl 1935, 604.

ist.[671] Die Finanzverwaltung setzt grds. eine „örtliche Fixierung“ voraus,[672] hat allerdings in einem Schreiben zum DBA-Norwegen die Tätigkeit zur Beseitigung von Sturmschäden von mehr als sechs Monaten innerhalb desselben „geographischen Gebiets (Waldung, Amt)“ als betriebsstättenbegründend angesehen.[673] Begreift man den Tätigkeitsbezirk selbst als Geschäftseinrichtung, ist der Begriff der örtlichen Fixierung insoweit indifferent.[674]

Die Rechtsprechung des BFH ist nicht ganz einheitlich. Nach dem Kraftdroschken-Urteil von 1962 soll die sich über „ganze Straßenzüge“ oder „das gesamte Stadtgebiet“ erstreckende Tätigkeit eines Taxifahrers keine hinreichende örtliche Bindung zu einem bestimmten Raum oder einer bestimmten Fläche haben.[675] Eine Reihe jüngerer Entscheidungen betraf Sachverhalte, in denen sich die Tätigkeit auf viele einzelne Einrichtungen innerhalb eines geographischen Gebiets bezog (Kehrbezirk[676], Müllabfuhrbezirk[677]). Anknüpfungspunkt für die Betriebsstättenentstehung sind in diesen Fällen sowohl die einzelnen Einrichtungen als auch das geographische Gebiet als Geschäftseinrichtung.[678] Der BFH verneint die Existenz einer Gesamtbetriebsstätte und vieler einzelner Betriebsstätten überzeugend wegen fehlender Verfügungsbefugnis über das Territorium bzw. über die in einem solchen Bezirk verteilten Anlagen.[679]

Die nicht hinreichende örtliche Bindung bei reinen Tätigkeitsbezirken lässt sich rechtshistorisch aus der Unterscheidung zwischen dem stehenden Gewerbe und der Betriebsstätte belegen. Insofern ist dem BFH zuzustimmen, dass die Annahme einer (oder mehrerer) Betriebsstätte(n) nicht „dem Begriff der Betriebsstätte gerecht“ würde.[680] Je mehr Bedeutung man dem zeitlichen Kriterium zulasten des Ortskriteriums beimisst, desto unschärfer wird die Abgrenzung zwischen dem Betriebsstätten- und dem reinen Tätigkeitsprinzip. Dieses Auslegungsergebnis befindet sich auf einer Linie mit dem Verständnis des § 12 S. 2 Nr. 7 AO als Definitionserweiterung zu Satz 1: Örtlich fortschreitenden oder schwimmenden Stätten der Gewinnung von Bodenschätzen fehlt ein punktueller Ortsbezug. Indes verfügen solche Anlagen über einen Bezug zum Boden und werden zwischen benachbarten Orten versetzt, sodass

---

671 *Drüen* in Tipke/Kruse, AO/FGO, § 12 AO Rn. 7a; vgl. *Skaar*, Permanent Establishment, S. 126.
672 BMF BStBl. I 1999, 1076, Tz. 1.1.1.1.
673 BMF v. 25.06.1990, IV C 5-S 1301 Nor-6/90, FMNR259000090.
674 A.A. *Korff*, Besteuerungskonflikte, S. 204.
675 BFH v. 18.10.1962, IV 319/60 U, Rn. 8.
676 BFH v. 13.09.2000, X R 174/96, Rn. 13 ff., zudem in Rn. 19 Bezugnahme auf RFH RStBl 1942, 469 (Milchverteilerbezirk).
677 BFH v. 08.03.1988, VIII R 270/81, Rn. 13 ff.
678 In diesem Sinne *Hruschka*, in Schönfeld/Ditz, DBA, Art. 5 Rn. 158.
679 BFH v. 13.09.2000, X R 174/96, Rn. 19 m.w.N.
680 BFH v. 08.03.1988, VIII R 270/81, Rn. 20.

auch für § 12 S. 1 AO ein hinreichender Ortsbezug in den Fällen des § 12 S. 2 Nr. 7 AO bejaht werden kann.[681]

Unterstellt man die Verfügungsmacht über die einzelnen Geschäftseinrichtungen – z. B. des Müllabfuhrunternehmens über die im Gemeindegebiet aufgestellten Container –, stellt sich die Frage, ob eine Gesamt- oder mehrere einzelne Betriebsstätte(n) bestehen. In grenzüberschreitenden Sachverhalten ist die Frage für das innerstaatliche deutsche Recht – bis auf den seltenen Fall einer grenzüberschreitenden Betriebsstätte –[682] grundsätzlich von untergeordneter Bedeutung, da § 12 AO keinen Ausschluss von Hilfs- und Vorbereitungstätigkeiten kennt und damit keine Fraktionierung zulässt.[683] Relevant wird die Zusammenfassung für die Zerlegung des Gewerbesteuer-Messbetrags, wenn die Betriebsstätten auf den Gebieten verschiedener Gemeinden gelegen sind (§ 28 Abs. 1 S. 2 Alt. 1, § 30 GewStG).[684] Die Rechtsprechung des BFH ist hierbei sehr restriktiv. Voraussetzung für die Zusammenfassung ist ein räumlicher und betrieblicher (d. h. wirtschaftlicher, technischer und organisatorischer) Zusammenhang.[685] Der räumliche Zusammenhang kann insbesondere durch zusammenhängende Grundstücke vermittelt werden[686] und ist beispielsweise bei einer Entfernung von 500 m nicht mehr gegeben.[687]

Davon zu unterscheiden ist die Zusammenfassung mehrerer nacheinander und an verschiedenen Orten bestehender Einrichtungen zwecks Fristberechnung, wenn sie zwar kumulativ, aber nicht einzeln die Voraussetzungen einer gewissen Dauer erfüllen. Die Problematik wird an zwei Beispielen deutlich, die in Art. 5 Rn. 5.3 OECD-MK im Jahr 2003 aufgenommen wurden: Ein Beratungsunternehmen mietet in einem Bürohotel regelmäßig Büroräume nach Auswahl des Bürohotelbetreibers; ein Markthändler, der Anspruch auf einen – jedoch keinen bestimmten – Platz auf dem Markt hat. Es kann schließlich erforderlich sein, die Anlage innerhalb eines geographisch zusammenhängenden Gebiets zu verschieben. Als feste Geschäftseinrichtung fungieren hier nicht der Tätigkeitsbezirk, sondern die jeweiligen Einrichtungen, die jedoch zu einer Betriebsstätte zusammengefasst werden sollen.

---

681 Siehe auch *Roth*, in H/H/R, EStG/KStG, § 49 EStG Rn. 205. A.A. *Keß*, in Lenski/Steinberg, GewStG, § 2 Rn. 2656; *Musil*, in H/H/Sp, AO/FGO, § 12 AO Rn. 25.

682 Dazu BFH v. 02.04.2014, I R 68/12; FG Düsseldorf v. 14.09.1990, 10 K 580/85 G.

683 Bei mehreren Betriebsstätten in einem Staat ist grundsätzlich für jede Betriebsstätte eine gesonderte Hilfs- und Nebenrechnung zu erstellen, wobei eine Zusammenfassung aber möglich ist. Abkommensrechtlich kann durch die (missbräuchliche) Fraktionierung einer einheitlichen Geschäftstätigkeit auf räumlich getrennte Einrichtungen die Entstehung einer Betriebsstätte vermieden werden, wenn die Einrichtungen einzeln, aber nicht kumulativ, Vorbereitungs- oder Hilfstätigkeiten erbringen.

684 Sonst Zerlegung nach § 29 GewStG, siehe auch *Sarrazin* in Lenski/Steinberg, GewStG, § 28 Rn. 24.

685 St. Rspr., z. B. BFH v. 16.12.2009, I R 56/08, Rn. 24.

686 Ebd. Rn. 26.

687 FG Sachsen-Anhalt v. 14.01.1999, I 438/96, Rn. 19.

Eine ausdrückliche Regelung der Zusammenfassung zwecks Fristberechnung kennt das nationale Recht nur bei mehreren zeitlich nebeneinander bestehenden oder ohne Unterbrechung aufeinander folgenden Bauausführungen oder Montagen (§ 12 S. 2 Nr. 8 lit. b und lit. c AO). Dem Abkommensrecht ist eine solche Regelung fremd. Nach allgemein akzeptierter Erläuterung durch den OECD-MK ist bei wirtschaftlichem und geographischem Zusammenhang von einer einheitlichen Baubetriebsstätte auszugehen. Seit dem Update 2003 gelten die Ausführungen im Abkommensrecht auch für die allgemeine Definition der Betriebsstätte.

Die überwiegende Auffassung in der Literatur lehnt eine Zusammenfassung außerhalb von örtlich und wirtschaftlich zusammenhängenden Bauausführungen oder Montagen nach Art. 5 Abs. 3 OECD-MA ab.[688] Zwar fehlt eine ausdrückliche Stellungnahme seitens der Rechtsprechung, es lässt sich jedoch die Tendenz erkennen, dass eine Verlegung der Geschäftseinrichtung ausnahmsweise unschädlich sein kann. In dem „Hotelmanagement-Urteil" vom 03.02.1993 hat der BFH es zwar überzeugend abgelehnt, das gesamte Hotel als Betriebsstätte der hotelleitenden ausländischen Gesellschaft anzusehen.[689] Als ausreichend angesehen wurde jedoch, dass das ausländische Unternehmen einen Anspruch auf die Zur-Verfügung-Stellung zumindest eines – wenn auch keines bestimmten – Raumes hatte. Im US-Armee-Urteil vom 14.07.2004 reichte es für die Annahme der Betriebsstätte aus, dass dem Unternehmen jeweils „irgendein geeigneter Raum" auf dem Gelände zur Verfügung stand.[690] Eindeutig sind insoweit auch die Ausführungen des BFH, dass eine Betriebsstätte entstehen kann, wenn der Unternehmer jeweils nur irgendeinen geeigneten Raum des Gebäudes oder „die wechselnde Teilfläche eines Grundstücks" ständig nutzen darf.[691] Insofern geht die Rechtsprechung stillschweigend im Fall einer geographischen und wirtschaftlichen Einheit von einer Betriebsstätte aus. Vor diesem Hintergrund sind die Fälle in 5.1–5.4 aus dem OECD-MK parallel im nationalen Recht zu lösen.[692]

Schwimmende Schiffe (und folglich auch Geschäftseinrichtungen auf Kauffahrtschiffen, arg. e contr. § 2 Abs. 1 S. 3 GewStG) sind mangels Bezug zu einem bestimmten Punkt der Erde keine Betriebstätten gem. § 12 S. 1 AO.[693]

b. Festigkeit der Beziehung

aa. Örtliche Komponente

Eine Einrichtung ist örtlich fest, wenn sie einen auf Dauer angelegten Bezug zu einem bestimmten Teil der Erdoberfläche hat bzw. selbst Teil des Bodens ist.[694] Die örtliche Verknüpfung kann sich aus mechanischer Verbindung mit der Erde, wie bei Gebäuden,

---

688 *Wassermeyer*, in Wassermeyer, DBA, Art. 5 Rn. 37.
689 BFH v. 03.02.1993, R 81/91, Rn. 55.
690 Vgl. BFH v. 14.07.2004, I R 106/03, Rn. 11.
691 BFH v. 18.03.2009, III R 2/06, Rn. 15.
692 Ähnlich *Buciek*, DStZ 2003, 139 f.
693 BFH v. 26.06.1996, XI R 18/94, Rn. 11.
694 Vgl. BFH v. 09.10.1974, I R 128/73, Rn. 10.

oder aus bloßer Belegenheit an derselben Stelle ergeben.[695] Dafür ist eine Berührung mit der Erde erforderlich, sodass Werkzeuge, die von einem Unternehmer dauerhaft an einem bestimmten Ort verwendet werden, in diesem Sinne nicht fest sind. Sollten sie irgendwo gelagert werden, ist eine Verfügungsbefugnis über diesen Ort erforderlich.[696] Mobile Einrichtungen haben eine hinreichende Ortsbindung, wenn sie auf einem fest zugewiesenen Platz regelmäßig oder für eine gewisse Dauer abgestellt werden.[697] Bei beweglichen Einrichtungen mit einem „vorübergehend festen Standort"[698] (z.B. Verkaufsstände) fallen das Erfordernis der Festigkeit mit dem der Dauerhaftigkeit der Einrichtung (und bei täglichem Auf- und Abbau mit dem Erfordernis der dauerhaften Tätigkeit) zusammen. Soweit wie hier auf den Standplatz selbst als Einrichtung abgestellt wird, liegt bereits eine unverrückbare Verbindung vor.

bb. Zeitliche Komponente

„Festigkeit" enthält unbestritten eine zeitliche Komponente. Sie bezieht sich nach der – allerdings uneinheitlichen – Rechtsprechung kumulativ auf die Verbindung der Geschäftseinrichtung zum Boden, das Bestehen der Geschäftseinrichtung selbst, das Erfordernis der Verfügungsmacht sowie die dienende Funktion.[699]

Soweit teilweise für die dienende Funktion unter Bezugnahme auf § 15 Abs. 2 EStG die Nachhaltigkeit gefordert wird,[700] wird verkannt, dass sie auch durch im Ausland gegebene Besteuerungsmerkmale erfüllt sein kann. Bei unverrückbaren Einrichtungen ist die Prüfung des BFH redundant, denn eine Verfügungsbefugnis von gewisser Dauer setzt das Bestehen der Einrichtung voraus, hinzukommen muss lediglich eine Nutzung zu unternehmerischen Zwecken für eine gewisse Dauer, d.h. nicht nur einmalig kurzfristig oder vorübergehend.[701]

(1) Maßgebliche Umstände

Die Finanzverwaltung scheint in einer „ex post"-Betrachtung auf die tatsächliche Dauer der Geschäftseinrichtung abzustellen.[702] Die Rechtsprechung fordert teils, dass der Bezug der Tätigkeit zum Ort ihrer Ausübung auf eine gewisse Dauer „an-

---

695 BFH v. 08.03.1988, VIII R 270/81, Rn. 14; BFH v. 30.10.1996, II R 12/92, Rn. 19; *Hidien*, in K/S/M, EStG, § 49 Rn. D 572; *Drüen*, in Tipke/Kruse, AO/FGO, § 12 AO Rn. 8; *Keß*, in Lenski/Steinberg, GewStG, § 2 Rn. 2519.

696 BFH v. 07.03.1979, I R 145/76, Rn. 20 f.

697 Vgl. *Buciek*, in Beermann/Gosch, AO/FGO, § 12 AO Rn. 9.

698 BFH v. 08.03.1988, VIII R 270/81, Rn. 14; AEAO Abschnitt 9 Rn. 2 zu § 12 AO.

699 BFH v. 02.04.2014, I R 68/12, Rn. 18; vgl. auch BFH v. 30.10.1996, II R 12/92, Rn. 23.

700 Z.B. FG Sachsen v. 12.05.2004, 5 V 830/03, Rn. 29.

701 Ähnlich BFH v. 28.08.1986, V R 20/79, Rn. 17 f. und BFH v. 08.03.1988, VIII R 270/81, Rn. 15.

702 BMF BStBl. I 1999, 1076, Tz. 1.1.1.1: „[...] immer dann auf Dauer angelegt, wenn sie länger als sechs Monate besteht.".

gelegt“ ist,[703] teils aber dass die Geschäftseinrichtung bzw. ihr Bezug zum Boden „von einer gewissen Dauer ist“[704]. Im Pipeline-Urteil hat der BFH aus der Art der Geschäftseinrichtung (Rohleitung) gefolgert, dass sie erstens einen auf Dauer angelegten örtlichen Bezug habe und zweitens auf langfristigen Gebrauch „angelegt“ und daher von gewisser Dauer sei.[705] In diesem Sinn hat das FG Münster aus einem Mietvertrag, der für ein Jahr geschlossen wurde, die Dauerhaftigkeit gefolgert, ohne Feststellungen zur tatsächlichen Dauer zu treffen.[706] Umstritten ist allerdings, ob eine Geschäftseinrichtung, die nach dem Willen des Unternehmers bei Beginn der Tätigkeit nur vorübergehend bestehen sollte, rückwirkend zur Betriebsstätte wird, wenn sie über diesen Zeitraum hinaus unterhalten wird.[707] Umgekehrt ist unklar, ob eine nicht nur für einen vorübergehenden Zweck geplante Geschäftseinrichtung eine Betriebsstätte ist, wenn sie kurze Zeit nach der Aufnahme des Geschäftsbetriebs aufgegeben wird.[708]

Ob eine Geschäftseinrichtung in zeitlicher Sicht eine hinreichende Verwurzelung aufweist, darf sich nicht allein nach dem tatsächlichen Ablauf beurteilen. Würde eine Betriebsstätte ex nunc erst nach Ablauf einer Mindestspanne entstehen, hätte das für den Quellenstaat den Verlust von Steuersubstrat zur Folge. Ließe man die Betriebsstätte nach Überschreiten der Frist rückwirkend ab Beginn der Tätigkeit entstehen, hätte das sowohl für den Steuerpflichtigen als auch für den Staat eine schwer hinnehmbare Unsicherheit zur Folge. Monatlich fällige Steuern und Abgaben, die an das Bestehen einer Betriebsstätte geknüpft sind, müssten nachentrichtet werden, in Ermangelung einer Betriebsstätte bezahlte Quellensteuern zurückgezahlt bzw. angerechnet werden. Daher ist aus Gründen der Verwaltungsvereinfachung und der Rechtssicherheit auch auf den Planungshorizont des Unternehmers abzustellen. Ist zu Beginn eine dauerhafte Tätigkeit durch die Einrichtung geplant, so handelt es sich von Beginn an um eine feste Geschäftseinrichtung, auch wenn das Vorhaben vor Erreichen einer Mindestfrist aufgegeben wird. Dieser Auffassung ist wohl auch der BFH.[709]

Die Orientierung allein an subjektiven Kriterien ist indessen nicht sachgerecht, wenn die Geschäftseinrichtung tatsächlich nicht mehr nur vorübergehend be-

---

703 BFH v. 28.06.2006, I R 92/05, Rn. 18 (zu Art. 14 OECD-MA); siehe auch BFH v. 19.05.1993, I R 80/92, Rn. 12.

704 BFH v. 05.11.2014, IV R 30/11, Rn. 28.

705 BFH v. 30.10.1996, II R 12/92, Rn. 19 ff.

706 FG Münster v. 22.08.2012, 10 K 2722/11 K, Rn. 44.

707 Dafür *Hidien*, K/S/M, EStG, § 49 Rn. D 607 und *Reimer*, in Reimer/Rust, Double Taxation, Art. 5 Rn. 73 (zu Art. 5 Abs. 1 OECD-MA); dagegen *Buciek*, in Beermann/Gosch, AO/FGO, § 12 AO Rn. 10.

708 Dafür *Buciek*, in Beermann/Gosch, AO/FGO, § 12 AO Rn. 10; dagegen *Reimer*, in Reimer/Rust, Double Taxation, Art. 5 Rn. 73 (zu Art. 5 Abs. 1 OECD-MA); unklar *Hidien*, K/S/M, EStG, § 49 Rn. D 607.

709 In diesem Sinne auch BFH v. 16.05.2001, I R 47/00, Rn. 23 zu Art. 5 Abs. 1 DBA-Ungarn für Baucontainer im Hinblick auf die Frist aus Art. 5 Abs. 3 DBA-Ungarn.

trieben wird. Wird eine zur Gründung nur vorübergehend geplante Einrichtung über den relevanten Zeitraum hinaus fortgesetzt, soll allerdings nach einem Teil des Schrifttums eine Betriebsstätte allenfalls ab dem Zeitpunkt des Entschlusses zur Fortführung entstehen.[710] Ein solches Verständnis birgt jedoch die Gefahr von Steuerumgehung z. B. durch den Abschluss mehrerer aufeinanderfolgender Mietverträge über die Geschäftseinrichtung. Zwar ließe sich dieser mit § 42 AO begegnen. Entscheidend ist jedoch, dass die Intensität der wirtschaftlichen Aktivitäten im Inland unabhängig von der Motivation des Steuerpflichtigen bereits durch eine nicht bloß vorübergehende Tätigkeit gegeben ist.

(2) Maßgebliche Dauer

Keine Einigkeit besteht, wann von einer „gewissen Dauer", „Ständigkeit", „Beständigkeit" auszugehen ist bzw. was „nicht bloß vorübergehend" bedeutet. Die Geschäftseinrichtung muss jedenfalls nicht auf unbeschränkte Zeit geplant sein.[711] Ausreichend ist eine „gewisse Dauer und Stetigkeit".[712] Ungeklärt ist, ob eine feste Geschäftseinrichtung eine Mindestzeitspanne voraussetzt.

Der RFH hielt 20 Monate für zu wenig.[713] Ein Teil der Literatur geht davon aus, dass eine feste Geschäftseinrichtung eine Dauer von „in der Regel" zwölf Monaten voraussetzt.[714] Eine andere Auffassung fordert – allerdings ohne nähere Begründung – neun Monate.[715] Der BFH hat es bisher vermieden, abschließend über die notwendige Dauer zu entscheiden, orientierte sich aber bereits früh an der Dauer für Bau- und Montagebetriebsstätten (sechs Monate).[716] 1993 forderte er für den „festen Mittelpunkt" in Art. 7 Abs. 1 DBA-Italien eine Mindestfrist von sechs Monaten (Analogie zu § 9 S. 2 und § 12 S. 2 Nr. 8 AO).[717] In einer späteren Entscheidung wurde diese Frage für den Anwendungsbereich des § 12 S. 1 AO ausdrücklich offengelassen.[718] Zuletzt hat der BFH für die Auslegung der „festen Einrichtung" (Art. 14 OECD-MA a. F.) mit Hinweis auf die weitgehende Deckungsgleichheit zur abkommensrechtlichen Betriebsstätte „im Regelfall" eine Mindestfrist von sechs Monaten gefordert.[719] Das müsste gleichermaßen für § 12 S. 1 AO gelten, der nach Auffassung der Rechtsprechung insoweit mit dem OECD-MA identisch

---

710 *Buciek*, in Beermann/Gosch, AO/FGO, § 12 AO Rn. 10.
711 Unklar *Mössner*, Festschrift für Vogel, S. 945, 954.
712 BFH v. 06.08.1998, III R 28/97, Rn. 31.
713 RFH v. 01.04.1936, IV B 3/36, RStBl. 1936, 546.
714 *Hidien*, in K/S/M, EStG, § 49 Rn. D 606.
715 *Jacobs/Endres/Spengel*, in Jacobs u. A., Unternehmensbesteuerung, S. 302; kritisch *Wassermeyer*, in Festschrift für Kruse, S. 589, 598.
716 BFH v. 27.04.1954, I B 136/53 U, Rn. 13.
717 BFH v. 19.05.1993, I R 80/92, Rn. 12.
718 BFH v. 17.09.2003, I R 12/02, Rn. 23 sowie BFH v. 03.08.2005, I R 87/04, Rn. 16.
719 BFH v. 28.06.2006, I R 92/05, Rn. 18 festhaltend „für den Regelfall" an BFH v. 19.05.1993, I R 80/92, Rn. 12.

ist.[720] Verneint wurde eine hinreichende Dauer für einmalige Tätigkeiten,[721] für einen Zeitraum von vier,[722] von sechs Wochen,[723] von 60 Tagen[724] und im Rahmen des § 16 StAnpG für eine Dauer von drei Monaten[725]. Nach Auffassung der Finanzverwaltung ist eine Geschäftseinrichtung bei Überschreiten von sechs Monaten „immer" auf Dauer angelegt.[726] Während also für den BFH Abweichungen nach oben und im atypischen Fall nach unten möglich sind, will die Finanzverwaltung offenbar nur nach unten abweichen können.

Die Annahme einer gesetzlich nicht geregelten starren Frist missachtet als nicht zulässige Typisierung durch Rechtsprechung und Verwaltung die Auslegungsbandbreite des § 12 S. 1 AO und kann durch den Stichtagseffekt[727] zu willkürlichen Ergebnissen führen.[728] Es erscheint daher sinnvoll, den Zeitraum lediglich als Orientierungswert heranzuziehen, von dem je nach den Umständen des Einzelfalles nach oben oder unten abgewichen werden kann. Tätigkeiten mit intensiver Bindung zum Tätigkeitsort bzw. Tätigkeiten, durch die der Gewinn bereits nach kurzer Zeit realisiert wird[729], können auch bei einem Unterschreiten der Sechsmonatsfrist eine feste Geschäftseinrichtung begründen.[730]

Der BFH und die Finanzverwaltung wollen einen Jahreszeitraum als Bezugsrahmen für die Bestimmung der maßgeblichen Dauer heranziehen.[731] In dieser Spanne müssen alle Voraussetzungen der Betriebsstätte für einen Zeitraum von ca. sechs Monaten bestehen. Die bestehende Geschäftseinrichtung muss allerdings nicht ununterbrochen genutzt werden, ausreichend ist eine Nutzung von gewisser Dauer, d.h. nicht nur einmalig, kurzfristig oder vorübergehend.[732] Voraussetzung ist, dass die Geschäftseinrichtung dem Steuerpflichtigen ständig – d.h. auch in seiner Abwesenheit – zur Verfügung steht.[733] Ist das nicht der Fall, kann die Zeit der Unterbrechung nicht in die Fristberechnung einbezogen werden, ohne dass es darauf ankommt, ob die Wiederaufnahme geplant ist. Möglich bleibt lediglich die

---

720 Siehe z.B. BFH v. 02.12.1992, I R 77/91, Rn. 10.
721 BFH v. 13.09.2000, X R 174/96, Rn. 16; BFH v. 17.02.1955, IV 77/53 S, Rn. 4.
722 BFH v. 17.09.2003, I R 12/02, Rn. 20.
723 BFH v. 02.12.1992, I R 77/91, Rn. 10.
724 BFH v. 03.08.2005, I R 87/04, 16.
725 BFH v. 28.08.1986, V R 20/79.
726 BMF BStBl. I 1999, 1076, Tz. 1.1.1.1.
727 *Ernst*, Dienstleistungsbetriebsstätte, 126 ff.
728 Vgl. allgemein zur Typisierung durch den Rechtsanwender *Wernsmann*, DStR 2011, Beihefter zu Heft 31, 72, 73.
729 *Züger*, in Gassner/Lang/Lechner, Betriebstätte, S. 31, 51 ff.
730 Ebenso *Kahle/Ziegler*, DStZ 2009, 834 ff. (unter II.1.a.bb); *Häck*, in F/W/K, DBA-Schweiz, Art. 5 DBA Rn. 25.
731 BFH v. 17.09.2003, I R 12/02, Rn. 20; Bemerkung Deutschlands Art. 5 OECD-MK Rn. 45.8: „[...] im Vergleich zur Gesamtdauer eines Jahres [...]". Unter Hinweis auf die Vorjahre jedoch: BFH v. 03.08.2005, I R 87/04, Rn. 16.
732 Ähnlich BFH v. 28.08.1986, V R 20/79, Rn. 18; BFH v. 13.09.2000, X R 174/96, Rn. 16.
733 BFH v. 28.06.2006, I R 92/05, Rn. 24.

Zusammenrechnung der einzelnen Zeitabschnitte, in denen die Verfügungsmacht über die Geschäftseinrichtung besteht. Die Geschäftseinrichtung darf jedoch in dieser Zeit nicht aufgegeben worden sein. Die Rechtsprechung hat sich hierzu nicht explizit geäußert. Eine Zusammenrechnung wurde nicht erwogen bei einer zweimaligen Tätigkeit von je sechs Wochen im Ausland.[734] Umgekehrt wurde die Teilnahme an einem Wochenmarkt einmal[735] bzw. zweimal[736] wöchentlich als Betriebsstätte qualifiziert. Folgende Beispiele sollen das Problem illustrieren:

Fall 1: Im Inland wird eine Sprachschule für einen Zeitraum von über sechs Monaten betrieben. Die Einrichtung wird je nach Bedarf genutzt.

Die Geschäftseinrichtung besteht für eine gewisse Dauer, die Tätigkeit ist nicht nur einmalig oder vorübergehend. Eine Betriebsstätte entsteht.

Fall 2: Ein Händler besucht das ganze Jahr hindurch mit seinem Verkaufsstand zweimal wöchentlich einen Markt, an dem ihm ein fester Platz zugewiesen ist.[737]

Obwohl die Geschäftseinrichtung lediglich an ca. 106 Tagen betrieben wurde, hat der BFH eine Betriebsstätte bejaht. Die Konstellation ist vergleichbar mit dem Fall eines Unternehmers, der das ganze Jahr über eine eigene Verkaufsstelle unterhält, die jedoch lediglich zweimal wöchentlich geöffnet ist. Hier bestehen über die Begründung einer Betriebsstätte keine Zweifel (siehe Fall 1).

Fall 3:[738] Einem Unternehmer werden im Inland Räume überlassen, die er zur Arbeit an einem Projekt an 77 Tagen im Jahr benutzt, wobei sich die Tage auf mehrere Inlandsaufenthalte verteilen (Februar 11 Tage, im März 13 Tage, im Mai und Juni insgesamt 20 Tage, im August 19 Tage und im Oktober und November insgesamt 14 Tage). In seiner Abwesenheit werden die Räume von anderen Unternehmern benutzt.

Der BFH verneint eine feste Einrichtung i.S.d. Art. 14 OECD-MA. Der Zeitraum von 77 Tagen sei zu kurz. Die Zusammenrechnung der Tätigkeits- und Unterbrechungszeiträume komme nicht in Betracht, weil die Räumlichkeiten in seiner Abwesenheit nicht ausschließlich für ihn vorgehalten wurden. Auf die Frage, ob die Wiederaufnahme der Tätigkeit gesichert ist, kam es für den BFH nicht an.

Fall 4: Im Fall 1 (Sprachschule) unterhält das Unternehmen keine eigene Geschäftseinrichtung, sondern mietet aufgrund eines Dauermietvertrags an zwei Tagen in der Woche einen Raum in einer Volkshochschule. An den anderen Tagen werden die Räume anderweitig benutzt.

---

734 BFH v. 19.05.1993, I R 80/92, Rn. 12.
735 FG Münster v. 28.02.1966, IIa 417/65, EFG 1966, 501.
736 BFH v. 09.10.1974, I R 128/73, Rn. 11.
737 BFH v. 19.05.1993, I R 80/92, Rn. 12 f.
738 Nach BFH v. 28.06.2006, I R 92/05; siehe auch BFH v. 03.08.2005, I R 87/04.

Analog zum Wochenmarkt (Fall 2) müsste hier eine Betriebsstätte bejaht werden. Allerdings ist nach Auffassung des BFH der Zeitraum, in welchem dem Unternehmen keine Verfügungsmacht über die Räume zukommt, in die Berechnung nicht miteinzubeziehen.[739] Aber kann es für die Frage, ob eine Betriebsstätte entsteht, darauf ankommen, ob der Markt auch an anderen Tagen – aber ohne den Unternehmer – stattfindet oder ob der Platz zwischen den Wochenmärkten für andere Marktveranstaltungen benutzt wird? Entscheidend dürfte die Regelmäßigkeit der Tätigkeit sein. Eine Zusammenrechnung des Zeitraums von der Aufnahme bis zum Ende der Tätigkeit kann erfolgen, wenn sich die Tätigkeit regelmäßig wiederholt.[740] Man kann sich insoweit die Frage stellen, ob das Gesamtbild der Tätigkeit der Situation eines inländischen Unternehmens entspricht, das eine Geschäftseinrichtung innehat, in der es nach Arbeitsanfall tätig wird. Andernfalls könnte selbst eine Tätigkeit an drei Werktagen wöchentlich keine Betriebsstätte begründen, da die tatsächliche Nutzung für weniger als sechs Monate erfolgt, unabhängig davon, dass sie während der Hälfte der wöchentlichen Geschäftszeit ausgeübt wird.

Fall 5: Wie Fall 4, jedoch werden die Räume nicht aufgrund eines Dauerschuldverhältnisses, sondern von Fall zu Fall jeweils nach Verfügbarkeit aufgrund einzelner Mietverträge zur Nutzung überlassen.

Nach der Logik des BFH müsste hier erst recht eine Betriebsstätte verneint werden, jedenfalls wenn die tatsächliche Anwesenheit weniger als sechs Monate beträgt.

Die Finanzverwaltung ist der Auffassung, dass ein Händler auf dem Markt eine Betriebsstätte begründen kann, auch wenn er keinen Rechtsanspruch auf einen festen Standplatz hat, aber einen Platz ständig benutzt.[741] In der Literatur und teilweise in der Rechtsprechung der Instanzgerichte wird hingegen verlangt, dass die Wiederaufnahme der Tätigkeit gesichert ist.[742]

Fall 6: Ein Händler unterhält für ca. vier Wochen auf dem Weihnachtsmarkt einen Verkaufsstand.[743]

Der BFH hat eine Betriebsstätte wegen nicht hinreichenden Bezugs zu einem bestimmten Teil der Erdoberfläche verneint. Der Bezug war im Vergleich zur Gesamtdauer eines Jahres zu kurz. Unerheblich war, dass die Tätigkeit sich innerhalb von fünf Jahren jährlich wiederholte.

---

739 BFH v. 28.06.2006, I R 92/05, Rn. 24.

740 So auch *Buciek*, HFR 2006, 124, 125 und *Hruschka*, in Schönfeld/Ditz, DBA, Art. 5 Rn. 47; *Buciek*, DStZ 2003, 139, 140 stellt darauf ab, ob die Tätigkeiten wirtschaftlich eine Einheit darstellen.

741 H 2.9 (1) GewStR 2009.

742 FG Rheinland-Pfalz v. 25.04.1985, 3 K 68/84, EFG 1985, 593 f.; *Hruschka*, in Schönfeld/Ditz, DBA, Art. 5 Rn. 160 („Rahmenvertrag").

743 BFH v. 17.09.2003, I R 12/02.

Fall 7: Ein Unternehmen unterhält jährlich in den Monaten Juni bis August eine Eisdiele in einem Badeort. Kommt es für die Frage der Betriebsstättenbegründung darauf an, ob die Verkaufsstelle in der Zwischenzeit anderweitig vermietet wird?

Der BFH ließ es offen, ob das Unterhalten eines Saisonbetriebs eine Betriebsstätte begründet. Jedenfalls scheint das Gericht der Tatsache, dass sich der Betrieb jährlich wiederholt, keine Bedeutung beizumessen.[744]

2. Art. 306 Abs. 2 StK

Die ausländische Organisation muss ihre Tätigkeit durch die gesonderte Einrichtung oder einen anderen Ort der Tätigkeit regelmäßig ausüben (Art. 306 Abs. 2 StK). Zwei Unterschiede zum nationalen deutschen Recht und zum Abkommensrecht fallen sofort ins Auge. Erstens: Der Ort der Tätigkeit muss nicht fest sein. Zweitens: Die Ständigkeit kommt nur im Definiendum vor („Ständige Vertretung"), der Definiens selbst verlangt nicht die Dauerhaftigkeit oder Ständigkeit, sondern die Regelmäßigkeit der Tätigkeit.

a. Keine explizite Ortsbindung

Der Wortlaut des Art. 306 Abs. 2 StK sowie der Vorgängervorschriften weicht insoweit vom OECD-Vorbild ab, als nicht ein fester Ort (engl.: „fixed place of business"), sondern schlicht ein Ort der Tätigkeit ausreichend ist. Der Gesetzgeber reproduzierte insoweit die Definition aus dem Gewinnsteuergesetz 1991.[745] Die hierzu ergangene Instruktion 6 stellte allerdings klar, dass es sich um einen „ständigen Ort regelmäßiger Tätigkeit" handeln muss.[746] Zwar deutete das Wort „ständig" ebenfalls auf eine bloß zeitliche Komponente hin, der „ständige Ort der Tätigkeit" ist jedoch das eingebürgerte begriffliche Äquivalent für „fixed place of business", das in den meisten auf dem OECD-MA beruhenden Abkommen verwendet wird. Diese Formulierung wurde indes nicht übernommen. Das aktuelle russische Musterabkommen sowie die neuesten russischen DBA sprechen mittlerweile in wörtlicher Übersetzung des Art. 5 Abs. 1 OECD-MA vom „fixierten Ort der Tätigkeit" (russ.: „фиксированное место деятельности").[747]

Für den Positivkatalog von Orten der Tätigkeit (Filiale, Vertretung, Abteilung, Büro, Kontor, Agentur, jede andere abgesonderte Einrichtung) ergibt sich die Ortsbindung aus der Natur der Einrichtung, genauer: aus dem Erfordernis stationärer Arbeitsplätze. Hier ist die zeitliche Komponente ausreichend. Für den „anderen

744 BFH v. 17.09.2003, I R 12/02, Rn. 22; siehe auch Deutschlands Bemerkung in Art. 5 Rn. 45.8 OECD-MK 2014.

745 Art. 1 Abs. 3 UA 2 Gewinnsteuergesetz 1991.

746 § 6 Instruktion Nr. 13 GNS v. 27.05.1992.

747 Art. 5 Abs. 1 Musterabkommen RF v. 24.02.2010; Art. 5 Abs. 1 DBA-Russland/China v. 13.10.2014; DBA-Russland/Malta v. 24.04.2013.

Ort“ hätte die fehlende örtliche Festigkeit zur Folge, dass an verschiedenen Orten nacheinander ausgeübte Tätigkeiten bei kumulativer Erfüllung der zeitlichen Komponente eine Betriebsstätte begründen könnten.

Das Heranziehen der Positivfälle zur Auslegung des Oberbegriffs legt jedoch nahe, dass auch der „Ort der Tätigkeit“ fest sein muss. Außerdem muss der Begriff im Lichte der Tatsache ausgelegt werden, dass er eine „ständige Vertretung“ definieren soll. Ferner folgt aus dem Singular „anderer Ort der Tätigkeit, durch den [...] regelmäßig ausgeübt“, dass die regelmäßige Tätigkeit durch einen einzigen Ort ausgeübt werden muss. Dieser kann zwar nicht als das gesamte Staatsgebiet verstanden werden,[748] eine Auslegung im Sinne eines (Steuer-)Bezirks ist allerdings durchaus möglich und wird vertreten.[749] Weiter spricht das Gesetz im Zusammenhang mit den Hilfs- und Vorbereitungstätigkeiten aus dem Negativkatalog selbst vom „ständigen Ort der Tätigkeit“ (Art. 306 Abs. 4 Nr. 3, 4, 5 StK). Schließlich streitet auch die Herkunft des nationalen Betriebsstättenbegriffs aus dem OECD-MA für die parallele Auslegung. Auch die Rechtsprechung und die Finanzverwaltung betonen stets, dass sich die Kriterien im OECD-MA und im StK entsprechen.[750] Es spricht damit viel dafür, dass es sich um ein Redaktionsversehen handelt.[751] Dementsprechend wird in der Literatur zu Recht das Kriterium der „räumlichen Bestimmtheit“ aufgestellt, worunter die Verbindung zwischen der Vermögensbasis bzw. der Tätigkeit und dem Erdboden verstanden wird.[752] Nach einem bisher nicht realisierten Gesetzesvorhaben der russischen Regierung sollte die Betriebsstättendefinition dahin gehend geändert werden, dass eine Steuerpflicht auch beim Fehlen „eines bestimmten Ortsbezugs“ entsteht.[753]

Nicht zu verkennen ist, dass insb. die Finanzverwaltung nicht nur die „institutionalisierte Einheit“, sondern auch die einfache Tätigkeit (an einem Ort) für ausreichend erachtet.[754] Bei der Tätigkeit in den Räumen des Auftraggebers sieht die Finanzverwaltung die geographische Komponente nicht als erheblich an.[755] Eine Betriebsstätte könnte entstehen, wenn die ausländischen Mitarbeiter in verschiedenen

---

748 A.A. *Климентьева*, Финансово-правовое регулирование, S. 114 f.

749 Vgl. *Bruk/Konnov*, in IFA, Cahiers 94a, S. 541, 542.

750 FAS SZO v. 16.12.2010, A56-6861/2010; Minfin Schreiben v. 10.09.2014, 03–08-05/45385.

751 Dementsprechend gehen Gerichte und Finanzverwaltung regelmäßig davon aus, dass das örtliche Kriterium in Art. 306 Abs. 2 StK inhaltlich dem „ständigen Ort der Tätigkeit“ aus der Instruktion 13 entspricht, siehe z.B. FAS MO 07.06.2006, A41-K2-5662/05.

752 *Коннов*, Постоянное представительство, S. 25; *Хаванова*, Избежание двойного налогообложения, S. 212.

753 Grundlinien der Steuerpolitik für das Jahr 2009 und die Planperiode 2010/2011, Abschnitt 2 Nr. 6 Punkt 3.

754 Minfin Schreiben v. 17.10.2014, 03–08-13/52359.

755 Vgl. *Bruk/Konnov*, in IFA, Cahiers 94a, S. 541, 542.

Zweigstellen eines inländischen Unternehmens innerhalb einer Stadt oder aber auch in verschiedenen Städten tätig werden.

Auch eine Verbindung zur Erde soll nicht erforderlich sein: Als Betriebsstätte wurde ein Catering-Service auf einem schwimmenden Schiff betrachtet.[756] Im Ergebnis ist davon auszugehen, dass die russischen Rechtsanwender die weiteste Auslegung zugrunde legen, die der OECD-MK zulässt: hinreichende Ortsbindung bei einer geographischen und wirtschaftlichen Einheit.

b. Regelmäßigkeit

Regelmäßig (russ.: „регулярно") bedeutet nach allgemeinem Sprachgebrauch „in bestimmten Abständen wiederkehrend",[757] d.h. eine bestimmte Anzahl pro Zeitraum. Das passt eher zur Qualifizierung der Tätigkeit eines ständigen Vertreters.[758] Entgegen dem Wortlaut wird die Regelmäßigkeit jedoch auch anhand der Dauer der ausgeführten Tätigkeit bestimmt.[759] Das Gesetz selbst enthält keine näheren Vorgaben für die Annahme von Regelmäßigkeit.[760]

aa. Verwaltung und Rechtsprechung

Die Position der Verwaltung war bis zum Außer-Kraft-Treten der Methodischen Empfehlung wie folgt: Die Tätigkeit durch eine abgesonderte Einheit sei regelmäßig, wenn die ausländische Organisation sich bei den Steuerbehörden registrieren lässt oder zur Registrierung verpflichtet ist.[761] Die Verpflichtung zur Registrierung bestand, wenn durch die gesonderte Einheit eine Tätigkeit von mindestens 30 Tagen im Kalenderjahr (ununterbrochen oder insgesamt) ausgeübt wird oder geplant war.[762] Bei der Beurteilung der Regelmäßigkeit sollte es also nach Auffassung der Verwaltung auf die Dauer der tatsächlichen oder beabsichtigten Tätigkeit ankommen (subjektiv-objektive Betrachtung). Überschreite diese einen Monat, sei von Regelmäßigkeit auszugehen.

„In den übrigen Fällen" sollte die tatsächliche Tätigkeit der ausländischen Organisation sowie der in ihrem Interesse handelnden natürlichen Personen und Organi-

---

756 Minfin Schreiben v. 10.09.2014, 03-08-05/45385.

757 *Ефрамова*, Современный словарь.

758 Vgl. *Полежарова/Артемьев*, Налогообложение, S. 119; *Чуприков*, Особенности, S. 83.

759 *Аракелов*, Финансовая газета 2004, Nr. 30, S. 15 f.

760 VAS v. 24.09.2007, N 8585/07.

761 Methodische Empfehlungen Tz. I.2.2.1 (außer Kraft).

762 Man kann davon ausgehen, dass dieser Zeitraum ein Überbleibsel der Regelung aus dem Jahr 1991 ist, wonach ausländische Organisationen sich nach Ablauf von einem Monat registrieren lassen mussten. Ebenso *Викулов*, Постоянное представительство, S. 86. Nach geltender Rechtslage ist eine Registrierung innerhalb von 30 Tagen ab Beginn der Tätigkeit durch eine abgesonderte Einheit erforderlich (Minfin Anordnung v. 30.09.2010, Nr. 117n, Tz. 4 Abs. 3).

sationen untersucht werden.[763] Die übrigen Fälle betrafen wohl eine andere Tätigkeit als durch eine abgesonderte Einrichtung: d.h. den anderen Ort der Tätigkeit, die Baubetriebsstätte und insb. den abhängigen Agenten (Vertreter). Nicht regelmäßig sollen bloß einmalige Geschäftsvorfälle sein, wie z.B. die einmalige Veräußerung von Immobilien.[764] Weitere Kriterien nannte die Verwaltungsvorschrift nicht. Sie ließ jedenfalls die Auslegung zu, dass eine Betriebsstätte bereits bei systematischer Tätigkeit unter 30 Tagen möglich ist. Hingegen wird von einem Teil der Rechtsprechung aus der Erläuterung sowie aus dem Begriff „regelmäßig" gefolgert, dass auch bei einer Dauer von über 30 Tagen keine Betriebsstätte entstehen soll, wenn die ausländische Organisation lediglich an einem Auftrag arbeite.[765]

Als regelmäßig wurde von der Verwaltung angesehen: fünf bis zehn Dienstreisen im Jahr mit einer Dauer von je zwei bis drei Tagen;[766] die Erbringung von Dienstleistungen an den Vertragspartner in dessen Räumen über einen Gesamtzeitraum von weniger als drei Monaten, wobei sich die ausländischen Mitarbeiter zu diesem Zweck mehrfach im Jahr für wenige Tage in Russland aufhielten;[767] die Erbringung von Dienstleistungen in den Räumen des Vertragspartners für mind. 30 Tage (in mehreren Tranchen) im Jahr[768] Als nicht regelmäßig wurden qualifiziert: die Erbringung von Dienstleistungen in den Räumen des Vertragspartners ein bis zwei Mal jährlich im Laufe von je zwei bis drei Tagen;[769] die Einweisung in die Maschinenbedienung durch Mitarbeiter eines deutschen Unternehmens beim Vertragspartner für weniger als 25 Tage im Jahr;[770] die einmalige Darlehensgewährung[771] (der zweifache Ankauf von Wertpapieren,[772] der einmalige Verkauf von beweglichen Waren[773]) durch eine registrierte Vertretung.

Die Rechtsprechung hat sich der Auffassung der Verwaltung überwiegend angeschlossen und wendet diese Grundsätze auch nach Außerkrafttreten der methodischen Empfehlungen an.[774] Sie beruft sich dabei nunmehr auf die Schreiben des

763 Methodische Empfehlungen Tz. I.2.2.1 Abs. 2 S. 1 (außer Kraft).
764 Methodische Empfehlungen Tz. I 2.2.1 Abs. 2 S. 2 (außer Kraft); Minfin Schreiben v. 01.10.2008, 03–08-05.
765 FAS SZO 03.03.2005, A56-24202/04.
766 Minfin Schreiben v. 19.08.2005, 03–08-05.
767 Minfin Schreiben v. 23.11.2001, 04–06-05/2/20.
768 Minfin Schreiben v. 26.03.2010, 03–08-05.
769 UFNS Moskau Schreiben v. 18.06.2003, 26–12/32420.
770 Minfin Schreiben v. 26.03.2002, 04–06-05/1/14.
771 Minfin Schreiben v. 31.05.2011, 03–08-05.
772 UFNS Moskau Schreiben v. 24.10.2003, 26–12/59859.
773 UFNS Moskau v. 08.10.2014, 03–08-05/50647.
774 AS MO v. 20.11.2014, A40-38356/2014 (bestätigt durch VS v. 23.04.2015, Nr. 305-KG14-7775, allerdings unter Hinweis auf Art. 306 Abs. 4 StK). A.A. wohl FAS DVO v. 03.04.2008, A59-1208/06-S24.

Finanzministeriums aus den Jahren 2000 bis 2012.[775] Ausgeschieden werden lediglich einmalige, episodenhafte Operationen, die im Gegensatz zur „konsequent geplanten unternehmerischen Tätigkeit" nicht zur Begründung einer Betriebsstätte führen.[776] Abgelehnt wurde die Entstehung einer Betriebsstätte durch den Abschluss eines einzelnen Vertrages über die Projektierung und den Bau von Objekten durch die russische Vertretung mit einer Durchführungsdauer von fast einem Jahr, wenn der Vertrag in Bezug auf die Bauleistungen einvernehmlich aufgehoben wird (weswegen eine Baubetriebsstätte ausscheidet);[777] ferner für einzelne Verkäufe von Immobilien[778] und die Anmietung von Büroflächen im Jahr 2008 zum Zweck einer zukünftigen Investitionstätigkeit (Kauf eines Bürogebäudes in 2012);[779] den einmaligen Abschluss eines Dienstvertrags durch eine Repräsentanz.[780] Auch die einmalige Gewährung eines verzinslichen Darlehens seitens einer ausländischen Organisation durch ihre Vertretung an eine russische Organisation wurde nicht als regelmäßig angesehen, da sie nicht auf systematische Gewinnerzielung angelegt ist.[781] Eine Betriebsstätte ist bejaht worden wegen Erbringung juristischer Leistungen aufgrund von drei abgeschlossenen Verträgen.[782]

In der Behandlung einer Filiale als Betriebsstätte ist die Rechtsprechung uneinheitlich. Teils wird die Tätigkeit einer ausländischen Organisation bereits ab dem Zeitpunkt der Registrierung einer Filiale als regelmäßig betrachtet.[783] Teils wird zu Recht zusätzlich die Ausübung regelmäßiger unternehmerischer Tätigkeit durch die Filiale gefordert.[784] Auch der VAS hat entschieden, dass es für das Bestehen einer Betriebsstätte nicht auf eine Registrierung einer Filiale oder Vertretung ankommt.[785] Das heißt nicht nur, dass eine Betriebsstätte auch ohne Registrierung entstehen kann, sondern dass eine erfolgte Registrierung nicht zur Entstehung einer Betriebsstätte führt, wenn z.B. keine Unternehmenstätigkeit ausgeübt wird.

---

775 AS MO v. 20.11.2014, A40-38356/2014 und AS MO 10.03.2015, A40-38312/2014 berufen sich auf Minfin Schreiben v. 24.06.2008, 03-08-05 und UFNS Moskau v. 08.10.2008, 20-12/094140.

776 FAS MO 02.08.2012, A40-58575/2011; UFNS Moskau v. 24.08.2006, 03-08-05; Minfin Schreiben v. 01.10.2008, 03-08-05.

777 FAS SZO v. 03.03.2005, A56-24202/2004.

778 AS MO v. 20.11.2014, A40-38356/2014.

779 AS MO 09.12.2014, A40-62616/2014.

780 FAS SZO v. 22.07.2003, A56-39616/2002.

781 UFNS Moskau Schreiben v. 24.08.2006, 20-12/75586.

782 FAS SZO v. 12.12.2010, A56-6861/2010 (Rechtssache *Gide Loyrette Nouel*).

783 AS MO 09.12.2014, A40-62616/2014; FAS SZO v. 12.12.2010, A56-6861/2010 (Rechtssache *Gide Loyrette Nouel*). Insgesamt ist die Tendenz der Gerichte festzustellen, bei der Berücksichtigung von Verlusten die Regelmäßigkeit zu verneinen und bei der Besteuerung von Gewinnen zu bejahen.

784 Vgl. AS MO v. 09.12.2014, A40-62616/14; Minfin Schreiben v. 24.10.2005, 03-03-04/4/66.

785 Punkt 9 Informationsschreiben Präsidium VAS v. 09.07.2013, 158; VAS v. 11.01.2002, 3646/01.

bb. Literatur

Die Bindung an die 30-Tage-Frist wird von einem Teil der Literatur scharf kritisiert. Manche fordern einen festen Zeitraum von drei bis sechs Monaten[786] oder einem Jahr[787]. Teilweise wird vorgeschlagen nicht auf die Dauer der Tätigkeiten, sondern auf die Anzahl der Geschäftsvorfälle abzustellen.[788] Bezugsrahmen soll dabei der Veranlagungszeitraum sein, da sich die Bemessungsgrundlage nach dem Wirtschaftsergebnis in diesem Zeitraum bestimmt.[789] Die relevante Anzahl der Geschäftsvorfälle wird von der Literatur unter Hinweis auf den synonymen Charakter der Begriffe „regelmäßig" und „systematisch" in Art. 120 Abs. 3 StK gesucht. Dort wird systematisch im Zusammenhang mit Verletzung von Buchführungspflichten als mindestens zweimal definiert, allerdings im Kalenderjahr. Damit könnte bereits die zweimalige Tätigkeitsausübung als regelmäßig angesehen werden.[790] Andere verstehen unter Regelmäßigkeit eine systematische, planmäßige Tätigkeit, die auf die Erreichung der durch das Unternehmen für die Betriebsstätte in den Unterlagen (Geschäftsplan) gesetzten Ziele gerichtet ist.[791] Diese Definition wiederholt eigentlich nur den Bezug der Betriebsstätte zur Tätigkeit des Unternehmens und ersetzt den unbestimmten Begriff der Regelmäßigkeit durch zwei nicht weniger unbestimmte Forderungen nach Systematik und Planmäßigkeit.

Auch wird die Auffassung vertreten, dass die Bestimmung einer Mindestfrist (beispielsweise von einem Monat) nur in Fällen möglich sei, in denen die Tätigkeit ohne Unterbrechungen stattfinde bzw. die Anwesenheit von Personal erfordere. Die Beurteilung der Regelmäßigkeit einzelner Operationen soll anhand des Umsatzes erfolgen.[792] Schließlich wollen einige Autoren die 30-Tage-Frist gesetzlich fixieren und als Beginn der Frist den früheren dieser beiden Zeitpunkte wählen: das Datum des Vertragsschlusses oder der Durchführung.[793]

cc. Stellungnahme

Die Anknüpfung an die Registrierung erscheint sachlich nicht gerechtfertigt, da nach Art. 83 StK die steuerliche Registrierung unabhängig von dem Entstehen steuerlicher Pflichten erfolgt.[794] Die Definition der abgesonderten Einheit in Art. 11

---

786 *Полежарова*, Учёт 2000, Nr. 12, S. 30, 31.

787 *Овчарова/Травкина*, in Овчарова/Травкина/Ивлиева, Налогооблжение, S. 3, 8.

788 *Агаева*, Совершенствование механизма, S. 42.

789 *Аракелов*, Финансовая газета 2004, N 30, S. 15, 17; *Дмитриева*, Налоги 2011, Nr. 2, S. 10 f.

790 *Климентьева*, Актуальные проблемы российского права 2007, Nr. 2, S. 1, 7. Erlass MNS v. 20.12.2002, BG-3–02/729 (außer Kraft).

791 *Филиппова*, Особенности, S. 88.

792 *Малышев*, Налогообложение прибыли, S. 83 f.

793 *Агаева*, Совершенствование механизма, S. 44.

794 Ähnlich FAS DVO v. 03.04.2008, A59-1208/06-S24; FAS SZO v. 03.03.2005, A56-24202/04.

Abs. 2 StK spricht für einen Zeitraum von mindestens einem Monat, denn sie setzt Arbeitsplätze voraus, die für diese Zeitspanne eingerichtet werden. Dieser Zeitraum kann analog auf den anderen Ort der Tätigkeit angewendet werden, der keine stationären Arbeitsplätze erfordert. Denn es leuchtet nicht ein, warum für eine Geschäftseinrichtung ohne Personal eine kürzere Frist gelten soll. Damit entsteht eine gewisse zeitliche Sperrwirkung.

Das allgemeine Verständnis der Regelmäßigkeit als „nicht nur einmalig und episodenhaft", sondern „systematisch"[795] entspricht der Definition der unternehmerischen Tätigkeit (Art. 2 Abs. 1 UA 3 ZGB). Da diese ohnehin Voraussetzung des Art. 306 Abs. 2 StK ist und die Tätigkeit der Betriebsstätte nach russischer Auffassung an sich alle Merkmale des „Unternehmerischen" erfüllen muss, hat das so verstandene Kriterium der Regelmäßigkeit keine eigenständige Bedeutung für die Betriebsstättendefinition.

dd. Zwischenergebnis

Die Rechtspraxis in Russland tendiert dazu, bereits bei einer Tätigkeitsdauer von 30 Tagen (auch mit Unterbrechungen) oder bei mehr als zwei Geschäftsvorfällen eine Betriebsstätte anzunehmen.

3. Art. 5 Abs. 1 DBA-Russland

Die beiden Sprachfassungen („feste Geschäftseinrichtung" bzw. „ständiger Ort") unterscheiden sich sowohl voneinander als auch vom Art. 5 Abs. 1 OECD-MA („fixed place of business"). Der russische Begriff scheint nur das zeitliche Kriterium der Dauerhaftigkeit aus dem Definiens zu wiederholen. Gleichwohl besteht keine inhaltliche Divergenz. Es handelt sich um Äquivalente zu „fixed place of business" aus Art. 5 Abs. 1 OECD-MA, welche von den beiden Vertragsstaaten aus historischen Gründen durchgehend in ihrem Abkommensnetz verwendet werden und im Licht des OECD-MA ausgelegt werden müssen.

Das Kriterium der Festigkeit enthält auch auf Abkommensebene eine örtliche und eine zeitliche Komponente. Das Zeitkriterium kommt auch im zu definierenden Begriff „Permanent Establishment" selbst zum Ausdruck. Notwendig ist eine Beziehung zum Erdboden, die von einer gewissen Dauer ist.

a. Bezug zum bestimmten Teil des Erdbodens

Bereits der OECD-MK 1963 stellt klar, dass eine Betriebsstätte einen bestimmten „situs" erfordert.[796] Wanderkaufleute sollen hingegen in ihrem Ansässigkeitsstaat besteuert werden.[797] 1977 wurde die Ortsbindung gelockert: Eine Verbindung zu

795 Deutlich AS MO v. 10.03.2015, A40-38312/2014.

796 Art. 5 Rn. 1 OECD-MK 1963 (insoweit unverändert).

797 Art. 5 Rn. 6 OECD-MK 1963 (1977 gestrichen) begründet das mit dem geringen Steueraufkommen und Schwierigkeiten bei der Steuererhebung.

einem „bestimmten Punkt" der Erde soll nur „normalerweise" notwendig sein. Einschränkungen galten für die sog. fortschreitende Baustelle.[798] Die im OECD-MK 1977 lediglich für Bau- und Montagetätigkeiten favorisierte Zusammenfassung zwecks Fristberechnung im Fall der kumulativ bestehenden wirtschaftlichen und geographischen Einheit wurde durch das Update 2002 in die Kommentierung zu Art. 5 Abs. 1 OECD-MA übertragen. Der Kommentar stellt zwei abstrakte Voraussetzungen, im Übrigen jedoch keine subsumtionsfähigen Rechtssätze bereit, sodass die relevanten Kriterien den Beispielsfällen entnommen werden müssen.

Zunächst müssen es Tätigkeiten sein, die sich „ihrer Natur nach" zwischen „benachbarten Örtlichkeiten" bewegen.[799] Das gilt sicher für schwimmende oder fortschreitende Stätten der Gewinnung von Bodenschätzen, ferner für fortschreitende Baubetriebsstätten, im Übrigen ist der Verweis auf die „Natur" der Tätigkeit nicht ergiebig: Bewegt sich die Tätigkeit des Unternehmens auf diese Weise, liegt das in der Natur der Tätigkeit. Wird die Geschäftseinrichtung zur künstlichen Vermeidung einer Betriebsstätte verlegt, muss erst recht eine Betriebsstätte entstehen.

Der geographische Zusammenhang setzt örtlich benachbarte Tätigkeitsorte voraus, was durch die Beispielfälle: Bergwerk, Bürohotel, Marktplatz, Fußgängerstraße und Messegelände veranschaulicht wird.[800] Geografisch nicht zusammenhängend sind zwei Zweigstellen einer Bank an verschiedenen Orten.[801] Für Zwecke einer Bauausführung müssten die Ausführungen dahin gehend ergänzt werden, dass es für den geografischen Zusammenhang unerheblich ist, ob z. B. die Bauausführung sich von A nach B bewegt oder die Arbeiten sich gleichzeitig von A und B aus aufeinander zubewegen.

Der wirtschaftliche Zusammenhang soll bei einer Tätigkeit für einen Vertragspartner aufgrund eines Vertrages bestehen und bei unverbundenen Verträgen mit unverbundenen Auftraggebern fehlen.[802] Mangels wirtschaftlicher Einheit ist daher ein Gebäudekomplex keine einzige Geschäftseinrichtung, wenn ein Anstreicher darin aufgrund nicht zusammenhängender Aufträge mit verschiedenen Auftraggebern nacheinander mehrere Tätigkeiten verrichtet.[803] Unklar ist, ob die Tätigkeit für einen Vertragspartner aufgrund von nicht zusammenhängenden Verträgen bzw. für mehrere Auftraggeber aufgrund von zusammenhängenden Verträgen eine wirtschaftliche Einheit bildet. Entscheidend dürfte nach dem OECD-MK sein, ob es sich um ein einzelnes Projekt handelt.[804]

---

798 Art. 5 Rn. 5 OECD-MK 1977 (seither unverändert); Art. 5 Rn. 19 OECD-MK 1977, nunmehr Rn. 20.

799 Art. 5 Rn. 5.1 OECD-MK 2014.

800 Ferner ein Messegelände, vgl. Rn. 5.1 f. OECD-MK 2014.

801 Art. 5 Rn. 5.4 OECD-MK 2014.

802 Art. 5 Rn. 5.3 f. OECD-MK 2014.

803 Art. 5 Rn. 5.3 OECD-MK 2014. Die Bemerkung Deutschlands gegen das Anstreicher-Beispiel bezieht sich nur auf die fehlende Verfügungsbefugnis; vgl. Art. 5 Rn. 45.8 OECD-MK 2014.

804 Vgl. Art. 5 Rn. 5.4 OECD-MK 2014.

Der BFH hat diese Grundsätze ausdrücklich nur für Bauausführungen und Montagen aufgegriffen, will die Frage der Zusammenfassung jedoch nicht allgemein beantworten. Entscheidend sei, ob es sich in einer wertenden Betrachtung aus der Sicht des Auftragnehmers um einen einzigen Einsatz oder um mehrere Einsätze handele.[805] Als Kriterien für die Frage der wirtschaftlichen Einheit nennt der BFH die Zahl der Auftraggeber, den Abschluss eines Vertrags oder mehrerer Verträge sowie die gegenseitige technische Verflechtung der verschiedenen Arbeiten bzw. die funktionale Gleichartigkeit der Tätigkeit.[806] Bei funktionaler Gleichartigkeit der zu errichtenden Anlagen hat das Gericht es ausreichen lassen, dass der neue Auftrag vor Beendigung der ersten Montage hinzukam und ohne nennenswerte Verzögerung ausgeführt wurde.[807] In einer späteren Entscheidung wurde trotz Gleichartigkeit der Tätigkeit (Verputzarbeiten) und Identität des Vertragspartners eine wirtschaftliche Identität mangels inneren Zusammenhangs (organisatorisch-technischer Art) der Projekte verneint.[808]

Hieraus kann jedoch nicht abgeleitet werden, dass in dem Bürohotelfall ein Mietvertrag über die gesamte maßgebliche Dauer bestehen muss.[809] Ausreichend ist auch der sukzessive Abschluss verschiedener Mietverträge mit verschiedenen Vermietern, wenn die in den Räumen ausgeübte Tätigkeit wirtschaftlich zusammenhängt.

Die geographische Einheit soll nach dem BFH ein „einheitliches Arbeiten" ermöglichen („Werks- oder Freizeitgelände, ein Straßenzug oder ein Häuserblock").[810] Die deutsche Finanzverwaltung hat die geographischen Grenzen mit 50 km Luftlinie sehr weit gezogen.[811] Dieser Auffassung hat der BFH ausdrücklich widersprochen.[812] Durch die Veröffentlichung im BStBl.[813] zeigt die Verwaltung, dass sie an ihrer Auffassung wohl nicht mehr festhalten will.

Eine derart eng verstandene wirtschaftliche und geographische Einheit hält sich im Rahmen des Wortlauts des Art. 5 Abs. 1 DBA-Russland und stimmt grundsätzlich mit den Ausführungen zu § 12 S. 1 AO und Art. 306 Abs. 2 StK überein, so dass auch die dynamische Auslegung durch russische Rechtsanwender nicht zu Auslegungskonflikten führen wird.

Der OECD-MK 1977 hat neben der örtlichen und wirtschaftlichen Einheit noch den Begriff der örtlichen und organisatorischen Trennung im Zusammenhang mit dem Negativkatalog in Abs. 4 eingeführt.[814] Die Beschränkung auf Hilfs- und Vorbereitungstätigkeiten gilt grds. für die Kombination mehrerer Fälle des Art. 5 Abs. 4

805 BFH v. 16.05.2001, I R 47/00, Rn. 19; BFH v. 19.11.2003, I R 3/02, Rn. 26.
806 BFH v. 19.11.2003, I R 3/02, Rn. 26.
807 BFH v. 21.04.1999, I R 99/97, Rn. 33.
808 BFH v. 16.05.2001, I R 47/00, Rn. 19; a.A. BMF BStBl. I 2002, 1385.
809 Anders *Ernst*, Dienstleistungsbetriebsstätte, S. 141.
810 BFH v. 19.11.2003, I R 3/02, Rn. 29.
811 BMF BStBl I 1999, 1076 Tz. 4.3.5.
812 BFH v. 19.11. 2003, I R 3/02, Rn. 29.
813 BStBl. II 2004, 932.
814 Art. 5 Rn. 20 OECD-MK 1977 (seit dem Update 2003 Rn. 27.1).

lit a bis e innerhalb einer Geschäftseinrichtung. Nach Auffassung des OECD-MK 1977 soll insoweit die Frage der Betriebsstättenentstehung für jede Einrichtung gesondert nur bei „räumlicher und organisatorischer“ Trennung entschieden werden. Die organisatorische Trennung soll nach dem Update 2010 fehlen, wenn die einzelnen Geschäftseinrichtungen sich ergänzende Funktionen erfüllen. Eine einheitliche Betriebsstätte könnte damit trotz räumlicher Distanz bereits bei einer organisatorischen Einheit bejaht werden. Zur Zusammenfassung käme es im Rahmen des Abs. 4 nicht nur, wenn die Voraussetzungen der wirtschaftlichen und geographischen Einheit kumulativ vorliegen, sondern wenn eine der Voraussetzungen fehlt.[815] Das überzeugt nicht. Zum einen ist die Zusammenfassung örtlich getrennter Einrichtungen bereits nicht vom Wortlaut der Art. 5 Abs. 1, 4 OECD-MA nachgebildeten Vorschriften gedeckt, die *eine* feste Geschäftseinrichtung fordern. Zum anderen lassen sich die Ausführungen keineswegs auf die allgemeine Betriebsstättendefinition übertragen, sondern sind als eine Missbrauchsgruppe zu verstehen.

b. Festigkeit der Beziehung

Die Verbindung zwischen der Geschäftseinrichtung und einem bestimmten Punkt (nicht dem gesamten Staatsgebiet, e contr. Art. 5 Rn. 5 OECD-MK) der Erdoberfläche muss nicht mechanisch sein, ausreichend ist die Belegenheit.[816] Nach Auffassung der OECD kann auch ein wirtschaftlich und geographisch zusammenhängendes Gebiet als Betriebsstätte eines Unternehmers angesehen werden, der eine Geschäftseinrichtung auf einem schwimmenden Schiff betreibt.[817] Das ist abzulehnen, da das Schiff – anders als z. B. als eine schwimmende Bohrinsel – keinen Bezug zur Erdoberfläche bzw. zum Meeresgrund hat. Insoweit würde Russland eine Betriebsstätte annehmen und Deutschland ablehnen. Mobile Anlagen zur Ausbeutung von Bodenschätzen unterfallen dem Positivkatalog (Art. 5 Abs. 2 lit. f DBA-Russland).[818] Dieser enthält nach Auffassung der OECD „prima facie“-Betriebsstätten, was wiederum den Schluss auf das Verständnis des OECD-MK von den (geringen) Anforderungen an die Festigkeit eine Geschäftseinrichtung erlaubt.

Wie im nationalen Recht ist eine gewisse Dauer (Ständigkeit) Voraussetzung.[819] Entscheidend ist hier ebenfalls eine objektiv-subjektive Betrachtung. Eine dauerhaft geplante Betriebsstätte bleibt eine solche, auch wenn sie nach einer kurzen Zeit aufgegeben wird. Eine Betriebsstätte entsteht rückwirkend, wenn eine zuerst vorüber-

---

815 Unklar insoweit *Hruschka*, in Schönfeld/Ditz, DBA, Art. 5 Rn. 41, 123, der zwischen den Begriffen wirtschaftlicher und geographischer Zusammenhang bzw. fehlende örtliche und organisatorische Trennung nicht unterscheidet.

816 Art. 5 Rn. 5 OECD-MA 1977 (seither unverändert).

817 Entwurf des Art. 5 Rn. 5.5 OECD-MK durch *OECD*, Revised Proposals Concerning Art. 5, Rn. 29.

818 Art. 5 Rn. 14 S. 3, Rn. 20 OECD-MK 2014.

819 Vgl. bereits Art. 5 Rn. 2 und Rn. 6 OECD-MK 1977.

gehend geplante Einrichtung als eine dauerhafte fortgesetzt wird.[820] Während der OECD-MK in der bis zum Update 2002 geltenden Fassung die Zeitkomponente über „gewisse Dauer" als „nicht vorübergehend" definiert hat, enthält der MK nunmehr eine rechtsvergleichende Feststellung, dass in den meisten Staaten normalerweise eine Tätigkeit von unter sechs Monaten nicht zur Begründung einer Betriebsstätte führt, während eine Tätigkeit von über sechs Monaten betriebsstättenbegründend wirkt. Die Kommentarstelle könnte insoweit ein Anzeichen für eine gewöhnliche Bedeutung der zeitlichen Komponente sein. Für eine Dauer von sechs Monaten spricht auch der Gleichlauf mit Art. 15 Abs. 2 DBA-Russland.[821] Ferner wird international allgemein und speziell in den beiden Vertragsstaaten die unbeschränkte Steuerpflicht (auch) an einen Halbjahreszeitraum bzw. 183 Tage geknüpft.[822] Die Dauer von einem halben Jahr sollte jedoch nur als Orientierungswert mit der Maßgabe gelten, dass Abweichungen nach oben oder unten durch die Gesamtumstände des Einzelfalls gerechtfertigt sein können. Ein abweichender Wille der Vertragsparteien kann zum Ausdruck kommen, wenn beispielsweise die Frist für Bau- und Montagetätigkeiten von der durch das OECD-MA empfohlenen abweicht. Das ist indes in Art. 5 Abs. 3 DBA-Russland nicht der Fall (zwölf Monate). Aus russischer Sicht wird das zeitliche Kriterium nach der Art. 3 Abs. 2 OECD-MA nachgebildeten Vorschrift unter Rückgriff auf das nationale Recht definiert und der Zeitraum von 30 Tagen für ausreichend gehalten. Aus dem Zusammenhang des Abkommens folgt jedoch, dass ein so kurzfristiger Zeitraum nicht ausreichend ist.

Eine Ausnahme von dieser Mindestdauer enthält das Update 2002 für Tätigkeiten, die „ihrer Natur nach kurzfristig" sind. Eine Betriebsstätte könne hiernach entstehen, selbst wenn die Geschäftseinrichtung nur eine „sehr kurze Zeit" besteht.[823] Betroffen sind wiederkehrende (S. 5) sowie ausschließlich im Quellenstaat ausgeübte Geschäftstätigkeiten (S. 6). Bei wiederkehrenden Leistungen soll jede Zeitspanne und die Zahl der Nutzungen periodenübergreifend – auch über mehrere Jahre – betrachtet werden.[824] Das Beispiel aus dem Betriebsstättenbericht 2013 handelt von Bohrungen, die witterungsbedingt lediglich drei Monate im Jahr

---

820 Art. 5 Rn. 6 OECD-MK 1977 bzw. Art. 5 Rn. 6.3 OECD-MK 2003 (seither unverändert).

821 Eine längere Frist als 183 Tage für die Entstehung einer Betriebsstätte hätte u. U. zur Folge, dass die Einkünfte eines in der Geschäftseinrichtung tätigen Arbeitnehmers im Quellenstaat und die Einkünfte aus der Geschäftseinrichtung gemindert um die Ausgaben für die Arbeitnehmer im Ansässigkeitsstaat besteuert würden.

822 Vgl. § 9 S. 2 AO und Art. 207 Abs. 2 StK. Für funktionale Vergleichbarkeit zwischen unbeschränkter Steuerpflicht und der Besteuerung einer Betriebstätte vgl. *Reimer*, in Reimer/Rust, Double Taxation, Art. 5 Rn. 7.

823 Art. 5 Rn. 6 S. 2 OECD-MK 2014.

824 Art. 5 Rn. 6 ff. OECD-MK 2014.

über einen Zeitraum von fünf Jahren durchgeführt werden sollen.[825] Der Zeitraum von drei Monaten soll ausdrücklich nicht als Mindestgrenze verstanden werden.[826]

Unklar ist, wann in diesen Fällen eine Betriebsstätte entsteht. Ist von Beginn an eine mehrjährige Tätigkeit geplant, muss nach der auch vom OECD-MK vertretenen subjektiven Betrachtungsweise eine Betriebsstätte bereits beim ersten Einsatz entstehen, unabhängig davon, ob das Vorhaben später aufgegeben wird. Angesichts der Steuerumgehungsmöglichkeiten müsste der Steuerpflichtige allerdings bereits im ersten Jahr nachweisen, dass die Fortsetzung in den nächsten Jahren gesichert ist.[827] Wird hingegen eine zunächst nur als einmalig geplante Tätigkeit aufgrund jeweils neuer Willensentschlüsse in den nächsten Jahren fortgesetzt, müsste nach der vom OECD-MA ebenfalls vertretenen Ex-Post-Betrachtung eine Betriebsstätte rückwirkend auf den ersten VZ entstehen. Je kürzer die einzelne Periode ist, umso mehr Perioden sind für das Überschreiten des Zeitraums von sechs Monaten notwendig. In beiden Staaten müssten bestandskräftige Steuerbescheide nachträglich korrigiert werden (ggf. auch für Steueragenten). Dass eine solche Auslegung konfliktträchtig und mit der Rechtssicherheit kaum vereinbar ist, liegt auf der Hand.

Dementsprechend hält Deutschland in einer Bemerkung zu der Kommentaränderung an dem Erfordernis einer Mindestzeit im betreffenden Jahr fest. Aus deutscher Sicht wird in den genannten Fällen (wohl mit Ausnahme von Saisonbetrieben) keine Betriebsstätte begründet. Aus russischer Sicht wäre eine Betriebstätte in diesen Fällen zu bejahen, richtigerweise gelten auch hier die oben geschilderten Grundsätze.

4. Zwischenergebnis

Aus deutscher Sicht ist im Grundtatbestand die Verbindung zu einem bestimmten Punkt der Erde erforderlich. In engen Grenzen ist die Verlegung der Geschäftseinrichtung innerhalb eines geographisch zusammenhängenden Gebiets unschädlich. Reine Tätigkeitsbezirke können eine Betriebsstätte nicht begründen.

Art. 306 Abs. 2 StK fordert nicht explizit einen Ortsbezug, sodass auch die Verbindung zu einem abgrenzbaren Gebiet grundsätzlich ausreichend sein kann.

Bereits der OECD-MK 1977 hat die punktuelle Verbindung nur für den Regelfall gefordert. Der Kommentar lässt den Schluss zu, dass sowohl schwimmende oder fortschreitende Stätten der Ausbeutung von Bodenschätzen als auch fortschreitende Baubetriebsstätten die Voraussetzungen des Art. 5 Abs. 1 OECD-MA erfüllen (müssen), was geringere Anforderungen an die örtliche Fixierung der Geschäftseinrichtungsbetriebsstätte impliziert. Durch die Zulassung der örtlichen Verlegung bei

---

825 Entwurf des Art. 5 Rn. 6.1 OECD-MK durch *OECD*, Revised Proposals Concerning Art. 5. Im ersten Entwurf wurde als Betriebsstätte angesehen die Tätigkeit eines Händlers, der in 15 (!) aufeinanderfolgenden Jahren jeweils fünf Wochen lang Skulpturen auf einer Messe verkauft.

826 *OECD* ebd.

827 Siehe zum Folgenden *Bendlinger*, Betriebsstätte, S. 110 ff. *Valta*, Entwicklungshilfe, S. 416 f.

wirtschaftlicher und geografischer Einheit lässt sich diese Auffassung dem OECD-MK 2003 noch klarer entnehmen. Mit der geplanten Änderung des OECD-MK durch das Update 2014 wird die Betriebsstätteneigenschaft von Tätigkeitsbezirken explizit im Kommentar verankert werden.

Während Russland dem OECD-MK sowohl hinsichtlich des Verhältnisses zwischen Art. 5 Abs. 1 und Abs. 3 OECD-MA (DBA-Russland) als auch der Anknüpfung an einen Tätigkeitsbezirk folgt, wird in Deutschland beides aus teleologischen Gründen abgelehnt. Insofern besteht Konfliktpotential.

Bei der zeitlichen Komponente geht Deutschland für den Regelfall von sechs Monaten aus, während Russland eine Dauer von 30 Tagen oder mehr als zwei Geschäftsvorfälle ausreichen lässt.

Eine Unterscheidung zwischen der Geschäftseinrichtung und der Tätigkeit in der Geschäftseinrichtung wird in Russland nicht vorgenommen. Der Musterkommentar lässt beide Auslegungen zu.

III. Kriterium der Verfügungsbefugnis

Ungeschriebene Voraussetzung einer Betriebsstätte nach § 12 S. 1 AO ist nach überwiegender Auffassung in Deutschland eine „gewisse Verfügungsmacht" des Unternehmers über die Geschäftseinrichtung oder Anlage.[828] Es erstaunt, dass das entscheidende einschränkende Zuordnungskriterium ungeschrieben ist.

1. § 12 AO

Die Einordnung in den Tatbestand variiert: Das Kriterium wird vom BFH teils als rechtliches Element der Festigkeit, teils als selbstständiges Tatbestandsmerkmal verstanden.[829] Allein eine zeitliche Verfestigung der Tätigkeit ist nicht ausreichend, in der örtlichen Bindung müsse – so die neue Terminologie des BFH – eine „gewisse Verwurzelung" des Steuerpflichtigen „mit dem Ort" der Tätigkeit zum Ausdruck kommen.[830] Nicht überzeugend ist die teilweise vertretene Herleitung aus dem „funktionalen" Merkmal des Dienens bzw. der Tätigkeitsausübung.[831] Der Unternehmenstätigkeit dienen kann eine Geschäftseinrichtung unabhängig von einer irgendwie gearteten Verfügungsmacht, wenn sie tatsächlich zu Unternehmenszwecken benutzt wird. Das Merkmal der Verfügungsmacht wäre dann überflüssig.

Für die Rechtsprechung ist das einschränkende Kriterium der Verfügungsmacht wegen der Weite möglicher Geschäftseinrichtungen ein wichtiges Korrektiv, das

---

828 St. Rspr.: BFH v. 04.06.2008, I R 30/07, Rn. 13 ff.

829 Vgl. BFH v. 17.09.2003, I R 12/02, Rn. 9 und BFH v. 03.02.1993, I R 81/91, Rn. 50.

830 BFH v. 03.02.1993, I R 81/91, Rn. 59. Das Bild der „gewissen Verwurzelung" taucht erstmals in BFH v. 02.12.1992, I R 77/91, Rn. 10 zur Beschreibung der zeitlichen Anforderungen an eine Betriebsstätte auf.

831 *Drüen*, in Tipke/Kruse, AO/FGO, § 12 AO Rn. 11; FG München v. 15.12.1992, 16 K 4179/91, EFG 1993, 707.

insbesondere die Abgrenzung zum reinen Tätigkeitsprinzip bewirkt. Es beantwortet die Frage, ob eine Geschäftseinrichtung dem Unternehmen als eigene zugerechnet werden kann. Klassische Problemfelder sind die Tätigkeit in fremden Räumen und Betriebsstätteneigenschaft von privaten Einrichtungen der Angestellten. Steht die Geschäftseinrichtung im unmittelbaren Besitz des dinglich oder obligatorisch zur Nutzung berechtigten Unternehmers, ist das Kriterium der „gewissen Verfügungsmacht“ ohne weiteres erfüllt. Im Übrigen sind die Anforderungen ungeklärt.

Bereits das PrOVG hat sich mit dem Kriterium der Dispositionsbefugnis beschäftigt und sie nicht in einem streng zivilrechtlichen Sinne verstanden. Die notwendige Dispositionsbefugnis könne auf Eigentum, Mietvertrag oder je nach den Umständen auch einer bloßen Gestattung gründen, einen Raum für seine Geschäftstätigkeit regelmäßig zu nutzen.[832] Das Erfordernis der „gewissen, nicht nur vorübergehenden Verfügungsgewalt“ stellte dann der RFH auf, ohne die Bedeutung des Merkmals allgemein zu bestimmen.[833] Auf dieser Linie hält sich die Rechtsprechung des BFH mit Verweis auf die „Vielfalt möglicher Gestaltungen“.[834]

Die ursprüngliche Position des BFH schien klar. Erforderlich sei eine dem Mietverhältnis ähnliche zumindest konkludent eingeräumte Rechtsposition über einen bestimmten Raum, die ohne Mitwirkung des Unternehmers weder entzogen noch verändert werden könne.[835] Damit konnte die Erbringung von Arbeiten im Betrieb des Bestellers grundsätzlich keine Betriebsstätte begründen, weil der Besteller den Ort der Leistungserbringung bestimmt und darüber die volle Verfügungsmacht behält.[836]

In „Fortentwicklung“ dieser Rechtsprechung ließ der BFH[837] im Jahr 1993 die allgemeine Absicherung ohne Anspruch auf einen konkreten Platz ausreichen, wenn tatsächliche Umstände die Annahme stützten, dass dem Steuerpflichtigen zumindest *ein* bestimmter Raum zur ständigen Nutzung zur Verfügung gestellt und die Verfügungsmacht nicht bestritten werde. In dem Fall hat das Gericht aus einem auf 20 Jahre abgeschlossenen Hotelmanagementvertrag gefolgert, dass dem Manager ein Raum zur selbstständigen Nutzung bereitgestellt werden musste, mit dessen Verlegung angesichts der besonderen Ausstattung nur ausnahmsweise zu rechnen war. Unerheblich war eine bloß unwesentliche Mitbenutzung durch Dritte und das zweckgebundene Nutzungsrecht des Unternehmens.

Diese „Fortentwicklung“ wurde 2004 im sog. US-Armee-Urteil[838] ausgedehnt auf Fälle der tatsächlichen dauerhaften Mitbenutzungsmöglichkeit, jedenfalls soweit das Unternehmen in den Räumen vertragliche Verpflichtungen gegenüber dem Eigentümer erfülle. Nach diesen Maßstäben könnte jede dauerhafte Tätigkeit in

832 PrOVG PrVerwBl 8 (1887), 129, 130; 17 (1896), 267, 268.
833 RFH v. 26.09.1939, I 272/39, RStBl 1939, 1227.
834 BFH v. 17.03.1982, I R 189/79, Rn. 14.
835 BFH v. 17.03.1982, I R 189/79, Rn. 15.
836 BFH v. 07.03.1979, I R 145/76, Rn. 19.
837 BFH v. 03.02.1993, I R 81/91, Rn. 59.
838 BFH v. 14.07.2004, I R 106/03.

fremden für die Vertragserfüllung besonders eingerichteten Räumen eine Betriebsstätte begründen. 2008 machte der BFH im NATO-Urteil einen Schritt zurück. Trotz Fortentwicklung der Rechtsprechung seien die bloße Tätigkeit in den Räumen des Vertragspartners sowie die Berechtigung zur Nutzung eines Raumes im Interesse eines Anderen auch dann nicht ausreichend, wenn sie „zeitlich wiederholt oder dauerhaft" erfolgten.[839] Es müssen vielmehr besondere Umstände hinzutreten, aus denen sich eine gewisse „Verwurzelung" des Unternehmers ergibt. Indes sind in den zugrunde liegenden Fällen keine Umstände erkennbar, welche die unterschiedlichen Ergebnisse rechtfertigen.[840]

Die deutsche Finanzverwaltung folgt den Grundsätzen aus dem Hotelmanagement-Urteil.[841]

Letztlich bleiben das Merkmal der örtlichen Verwurzelung sowie die Anforderungen an die Verfügungsmacht vage und nicht subsumtionsfähig. Folgende Kriterien lassen sich den Entscheidungen des BFH entnehmen: Eine Verfügungsmacht besteht, wenn der Unternehmer in dem ihm zur Verfügung gestellten Raum nicht nur im Interesse seines Vertragspartners tätig wird, sondern auch seiner eigenen unternehmerischen Tätigkeit gegenüber Dritten nachgehen darf.[842] Andernfalls ist zu untersuchen, ob dem Unternehmen ein selbstständiger Anspruch auf Einräumung eines geeigneten Platzes zur überwiegenden alleinigen Nutzung zusteht. Die bloße Obliegenheit des Vertragspartners reicht nicht aus.[843] Für das Bestehen eines solchen Anspruchs sprechen die besondere Ausstattung der Räume für die Ausübung der Tätigkeit[844] sowie die im Rahmen der gewöhnlichen Geschäftszeiten bestehende Nutzungsmöglichkeit, wobei Zugangskontrollen unschädlich sind.[845]

Einrichtungen, die ein Angestellter gemietet und dem Unternehmen zur Verfügung gestellt hat, können eine Betriebsstätte des Unternehmens begründen.[846] Nicht entscheidend ist, wer zivilrechtlich als Mieter auftritt, weil andernfalls die Entstehung einer Betriebsstätte durch entsprechende Gestaltungen verhindert werden könnte. Es gelten die allgemeinen Anforderungen an die Verfügungsbefugnis. Handelt es sich um eine Privatwohnung des Angestellten, reichen weder das Be-

---

839 BFH v. 04.06.2008, I R 30/07, Rn. 17 ff. Im Übrigen hält der BFH a. a. O. Rn. 19 an den Rechtsausführungen im US-Armee-Urteil nicht mehr fest.

840 Vgl. überzeugend *Beduhn/Staudler*, IStR 2015, 937 ff.

841 BMF BStBl. I 1999, 1076, Tz. 1.2.1.1. Das US-Armee-Urteil wurde im BStBl. nicht veröffentlicht und wird von der Verwaltung nicht angewendet. Siehe OFD Karlsruhe v. 16.09.2014, S 130.1/316-St 222, FMNR63a070014; OFD Münster v. 09.07.2010, S 1300–248-St 45–32.

842 BFH v. 14.07.2004, I R 106/03, Rn. 11.

843 BFH v. 04.06.2008, I R 30/07, Rn. 17.

844 Vgl. BFH v. 14.07.2004, I R 106/03, Rn. 11; BFH v. 03.02.1993, I R 81/91, Rn. 59.

845 BFH v. 14.07.2004, I R 106/03, Rn. 11.

846 BFH v. 30.01.1974, I R 87/72.

tretungsrecht zur Prüfung und Kontrolle[847] noch die Entrichtung der Miete[848] noch die Ausstattung des Heimarbeitsplatzes durch den Unternehmer[849] für die Erlangung der Verfügungsgewalt aus. Der BFH hat sogar für den Fall einer arbeitsrechtlich ausdrücklich vorgesehenen Nutzungsberechtigung eine Betriebsstätte abgelehnt, weil die Angestellten anderen Mitarbeitern nicht jederzeit Zutritt zu ihren Privaträumen gestattet hätten.[850] Für den Regelfall scheidet aus der Sicht der Rechtsprechung eine Betriebsstätte nach § 12 S. 1 AO in der Privatwohnung des Angestellten aus.

2. *Art. 306 Abs. 2 StK*

Zu unterscheiden ist zwischen einer abgesonderten Einheit und einem anderen Ort der Tätigkeit als Betriebsstätte.

a. *Abgesonderte Einheit*

Eine abgesonderte Einheit setzt die Einrichtung von Arbeitsplätzen voraus, die der unmittelbaren oder mittelbaren Kontrolle des Arbeitgebers unterliegen (Art. 11 Abs. 1 StK, Art. 209 Abs. 4 ArbK). Über beide Kriterien der Einrichtung und der Kontrolle soll die Zurechnung der Arbeitsplätze an den Unternehmer erfolgen.[851]

Unter Einrichtung wird – mindestens sprachlich misslungen – „die Schaffung aller für die Arbeitserbringung notwendigen Bedingungen sowie (!) die Arbeitserbringung selbst“ verstanden.[852]

Die Kontrolle fehlt unzweifelhaft bei vermieteten oder verpachteten Objekten.[853] Auch bei einer bloßen Personalüberlassung hat der Verleiher keine abgesonderte Einheit, weil er keine Kontrolle über die Arbeitsplätze hat und diese nicht von ihm, sondern von dem Entleiher eingerichtet wurden.[854] Im Übrigen befindet sich die Rechtsanwendung noch im Fluss. Auf konkrete Fragen von Steuerpflichtigen antwortet die Finanzverwaltung häufig durch die Wiederholung des Gesetzeswortlauts mit dem Verweis auf die Gesamtwürdigung aller Umstände des Einzelfalls.[855]

---

847 BFH v. 09.03.1962, I B 156/58 S, Rn. 9; BFH v. 08.01.1963, I 317/61 U, Rn. 14; BFH v. 07.06.1966, I B 124/64, Rn. 11.

848 BFH v. 21.02.1963, I B 98/61; siehe auch BFH v. 23.05.2002, I R 8/00, Rn. 22.

849 BFH v. 10.11.1998, I B 80/97, Rn. 1, 11.

850 BFH v. 10.11.1998, I B 80/97, Rn. 11.

851 Siehe z.B. FNS Schreiben v. 29.12.2006, ŠT-6-09/1275@.

852 FAS SZO v. 02.11.2007, A26-11293/2005; Minfin Schreiben v. 14.06.2016, 03–02-07/1/36019.

853 FAS MO v. 13.08.2009, A40-92222/2008; UFNS Moskau Schreiben v. 28.08.2012, 16–15/080199@.

854 FAS ZSO v. 28.12.2010, A45-5808/2010.

855 Minfin Schreiben v. 03.02.2012, 03–02-7/1–30 (Reinigung von Lokomotiven); Minfin v. 04.05.2007, 03-02-07/1–216 (Elektromontage). Siehe auch Minfin Schreiben v. 05.10.2012, 03–02-07/1–238: Analyse der vertraglichen Beziehungen zwischen

Ein Teil der Rechtsprechung und die Finanzverwaltung fordern das Recht des Arbeitgebers, (wohl faktisch) über den Ort der Tätigkeit zu verfügen, ein Besitz- und Nutzungsrecht und zudem die Errichtung der Arbeitsplätze durch den Arbeitgeber.[856] Allein die vertragsmäßige Erbringung von Dienstleistungen am Objekt des Auftraggebers reiche hierfür nicht aus.[857] So soll ein Sicherheitsunternehmen auf dem Gelände des Auftraggebers auch dann keine abgesonderte Einheit begründen, wenn ihm von dem Auftraggeber Überwachungsräume mit der notwendigen Ausrüstung bereitgestellt werden.[858] Denn die Bereitstellung sei eine vertragliche Verpflichtung des Auftraggebers. Diese Auffassung stellt somit strengere Anforderungen an die Kontrolle als die deutsche Rechtsprechung und Finanzverwaltung an die Verfügungsmacht.

Ein anderer Teil der Rechtsprechung und Verwaltung hält eine Rechtsposition für entbehrlich.[859] Unerheblich ist auch, wer die Arbeitsplätze errichtet hat. Entscheidend sei allein die tatsächliche oder geplante Nutzung über den erforderlichen Zeitraum. Die notwendige Kontrolle werde bereits durch die Übernahme von Verkehrssicherungspflichten auf dem Objekt des Bestellers begründet.[860] Bei einer Bauausführung oder Montage soll daher Kontrolle über das Tätigkeitsobjekt ausreichend sein.[861] Jedenfalls bestehe eine gesonderte Einheit, wenn der Arbeitgeber auf dem Baugrundstück eigene Ausrüstung installiert oder Schlaf-, Aufenthalts- oder Lagerräume unterhält (Übergabe-Protokoll).[862]

Die unmittelbare oder mittelbare Kontrolle über den Arbeitsplatz darf nicht mit der sachlichen Weisungsbefugnis verwechselt werden. Wer die Arbeitsplätze tatsächlich errichtet hat, kann allenfalls ein Indiz dafür sein, wem die Kontrolle über den Arbeitsplatz zukommt. Entscheidend ist, ob der Auftragnehmer über einen Raum verfügt. Insoweit dürften die Anforderungen zur Verfügungsbefugnis in § 12 S. 1 AO auch hier Anwendung finden.

Erbringt der Arbeitnehmer die Arbeitsleistung vertragsgemäß von Zuhause aus (Heimarbeiter i.S.d. § 310 ArbK), so ist der Heimarbeitsplatz mangels Zutrittsrechts

---

dem Auftraggeber und Auftragnehmer, zwischen dem Auftragnehmer und seinem Personal sowie anderer tatsächlicher Umstände der Tätigkeit.

856 AS SZO v. 11.06.2015, A81-4793/2014; FAS MO v. 02.03.2009, A40-37966/2008.

857 FAS ZSO v. 07.09.2011, A27-15865/2010; v. 08.08.2011, A27-15867/2010, FAS MO v. 20.12.2010, A41-42786/2009. Siehe auch AS SZO v. 27.04.2015, A05-11564/2014.

858 Ebd. Der Verweis darauf, dass die Mitarbeiter nicht speziell zu dem Zweck angestellt wurden, an dem konkreten Objekt zu arbeiten, ist abwegig, da ein Arbeitsplatz nach der Definition keinen für eine bestimmte Person eingerichteten Platz erfordert.

859 AS SKO v. 21.07.2015, A32-29169/2014; UFNS Moskau Schreiben v. 11.09.2007, 18–11/3/086094@ (Überwachungsraum).

860 AS UO v. 16.06.2015, A60-35435/2014; FAS SKO v. 08.08.2012, A32-4519/2011.

861 UMNS Schreiben v. 05.06.2002, 21–08/4084.

862 Minfin Schreiben v. 23.07.2013, 03-02-08/28888.

selbst dann keine gesonderte Einrichtung des Arbeitgebers, wenn dieser die Ausstattung des Arbeitsplatzes vornimmt.[863]

b. Anderer Ort der Tätigkeit

Wie oben gezeigt, wird von der überwiegenden Auffassung das Konzept der abgesonderten Einheit im Rahmen der Betriebsstättendefinition (zu Unrecht) nicht angewendet. In der Rechtsprechung und den Schreiben der Finanzverwaltung spielt das Kriterium der Verfügungsbefugnis bei der Frage der Betriebsstättenentstehung bisher keine Rolle. D.h. auch in den Fällen, in denen die Existenz einer gesonderten Einheit wegen fehlender Kontrolle des Arbeitgebers über den Arbeitsplatz verneint wird, kann eine Betriebsstätte als anderer Ort der Tätigkeit bestehen. Dementsprechend wird auch bei bloßer Tätigkeit eines Unternehmers in fremden Räumen, z.B. wegen Wartung von Anlagen des Bestellers oder Schulungen, eine Betriebsstätte angenommen.[864] Als Betriebsstätte wird der „Sitz des Bestellers" bzw. der Besteller selbst verstanden. Insofern folgt Russland dem Konzept der unechten Dienstleistungsbetriebsstätte.

In der Rechtssache *Wintershall*-GmbH hat das Gericht zunächst zutreffend ausgeführt, dass die Annahme einer Betriebsstätte nicht das Bestehen von Räumlichkeiten zur Voraussetzung hat, die dem Unternehmer zu Eigentum oder vermöge eines Schuldrechts gehören. Das Gericht erachtet bereits die Tätigkeit in fremden Geschäftsräumen für ausreichend, ohne sich mit der Frage auseinanderzusetzen, ob das Kriterium der Kontrolle im Einzelfall erfüllt war.[865] Zuzugeben ist, dass sich aus dem Wortlaut der innerstaatlichen Betriebsstättendefinition das Erfordernis der „fixierten" bzw. ständigen Geschäftseinrichtung nicht zweifelsfrei ergibt, mithin die Anforderungen an die „örtliche Verwurzelung" nicht so hoch scheinen wie in § 12 S. 1 AO und Art. 5 Abs. 1 OECD-MA. Dass dem nicht so ist, wurde bereits oben erläutert. Die Analyse der Rechtsprechung und Schreiben der Finanzverwaltung zeigt jedoch, dass Ursache für die geringe Bedeutung der örtlichen Komponente sowie des Verfügungsrechts nicht eine unklare Formulierung des Art. 306 Abs. 2 StK ist, sondern die grundsätzlich stärkere Betonung der zeitlichen Komponente zulasten der örtlichen Komponente. Denn trotz Unterschieden im Wortlaut zwischen dem Abkommensrecht und Art. 306 Abs. 2 StK werden die Begriffe einheitlich ausgelegt.[866] Im Schrifttum jedenfalls wird vereinzelt das Bestehen einer gewissen Verfügungsmacht (Kriterium der Kontrolle) als Voraussetzung gefordert.[867]

---

863 FAS MO v. 03.12.2010, A40-6293/2010. Das ist allerdings str. *Вайтман*, Российский налоговый Курьер, 2015, Nr. 18, S. 25, 28.

864 Minfin Schreiben v. 23.11.2001, 04–06-05/2/20; v. 18.06.2003, 26–12/32420; v. 26.03.2002, 04–06-05/1/14; Minfin v. 29.12.2007, 03–08-05.

865 FAS PO v. 06.12.2000, A12-3545/2000-S25.

866 FAS SZO v. 16.12.2010, A56-6861/2010; Minfin Schreiben v. 10.09.2014, 03–08-05/45385.

867 *Коннов*, Постоянное представительство, S. 28 ff.

3. Art. 5 Abs. 1 DBA-Russland

Der Unterschied in den Sprachfassungen („fest" vs. „ständig") sowie die Abweichung vom OECD-MA („fixed") sind nur sprachlicher Natur und bedeuten keine inhaltliche Abweichung. Auch im Abkommensrecht ist das Merkmal der Verfügungsmacht nicht ausdrücklich erwähnt. Lediglich in Art. 14 DBA-Russland wird für das wesensverwandte Institut der festen Einrichtung gefordert, dass sie dem selbstständig Tätigen zur Verfügung stehen muss. Die Teleologie ist im Rahmen des Art. 5 Abs. 1 DBA-Russland nicht anders als im nationalen Recht. Die deutsche Rechtsprechung und Verwaltung legen das im DBA statuierte Erfordernis ebenso aus wie im Rahmen des § 12 AO. Die russischen Rechtsanwender messen dem Kriterium wie im nationalen Recht keine Bedeutung bei.

Nach dem Verständnis des OECD-MK folgt das Erfordernis der Verfügungsbefugnis wohl nicht aus dem Merkmal „fixed", sondern aus dem Begriff der Geschäftseinrichtung bzw. des Ortes der Tätigkeit. Bereits Art. 5 Rn. 4 OECD-MK 1977 weist darauf hin, dass eine Betriebsstätte auch ohne Einrichtungen oder Anlagen vorliegen kann, wenn der Unternehmer „einen gewissen Platz zu seiner Verfügung" hat.[868] Die Erläuterung, dass Geschäftseinrichtungen dem Unternehmer zur Verfügung stehen, wenn sie ihm „gehören, von ihm gemietet werden oder ihm sonst wie zur Verfügung stehen", erhellt das Verständnis der OECD von der erforderlichen Verfügungsmacht nicht wesentlich.

a. Update 2002

Dass ein förmliches Nutzungsrecht nicht erforderlich ist, „stellte" die MK-Änderung durch das Update 2002 „klar". Danach können auch widerrechtlich besetzte Einrichtungen eine Betriebsstätte begründen.[869] Die herrschende Meinung in Deutschland wird dieses Ergebnis allerdings nur schwer begründen können, da eine widerrechtliche Nutzung gerade nicht rechtlich abgesichert ist.[870] Sofern es jedoch nicht um eine Tätigkeit in fremden Räumen geht, die feinsinnige Abgrenzungsprobleme zwischen rein tatsächlicher Nutzungsmöglichkeit und der aus tatsächlichen Gründen anzunehmenden Nutzungsbefugnis verursacht, dürfte die notwendige Verwurzelung auch bei illegaler Nutzung zu eigenen unternehmerischen Zwecken anzunehmen sein. Voraussetzung ist indes, dass der Steuerpflichtige tatsächlich und ungehindert über die Einrichtung verfügen kann, was beim bloßen Gemeingebrauch von öffentlichen Plätzen nicht der Fall ist.

Auch wenn nach dem OECD-MK kein förmliches Nutzungsrecht erforderlich ist, soll nicht jede Präsenz des Unternehmers automatisch den Schluss auf eine

---

868 Auch bei der Tätigkeit in fremden Räumen kann eine Betriebsstätte begründet werden, „wenn ein ausländisches Unternehmen über bestimmte Räumlichkeiten oder Teile davon ständig verfügen kann".

869 Art. 5 Rn. 4.1 OECD-MK 2014.

870 Siehe auch *Häck*, in F/W/K, DBA-Schweiz, Art. 5 DBA Rn. 22.

Verfügungsmacht zulassen. Zur Erläuterung wurden 2003 in den OECD-MK Beispielsfälle aufgenommen.[871] Nicht ausreichend ist der regelmäßige Abschluss von Verträgen in den Räumlichkeiten des Kunden. Eine Betriebsstätte soll jedoch entstehen, wenn ein Angestellter eines Unternehmens die Erlaubnis hat, dauerhaft in den Räumlichkeiten des anderen Unternehmens ein Büro zu nutzen. Keine Verfügungsmacht hat der Unternehmer über die Anlieferungsrampe des Kunden, an der er täglich über Jahre die Waren entlädt. Das vierte Beispiel behandelt den berühmten Anstreicher, der an jeweils drei Tagen je Woche für den Zeitraum von zwei Jahren in dem großen Bürokomplex seines Hauptkunden tätig wird. Nach dem Verständnis des OECD-MK entsteht insoweit eine Betriebsstätte des Anstreichers.

Will man den Beispielsfällen rechtliche Kriterien entnehmen, so wird man die ungehinderte, dauerhafte Nutzungsmöglichkeit im eigenen Interesse fordern müssen.[872] Daran fehlt es in den Fällen 1 und 3, der ausländische Unternehmer ist hier nur Gast in den fremden Räumen.[873]

Aus deutscher Sicht ist alleine die zeitliche Komponente nicht ausreichend. Dementsprechend hat Deutschland gegen die Auslegung des OECD-MK im Anstreicherbeispiel eine Bemerkung angebracht. Auch in dem Beispielsfall eines Unternehmensberaters, der in den verschiedenen Büros eines Gebäudekomplexes wirtschaftlich zusammenhängende Leistungen erbringt, fordert Deutschland über die schlichte Anwesenheit hinaus das Bestehen der Verfügungsmacht.[874] Aus russischer Sicht entsteht hier unzweifelhaft eine Betriebsstätte. Regelmäßige Haupttätigkeit vorausgesetzt, würde Russland in allen Fällen eine Betriebsstätte bejahen.

b. Betriebsstättenbericht 2014

Die gleichwohl bemängelte Unklarheit des Begriffs der Verfügungsmacht sollte durch das Update 2014 beseitigt werden, wobei die Aufnahme der vom Steuerausschuss vorgeschlagenen Änderungen in den OECD-MK bis zum Abschluss der Arbeiten am BEPS-Projekt verschoben wurde.[875] Ob das Unternehmen Verfügungsmacht über die Geschäftseinrichtung hat, soll sich nach der tatsächlichen Nutzungsgewalt, dem Ausmaß der Anwesenheit und der Art der Tätigkeit beurteilen.[876] Als unproblematisch stuft die OECD die Situation ein, in der der Unternehmer ein exklusives Nutzungsrecht hat und dort allein seiner eigenen Tätigkeit nachgeht.

---

871 Art. 5 Rn. 4.2 ff. OECD-MK 2014.

872 Vgl. *Vogelsang*, Begriff der Betriebsstätte, S. 102 f.

873 Siehe OFD Karlsruhe v. 16.09.2014, S 130.1/316-St 222.

874 Art. 5 Rn. 45.7 OECD-MK 2014.

875 Vier von 25 Streitpunkten im Betriebsstättenbericht beschäftigen sich unmittelbar mit den Anforderungen an die Verfügungsmacht: Definition der Verfügungsmacht (Nr. 2), Nutzung fremder Einrichtungen (Nr. 3), Homeoffice (Nr. 4) und Totaldelegation an Subunternehmer (Nr. 8), *OECD*, Revised Proposals Concerning Art. 5.

876 Entwurf des Art. 5 Rn. 4.2 OECD-MK durch *OECD*, Revised Proposals Concerning Art. 5.

Hinreichend soll jedoch auch die Erlaubnis sein, eine fremde Geschäftseinrichtung für seine Tätigkeit fortgesetzt für eine ausgedehnte Zeitspanne, d.h. nicht nur unregelmäßig oder zufällig, mitzunutzen. Eigene Unternehmenstätigkeit soll damit wohl auch die bloße Erfüllung von Vertragspflichten gegenüber dem Vertragspartner sein, dessen Einrichtung benutzt wird. Damit soll letztlich die Dauer der tatsächlichen Präsenz entscheidend sein. Notwendig ist jedoch stets ein eigenes unbeschränktes Zutrittsrecht zu der Einrichtung.[877]

Die geplante Änderung enthält ferner die Klarstellung, dass auch die Tätigkeit eines Lohnfertigers nicht zur Entstehung einer Betriebsstätte für den Unternehmer führt.[878]

Ob ein Homeoffice des Angestellten eine Betriebsstätte begründet, soll in einer Würdigung aller Umstände des Einzelfalls entschieden werden. Entscheidende Kriterien sind zum einen die ausdrückliche oder konkludente Weisung des Arbeitgebers, die Unternehmenstätigkeit an dieser Stelle auszuüben, und zum anderen die Regelmäßigkeit und Dauer der Tätigkeit.[879] Diese Auslegung steht mit der in Deutschland herrschenden nicht im Einklang. Aus russischer Sicht wird keine abgesonderte Einheit begründet, es spricht viel dafür, dass die Rechtsprechung diese Grundsätze auch auf eine Betriebsstätte i.S.d. 306 Abs. 2 StK und Art. 5 Abs. 1 OECD-MA (DBA-Russland) übertragen würde.

4. Zwischenergebnis

Das aus deutscher Sicht zentrale Kriterium der Verfügungsbefugnis erschöpft sich nach russischem Verständnis in der tatsächlichen Benutzung von gewisser Dauer. Russland folgt dem Konzept einer „unechten Dienstleistungsbetriebsstätte“. Die zum Zeitpunkt des Vertragsschlusses relevante Fassung des OECD-MK sowie das Update 2003 lassen beide Auslegungen zu. Die geplante Änderung des OECD-MK entspricht dem deutschen Verständnis von der rechtlich abgesicherten Verfügungsbefugnis.

IV. Bezug zur Tätigkeit des Unternehmens

1. § 12 AO

a. Unternehmenstätigkeit

Im Unterschied zur Vorgängerregelung des § 16 Abs. 1 StAnpG muss die Einrichtung nicht mehr „der Ausübung eines Betriebs eines stehenden Gewerbes“, sondern lediglich der Tätigkeit eines Unternehmens dienen. Eine Betriebsstätte nach § 12

877 Das wird auch mehrfach im Entwurf des Art. 5 Rn. 22.3 und 4 OECD-MK durch *OECD*, Action 7, Final Report 2015 betont.

878 Entwurf des Art. 5 Rn. 4.2 OECD-MK durch *OECD*, Revised Proposals Concerning Art. 5.

879 Entwurf des Art. 5 Rn. 4.8 OECD-MK durch *OECD*, Revised Proposals Concerning Art. 5.

AO kann es damit bei allen Gewinneinkunftsarten des EStG (§ 2 Abs. 1 S. 1 Nr. 1 bis 3, § 2 S. 1 Nr. 1 EStG) geben.[880]

Im Rahmen des § 49 Abs. 1 Nr. 2 lit. a EStG – wie auch im spiegelbildlichen Outbound-Fall[881] – geht es ausweislich des Einleitungssatzes ausschließlich um Einkünfte aus Gewerbebetrieb. Durch den Klammerverweis auf §§ 15 bis 17 EStG wird ferner klargestellt, dass der Begriff der Einkünfte aus Gewerbebetrieb (§ 2 Abs. 1 Nr. 2 EStG) bei der beschränkten und unbeschränkten Steuerpflicht gleich ist. Die Vorschrift gilt über den Verweis in § 8 Abs. 1 KStG auch für die Körperschaftsteuer. Einkünfte ausländischer Kapitalgesellschaften (Rechtstypenvergleich), die in Deutschland nur beschränkt steuerpflichtig sind, werden nach § 8 Abs. 2 KStG n.F. nicht mehr in gewerbliche Einkünfte umqualifiziert.[882] Es ist daher im konkreten Fall zu prüfen, ob die Voraussetzungen eines gewerblichen Unternehmens erfüllt sind.

Die Bestimmung der Einkunftsart beurteilt sich anhand der Gesamtverhältnisse im In- und Ausland.[883] Nach § 49 Abs. 2 EStG bleiben jedoch die ausländischen Sachverhaltselemente, welche die Gewerblichkeit (mit-)begründen, außer Betracht, soweit ein Anknüpfungsmerkmal in § 49 Abs. 1 Nr. 2 lit. a bis g EStG fehlt, aber die Voraussetzungen einer anderen Einkunftsart samt Anknüpfungsmerkmal erfüllt sind. Es kann jedoch weder ein anderer Steuerpflichtiger fingiert noch ausgeblendet werden, dass eine ausländische Kapitalgesellschaft keine Einkünfte aus selbstständiger Arbeit unter Einsatz persönlicher Arbeitskraft erzielen kann.[884]

Der Verweis in § 49 Abs. 1 Nr. 2 lit. a EStG umfasst auch § 15 Abs. 3 Nr. 1 und 2 EStG. Gewerbliche Einkünfte können daher aus der Beteiligung an einer gewerblich „infizierten" in- oder ausländischen Personengesellschaft resultieren. Im nationalen Recht gilt ferner die fiktive Umqualifizierung von Einkünften einer gewerblich geprägten Personengesellschaft. Die gewerbliche Prägung kann auch durch eine ausländische Gesellschaft, welche vom Typ einer inländischen Kapitalgesellschaft entspricht, vermittelt werden.[885]

Gegenstand der Gewerbesteuer ist nach § 2 Abs. 1 S. 2 GewStG das gewerbliche Unternehmen im Sinne des Einkommensteuergesetzes. Anders als bei der Körperschaftsteuer gilt die Fiktion der Gewerblichkeit auch für nach ausländischem Recht gegründete Gesellschaften mit Sitz und Geschäftsleitung im Ausland, die dem Typus einer Kapitalgesellschaft entsprechen (§ 2 Abs. 2 S. 1 GewStG).

---

880 BFH v. 02.04.2014, I R 68/12, Rn. 15; § 12 AEAO vom 31.01.2014. Für Einkünfte aus selbstständiger Arbeit vgl. § 49 Abs. 1 Nr. 3 EStG, aus Land- und Forstwirtschaft § 32b Abs. 1 S. 2 Nr. 1 EStG. Anders noch BFH v. 05.12.1990, I R 94/88, Rn. 20.

881 Das gilt auch im Outbound-Fall für die Bestimmung ausländischer Einkünfte nach §§ 34c Abs. 1, 34d Nr. 2 lit. a EStG, für KSt i.V.m. § 26 Abs. 1 KStG.

882 *Rengers*, in Blümich, EStG/KStG/GewStG, § 49 EStG Rn. 51 f.

883 BFH v. 07.11.2001, I R 14/01, Rn. 14 ff.

884 BFH v. 04.03.1970, I R 140/66, Rn. 21.

885 BFH v. 14.03.2007, XI R 15/05, Rn. 17. A.A. *Hidien*, in K/S/M, EStG, § 49 Rn. D 396, E 628.

b. Dienen

Das funktionale Kriterium verbindet die Einrichtung mit der Unternehmenstätigkeit. Es dient der Abgrenzung zum Belegenheitsprinzip, der Zuordnung der Einrichtung zum „richtigen" Unternehmen und dem Ausschluss von Einrichtungen, die nicht primär unternehmerischen Zwecken dienen. Problematisch ist dementsprechend die Entstehung einer Betriebsstätte bei Vermietung und Verpachtung, beim Einsatz anderer Unternehmer in der eigenen Einrichtung und beim Betrieb „sozialer Einrichtungen". Der Zurechnung dient ferner das Erfordernis der gewissen Verfügungsbefugnis.

Eine Geschäftseinrichtung dient der Unternehmenstätigkeit, wenn der Unternehmer sie für eine gewisse Zeit zu unternehmerischen Zwecken benutzt.[886] Nutzung zu Unternehmenszwecken bedeutet unternehmensbezogenes Tätigwerden in, an oder mit der Geschäftseinrichtung.[887] Nicht notwendig ist, dass in der Betriebsstätte alle Merkmale des Gewerbebetriebs erfüllt werden.[888] Maßgeblich ist insoweit die Gesamttätigkeit des Unternehmens. Die Geschäftseinrichtung muss auch nicht unmittelbar zum Gewinn des Unternehmens beitragen (z.B. Forschungseinrichtungen). Hilfs- und Vorbereitungstätigkeiten sowie unwesentliche Tätigkeiten sind ausreichend.[889]

Nach der Rspr. muss die Einrichtung oder Anlage der Tätigkeit des Unternehmens unmittelbar dienen.[890] Unmittelbarkeit bezieht sich zum einen auf die Zuordnung zu einem Unternehmen und zum anderen auf die unternehmerische Tätigkeit. Eine solche unmittelbare Förderung eigener unternehmerischer Tätigkeit ist grds. gegeben, wenn der Unternehmer selbst oder weisungsabhängige Personen in, an oder mit der Einrichtung tätig sind.[891]

aa. Vermietung und Verpachtung

Am Ort der Vermietung oder Verpachtung besteht – anders als bei einer Vermietung durch eine Geschäftseinrichtung – i.d.R allenfalls eine Betriebsstätte des Mieters/Pächters, da die bloße Belegenheit einer Sache ein Aliud gegenüber einer Betriebsstätte ist. Soweit es in diesen Fällen nicht bereits an einer Verfügungsmacht des Unternehmers mangelt, bereitet die Begründung gewisse Schwierigkeiten. Denn bei wörtlicher Auslegung „dient" das vermietete Objekt der Tätigkeit des Unterneh-

---

886 BFH v. 30.10.1996, II R 12/92, Rn. 23. Zur zeitlichen Komponente siehe § 5 B.II.1.b.bb, S. 109.

887 BFH v. 30.10.1996, II R 12/92, Rn. 23.

888 BFH v. 03.02.1993, I R 81/91, Rn. 53. Augenscheinlich ist das bei reinen Produktionsstätten, die nicht am allgemeinen wirtschaftlichen Verkehr teilnehmen, vgl. dazu bereits *Storck*, Betriebsstätte, S. 139, *Kumpf*, Besteuerung inländischer Betriebsstätten, S. 32.

889 Vgl. auch BFH v. 08.12.1971, I R 3/69, Rn. 13.

890 BFH v. 30.06.2005, III R 76/03, Rn. 40 ff.; BFH v. 07.06.1966, I B 124/64, Rn. 12.

891 BFH v. 30.06.2005, III R 76/03, Rn. 41.

mens, indem es zur Gewinnerzielung beiträgt. Die Rechtsprechung ordnet jedoch die mit der Überlassung verbundenen Tätigkeiten – die Entgegennahme von Zahlungen sowie die Ausübung eventueller Erhaltungsarbeiten – der Betriebstätte des Stammhauses bzw. einer anderen Geschäftsleitungsbetriebsstätte zu und verneint damit entweder bereits eine Tätigkeit vor Ort oder Unmittelbarkeit des Dienens.[892] Lediglich wenn der Unternehmer selbst oder durch weisungsgebundene Personen „nachhaltig" (und nicht nur gelegentlich oder „punktuell") vor Ort tätig ist, wozu auch die Wartung und Pflege des Objekts gehört, kann insoweit eine Betriebsstätte des Verpächters entstehen.[893]

bb. Einsatz von Personal

Der Unternehmer muss in der Geschäftseinrichtung selbst, durch eigene oder von Dritten überlassene weisungsgebundene Personen tätig sein.[894] Werden in der Geschäftseinrichtung des Unternehmens ausschließlich selbstständige Unternehmer eingesetzt, reichen deren sachliche Weisungsunterworfenheit aus dem Auftragsverhältnis sowie das Handeln im Interesse des Hauptunternehmers nicht aus, um die Tätigkeit dem Hauptunternehmer zuzurechnen.[895] Notwendig sind vielmehr eigene gewerbliche und nachhaltige Handlungen des Hauptunternehmers vor Ort. Sie können auch in einer fortlaufenden Überwachung bestehen.[896] Eine Zurechnung soll möglich sein, wenn der andere Unternehmer auf Rechnung und Gefahr des Auftraggebers handelt.[897] Ein Teil der Instanzgerichte und der III. Senat des BFH lassen bereits die sachliche Weisungsunterworfenheit des Subunternehmers ausreichen.[898]

Nicht erforderlich ist ein menschliches Tätigwerden in oder an der Einrichtung. Ausreichend ist die Tätigkeit „mit der Anlage".[899] Auch automatisch betriebene Einrichtungen unterfallen § 12 S. 1 AO (z.B. Lärmmessanlagen). Dagegen wird vorgebracht, dass es nicht konsequent sei, im Fall der Vermietung/Verpachtung eine hinreichende Tätigkeit zu verneinen und im Fall einer inländischen Pipeline oder

---

892 BFH v. 30.06.2005, III R 76/03, Rn. 43; BFH v. 10.02.1988, VIII R 159/84, Rn. 21, BFH v. 30.08.1960 I B 148/59 U, Rn. 8. Da die maßgebliche Personalfunktion ohnehin nicht vor Ort ausgeübt wird, wären die entsprechenden Einkünfte der Geschäftsleitungsbetriebsstätte zuzuordnen.

893 BFH v. 30.08.1960, I B 148/59 U, Rn. 13; BFH v. 30.06.2005, III R 76/03, Rn. 41.

894 Vgl. BFH v. 30.10.1996, II R 12/92, Rn. 24.

895 FG Hessen v. 22.04.1997, 6 K 3417/94, EFG 1997, 1063, 1064 (best. durch BFH/NV 1999, 839); FG BW v. 11.05.1992, 3 K 309/91, Rn. 27. A.A. FG BW v. 07.11.1996, 3 K 54/93, Rn. 33 f. (best. durch BFH v. 07.07.1997, I B 26/97) und *Jacobs/Endres/Spengel*, in Jacobs u. A., Unternehmensbesteuerung, S. 289.

896 BFH v. 23.02.2011, I R 52/10, Rn. 37.

897 Vgl. FG Rheinland-Pfalz v. 21.05.2003, 3 K 3012/01, Rn. 32; RFH RStBl 1929, 480.

898 BFH v. 30.06.2005, III R 76/03, Rn. 44.

899 BFH v. 30.10.996, II R 12/92, Rn. 24 f.

Plakatsäule zu bejahen.[900] In beiden Fällen liege eine „lediglich passive Nutzung“[901] vor, die kennzeichnend für das Belegenheits-, nicht jedoch für das Betriebsstättenprinzip sei.

Bei der Überlassung von Arbeitnehmern schuldet der Verleiher lediglich die Auswahl und Überlassung passender Arbeitskräfte. Die von ihnen ausgeübte Tätigkeit dient unmittelbar nur dem Betrieb des Entleihers, in dessen Interesse und auf dessen Rechnung die Arbeitnehmer handeln.[902]

cc. Soziale Einrichtungen

In gewissem Widerspruch zur Erstreckung auch auf untergeordnete Tätigkeiten will die h.M. in Rspr. und Literatur Einrichtungen, die nur „sozialen Zwecken“ dienen, die Betriebsstätteneigenschaft absprechen, weil sie nur mittelbar der Unternehmenstätigkeit dienen (Umkleideräume, Erholungsheime etc.).[903] Eine Betriebsstätte soll nur dann entstehen, wenn zugleich auch unmittelbar betriebliche Tätigkeiten ausgeübt werden.[904]

dd. Nicht Objekt der Tätigkeit

Wird die Geschäftseinrichtung eines fremden Unternehmens be- oder verarbeitet, so ist nach der im deutschen Schrifttum überwiegend vertretenen Auffassung eine Betriebsstätte nicht gegeben, weil das Objekt der Tätigkeit nicht zugleich Geschäftseinrichtung sein könne.[905] Auch der BFH hat in Bezug auf Kamin- und Heizungsanlagen, die der Schornsteinfeger reinigt, wartet etc., ausgeführt, dass sie nicht seinem Unternehmen dienen, sondern lediglich Gegenstand seiner Tätigkeit sind.[906] Für diese Sichtweise des BFH spricht auch seine Einordnung von Baubetriebsstätten als Definitionserweiterung zu § 12 S. 1 AO. Insoweit könnte der Anstreicher bereits aus diesem Grund keine Betriebsstätte nach § 12 S. 1 AO begründen. In den meisten Fällen wird es allerdings bereits an einer Verfügungsmacht über die Geschäftseinrichtung fehlen.

---

900 *Puls*, Betriebsstätte, S. 43 ff.

901 Vgl. *Mössner*, in Festschrift für Vogel, S. 945, 960.

902 BFH v. 03.02.1993, I R 81/91, Rn. 64; Vgl. ausführlich *Bendlinger*, Betriebsstätte, S. 102 ff.

903 BFH v. 16. 06.1959, I B 214/58 U, Rn. 5; BFH v. 29.11.1960, I B 222/59 U, Rn. 6; BFH v. 07.03.1979, I R 145/76, Rn. 18.

904 BFH v. 19.06.1963, I B 352/60 (Aufbewahrung von Werkzeug oder Baumaterial).

905 Siehe z.B. *Korff*, IStR 2009, 231, 235.

906 BFH v. 13.09.2000, X R 174/96, Rn. 21.

2. *§ 306 StK*

a. Standort und Bedeutung der unternehmerischen Tätigkeit

Im Rahmen der Einkommensteuer werden Einkünfte aus unternehmerischer Tätigkeit im Katalog des Art. 208 StK nicht als eine eigene Einkunftsart behandelt. Beim Kreis der Steuerpflichtigen werden jedoch Einzelunternehmer von den sonstigen natürlichen Personen unterschieden (vgl. Art. 221 StK). Einzelunternehmer sind nach der Legaldefinition natürliche Personen, die in der gesetzlich vorgesehenen Form registriert sind und ohne Gründung einer juristischen Person unternehmerische Tätigkeiten ausüben (Art. 227 Abs. 1 Nr. 1, 224 Abs. 1 StK). Sie sind mit ihren Einkünften in der Schedule mit einem Steuersatz von 13 % einkommensteuerpflichtig und können in weitem Umfang Ausgaben zum Abzug bringen.[907] Für Einzelunternehmer gelten die Vorschriften über die Gewinnermittlung durch Organisationen kraft Verweis in Art. 221 Nr. 1 StK (umgekehrt die Rechtslage in Deutschland).

Im Rahmen der Steuer auf den Gewinn von Organisationen ist der Begriff der unternehmerischen Tätigkeit für russische Organisationen ohne Bedeutung. Unterschieden wird gem. Art. 248 ff. StK zwischen Einkünften aus der Realisation von Waren und Leistungen sowie Einkünften außerhalb der Realisation (Dividenden, Zinsen etc.). Ausländische Organisationen unterliegen nur dann und nur insoweit der Gewinnsteuer, als sie in Russland eine Betriebsstätte unterhalten und/oder Einkünfte aus inländischen Quellen beziehen (Art. 246 Abs. 1 StK). Eine Betriebsstätte setzt aber gem. Art. 306 Abs. 2 StK die Ausübung unternehmerischer Tätigkeit voraus.[908]

b. Unternehmenstätigkeit in Art. 306 StK

aa. Begriff

Die ausländische Organisation muss gem. Art. 306 Abs. 2 StK ihre unternehmerische Tätigkeit durch die Abteilung ausüben. Diese Tätigkeit muss gerichtet sein auf:

- Nutzung des Erdinneren und/oder Benutzung anderer Naturressourcen,
- vertraglich vorgesehene Bauausführungen, Errichtung, Montagen, Zusammenbau, Einrichtung, Bedienung und Benutzung von Anlagen, darunter auch Spielautomaten,
- Verkauf von Waren aus Lagern auf dem Gebiet der Russischen Föderation, die im Eigentum der ausländischen Organisation stehen oder von ihr gemietet werden, oder

907 Vorbehaltlich besonderer Steuerregime. Die Steuersätze in den übrigen Schedulen betragen 9, 15, 30 und 35 %.

908 Vgl. auch *Лощенкова*, Юрист 2002, 10, S. 55, 59.

- Ausübung anderer Arbeiten oder Dienstleistungen oder sonstiger Tätigkeiten, die nicht unter Art. 306 Abs. 4[909] fallen.

Es handelt sich um den aus den Vorgängerregelungen bekannten Tätigkeitskatalog, ergänzt um die Benutzung von Spielautomaten und den Lagerverkauf aus der Instruktion 31. Die Aufzählung soll die traditionell hohe Bedeutung dieser Inbound-Aktivitäten für die russische Marktwirtschaft widerspiegeln.[910] Sie ist nicht abschließend („sonstige Tätigkeiten"). Stets muss es sich jedoch um unternehmerische Tätigkeit handeln.

Der Begriff wird im StK nicht definiert, sodass allgemein gem. Art. 11 Abs. 1 StK auf Art. 2 Abs. 1 UA 3 ZGB zurückgegriffen wird.[911] Unter unternehmerischer Tätigkeit ist eine „selbständige, auf eigenes Risiko durch registrierte Personen ausgeübte Tätigkeit zu verstehen, die auf systematische Gewinnerzielung durch Vermögensnutzung, Warenverkauf, Ausführung von Arbeiten oder Diensten gerichtet" ist. Bisweilen wird als Synonym für die unternehmerische Tätigkeit der in den russischen Sprachfassungen von DBA teilweise verwendete Begriff der kommerziellen Tätigkeit verwendet.[912]

Die Rechtsform der ausländischen Organisation ist grundsätzlich ohne Bedeutung. Auch Organisationen, deren Hauptzweck nicht die Gewinnerzielung ist (sog. nichtkommerzielle Organisationen i.S.d. Art. 50 Abs. 1 Alt. 2 ZGB) können unternehmerische Tätigkeit i.S.d. des Art. 306 Abs. 2 StK entfalten.[913] Die Bemessungsgrundlage bestimmt sich in diesem Fall nach der für russische nichtkommerzielle Organisationen geltenden Vorschrift des Art. 251 StK (Art. 307 Abs. 3 StK).[914] Richtigerweise kommt es nicht einmal darauf an, ob sich die ausländische Organisation nach dem gem. Art. 1202 Abs. 1 ZGB jeweils anwendbaren nationalen Recht unternehmerisch betätigen darf. Ausreichend ist die tatsächliche auf systematische Gewinnerzielung gerichtete Tätigkeit auf dem Gebiet der Russischen Föderation. Keine Bedeutung kommt ferner dem in Art. 2 Abs. 1 UA 3 ZGB genannten Merkmal der Registrierung zu.[915] Weder ist die Registrierung in Russland für die Entstehung von Steueransprüchen erforderlich,[916] noch bezieht sich die Vorschrift auf die Registrie-

909 Art. 306 Abs. 4 StK enthält Ausnahmen für Tätigkeiten vorbereitender Art und für Hilfstätigkeiten.

910 Vgl. *Викулов*, Постоянное представительство, S. 79 f.

911 FAS MO v. 02.08.2012, A40-59575/2011; Minfin Schreiben v. 04.06.2015, N 03-09-13/32514; UFNS Moskau Schreiben v. 03.10.2006, 09–14/092897.

912 Art. 5 Abs. 1 DBA-Russland/USA v. 17.06.1992; DBA-Russland/Armenien v. 25.05.1998; siehe auch FAS MO v. 14.12.2010, A40-144495/09–108-1067.

913 Unzutreffend daher *Кобзарь-Фролова*, Налогово-правовой статус, S. 104 f. Ist die ausgeübte Tätigkeit nicht unternehmerisch, kann sich die Steuerpflicht aus Art. 309 Abs. 1 StK ergeben.

914 Vgl. UFNS Moskau, Schreiben v. 09.06.2009, 16–15/058816.

915 Ebenso *Пепеляев/Сосновский*, Налоговое право, unter 17.3.

916 Vgl. Punkt 9 Schreiben Präsidium VAS v. 09.07.2013, N 158.

rung im Herkunftsland der ausländischen Organisation.[917] Davon zu unterscheiden ist die Frage, ob es sich um eine rechtsfähige ausländische Organisation handelt, die als solche steuerpflichtig ist (Einordnung des Steuersubjekts).[918]

bb. Keine bloße Inhaberschaft von Vermögen (Art. 306 Abs. 5 StK)

Nach Art. 306 Abs. 5 StK führt allein die Inhaberschaft von Wertpapieren, das Halten von Anteilen am Kapital russischer Organisation sowie das Eigentum an sonstigen Gegenständen auf dem Gebiet der Russischen Föderation bei Fehlen der Merkmale einer Betriebsstätte nach Art. 306 Abs. 2 StK nicht zur Entstehung einer Betriebsstätte. Die Regelung ist deklaratorisch, da bei Fehlen der Voraussetzungen des Abs. 1 eine Betriebsstätte nach Abs. 1 ohnehin nicht entstehen kann. Es fehlt zudem bereits an einer physischen Präsenz im Inland.

Einkünfte aus der Nutzung von Vermögen können gem. Art. 309 Abs. 1 StK als Einkünfte (Einnahmen) aus Quellen in der Russischen Föderation besteuert werden. Ausweislich der amtlichen Überschrift regelt Art. 309 StK die Besteuerung ausländischer Organisationen, die nicht über eine Betriebsstätte in Russland tätig sind. Art. 309 Abs. 1 StK zählt dabei steuerbare Einkünfte aus russischen Quellen auf, die „nicht mit einer unternehmerischen Tätigkeit" in Russland verbunden sind. Dazu gehören typische „passive Einkünfte" (Gewinnausschüttungen, Zinsen, Einnahmen aus Vermietungen von in Russland genutztem Vermögen und aus Veräußerungen von Immobilien), aber auch aktive Einkünfte aus internationalen Beförderungsleistungen. Steuerbar sind zudem „andere vergleichbare Einkünfte", welche Art. 309 Abs. 2 StK negativ dahin gehend abgrenzt, dass die Veräußerung von nicht in Abs. 1 genanntem Vermögen sowie die Ausübung von Dienstleistungen und Arbeiten vorbehaltlich einer Betriebsstättenentstehung nicht steuerbar sind. Die Bedeutung des Art. 309 Abs. 1 StK kann als ungeklärt bezeichnet werden. Das betrifft insbesondere das Verhältnis zu Art. 306 StK und die Auslegung der „anderen vergleichbaren Einkünfte".

Zunächst lässt der Einleitungssatz („nicht mit einer unternehmerischen Tätigkeit in Russland verbunden") die Deutung zu, dass eine Besteuerung in Russland vorbehaltlich einer Betriebsstättenentstehung nicht erfolgt, wenn diese Einkünfte im Rahmen der gewöhnlichen (Haupt-)Tätigkeit des Unternehmens erzielt werden.[919] Eine solche Beschränkung ist allerdings nicht nachvollziehbar. Sie würde dazu führen, dass beispielsweise der gewerbliche Handel mit Wertpapieren mangels einer Betriebsstätte im Gegensatz zu gelegentlichen Geschäftsvorfällen nicht steuerbar wäre.[920]

---

917 So aber *Кобзарь-Фролова*, Налогово-правовой статус, S. 105.

918 Vgl. auch Minfin Schreiben v. 24.10.2005, 03–03-04/4/66.

919 So wohl VAS v. 08.07.2008, Nr. 3770/08 sowie Minfin Schreiben v. 20.07.2012, 03–03-06/1/355.

920 Zwar könnte nach deutschem Recht die im Inland gegebene Gewerblichkeit nach § 49 Abs. 2 EStG nicht ausgeblendet werden, zu diesem Zweck hält § 49 Abs. 1 EStG jedoch andere Anknüpfungspunkte bereit.

Die Finanzverwaltung sieht die Gemeinsamkeit der Einkünfte in Art. 309 Abs. 1 StK in ihrem „passiven" Charakter.[921] Man hätte dem zustimmen können, wenn der Gesetzgeber Einkünfte aus internationalen Beförderungsleistungen nicht aufgenommen hätte, die unzweifelhaft eine aktive unternehmerische Tätigkeit darstellen. Sieht man allerdings die Gemeinsamkeit in der Erzielung jenseits einer russischen Betriebsstätte, aber aus inländischen Quellen,[922] wird der Steuerzugriff in rechtsstaatlich bedenklicher Weise unbestimmt: Mit Ausnahme von Vermögensveräußerung und Dienstleistungen werden alle Einkünfte aus russischen Quellen besteuert, ohne dass dem Gesetz eine Definition der inländischen Quelle zu entnehmen wäre.

Art. 309 Abs. 1 StK i.V.m. der Überschrift ist so zu verstehen, dass die dort genannten Einkünfte unabhängig von der Existenz einer Betriebsstätte besteuert werden können, und zwar auch dann, wenn sie den Hauptgegenstand des ausländischen Unternehmens ausmachen. Sie können ferner zu einer anderweitig entstandenen Betriebsstätte gehören (Art. 307 Abs. 1 UA 3 StK). Schließlich kann eine Betriebsstätte entstehen, wenn solche Einkünfte im Rahmen einer Unternehmenstätigkeit in Russland erzielt werden, beispielsweise wenn das ausländische Unternehmen systematisch durch die Geschäftseinrichtung Kredite vergibt oder Wertpapiere verkauft.[923] Als Beispiel wird in den Methodischen Empfehlungen und anderen Schreiben der Verwaltung eine ausländische Organisation angeführt, die systematisch ihr gehörendes Vermögen vermietet, selbst Mieter sucht, mit ihnen Mietverträge abschließt und Verträge über laufende Reparaturen und Instandhaltungsarbeiten schließt.[924] Damit soll eine Betriebsstätte am Ort der Vermietung oder Verpachtung entstehen.[925] Das muss insoweit korrigiert werden, als eine Betriebsstätte nicht am Belegenheitsort des Vermögens, sondern am Ort einer Vertretung, Filiale etc. entstehen kann, die in die oben genannte Operation eingeschaltet ist und nicht lediglich nach Abs. 4 tätig wird.[926] FAS Moskau stellt deshalb klar, dass eine Betriebsstätte nur entsteht, wenn diese Tätigkeiten durch das Personal der russischen Vertretung oder durch einen abhängigen Agenten ausgeübt werden.[927]

921 Minfin Schreiben v. 17.07.2015, 03-08-05/41253.

922 Methodische Empfehlungen Tz. I.1.1. (außer Kraft).

923 Minfin Schreiben v. 25.03.2011, 03-08-05.

924 UFNS Moskau v. 19.01.2007, 20-12/05685; Methodische Empfehlungen Tz. I.2.4.1 (außer Kraft).

925 Minfin Schreiben v. 25.03.2011, 03-08-05; 06.07.2009, 03-08-05.

926 Vgl. ebenso unter Berufung auf den OECD-MK Minfin Schreiben v. 04.08.2011, 03-08-05; 20.02.2007, 03-03-06/1/104.

927 FAS MO v. 07.06.2006, A41-K2-5662/05. Mangels einer Betriebsstätte werden Einkünfte aus Vermietung von im Inland genutztem Vermögen gem. Art. 309 Abs. 1 Nr. 7 StK brutto besteuert. Insofern ist die durch eine Betriebsstätte betriebene Vermietung für den Steuerpflichtigen günstiger (vgl. Art. 307 Abs. 1 UA StK).

cc. Ausübung durch die Abteilung und Verhältnis zur Vorbereitungs- oder Hilfstätigkeit

Nach dem Wortlaut des Art. 306 Abs. 2 StK muss die ausländische Organisation ihre unternehmerische Tätigkeit durch die Abteilung ausüben. Überwiegend wird daher geprüft, ob die in Russland durch diese Einrichtung ausgeübte Tätigkeit auf systematische Gewinnerzielung gerichtet ist.[928] Abgelehnt wird das beispielsweise für die Tätigkeit einer „Repräsentanz" i.S.d. Art. 55 Abs. 1 ZGB.[929] Wie oben geschildert, kann eine Filiale alle Tätigkeiten des Unternehmens ausüben, während eine Vertretung (Repräsentanz) lediglich die Interessen des Unternehmens vertritt. In der Zivilrechtswissenschaft hat sich als Unterscheidungskriterium die unternehmerische (kommerzielle) Tätigkeit der Filiale im Gegensatz zur nichtunternehmerischen Tätigkeit der Vertretung etabliert.[930] Mangels eigener Definition im Steuerkodex werden diese Überlegungen in das Steuerrecht übertragen. Unter die so verstandene nichtunternehmerische Tätigkeit werden typische Hilfs- und Vorbereitungstätigkeiten gefasst wie z. B. Werbung, Marketing etc.[931] Hilfs- und Vorbereitungstätigkeiten werden damit als Gegensatzpaar zur unternehmerischen Tätigkeit verwendet.[932]

Diese Auffassung sieht sich durch den missverständlichen Wortlaut in Art. 306 Abs. 2, 4 StK bestätigt. Im Abkommensrecht enthält der Negativkatalog teils konstitutive, teils deklaratorische Ausnahmen von der allgemeinen Definition.[933] Die Hilfs- und Vorbereitungstätigkeiten gehören zur unternehmerischen Tätigkeit des Unternehmens und würden ohne die Ausnahmeregelung i. d. R. eine Betriebsstätte begründen. Allgemeiner Konsens in Deutschland bzw. in der OECD ist daher, dass die Tätigkeit in der abkommensrechtlichen Betriebsstätte weder alle Merkmale des Art. 15 Abs. 2 EStG erfüllen[934] noch einen produktiven Charakter haben muss.[935]

Der russische Steuerkodex bedient sich hingegen einer anderen Regelungstechnik: Art. 306 Abs. 2 Nr. 1 bis 4 StK enthält einen Katalog von Tätigkeiten, auf welche die unternehmerische Tätigkeit gerichtet sein muss, damit eine Betriebsstätte entstehen kann. Nr. 4 nennt „sonstige Tätigkeiten", sofern sie „nicht unter Absatz 4 fallen". Der in Bezug genommene § 306 Abs. 4 StK wiederum enthält einen nicht abschließenden („insbesondere") Katalog von Tätigkeiten, die „bei Fehlen der Voraussetzungen" der allgemeinen Definition in Abs. 2 nicht zur Entstehung einer

---

928 Siehe AS MO v. 20.11.2014, A40-38356/14 (best. durch VS v. 23.04.2015, 305-KG14-7775); FAS MO v. 14.12.2010, A40-144495/09; FAS SZO v. 03.03.2005, A56-24202/04.

929 Minfin Schreiben v. 24.10.2005, 03–03-04/4/66; *Ершова/Отнюкова*, Предпринимательское право, S. 155.

930 *Беляева*, Предпринимательское право, S. 14.

931 Ebd.

932 *Викулов*, Постоянное представительство, S. 41.

933 Beispielsweise lautet Art. 5 Abs. 4 MA RF: „Unbeschadet bevorstehender Bestimmungen fallen nicht unter den Begriff der Betriebsstätte [...]".

934 *Hruschka*, in Schönfeld/Ditz, DBA, Art. 5 Rn. 392.

935 *Görl*, in Vogel/Lehner, DBA, Art. 5 Rn. 26; Art. 5 Rn. 4 OECD-MK 2014; Minfin Schreiben v. 26.03.2010, 03–08-05.

steuerlichen Betriebsstätte führen. Diese Formulierung macht auf den ersten Blick wenig Sinn. Liegen die allgemeinen Voraussetzungen der Betriebsstätte nach Abs. 2 nicht vor, kann sie schlicht nicht entstehen. Auf die Einordnung als Hilfs- und/oder Vorbereitungstätigkeit kommt es nicht mehr an.[936]

Das veranlasst die allgemeine Auffassung in Russland, Hilfs- und Vorbereitungstätigkeiten als nicht unternehmerisch zu qualifizieren und damit mittelbar – freilich ohne das ausdrücklich anzusprechen – Art. 306 Abs. 4 StK als deklaratorisch anzusehen. Diese Auffassung betrachtet offensichtlich nicht die Tätigkeit des Gesamtunternehmens, sondern nur der Betriebsstätte. Ist die Tätigkeit in der Geschäftseinrichtung nicht auf systematische Gewinnerzielung gerichtet, fehlt es an unternehmerischer Tätigkeit. So führt beispielsweise das Finanzministerium in einem Schreiben aus: *„Die Ausübung von Hilfs- und Vorbereitungstätigkeit [...] kann nicht als unternehmerisch betrachtet werden und führt nicht zur Entstehung einer Betriebsstätte"*[937].

Dass das nicht zutreffend ist, ergibt sich bereits aus dem Gesetz selbst. Nach Art. 307 Abs. 3 StK beträgt in dem Fall, dass eine ausländische Organisation in Russland Hilfs- und/oder Vorbereitungstätigkeiten im Interesse Dritter ausübt, die zur Entstehung einer Betriebsstätte führen, und die Tätigkeit unentgeltlich erfolgt, die Bemessungsgrundlage 20 % der Ausgaben dieser Betriebsstätte, die mit der Tätigkeit zusammenhängen. Die Vorschrift geht davon aus, dass eine Betriebsstätte auch bei bei Hilfs- und Vorbereitungstätigkeiten entsteht und die Ausnahmevorschrift des Art. 306 Abs. 4 StK nicht erfüllt ist.[938]

Auffallend ist, dass Hilfs- und Vorbereitungstätigkeiten lediglich in Bezug auf andere Tätigkeiten (Nr. 4) von der Betriebsstättendefinition ausgenommen werden. Daraus könnte gefolgert werden, dass Hilfs- und Vorbereitungstätigkeiten zu den Nr. 1 bis 3 stets zur Entstehung einer Betriebsstätte führen können. Dafür spricht, dass bei der Nutzung des Erdinneren und/oder Benutzung anderer Naturressourcen (Art. 306 Abs. 2 Nr. 1 StK) eine Betriebsstätte bereits mit Erteilung der Lizenz entsteht, auch wenn die Arbeiten tatsächlich noch nicht aufgenommen worden sind. Auch eine Bauausführung oder Montage beginnt gem. Art. 308 Abs. 2 StK mit dem Beginn der Tätigkeit an der Baustelle, wozu auch Vorbereitungstätigkeiten gehören.

Überzeugender erscheint indes eine enge Auslegung der Positivfälle mit der Beschränkung auf Haupttätigkeiten. Liegen Tätigkeiten nach Nr. 1 bis 3 vor, so ist eine Betriebsstätte gegeben und Abs. 4 ist nicht anwendbar. Im Übrigen können Hilfs- und Vorbereitungstätigkeiten zu Nr. 1 und 3 sowie sonstige unter Nr. 4 fallende Tätigkeiten nur zur Entstehung einer Betriebsstätte führen, wenn es sich nicht

---

936 Das erkennt auch *Чуприков*, Особенности, S. 87, der allerdings aus der Systematik den unzutreffenden Schluss zieht, dass die Vorschrift funktionslos ist.

937 Minfin Schreiben v. 30.12.2014, 03-08-05/68595.

938 Nichts Anderes ergibt sich aus VAS RF 04.02.2014, 13976/13, das Gericht führt nur aus, dass die ausländische Organisation Hilfs- und Vorbereitungstätigkeiten ausübte, „ohne (Anm.: andere) Einkünfte aus unternehmerischer Tätigkeit zu haben".

um einen Fall des Absatzes 4 handelt. Beispielsweise begründet der Verkauf von Waren aus Lagern in der Russischen Föderation gem. Art. 306 Abs. 1 Nr. 3 StK eine Betriebsstätte. Ein parallel dazu unterhaltenes inländisches Repräsentationsbüro ist kein Verkauf aus Lagern, sondern eine sonstige Tätigkeit nach Art. 306 Abs. 2 Nr. 4 StK und begründet keine Betriebsstätte, wenn die Voraussetzungen des Ausnahmekatalogs in Abs. 4 erfüllt sind.

Da nach allgemeiner Auffassung die Tätigkeit in der Geschäftseinrichtung auf systematische Gewinnerzielung angelegt sein muss, begründen Tätigkeiten, die nur sozialen Zwecken dienen, keine Betriebsstätte. Auch die durch eine feste Geschäftseinrichtung ausgeübte Wohltätigkeit wird als nicht unternehmerisch in diesem Sinne qualifiziert.[939] Jedenfalls wird es sich regelmäßig um Hilfstätigkeit nach Art. 306 Abs. 4 StK handeln.

dd. Einsatz von Personal

Eine Betriebsstätte in Form einer abgesonderten Einheit (Art. 306 Abs. 2 Alt. 1 StK) setzt begriffsnotwendig stationäre Arbeitsplätze und damit den Einsatz von Arbeitnehmern voraus. An dem „anderen Ort der Tätigkeit" kann auch grds. durch Einschalten von Subunternehmern eine Betriebsstätte entstehen.

In der Rechtssache *Stora-Enso* verneinte das Gericht allerdings die Betriebsstätte eines finnischen Unternehmens, welches die ihm vertraglich obliegenden Arbeiten (Holzfällung in einem Waldgebiet, Transport etc.) vollständig an einen ausländischen Subunternehmer delegiert hatte.[940] Auch bei einer Totaldelegation im Rahmen einer Bauausführung wurde eine Betriebsstätte des deutschen Hauptauftragnehmers mangels physischer Präsenz im Inland abgelehnt.[941] Dass eine Totaldelegation nicht zur Entstehung einer Betriebsstätte in Russland führt, kann auch Art. 308 Abs. Abs. 2 UA 2 StK entnommen werden. Danach werden bei einer Bauausführung dem ausländischen Generalunternehmer die Tätigkeitszeiten der Subunternehmer zugerechnet, an die er „einen Teil der Arbeiten", also nicht den gesamten Auftrag übertragen hat. In einem Fall der Auftragsfertigung wurde von der Verwaltung hingegen eine Betriebsstätte bejaht. Das deutsche Unternehmen vermietete eine Anlage an das russische Unternehmen, welches die Produkte mit eigenen Mitarbeitern, aber nach Technologien des Auftraggebers herstellte.[942] Bejaht wurde auch eine Betriebsstätte eines ausländischen Unternehmens, das die Erfüllung seiner vertraglichen Leistungen in Russland vollständig auf selbstständige Einzelunternehmer delegiert hatte, denen er u. A. geeignete Räumlichkeiten zur Verfügung gestellt hat.[943]

---

939 *Коннов*, Постоянное представительство, S. 39.
940 FAS SZO v. 08.07.2003, A26-6181/01–02-03/380.
941 Minfin Schreiben v. 03.05.1999, 04–06-02.
942 UFNS Moskau Schreiben v. 30.07.2010, 16–15/080338@.
943 FNS Schreiben v. 22.04.2013, ED-4–3/7524@.

Die Betriebsstätteneigenschaft automatisch arbeitender Einrichtungen war bisher nicht Gegenstand von Gerichtsentscheidungen oder Schreiben der Finanzverwaltung. Eindeutige Prognosen lassen sich daher nicht treffen.[944] Dafür, dass eine Betriebsstätte als anderer Ort der Tätigkeit auch ohne Anwesenheit von Personal entsteht, kann Art. 306 Abs. 2 Nr. 2 StK ins Feld geführt werden. Dort wird die Benutzung (russ.: „эксплуатация") von Anlagen, insb. Spielautomaten beispielhaft als unternehmerische Tätigkeit aufgeführt, die regelmäßig ausgeübt zur Entstehung einer Betriebsstätte führt. Unter Benutzung ist in diesem Kontext die Verwendung zu unternehmerischen Zwecken zu verstehen.[945] Die kommerzielle Verwendung von Spielautomaten kann damit entweder als Vermietung/Verpachtung oder auch schlicht als Aufstellung erfolgen. Allerdings unterliegen Einkünfte aus dem Betrieb von Spielautomaten der Spielbanksteuer und werden bei der Bemessung der Gewinnsteuer nicht berücksichtigt (Art. 274 StK). In der Literatur wird das Vorliegen einer Betriebsstätte bei automatisierten Einrichtungen überwiegend bejaht, beispielsweise für Warenautomaten, Remoteterminals, sonstige Anlagen zum Empfang und zur Übertragung von Signalen.[946] Bejaht man eine Betriebsstätte bei automatisch betriebenen Anlagen, ergibt sich ein Problem bei der Steuererhebung.[947] Die steuerliche Registrierung für ausländische Organisationen hat am Ort einer Filiale, Vertretung oder sonstigen abgesonderten Einrichtung sowie in anderen im StK vorgesehenen Fällen zu erfolgen (Art. 83 Abs. 1, 4 StK):[948] Mangels eingerichteter Arbeitsplätze bestünde eine steuerliche Registrierungspflicht lediglich für Spielautomaten (Art. 83 Abs. 1 StK i.V.m. Art. 366 Abs. 1, 2 StK) und für Anlagen, die unbewegliches Vermögen sind (Art. 83 Abs. 1 StK).

ee. Gründung einer einfachen Genossenschaft

Nach Art. 306 Abs. 4 StK wirkt allein der Abschluss von Verträgen über die Gründung einer einfachen Genossenschaft (entspricht der deutschen GbR) oder sonstiger Verträge über die gemeinsame Tätigkeit der Parteien (Beteiligten), die vollständig oder teilweise auf dem Gebiet der Russischen Föderation ausgeübt wird, bei Fehlen der Voraussetzungen des Art. 306 Abs. 2 StK nicht betriebsstättenbegründend. Das ist zunächst einleuchtend, da eine bloße gesellschaftsrechtliche Beteiligung keine physische Präsenz im Inland darstellt. Die einfache Genossenschaft ist weder rechtsfähig noch Steuersubjekt. Aus Art. 306 Abs. 4 StK wird allgemein gefolgert, dass der an einer einfachen Genossenschaft beteiligte Ausländer nur dann steuerpflichtig ist, wenn er selbst oder durch einen abhängigen Agenten in Russland eine Betriebs-

---

944 Vgl. zur Serverbetriebsstätte *Filinov/Lukina/Ostrovskiy/Yasnovskiy*, Russian Federation, in Reimer u. A., Permanent Establishment, Rn. 141; offenlassend *Агаева*, Совершенствование механизма, S. 40.

945 *Викулов*, Постоянное представительство, S. 85.

946 *Полежарова/Артемьев*, Налогообложение, S. 116.

947 *Викулов*, Постоянное представительство, S. 85.

948 Dazu Minfin Erlass v. 30.09.2010, Nr. 117n, Tz. 4.

stätte begründet. Anders als im deutschen Recht wird damit eine Betriebsstätte der Genossenschaft nicht anteilig den Teilnehmern zugerechnet. Die Einkünfte können nur gem. Art. 309 Abs. 1 Nr. 2 StK als Gewinnausschüttungen in Russland besteuert werden. Da sie jedoch nicht von einer in Russland ansässigen Person ausgezahlt werden, gilt nicht die Verteilungsnorm für Dividenden (Art. 10 DBA-Russland), sondern die Einkünfte werden gem. Art. 7 Abs. 1 oder Art. 21 DBA-Russland im Ansässigkeitsstaat besteuert.[949] Deutschland wiederum wird, sofern die Mitunternehmerschaft in Russland eine Betriebsstätte betreibt, die Einkünfte grundsätzlich freistellen wollen.

ff. Arbeitnehmerüberlassung

Art. 306 Abs. 7 StK stellt klar, dass alleine die Überlassung von Arbeitnehmern – wiederum bei Fehlen der Voraussetzungen der allgemeinen Betriebsstättendefinition – keine Betriebsstätte begründet, wenn die Arbeitnehmer „ausschließlich im Namen und im Interesse" der Organisation tätig werden, in die sie entsendet wurden.[950] Der Pflichtenumfang der ausländischen Organisation muss sich dabei auf die Auswahl und Überlassung der Arbeitnehmer beschränken.[951] Die Finanzverwaltung fordert, dass die Vergütung vor Überlassung feststeht und sich alleine nach den tatsächlich vom Personal geleisteten Arbeitsstunden bemisst.[952] Überschreite die Vergütung, welche an das ausländische Unternehmens gezahlt werde, dessen Ausgaben für das Personal um mehr als 10 %, betrachtet das die Verwaltung als ein Anzeichen, dass keine Arbeitnehmerüberlassung vorliegt.[953]

gg. Lieferung nach Verarbeitung

2002 hob der Gesetzgeber die Betriebsstättenausnahme in Art. 306 Abs. 4 Nr. 3 StK für Warenbestände zur Verarbeitung durch ein anderes Unternehmen auf. Stattdessen ordnete er an, dass die Lieferung unternehmenseigener Waren, welche das Unternehmen als Ergebnis der Verarbeitung im Zollgebiet oder unter Zollkontrolle erlangt, als Betriebsstätte gilt (Art. 306 Abs. 9 Alt. 1 StK). Die Verarbeitung im Zollgebiet und unter Zollkontrolle sind spezielle Zollregimes, die ein zoll- und mehrwertsteuerfreies Verbringen von Gütern in die Russische Föderation ermöglichen.

Der ausländische Unternehmer muss die Waren nach der Verarbeitung ausliefern. Auslieferung ist gem. Art. 11 Abs. 1 StK i.V.m. Art. 506 ZGB die entgeltliche

949 Minfin Schreiben v. 19.08.2009, 03-08-05.

950 Ab 2016 ist die Überlassung von Arbeitnehmern durch ausländische Organisationen nur an verbundene Unternehmen möglich, siehe Art. 18.1 Abs. 3 Nr. 2 Föderales Gesetz v. 19.04.1991, Nr. 1032-1 i.d.F. v. 09.03.2016.

951 Minfin Schreiben v. 01.12.2006, 03-08-05.

952 Ebd.

953 Methodische Empfehlungen Tz. I. 2. 4. 2 (außer Kraft).

Lieferung von Waren.[954] Werden die Waren nur zu eigenen Zwecken verarbeitet, ist Art 306 Abs. 9 Alt. 1 StK nicht anwendbar.

Nach der Verarbeitung im Zollgebiet verlassen die Waren das Gebiet der Russischen Föderation. Eine solche Verarbeitung kann sowohl durch das Unternehmen selbst als auch durch einen Auftragnehmer erfolgen. Im ersten Fall entsteht eine Betriebsstätte nach Art. 306 Abs. 2 StK. Wird im zweiten Fall bei dem Fremdverarbeiter ein Auslieferungslager unterhalten, entsteht eine Betriebsstätte nach der allgemeinen Definition. Das Gleiche gilt nach russischer Auffassung, sofern die Auslieferung aus einem Warenbestand erfolgt. Eine Betriebsstätte entsteht ferner, wenn der Unternehmer vor Ort die Verarbeitung durch eigenes Personal überwacht. Im Übrigen fingiert Art. 306 Abs. 9 Alt. 1 StK die Existenz einer Betriebsstätte. Richtigerweise kann einer solchen Betriebsstätte nur der mit der Lieferungsfunktion zusammenhängende Gewinn zugeordnet werden. Mit Einführung des Zollkodex der Zollunion ist das Regime der Verarbeitung unter Zollkontrolle abgeschafft worden.

c. *Ausnahme für Hilfs- und Vorbereitungstätigkeiten (Art. 306 Abs. 4 StK)*

Der selbst auferlegte Verzicht auf Steuereinnahmen durch Herausnahme von Hilfs- und Vorbereitungstätigkeiten aus der Betriebsstättendefinition wurde erstmals durch den Steuerkodex gesetzlich fixiert.[955] Begründet wurde die neue Regelung mit der Anpassung des nationalen Steuerrechts an abgeschlossene DBA.[956] Die innerstaatliche Befreiung kommt insbesondere Unternehmen aus Staaten zugute, mit denen Russland kein DBA abgeschlossen hat. Aber auch in Deutschland ansässige Unternehmen können von der Regelung profitieren, soweit Art. 306 Abs. 4 StK Ausnahmen vorsieht, die im Abkommen keine Entsprechung finden und die nicht von der allgemeinen Ausnahme in Art. 5 Abs. 4 lit. e DBA-Russland erfasst werden. Wie sonst gilt auch bei der Anwendung des Art. 306 Abs. 4 StK der Vorrang von DBA vor nationalem Recht (Art. 15 Abs. 4 S. 2 VerfRF), die weitere Fälle von Hilfs- und Vorbereitungstätigkeiten enthalten können. Das betrifft insbesondere Auslieferungen und Fremdverarbeitungen unternehmenseigener Güter und Waren. Art. 5 Abs. 4 DBA-Russland nimmt die Tätigkeiten explizit aus, während Art. 306 Abs. 9 StK und Art. 306 Abs. 2 StK explizit die Entstehung einer Betriebsstätte anordnen.

Anders als im Abkommensrecht ist in Art. 306 Abs. 4 S. 1 eine allgemeine Ausnahme für Hilfs- und Vorbereitungstätigkeiten vorangestellt.[957] Der Wortlaut („Zur Hilfs- und Vorbereitungstätigkeit gehören insbesondere:") lässt sowohl einen erläuternden (deklaratorischen) als auch einen konstitutiven Charakter des Negativkatalogs zu. Für Per-Se-Ausnahmen spricht der Umkehrschluss zu Art. 306 Abs. 4 S. 2 Nr. 4 StK: Einzig dort wird die Anwendbarkeit der Ausnahmeregelung von

954 *Полежарова/Артемьев,* Налогообложение, S. 138.

955 Allerdings nahm bereits § 3 Gewinnsteuergesetz 1991 Einkünfte aus Einkaufstätigkeiten von der Bemessungsgrundlage aus.

956 *Малышев,* Налогообложение прибыли, S. 36.

957 Art. 5 Abs. 4 OECD-MA: „und andere […]".

weiteren Voraussetzungen abhängig gemacht, nämlich dass die in Frage stehende Tätigkeit nicht zur gewöhnlichen oder Haupttätigkeit der Organisation gehört.[958] Andererseits kann der Zusatz auch als Klarstellung des Gesetzgebers für die häufig als Haupttätigkeit ausgeübten Fälle der Nr. 4 verstanden werden (Informationsbeschaffung, Werbung, Buchhaltung etc.). Die Bedeutung dieser Frage im nationalen Recht ist wegen der ausdrücklichen Unterausnahme für Auslieferungen und Verarbeitungen (d.h. eine Betriebsstätte entsteht, vgl. sogleich) indes gering und kann sich allenfalls für Einkaufstätigkeiten (Art. 306 Abs. 4 Nr. 3 StK) stellen, die für das konkrete Unternehmen, z.B. einen Antiquitätenhandel, wesentlich sind.[959] M.E. sollte insoweit eine Vermutung gegen die Existenz sprechen, wenn in der Geschäftseinrichtung ausschließlich Einkaufstätigkeiten ausgeübt werden. Soweit Einkaufstätigkeiten ohnehin aus dem Gewinn auszusondern sind (vgl. unten), ist die Problematik ganz irrelevant.

aa. Begriff der Hilfs- und Vorbereitungstätigkeiten

Zur Hilfs- oder Vorbereitungstätigkeit soll gehören, was weder Haupttätigkeit noch ihr wesentlicher Teil ist.[960] Richtigerweise darf es sich nicht um einen Teil der Haupttätigkeit, d.h. einen wesentlichen Teil der Gesamttätigkeit handeln.[961] Haupttätigkeit ist, was im Hinblick auf die Ziele und Aufgaben des Unternehmens als wesentlich und wichtig zu beurteilen ist.[962]

Die Rechtsprechung grenzt überwiegend wie folgt ab: Vorbereitende Tätigkeiten sollen die Bedingungen für die Haupttätigkeiten schaffen und gehen ihr zeitlich voran; Hilfstätigkeiten gewährleisten die Durchführung der Haupttätigkeit, ohne Teil von ihr zu sein. Sie seien nicht unmittelbar auf die Erreichung der Hauptziele gerichtet, aber zur Zielerreichung notwendig und fänden zeitgleich mit der Haupttätigkeit statt.[963] Richtigerweise können Hilfstätigkeiten der Haupttätigkeit auch nachfolgen. Ferner zeigen die Regelbeispiele, dass es nicht darauf ankommt, ob die Tätigkeit für die Zielerreichung notwendig ist oder nicht. Mit diesen Ein-

---

958 Ein Werbeunternehmen beispielsweise, das durch einen Ort der Tätigkeit regelmäßig Werbemaßnahmen betreibt, begründet damit eine Betriebsstätte. Hier ist allerdings eine Überschneidung mit dem ungeschriebenen Merkmal des ausschließlich eigenen Interesses gegeben.

959 Praktisch schwer vorstellbar ist, dass eine Lagerung eigener Waren ohne Auslieferung die Schwelle zur Haupttätigkeit überschreitet. Damit stellt sich die Frage nach der Betriebsstätteneigenschaft eines „großen Lagerhauses" eines Internet-Versandhauses im nationalen Recht nicht.

960 Minfin Schreiben v. 20.01.2014, 03–08-05/1418.

961 Methodische Empfehlungen Tz. I. 2. 3. 2. Abs. 1 (außer Kraft).

962 Minfin Schreiben v. 20.01.2014, 03–08-05/1418 und AS M v. 17.12.2010, A40-94391/2010 (Übersetzung von „significant and essentiell" aus Art. 5 Rn. 24 OECD-MK 2014).

963 Vgl. z.B. FAS MO 17.12.2013, A40-157543/12 (best. VAS-4237/14 v. 28.04.2014); FAS MO 02.08.2012, A40-58575/2011.

schränkungen entsprechen die Definitionen grds. der Auffassung des BFH.[964] Die russische höchstrichterliche Rechtsprechung hat zwei weitere Kriterien entwickelt, die Hilfs- oder Vorbereitungstätigkeiten ausschließen: der Charakter der Vollendetheit einer Tätigkeit sowie die fehlende unmittelbare Abhängigkeit von der Tätigkeit des Unternehmens.[965]

Über die Einordnung als Haupt- oder Hilfstätigkeit wird grds. ausschließlich anhand qualitativer Kriterien entschieden durch Vergleich der Gesamttätigkeit des Unternehmens nach Art und Inhalt mit der Tätigkeit in der Geschäftseinrichtung. Neben der tatsächlichen Tätigkeit wird große Bedeutung dem in den Gründungsunterlagen des Unternehmens und der Geschäftseinrichtung festgelegten Aufgabenprofil beigemessen (Aufgaben und Umfang der Vertretungsmacht des Personals).[966] Lediglich vereinzelt werden quantitative Kriterien indiziell in die Beurteilung aufgenommen. In der Rechtssache Avrasis wurde unter Berufung auf quantitative Kriterien (Anteil der durch die Geschäftseinrichtung veranlassten Ausgaben an den Gesamtausgaben) eine Hilfsbetriebsstätte angenommen.[967] Die Einordnung erfolgt stets relativ zum Gesamtunternehmen; auf absolute Werte wird nicht abgestellt, auch nicht als Indiz.

Hilfstätigkeit soll die Forschung über und Entwicklung von Computertechnologien sein, die „Teil des Leistungsspektrums des Stammhauses im Ausland“, aber nicht selbstständig nutzbar sind.[968] In einer späteren Entscheidung wurde dagegen die Beschaffung von Informationen und deren Verarbeitung zu Berichten, welche dann als Bestandteil einer Fach-Datenbank Kunden zur Verfügung gestellt wurden, als Teil der Haupttätigkeit des ausländischen Unternehmens eingestuft.[969] Es ist daher davon auszugehen, dass eine Betriebsstätte in Russland auch angenommen wird, wenn das Produkt der russischen Vertretung in das Endprodukt des Unternehmens Eingang findet. Die Befreiung gilt nach russischem Verständnis damit allenfalls für die Grundlagenforschung. Als Hilfstätigkeit wurden ferner qualifiziert: die Registrierung von Arzneimitteln sowie die hierzu erforderlichen Laboruntersuchungen;[970] die Zertifizierung von Lebensmitteln, welche durch das Stammhaus importiert werden.[971]

Besonderheiten gelten hinsichtlich der Mitwirkung am Zustandekommen von Verträgen mit Dritten. Einerseits begründen Werbung und Information potentieller Kunden keine Betriebsstätte (Art. 306 Abs. 4 Nr. 4 StK). Andererseits gilt die Befrei-

---

964 BFH v. 23.01.1985, I R 292/81, Rn. 29; BFH v. 23.07.2003, I R 62/02, Rn. 14.

965 VAS v. 18.03.2003, 8349/02.

966 Vgl. Argumentation des AS M v. 28.02.2013, A40-157543/2012, bestätigt durch VAS-4237/2014; FAS MO v. 07.06.2006, A41-K2-5662/05; *Денисаев*, Правовое регулирование налоговых отношений, S. 126.

967 AS MO v. 10.03.2015, A40-38312/2014.

968 FAS SZO v. 22.07.2003, A56-39616/02 (Rechtssache *Patentika*).

969 AS M v. 17.12.2010, A40-94391/2010; Minfin Schreiben v. 20.01.2014, 03–08-05/1418.

970 FAS MO v. 17.12.2013, A40-157543/2012, bestätigt durch VAS 4237/2014.

971 FAS SZO v. 22.08.2005, A56-8948/2004.

ung auch für Einrichtungen, in denen lediglich die formelle Vertragsunterzeichnung nach schriftlicher Weisung des Stammhauses erfolgt (Art. 306 Abs. 4 Nr. 5 StK). Weil eine Vertreterbetriebsstätte auch ohne feste Geschäftseinrichtung bereits durch das Aushandeln wesentlicher Vertragsbedingungen entstehen kann (Art. 306 Abs. 9 StK), müssen die Anforderungen an die betriebsstättenbegründende Mitwirkung bei Vertragsverhandlungen innerhalb einer festen Geschäftseinrichtung geringer sein. Denn die entsprechende Verhandlungsvollmacht soll das Fehlen einer Geschäftseinrichtung kompensieren. Stets muss es sich jedoch um den Abschluss von Verträgen handeln, welche den Hauptgegenstand des Unternehmens bilden, so dass die Mitwirkung bei Vertragsverhandlungen, welche die Erfüllung von Tätigkeiten des Negativkatalogs zum Gegenstand haben, keine Betriebsstätte begründen.[972]

Nach russischer Auffassung entsteht hingegen selbst dann keine Betriebsstätte, wenn die Geschäftseinrichtung Kunden gewinnt und Kundenprofile erstellt sowie die Verträge vorbereitet, welche vom Stammhaus genehmigt und unterzeichnet werden.[973] Keine Betriebsstätte soll entstehen, wenn in der Geschäftseinrichtung Bestellungen anhand eines Versandkatalogs entgegengenommen und später die vom Stammhaus verschickten Produkte abgeholt werden können.[974] Richtigerweise sollte bereits die Entgegennahme von Bestellungen eine Betriebsstätte begründen, da die Billigung durch das Stammhaus – auch aus der Sicht des Kunden – ein bloß formeller Akt ist.

Explorationen begründen nach russischem Recht eine Betriebsstätte, und zwar unabhängig davon, ob sie als Haupttätigkeit für andere ausgeführt werden oder einem möglichen Abbau von Bodenschätzen vorangehen. Die Betriebsstätte entsteht mit Erteilung einer Lizenz, auch wenn die Arbeiten erst später aufgenommen werden (Art. 306 Abs. 2 Nr. 1, Abs. 3 StK).

Die Erbringung von Nebenleistungen (z. B. sog. „post-sales-services", Beratung bei der Überlassung von Lizenzen etc.) wird überwiegend als Teil der Haupttätigkeit eingeordnet.[975]

Unschädlich ist die Veräußerung von Betriebsvermögen der Betriebsstätte und die bloß gelegentliche Ausübung der unternehmerischen (Haupt-) Tätigkeit.

bb. Eigeninteresse

Anders als im Abkommensrecht kommt in Art. 306 Abs. 4 StK nicht zum Ausdruck, dass die Hilfs- und Vorbereitungstätigkeiten nur soweit ausgenommen werden, als sie „für das Unternehmen" ausgeübt werden. Gleichwohl gehen Rechtsprechung

---

972 Siehe z. B. FAS MO v. 07.06.2006, A41-K2-5662/05 (Rechtssache *Harris Russia*); FAS MO 30.08.2006, 40–71875/05–112-241 (Rechtssache *Ericcson*).

973 FAS PO 26.12.2006, A55-1041/06–39.

974 FAS MO v. 01.03.2002, КА-А40/948–02.

975 Vgl. FAS 14.10.2011, A40-151888/2010; Minfin Schreiben v. 26.03.2010; 03–08-05 v. 26.03.2002, 04–06-05/1/14; MNS Moskau v. 18.06.2003, 26–12/32420; *Золотарева/Киреева/Шаталов*, Проблемы определения, S. 219.

und Verwaltung zu Recht von der Entstehung einer Betriebsstätte aus, wenn die Tätigkeit im Interesse Dritter ausgeübt wird.[976] Das ergibt sich auch aus Art. 307 Abs. 3 StK.[977] Danach beträgt in dem Fall, dass eine ausländische Organisation in Russland Hilfs- und/oder Vorbereitungstätigkeiten im Interesse Dritter ausübt, die zur Entstehung einer Betriebsstätte führen, und die Tätigkeit unentgeltlich erfolgt, die Bemessungsgrundlage 20 % der Ausgaben dieser Betriebsstätte, die mit der Tätigkeit zusammenhängen. Gegen die Herleitung aus Art. 307 Abs. 3 StK wird eingewandt, dass die Vorschrift nicht Fragen rund um die Entstehung einer Betriebsstätte regele, sondern nur die Gewinnermittlung. Ferner setze die Anwendung eine bereits nach anderen Vorschriften entstandene Betriebsstätte voraus.[978] Das ist im Hinblick auf den klaren Wortlaut des Art. 307 Abs. 3 StK nicht nachvollziehbar: Gerade die Hilfs- oder Vorbereitungstätigkeit für Dritte muss hier zur Entstehung der Betriebsstätte führen. Erst recht kann eine Betriebsstätte entstehen, wenn die Leistungen entgeltlich erbracht werden, da sie dann zur Haupttätigkeit des Unternehmens werden.[979]

Ob die Tätigkeit im konkreten Fall im Interesse Dritter oder des Stammhauses ausgeübt wird, kann insbesondere problematisch werden, wenn die ausländische Organisation neben einer Vertretung (Repräsentanz) in Russland über Tochtergesellschaften oder ein Vertriebsnetz verfügt, die sich um den Absatz der Produkte kümmern, während die Vertretung lediglich Hilfs- und Vorbereitungsaufgaben übernimmt. Ausgaben der Repräsentanz sollen dadurch im Ansässigkeitsstaat geltend gemacht werden. Relevant wurde die Problematik in der jüngsten Rechtsprechung wiederholt im Zusammenhang mit Geschäftseinrichtungen ausländischer Pharmaunternehmen. Jeweils betätigte sich die Geschäftseinrichtung in der Werbung für durch das Stammhaus hergestellte Arzneimittel und deren behördliche Zulassung in Russland. Mitursächlich für die Streitigkeiten ist, dass die Zulassung der Arzneimittel in Russland alleine durch den Hersteller oder von ihm bevollmächtigte Personen (in den zugrunde liegenden Fällen Personal der russischen Repräsentanzen) erfolgen darf. Sollten die Arzneimittel durch eine in Russland ansässige Gesellschaft vertrieben werden, stellt sich immer das Problem, in wessen Interesse die Registrierung erfolgt.

In der Rechtssache *Berlin-Chemie*[980] wurden die Produkte des Stammhauses durch mehrere Gesellschaften – darunter eine russische Tochtergesellschaft – in Russland vertrieben. Die Gerichte verneinten eine Betriebsstätte: Die Werbetätigkeit durch die Geschäftseinrichtung diene dem Absatzinteresse des Unternehmens, auch wenn die Produkte ausschließlich durch Vertriebsgesellschaften verkauft wurden, zumal sie in der Werbung nicht namentlich bezeichnet wurden. Auch die Zulassung der

976 UMNS Moskau v. 16.04.2003, 26–12/20871 verweist auf Art. 5 Rn. 26 OECD-MK.
977 AS M v. 09.06.2014, A40-155695/2012.
978 *Чуприков*, Особенности, S. 88.
979 *Görl*, in Vogel/Lehner, DBA, Art. 5 Rn. 94.
980 FAS MO v. 17.12.2013, A40-157543/2012, bestätigt durch VAS-4237/2014.

Arzneimittel sei im eigenen Interesse erfolgt, da sie für den Vertrieb von Arzneimitteln in Russland vorgeschrieben ist. Die Auffassung wurde durch das Oberste Arbitragegericht bestätigt.

In der Rechtssache *Astellas*[981] wurden die Produkte exklusiv durch die russische Tochtergesellschaft vertrieben. Das Gericht hat den Einwand der Klägerin, dass die Verkaufsförderung in ihrem eigenen Interesse liege, ausdrücklich zurückgewiesen, da nicht sie, sondern die Vertriebsgesellschaft auf dem russischen Markt die Arzneimittel verkaufte. Insoweit widersprechen die Ausführungen der Entscheidung zu *Berlin-Chemie*. Allerdings oblagen in der Rechtssache *Astellas* die Werbe- und Marketingaufgaben sowie die Registrierung der Arzneimittel vertraglich der Vertriebsgesellschaft.[982] Zudem sah der Vertrag vor, dass der Eigentumsübergang außerhalb Russlands erfolgen musste, weshalb auch die zur Einfuhr erforderliche Zulassung der Arzneimittel eine Aufgabe der Vertriebsgesellschaft war. Die Entscheidung wurde – nach Abschaffung des Obersten Arbitragegerichts (VAS) – nunmehr durch das Oberste Gericht (VS) bestätigt.

In dem Fall *AstraZenica*[983] betätigte sich die russische Vertretung in der Forschung, Werbung und Registrierung nicht nur in Bezug auf Arzneimittel, die das Stammhaus herstellte, sondern auch in Bezug auf Arzneimittel von konzernangehörigen Drittherstellern. Das Stammhaus lieferte die Arzneimittel an zwei russische Vertriebsgesellschaften. Soweit die Tätigkeit Arzneimittel der Dritthersteller betraf, gingen die Gerichte von einer Hilfs- und Vorbereitungstätigkeit im Interesse Dritter aus.

Eine Besonderheit der unentgeltlichen Erbringung von Hilfstätigkeiten und Tätigkeiten vorbereitender Art für Dritte ist die Ermittlung des steuerbaren Gewinns durch Anwendung der Kosten-Plus-Methode mit einer festen Rentabilitätsnorm von 20 %. Eine andere Art zur Ermittlung der Bemessungsgrundlage ist nicht zulässig.[984] Einnahmen der Betriebsstätte – auch soweit die Ausgaben durch Dritte erstattet werden – bleiben außer Betracht. Nach Auffassung des VAS soll dadurch faktisch der Gewinn besteuert werden, den ein unabhängiges Unternehmen in dieser Situation erzielt hätte.[985] Auch das Präsidium des Obersten Gerichts hatte in einer Entscheidung aus dem Jahr 2015 keine Zweifel an der Vereinbarkeit der Regelung mit dem Abkommensrecht.[986] Die typisierende Annahme der Rentabilität von 20 % unabhängig von der Art der Tätigkeit widerspricht jedoch dem Fremdvergleichsgrundsatz aus Art. 7 Abs. 2 DBA-Russland. Stattdessen ist für unentgeltliche Hilfs- und Vorbereitungstätigkeit für Dritte die fremdübliche Vergütung anzusetzen. Da im Outbound-Fall dadurch die ausländischen Einkünfte des deutschen Steuer-

---

981 AS MO v. 06.02.2015, A40-155695/2012, bestätigt durch VS 305-KG15-4783.

982 Im Fall Berlin-Chemie war das Stammhaus verpflichtet, die Produkte zu registrieren. Für die letzte Instanz war dieser Gesichtspunkt jedoch nicht maßgeblich.

983 AS MO v. 19.01.2016, A40-146032/2014.

984 MNS Schreiben v. 12.05.2004, 23–1-10/34–1571; AS MO v. 06.02.2015, A40-155695/12, bestätigt durch VS v. 28.05.2015, 305-KG15-4783.

985 VAS v. 04.02.2014, 13976/13, A40-118586/12–116-240.

986 VS v. 28.05.2015, 305-KG15-4783.

pflichtigen in der Regel erhöht würden, kann insoweit eine Doppelbesteuerung entstehen.[987]

cc. Tatbestände

(1) Warenlager und Warenvorräte bis zur Auslieferung (Art. 306 Abs. 4 Nr. 1 und 2 StK)

Die Betriebsstättenausnahmen gem. Art. 306 Abs. 4 Nr. 1 und 2 StK gelten für Einrichtungen, die ausschließlich zur Lagerung, Ausstellung und/oder Auslieferung von unternehmenseigenen Waren benutzt werden, sowie dazu unterhaltene Warenbestände. Dabei gilt Nr. 1 für Einrichtungen des Unternehmens, während die Bestände nach Nr. 2 auch bei einem anderen Unternehmen unterhalten werden können. Auf eine Verfügungsmacht kommt es nach russischem Verständnis nicht an.

Im entscheidenden Punkt weicht die Vorschrift vom OECD-Muster und Art. 5 Abs. 4 DBA-Russland ab, da die Befreiung nur bis zur Auslieferung gilt. Insoweit entspricht die Vorschrift inhaltlich dem Art. 5 Abs. 4 lit. a und b UN-MA. Zum Verständnis ist die Norm im Zusammenhang mit Art. 306 Abs. 8 StK und Art. 306 Abs. 2 Nr. 3 StK zu sehen.

Die Auslieferung ist zunächst vom Verkauf zu unterscheiden. Gem. Art. 306 Abs. 2 Nr. 3 StK entsteht eine Betriebstätte durch regelmäßigen Verkauf von Waren aus Lagern in der Russischen Föderation, die im Eigentum der Organisation stehen oder von ihr gemietet werden. Nichts Anderes gilt für unentgeltlich zur Verfügung gestellte Lager, da der Positivkatalog von typischen Fällen keine Sperrwirkung entfalten kann.[988]

Art. 306 Abs. 2 StK stellt ferner klar, dass alleine die Ein- und Ausfuhr von Waren, insbesondere im Rahmen von Außenhandelsgeschäften[989] nicht zur Entstehung einer Betriebsstätte führt, wenn die Voraussetzungen der Betriebsstättendefinition nach Art. 306 Abs. 2 StK fehlen. Die Regelung ist deklaratorisch: Es darf also weder eine Geschäftseinrichtungs- noch eine Vertreterbetriebsstätte bestehen, sei es, weil die Tätigkeit unregelmäßig ist oder in den Negativkatalog fällt (z.B. Vertragsschluss lediglich nach detaillierten Anweisungen des Stammhauses gem. Art. 306 Abs. 4 Nr. 5 StK; für Vertreter i.V.m. Art. 306 Abs. 9 StK). Wird eine Vertretung (Repräsentanz) in die Abwicklung von Direktgeschäften eingeschaltet (Verzollung, Begleitung, Beratung etc.), darf die Tätigkeit ebenfalls nicht die Schwelle der Hilfs- und Vorbereitungshandlungen überschreiten.[990]

987 Zur gesonderten Rechnung *Золотарева/Киреева/Шаталов*, Проблемы определения, S. 221.

988 Jedenfalls kann es sich um „sonstige Tätigkeit" nach Art. 306 Abs. 2 Nr. 4 StK handeln. Unzutreffend daher *Климентьева*, Право и жизнь 2008, Nr. 118, S. 1, 4.

989 *Мельников*, Юриспруденция 2010, Nr. 4, 159 ff.

990 Methodische Empfehlungen Tz. I. 2. 4. 3 Abs. 3 (außer Kraft).

Auslieferung ist gem. Art. 11 Abs. 1 StK i.V.m. Art. 506 ZGB die entgeltliche Lieferung von Waren der Russischen Föderation.[991] Unter Waren im Sinne des Steuerkodex ist jedes Vermögen zu verstehen, das veräußert wird oder zur Veräußerung bestimmt ist (Art. 38 Abs. 3 S. 1 StK). Gem. Art. 38 Abs. 2 StK zählen immaterielle Güter nicht dazu. Die Befreiung gilt nach ihrem Wortlaut nicht für Güter des Anlagevermögens, sie muss jedoch insoweit erst recht Anwendung finden, da die Lagerung von Gütern zu eigenen Zwecken noch weiter von der eigentlichen Gewinnerzielung entfernt ist. Jedenfalls fallen entsprechende Tätigkeiten unter Art. 306 Abs. 4 S. 1 StK.

Werden nicht eigene, sondern in Eigentum eines Dritten stehende Waren in einem Warenlager aufbewahrt, ist die Ausnahmevorschrift nicht erfüllt. Während im Abkommensrecht nach überwiegender Auffassung wirtschaftliches Eigentum für ausreichend gehalten wird,[992] müsste im Steuerkodex gem. Art. 11 Abs. 1 auf den zivilrechtlichen Eigentumsbegriff zurückgegriffen werden. Allerdings scheint die jüngste Judikatur ihre Skepsis gegenüber der wirtschaftlichen Betrachtungsweise zugunsten einer „Substanz über Form“-Betrachtung aufzugeben.[993]

Die Ausnahme für das Unterhalten von Warenbeständen zum Zwecke der Verarbeitung durch Dritte wurde aus fiskalischen Zwecken im Jahr 2002 abgeschafft.[994]

(2) Einkaufsstätte (Art. 306 Abs. 4 Nr. 3 StK)

Das Unterhalten des ständigen Ortes der Tätigkeit ausschließlich zum Zwecke des Einkaufs durch die ausländische Organisation begründet keine Betriebsstätte. Nach allgemeinen Regeln kann eine Betriebsstätte entstehen, wenn die eingekauften Waren in Russland veräußert werden. Ferner gilt die Ausnahme nicht bei Tauschverträgen.[995] Im Rahmen der Gewinnermittlung fehlt eine dem Art. 7 Abs. 5 OECD-MA (DBA-Russland) entsprechende nationale Regelung, die eine Gewinnzurechnung aufgrund des bloßen Einkaufs an die Betriebsstätte verbietet. Werden daher Einkaufstätigkeiten innerhalb einer bestehenden Betriebsstätte verrichtet, müsste die entsprechende Funktion vergütet werden. Befreit wird zwar der Einkauf „durch“ und nicht „für“ die Organisation. Denkbar wäre es, auch im Rahmen der Regelbeispiele das Handeln im fremden Interesse für schädlich zu halten. Dann würde der Einkauf beispielsweise für konzernangehörige Gesellschaften eine Betriebsstätte

---

991 *Полежарова/Артемьев*, Налогообложение, S. 138.

992 Vgl. z.B. *Görl*, in Vogel/Lehner, DBA, Art. 5 Rn. 87. Das gilt unabhängig von einer abkommensrechtlichen Befreiung für die Tätigkeit eines Kommissionärs, die sich auf die Vertreterbetriebsstätte des Kommittenten bezieht. Unzutreffend daher *Коннов*, Постоянное представительство, S. 72.

993 Vgl. zur Genese des StK *Lang*, in Festschrift für Brunner, S. 297, 308. Für wirtschaftliche Betrachtungsweise VAS v. 12.10.2006, Nr. 53.

994 Föderales Gesetz v. 29.05.2002, 57-FZ, RG Nr. 97, 31.05.2003.

995 FAS MO 09.12.2002, KA-A40/7898–02.

begründen. Soweit er vergütet wird, handelt es sich insoweit um Haupttätigkeit, andernfalls gilt Art. 307 Abs. 3 StK.

(3) Informationsbeschaffung, -verarbeitung, Werbung, Buchhaltung etc. (Art. 306 Abs. 4 Nr. 4 StK)

Die Regelung geht über die Ausnahme für Informationsbeschaffung in Art. 5 Abs. 4 lit. d OECD-MA (DBA-Russland) hinaus. Ausgenommen sind auch Einrichtungen, die ausschließlich zum Zweck der Informationsverarbeitung und -verbreitung, Buchhaltung, des Marketing und der Werbung sowie Marktforschung unterhalten werden, unter der Voraussetzung, dass es sich nicht um die Haupt- oder gewöhnliche Tätigkeit des Unternehmens handelt. Durch die Aufnahme von Werbung und Informationsverbreitung hat der Gesetzgeber offensichtlich Art. 5 Abs. 4 lit. f OECD-MA 1963 nachgebildet. Die Forschungstätigkeit wurde indes nicht übernommen. Die dort aufgestellte positive Voraussetzung, dass es sich um Hilfs- und Vorbereitungstätigkeiten handeln muss, hat der Gesetzgeber negativ als Ausschluss der gewöhnlichen oder Haupttätigkeit formuliert.

An dieser letzten Voraussetzung fehlte es in der Rechtssache *Bloomberg*: Die ausländische Organisation Bloomberg LP lieferte von Servern in den USA aus Finanz- und Marktinformationen an Kunden weltweit. Das Paket wurde ausgearbeitet durch Unternehmensteile außerhalb der Russischen Föderation. Die Aufgabe der registrierten russischen Vertretung war es, Informationen mit Nachrichtencharakter zu sammeln und auf dieser Grundlage analytische Berichte vorzubereiten, die durch das Stammhaus in das Terminal eingespeist wurden. Das Gericht ging davon aus, dass die Vorbereitung der Berichte zur Haupttätigkeit der Organisation gehört und die Tätigkeit der russischen Vertretung zur Entstehung einer Betriebsstätte führt. Diese Auffassung teilt auch das Finanzministerium.[996]

(4) Unterzeichnung von Verträgen (Art. 306 Abs. 4 Nr. 5 StK)

Eine weitere Besonderheit, die keine Entsprechung in den Musterabkommen findet, ist die Ausnahme für die Unterhaltung eines ständigen Ortes der Tätigkeit zum Zweck der Unterzeichnung von Verträgen im Namen der Organisation, wenn die Vertragsunterzeichnung nach „detaillierten schriftlichen Weisungen“ der ausländischen Organisation erfolgt. Die Vorschrift ist offenbar an Art. 5 Abs. 4 lit. f DBA-Russland/USA angelehnt.[997] Soweit wie im DBA-Russland eine entsprechende Befreiung fehlt, subsumiert die Rechtsprechung den Sachverhalt unter die allgemeine Ausnahme für Hilfs- und Vorbereitungstätigkeiten.[998]

---

996 AS M v. 17.12.2010, A40-94391/2010; Minfin Schreiben v. 20.01.2014, 03-08-05/1418.

997 Ähnliche Klauseln enthalten ferner Art. 5 Abs. 4 lit. e DBA-Russland/Niederlande. Vgl. auch Art. 7 Abs. 5 DBA-Niederlande/Georgien und Nr. 3 Protokoll zum DBA-Niederlande/Moldawien.

998 FAS MO v. 14.12.2010, A40-144495/2009.

dd. Kombination von Tätigkeiten

Jedes Regelbeispiel in Art. 306 Abs. 4 S. 2 Nr. 1 bis 4 StK verlangt, dass die Einrichtung ausschließlich zu dem genannten Zweck unterhalten wird, wobei eine Kombination mehrerer Tätigkeiten innerhalb derselben Nummer grds. zulässig ist (vgl. „und/oder" in Nr. 1, 2 und 4). Im Unterschied zum Abkommensrecht fehlt national eine Regelung über die Zulässigkeit einer Kombination der Regelbeispiele untereinander oder mit anderen Hilfs- oder Vorbereitungstätigkeiten unter der Voraussetzung, dass die Gesamttätigkeit nicht die Schwelle zur Haupttätigkeit übersteigt. Die entsprechenden Kombinationen können jedenfalls unter die allgemeine Ausnahme in Art. 306 Abs. 4 Satz 1 StK subsumiert werden.

Indes lassen Rechtsprechung und Verwaltung jede Kombination der genannten Tätigkeiten miteinander sowie mit anderen Hilfs- oder Vorbereitungstätigkeiten ohne weitere Voraussetzungen zu.[999]

In dem der Rechtssache *Finca International*[1000] (internationale Wohltätigkeitsorganisation) zugrunde liegenden Sachverhalt hatte das ausländische Unternehmen Darlehen an russische Kunden gewährt. Die abgesonderte Einrichtung in Russland warb für die Organisation, akquirierte Kunden, sammelte Informationen über potentielle Kunden und erstellte Kundenprofile und Empfehlungen an das Stammhaus zum Abschluss von Darlehensverträgen mit konkreten Kunden. Nach Billigung durch das Stammhaus bereitete die Einheit die Verträge vor, ließ sie von den Kunden unterschreiben und schickte sie zur Annahme des Angebots an das Stammhaus, das die Darlehen gewährte. Das Gericht verneinte eine Betriebsstätte.

Manchmal wird die Unterscheidung zwischen Hilfs- und Vorbereitungstätigkeit einerseits und der Haupttätigkeit andererseits zu streng genommen. Werden in einer Geschäftseinrichtung Hilfs- oder Vorbereitungstätigkeiten mit der Haupttätigkeit kombiniert, will ein Teil der Literatur und Verwaltung die Ausgaben, die nicht mit der Haupttätigkeit zusammenhängen, nicht zum Abzug zulassen, da sie nicht durch die unternehmerische Tätigkeit veranlasst seien (vgl. Art. 307 Abs. 1 StK).[1001] Diese Auffassung ist jedenfalls in den Fällen abzulehnen, in denen zwischen den Tätigkeiten ein Zusammenhang besteht. Durch die künstliche Aufspaltung einer einheitlichen Unternehmenstätigkeit wird die Berücksichtigung von Ausgaben dem Ansässigkeitsstaat überlassen, während Russland als Quellenstaat die (meist gewinnbringende) Haupttätigkeit besteuert. Ferner ist eine solche Aufspaltung mit praktischen Schwierigkeiten verbunden, welche durch die Ausnahme für Hilfs- und Vorbereitungstätigkeiten gerade verhindert werden sollen.

Eine gesonderte Erfassung der Ausgaben ist ferner erforderlich, soweit in der Geschäftseinrichtung neben der Haupttätigkeit oder Hilfs- und Vorbereitungstätig-

---

999 Minfin Schreiben v. 20.11.2006, 03–08-05306 (Art. 306 Abs. 4 Nr. 4 und 5 StK); AS SPB 05.03.2012, A56-44326/2011 (Nr. 3 bis 5).

1000 FAS PO v. 01.06.2006, A55-23268/05–51.

1001 UFNS Moskau Schreiben v. 20.12.2010, 16–15/133261@; *Рабинович*, Финансовая газета 2015, Nr. 36. S. 8 f.

keiten für eigene Zwecke unentgeltliche Hilfs- und Vorbereitungstätigkeiten im Interesse Dritter ausgeübt werden.

3. *Art. 5 DBA-Russland*

a. Gewerbliches Unternehmen vs. Unternehmen

Durch die Geschäftseinrichtung muss die Tätigkeit des Unternehmens ausgeübt werden. Betriebsstätte setzt damit die Existenz eines Unternehmens voraus.[1002] Der Begriff des Unternehmens findet sich in den Begriffsbestimmungen des Art. 3 Abs. 1 lit. d DBA-Russland. Die Vorschrift weicht sowohl von der aktuellen Fassung des OECD-MA (2000/2014) ab als auch von der damals existierenden. Die beiden Sprachfassungen sind zudem nicht identisch.

Durch das Update 2000 wurde in das OECD-MA eine Definition des „Unternehmens" („enterprise") aufgenommen. Darunter ist die Ausübung einer „Geschäftstätigkeit" („business") zu verstehen, die wegen der Abschaffung des Art. 14 OECD-MA 1992 auch die selbstständige Tätigkeit umfasst.[1003] Dem folgt auch Art. 3 Abs. 1 lit. k MA-RF. Als Äquivalent zur Geschäftstätigkeit wird der Begriff unternehmerische Tätigkeit verwendet (russ.: „предпринимательская деятельность"), der in der russischen Fassung des DBA-Russland für gewerbliche Tätigkeit steht. Bis 2002 definierte Art. 3 Abs. 1 lit. d OECD-MA nicht den Begriff des Unternehmens, sondern lediglich seine Zugehörigkeit zu einem Vertragsstaat anhand der Ansässigkeit des Unternehmensbetreibers.[1004]

Hingegen ist nach der deutschen Fassung des Art. 3 Abs. 1 lit. d DBA-Russland unter einem „Unternehmen" die Ausübung „gewerblicher Tätigkeiten" zu verstehen. Damit ist zumindest eine Teildefinition gegeben. In einigen älteren deutschen Abkommen ist ebenfalls von „gewerblichen Unternehmen" die Rede, die jeweils andere Sprachfassung umschreibt die Bedeutung deutlich mit: „industrial and commercial enterprise"[1005] bzw. „Handel, Industrie sowie andere nichtlandwirtschaftliche Unternehmen"[1006]. Anders verhält sich die russische Fassung des Art. 3 Abs. 1 lit. d DBA-Russland, sie spricht insoweit von „unternehmerischer" (russ.: „предпринимательская") Tätigkeit. Dieser Ausdruck wird damit je nach Abkommen als Äquivalent zur unternehmerischen, gewerblichen oder geschäftlichen

---

1002 BFH v. 27.10.2011, I R 26/11, Rn. 16; *Wassermeyer*, in Wassermeyer, DBA, Art. 5 Rn. 26.

1003 Art. 3 Abs. 1 lit. c, h OECD-MA 2014.

1004 „Unternehmen eines Vertragsstaats" und „Unternehmen des anderen Vertragsstaats" bedeuten, „je nachdem, ein Unternehmen, das von einer in einem Vertragsstaat ansässigen Person betrieben wird oder ein Unternehmen, das von einer im anderen Vertragsstaat ansässigen Person betrieben wird".

1005 Siehe Art. 3 Abs. 1 lit. f DBA-Australien sowie Art. II Abs. 1 lit. j DBA-Großbritannien 1964/1970.

1006 Art. 3 DBA-Niedelande (1959/2004): „[...] onderneming op het gebied van handel, nijverheid of van enige andere tak van niet-agrarisch bedrijf [...]".

Tätigkeit verwendet. In einigen russischen Abkommen wird zur Umschreibung der Unternehmenstätigkeit von der „produzierenden und kommerziellen Tätigkeit" gesprochen.[1007] Teilweise werden kommerzielle und unternehmerische Tätigkeit jedoch auch synonym verwendet.[1008]

Vergleicht man die beiden Sprachfassungen, so ist die russische Fassung – sowohl nach deutschem als auch russischem Verständnis – weiter. „Предпринимательство"/ „Unternehmenstätigkeit" umfasst jede auf systematische Gewinnerzielung gerichtete Tätigkeit. Darunter fallen auch Freiberufler und Landwirte.[1009] Für Einkünfte aus selbstständiger Arbeit gilt jedoch Art. 14 DBA-Russland. Der Unterschied zwischen den Sprachfassungen betrifft daher nur die Frage nach der Unternehmenseigenschaft von land- und forstwirtschaftlichen Betrieben. Auch insoweit hält das Abkommen eine eigenständige Norm bereit (Art. 6 Abs. 1 DBA-Russland).

Ein Teil der Literatur will den Begriff § 15 EStG (inkl. Abs. 3) entnehmen, insbesondere wenn das Abkommen – wie hier – in der deutschen Fassung den innerstaatlich vorgeprägten Begriff „gewerbliches Unternehmen" verwendet.[1010] Das ist abzulehnen. Soweit die Parteien nicht – wie z. B. in Art. 6 Abs. 2 DBA-Russland – ausdrücklich auf das nationale Recht verweisen, ist jenseits des Art. 3 Abs. 2 DBA-Russland für den Rückgriff kein Raum.

Nach Ansicht des BFH, der nunmehr auch die Finanzverwaltung folgt, ist zur Definition der gewerblichen Tätigkeit auf § 15 Abs. 2 EStG zurückzugreifen, wobei die abkommensrechtliche Systematik zu beachten ist. Erfasst wird daher nur die „ihrer Art nach" unternehmerische Tätigkeit.[1011] Die innerstaatlichen Fiktionen schlagen auf das Abkommensrecht nicht durch. Kein Unternehmen begründet die bloße Vermögensverwaltung.[1012] Auch ein land- und forstwirtschaftlicher Betrieb fällt nach der Auffassung des BFH nicht unter den Begriff des (gewerblichen) Unternehmens und kann damit keine Betriebsstätte begründen.[1013] Zur Anwendung kommt § 15 Abs. 2 EStG unabhängig davon, ob das Abkommen von Unternehmen oder gewerblichem Unternehmen spricht, da der Begriff des Unternehmens im deutschen Ertragsteuerrecht nicht definiert wird.

Die russische Verwaltung und Rechtsprechung rekurrieren ohne nähere Ausführungen gem. Art. 3 Abs. 2 DBA-Russland auf den innerstaatlichen Begriff der unternehmerischen Tätigkeit (Art. 11 Abs. 1 StK, Art. 2 Abs. 1 UA 3 ZGB).[1014]

1007 So z. B. Art. 5 Abs. 1 DBA-Russland/Luxemburg v. 28.06.1993.

1008 Art. 5 Abs. 1 DBA-Russland/Armenien v. 25.05.1998.

1009 *Wellmann*, in Wassermeyer, DBA-Russland, Art. 3 Rn. 15.

1010 *Hemmelrath*, in Vogel/Lehner, DBA, Art. 7 Rn. 50 ff. Ebenso wohl *Piltz*, Personengesellschaften im Internationalen Steuerrecht der BRD, S. 150; *Helde*, Dreiecksverhältnisse, S. 11.

1011 BFH v. 28.04.2010, I R 81/09, Rn. 23; BMF BStBl. I 2014, 1258, Tz. 2.2.1.

1012 BMF BStBl. I 2014, 1258 Tz. 2.3.1.

1013 BFH v. 27.10.2011, I R 26/11.

1014 FAS SZO v. 21.06.2005, A56-26540/04.

b. Betreiber des Unternehmens

Die deutsche Fassung des Art. 3 Abs. 1 lit. d DBA-Russland verwendet den Ausdruck „gewerbliche Tätigkeiten [...] ausgeübt“ statt der üblichen Formulierung „Unternehmen [...] betrieben“. Die Abweichung hat allein sprachliche Gründe.

Betreiber des Unternehmens muss eine Person sein, die in einem Vertragsstaat ansässig ist (Art. 3 Abs. 1 lit. d DBA-Russland), d.h. eine natürliche Person (Einzelunternehmer), eine Gesellschaft oder eine andere Personenvereinigung (Art. 3 Abs. 1 lit. b DBA-Russland).

Im russischen Schrifttum wird überwiegend die Auffassung vertreten, dass eine Betriebsstätte nicht von natürlichen Personen betrieben werden kann.[1015] Dieses Ergebnis fußt auf dem falschen Verständnis des Zusammenspiels von DBA und nationalem Recht. Zutreffend ist, dass die Betriebsstätte als sachliches Anknüpfungsmerkmal nur für die Steuer auf Gewinn von Organisationen fungiert (Art. 306 StK). Für die Entstehung der nationalen Steuerpflicht auf Einkommen natürlicher Personen ist sie ohne Bedeutung. In Art. 228 StK finden sich andere Anknüpfungsmerkmale. Eine davon zu unterscheidende Frage ist, ob die Betriebsstätte gem. Art. 5 DBA-Russland im konkreten Fall als Verteilungskriterium fingiert.[1016] Aus Art. 3 Abs. 1 lit. b, d DBA-Russland folgt, dass auch natürliche Personen Unternehmer sein können. Das gilt auch für den Begriff des Unternehmens im russischen Recht (Art. 3 Abs. 2 DBA-Russland, Art. 11 Abs. 1 StK, Art. 2 Abs. 1 UA 3 ZGB). Die Konsequenz der russischen Auffassung wäre, dass die gewerblichen Einkünfte von deutschen Einzelunternehmern nach Art. 21 DBA-Russland vorbehaltlich einer speziellen Verteilungsnorm nur in Deutschland besteuert werden könnten.

Verständlicherweise hat die Finanzverwaltung in einigen Schreiben die Anwendbarkeit von Art. 7 OECD-MA nachgebildeten Vorschriften auch auf Einzelunternehmer bejaht.[1017]

c. „Durch“

Die Tätigkeit des Unternehmens muss durch die Geschäftseinrichtung (russ.: den Ort der Tätigkeit) ausgeübt werden.

Durch das Update 2003 hat die OECD die Anforderungen an die Funktionalität der Geschäftseinrichtung gesenkt. So soll ein Unternehmen, das eine Straße pflastert, seine Unternehmenstätigkeit durch diese Straße ausüben.[1018] Das Tätigkeitsobjekt wird zur Geschäftseinrichtung des Unternehmens und damit das Erfordernis der Geschäftseinrichtung faktisch aufgegeben. Betriebsstätte wäre dann eine dauerhafte

1015 *Саркисов*, Налоги и налогообложение 2004, Nr. 8. Einzige Gegenstimme *Пепеляев/Сосновский*, Налоговое Право, unter 17.3.1.

1016 Ebenso zum DBA-Russland *Wassermeyer*, IStR 2002, 376; unzutreffend *Савицкий*, Режим недискриминации, S. 64 f.

1017 Minfin Schreiben v. 06.12.2010, 03–08-05; v. 30.08.2005, 4–1-12/4402; siehe auch Minfin Schreiben v. 21.11.2005, 03–08-07/Belarus; v. 07.07.2006, 03–08-07/Belar.

1018 Art. 5 Rn. 4.6 OECD-MK 2014.

ortsgebundene Tätigkeit. Dem entspricht auch das Verständnis der OECD von der Bau- oder Montagebetriebsstätte als Unterfall einer Geschäftseinrichtungsbetriebsstätte. Dieses Verständnis der OECD ist von früheren Fassungen des OECD-MK gedeckt, wonach ein Ort der Tätigkeit, der dem Unternehmer „zur Verfügung steht“, eine Betriebsstätte begründen kann.[1019] Es überschreitet allerdings die Grenzen der gewöhnlichen Bedeutung der Präposition „durch“. Aus dem Erfordernis der Tätigkeitsausübung „durch“ den Ort der Tätigkeit ist zu schließen, dass die Tätigkeit mittels der Geschäftseinrichtung ausgeübt werden muss.[1020]

Der instrumentelle Charakter einer Betriebsstätte entspricht der Auffassung des BFH.[1021] Die Finanzverwaltung scheint allerdings auch die Tätigkeit an einem Ort ausreichen zu lassen, wenn das Unternehmen darüber verfügen kann (Holzfällung in einem Waldgebiet).[1022] In einem vergleichbaren Fall hat auch die russische Rechtsprechung eine Betriebsstätte angenommen,[1023] was wiederum dem russischen Verständnis von dem Verhältnis zwischen Art. 5 Abs. 1 und Abs. 3 DBA-Russland entspricht.

d. Einsatz von Personal

Die Ausübung der Unternehmenstätigkeit durch die Geschäftseinrichtung erfordert, dass der Unternehmer selbst, seine Arbeitnehmer oder andere weisungsabhängige Personen (Personal) vor Ort tätig werden.[1024] Nach dem Vorschlag im Betriebsstättenbericht 2013 soll eine Betriebsstätte jedoch auch ohne eigene physische Präsenz allein durch die Einschaltung selbstständiger Subunternehmer entstehen.[1025] Voraussetzung ist lediglich die effektive Verfügungsmacht des Generalunternehmens über die Geschäftseinrichtung, in der die Subunternehmer tätig werden. Sie soll vorliegen, wenn der Generalunternehmer aufgrund des Eigentums oder eines Besitzrechts über die Einrichtung den Zugang und die Nutzung kontrolliert.[1026] Hierfür ist kein Personal vor Ort erforderlich. Hat das ausländische Unternehmen Verfügungsmacht über die Einrichtung, soll damit die Tätigkeit selbstständiger Unternehmer wie die Tätigkeit eigener Angestellten zugerechnet werden. Entsprechende Änderungen sieht der Bericht auch in Bezug auf Bauausführungen und Montagen vor,[1027] mit der Folge, dass auch die Totaldelegation stets zur Entstehung einer Baubetriebsstätte

1019 Art. 5 Rn. 2 und 4 OECD-MK 2014.

1020 *Reimer*, IStR 2009, 378 f.

1021 BFH v. 13.09.2000, X R 174/96, Rn. 21.

1022 BMF v. 25.06.1990, IV C 5-S 1301 Nor-6/90, FMNR259000090.

1023 FAS SZO v. 19.12.2000, A26-3246/00–02-03/275 (Waldgebiet als Betriebsstätte).

1024 Art. 5 Rn. 10 OECD-MK 1992 (insoweit unverändert).

1025 Entwurf des Art. 5 Rn. 10.1 OECD-MK durch *OECD*, Revised Proposals Concerning Art. 5, Rn. 47.

1026 Ebd.

1027 Entwurf des Art. 5 Rn. 19 OECD-MK durch *OECD*, Revised Proposals Concerning Art. 5, Rn. 47.

führen könnte, weil dem Generalunternehmer in der Regel die Verfügungsmacht über die Baustelle eingeräumt wird.[1028] Im Vergleich dazu werden nach der aktuellen Fassung des OECD-MK nur die Tätigkeitszeiten des Subunternehmers dem Generalunternehmer für Zwecke der Fristberechnung des Art. 5 Abs. 3 OECD-MA (DBA-Russland) zugerechnet, wenn der Generalunternehmer einen Teil des Auftrages selbst ausführt (Teildelegation).[1029]

Wie oben gezeigt, wird nach der weitesten in Deutschland vertretenen Auslegung die Tätigkeit nur derjenigen selbstständigen Unternehmen zugerechnet, die auf Rechnung und Gefahr des Auftraggebers handeln oder zumindest umfangreichen Weisungen unterliegen.[1030] Auch aus russischer Sicht kann ohne jegliche eigene Präsenz im Inland keine Betriebsstätte begründet werden, wobei die Verwaltung zur Zurechnung der Tätigkeit selbstständiger Subunternehmer auch im Fall einer Totaldelegation tendiert.[1031]

e. *Ausnahmekatalog, Art. 5 Abs. 4 DBA-Russland*

Art. 5 Abs. 4 DBA-Russland enthält einen Katalog von Beschränkungen des Betriebsstättenbegriffs. Die Vorschrift entspricht grds. dem Art. 5 Abs. 4 OECD-MA in der seit 1977 geltenden Fassung. Die Befreiung gilt „ungeachtet der vorstehenden Vorschriften".[1032] Die Vorschrift ist damit lex specialis zu Art. 5 Abs. 1, 2 und 3 DBA-Russland („ungeachtet der vorstehenden Bestimmungen"). Über den Verweis in Abs. 5 findet sie auch für die Vertreterbetriebsstätte Anwendung. Soweit der Sachverhalt bereits des Art. 5 Abs. 1 DBA-Russland keine Betriebsstätte begründet, wirkt die Beschränkung nur deklaratorisch.[1033] Die Vorschrift ist die bedeutendste Abweichung des abkommensrechtlichen Betriebsstättenbegriffs von § 12 AO.

Trotz der hohen praktischen Bedeutung der Ausnahmetatbestände besteht allgemein keine Klarheit über ihre (ursprüngliche) Rechtfertigung,[1034] was sich in Auslegungsschwierigkeiten niederschlägt. Problematisch ist insbesondere, ob die ausdrücklich geregelten Fälle in lit. a bis d stets keine Betriebsstätte begründen oder nur, wenn sie Hilfs- oder vorbereitenden Charakter haben. Unklar ist ferner, ob bei

---

1028 So laut *Wichmann*, IStR 2012, 711, 712 f., das Meinungsbild unter den Vertretern der WP1.

1029 Art. 5 Rn. 19 OECD-MK 2014.

1030 Dazu § 5 B.IV.1.b.bb, S. 139 f.

1031 Dazu § 5 B.IV.2.b.dd, S. 147 f.

1032 Nach der russischen Fassung des Art. 5 Abs. 4 DBA-Russland sollen „folgende Arten von Tätigkeiten als nicht durch eine Betriebsstätte ausgeübt" gelten. Der Unterschied zur deutschen Fassung ist nur sprachlicher Natur. Die Formulierung findet sich in einigen russischen Abkommen der neunziger Jahre des 20. Jahrhunderts, siehe z.B. Art. 5 Abs. 4 DBA-Russland/USA und Art. 5 Abs. 4 Musterabkommen GUS v. 15.05.1992.

1033 Vgl. *Wassermeyer*, in Wassermeyer, DBA, Art. 5 Rn. 151.

1034 Auch die OECD räumt Unklarheiten über die ursprüngliche Zwecksetzung ein, *OECD*, Action 7, Final Report 2015, Rn. 12.

der Auslegung des Begriffspaars Hilfs- und Vorbereitungstätigkeit auf qualitative und/oder quantitative Kriterien abzustellen ist. Im letzteren Fall ist der Bezugspunkt strittig (relative und/oder absolute Betrachtung).

aa. Zweck der Regelung

Die Schaffung einer Ausnahmevorschrift im OECD-MA 1963 ging einher mit dem Verzicht der OECD auf die sog. Produktivitätsklausel, wie sie noch in der Betriebsstättendefinition des Abkommens von London und Mexiko vorhanden war.[1035] Produktiver Charakter setzte einen (unmittelbaren) Beitrag zum Unternehmensgewinn voraus.[1036] Nach dem Verständnis des Völkerbundes fehlte es hieran bei „Forschungseinrichtungen, Informationsbüros, Lagerhäusern, Einkaufsbüros, Ausstellungs- und Werbeeinrichtungen".[1037] Sie sollten von der allgemeinen Betriebsstättendefinition nicht erfasst werden, da eine willkürliche oder übermäßige Besteuerung durch die Staaten befürchtet wurde.[1038] Der unmittelbare Beitrag zum Unternehmensgewinn setzte jedoch nicht notwendig eine Gewinnerrealisierung am Markt durch die Betriebsstätte voraus.[1039] Ausreichend war ein Beitrag zur Wertschöpfung.

Den Verzicht auf das Produktivitätskriterium begründet die OECD mit der axiomatischen Annahme, dass bei einem gut organisierten Unternehmen jede Einheit zur Produktivität des Gesamtunternehmens beiträgt.[1040] Jedoch sollte zur „Förderung des internationalen Handels oder zur Erleichterung der Steuererhebung"[1041] keine Betriebsstätte entstehen, wenn der Einrichtung Gewinne „nicht ordnungsgemäß zugeordnet" werden können, weil die betroffenen Tätigkeiten der „tatsächlichen Gewinnrealisierung durch das Stammhaus weit vorausgehen".[1042] Seit dem OECD-MK 1977 fehlt der Hinweis auf die verfolgten Zwecke. Es heißt nunmehr, dass die Tätigkeiten so weit entfernt von der tatsächlichen Gewinnrealisierung (der Hinweis auf das Stammhaus fehlt) seien, dass es „schwierig" sei, der „Betriebsstätte irgend-

---

1035 *League of Nations*, Fiscal Committee, London and Mexico Model Tax Conventions 1946, S. 74, 77.

1036 *League of Nations*, Fiscal Committee, ebd., S. 14.

1037 *League of Nations*, Fiscal Committee ebd.

1038 *League of Nations*, Fiscal Committee, ebd., S. 15.

1039 Als betriebsstättenrelevant nannte der Kommentar „producing, converting, processing, manufacturing, sorting, preserving, assembling, packing and transporting", *League of Nations*, Fiscal Committee, London and Mexico Model Tax Conventions 1946, S. 15.

1040 Art. 5 Rn. 3 OECD-MK 1963 (seither insoweit unverändert).

1041 Art. 5 Rn. 5 OECD-MK 1963. Die Förderung des internationalen Handels betrifft nicht bloß die Befreiung für Einkaufstätigkeiten in lit. d, sondern auch Auslieferungslager und sonstige Hilfs- oder Vorbereitungstätigkeiten. A.A. *Ditz*, in Festgabe für Wassermeyer, S. 153 f.

1042 Art. 5 Rn. 12 OECD-MK 1963: „so far antecedent to the actual realisation of profits by its parent body that no profits can properly be allocated to it [...]".

einen Gewinn zuzuordnen".[1043] Ob eine Tätigkeit Hilfs- oder Vorbereitungscharakter hat oder nicht, soll davon abhängen, ob sie einen „wesentlichen und signifikanten" Teil der Gesamttätigkeit des Unternehmens bildet.[1044]

Ungewiss bleibt, was die OECD unter „weiter Entfernung von der Gewinnrealisierung" (durch das Stammhaus) versteht. Jedenfalls sagt die Zahl der Produktionsschritte bis zur Gewinnrealisierung mit Dritten nichts über die Höhe des Gewinnbeitrags oder die Schwierigkeiten der Abgrenzung aus.[1045] Gemeinsam ist den Beispielen im Katalog, dass sie einen im Verhältnis zum Gesamtgewinn des Unternehmens geringen und schwer quantifizierbaren Beitrag zur Wertschöpfung leisten, der typischerweise auch zu einem geringen Steueraufkommen führt. Unter Entfernung von der Gewinnrealisierung ist daher die Erfolgswirksamkeit der Tätigkeit zu verstehen, d.h. inwieweit die fragliche Tätigkeit die Gewinnrealisierung selbst herbeiführt. So verstandene Entfernung betrifft dann allesamt Tätigkeiten mit nur geringem Wertschöpfungsbeitrag im Verhältnis zur Gesamtwertschöpfung durch das Unternehmen. Diesem Beitrag entsprechen typischerweise auch absolut ein geringer Gewinn und damit ein geringes Steueraufkommen.

Dieses Verständnis bestätigen auch die Beratungen und Berichte zur Vorbereitung zum OECD-MA 1963/1977. Insbesondere die Delegierten Großbritanniens wiesen mehrfach daraufhin, dass in den Fällen des Abs. 3 (heute Abs. 4) die entsprechenden Gewinne und das Steueraufkommen im Quellenstaat gering sein würden.[1046] Auch im Betriebsstättenbericht 1965 spricht sich die WP1 (noch) gegen eine Betriebsstättenentstehung bei Kombination von Hilfstätigkeiten, u.a. weil das Steueraufkommen allenfalls gering wäre.[1047]

In diesem Licht sind die bezweckte Förderung des internationalen Handels und die Verwaltungsvereinfachung zu sehen. Die mit der Betriebsstättenentstehung verbundenen Kosten (Steuerberatung etc.) machen ein Auslandsengagement unattraktiv, wenn der Gewinnbeitrag der Betriebsstätte von den Verwaltungskosten aufgezehrt wird. Allerdings können die Kosten der Besteuerung das Unternehmen auch bei einem positiven Saldo von einem Auslandsengagement abhalten, da mit der Absenkung der Betriebsstättenschwelle die Anzahl der Betriebsstätten und damit die Verwaltungskosten steigen, wodurch die Gewinnmarge sinkt. Schließlich bergen unterschwellige Betriebsstätten wegen der Schwierigkeiten der Gewinnabgrenzung die Gefahr von Doppelbesteuerung. Aus der Sicht des Staates ist Verwaltungsvereinfachung als Argument nur überzeugend, wenn das Steueraufkommen im Ver-

1043 Art. 5 Rn. 22 OECD-MK 1963 (Rn. 23 OECD-MK 2014).

1044 Art. 5 Rn. Rn. 23 OECD-MK 1963 (Rn. 24 OECD-MK 2014). Auf das Verhältnis zur Gesamttätigkeit abstellend bereits Art. 5 Rn. 12 OECD-MK 1963.

1045 Lediglich Vorbereitungstätigkeiten sind i.d.S. weit von der Gewinnrealisierung nach außen entfernt, während Hilfstätigkeiten (z.B. bei Auslieferungslagern) auch unmittelbar vor oder nach der Gewinnrealisierung ausgeübt werden können.

1046 Siehe Art. 4 Sitzungsprotokoll des Fiskalausschusses vom 6.11.1962, FC/M(62)5.

1047 Siehe Nr. 12 Betriebsstättenbericht der WP25 v. 03.01.1966, FC/WP25(66)2.

gleich zu Verwaltungskosten gering ist.[1048] Nicht überzeugend ist die Begründung der Ausnahmetatbestände mit der schwächeren Berechtigung des Quellenstaates. Unter dem Gesichtspunkt der Äquivalenz steht der Besteuerung im Quellenstaat nichts entgegen, da die entsprechenden Tätigkeiten die inländische Infrastruktur gleichermaßen belasten können.[1049]

Nach Einführung des AOA kann als Rechtfertigung jedoch nicht mehr auf die Schwierigkeiten bei der Gewinnabgrenzung verwiesen werden, sondern nur auf den geringen Wertschöpfungsbeitrag, da zum einen nicht der Gesamtgewinn aufgeteilt werden sollte und zum anderen Geschäftsbeziehungen zwischen Stammhaus und Betriebsstätte fremdvergleichskonform abgegolten werden müssen und können. Es ist mit anderen Worten nicht mehr notwendig, beispielsweise einen bestimmten Anteil am Gesamtgewinn einer Lagertätigkeit zuzuordnen, sondern es kann insoweit eine Vergütung für eine fiktive Dienstleistungserbringung wie unter fremden Dritten angesetzt werden.

bb. Verhältnis der Auffangklausel zu den ausdrücklich geregelten Fällen

Bemerkenswert ist, dass der Betriebsstättenbericht 1956 nur die Beispielsfälle enthalten hatte, die somit automatisch ausgenommen waren.[1050] Erst im weiteren Diskussionsverlauf setzte sich der Vorschlag Deutschlands und Großbritanniens durch, in Art. 5 Abs. 3 lit. d vergleichbare Tätigkeiten mit Hilfs- oder Vorbereitungscharakter aufzunehmen.[1051] Die ausdrücklich geregelten Ausnahmen in Art. 5 Abs. 3 lit. a bis d Alt. 1 OECD-MA 1963 waren an keine weiteren Voraussetzungen gebunden.[1052] Dafür sprechen neben Wortlaut und Zusammenhang ergänzend die Entstehungsgeschichte und die Ausführungen im OECD-MK. Nicht die Beispielsfälle sollten im Lichte des Begriffspaars Hilfs- und Vorbereitungstätigkeiten gesehen werden, sondern umgekehrt Hilfs- und Vorbereitungstätigkeiten den genannten Fällen ähnlich sein.[1053]

Bei Vorschriften, die – wie Art. 5 Abs. 4 DBA-Russland – auf dem OECD-MA 1977 basieren, ist dagegen umstritten, ob Abs. 4 in jeder Variante als (ungeschriebene) Voraussetzung den Hilfs- oder Vorbereitungscharakter fordert. Nicht überzeugend ist der Erst-Recht-Schluss aus Art. 5 Abs. 4 lit. f OECD-MA/DBA-Russland. Da die Kombination mehrerer Tätigkeiten nach lit. a bis e (Geschäftsverdichtung) nur dann keine Betriebsstätte ist, wenn die Gesamttätigkeit noch als Hilfs- und Vorbereitungstätigkeit anzusehen ist, soll diese Voraussetzung erst recht für die Einzeltätigkeiten

1048 Siehe ebenso schon *Lang*, in Gassner/Lang/Lechner, Betriebstätte, S. 77, 81.

1049 Man denke z.B. an ein umfangreiches Auslieferungslager im Quellenstaat. A.A. *Görl*, in Vogel/Lehner, DBA, Art. 5 Rn. 85.

1050 Appendix 1 Report WP 1 v. 17.09.1956, FC/WP1(56)1.

1051 Vgl. Vorschlag vom 06.06.1956 TFG/FC/7 sowie den neuen Entwurf vom 05.01.1957 FC/WP1(57)1.

1052 Siehe z.B. *Oberbauer*, in Lang u.A., Dependent Agents, S. 205, 208.

1053 So Art. 5 Rn. 13 OECD-MK 1963.

gelten. Möglich erscheint auch, dass die Tätigkeiten in lit. a bis d ohne weitere Voraussetzungen freigestellt sind, ihre Kombination aber nur, soweit die Schwelle nicht überschritten ist. Denn durch die Kumulation kann jedenfalls quantitativ die Schwelle zur Haupttätigkeit überschritten werden. Für diese Auslegung spricht auch die Vokabel „ausschließlich" in Art. 5 Abs. 4 lit. a bis d OECD-MA/DBA-Russland. Dagegen spricht allerdings der Wortlaut des Art. 5 Abs. 4 lit. e OECD-MA/DBA-Russland, wonach auch „andere Tätigkeiten", die vorbereitender Art oder Hilfstätigkeiten sind, auszunehmen sind.

Die Erläuterung im OECD-MK ist nicht eindeutig. Einerseits soll es sich bei den Beispielen im Negativkatalog nur „im Allgemeinen"[1054] um Hilfs- und Vorbereitungstätigkeiten handeln, andererseits soll die Vorschrift dazu dienen Hilfs- und Vorbereitungstätigkeiten von der Besteuerung auszunehmen.[1055] Auch die OECD hat dieses Problem erkannt. Nach dem Vorschlag der Working Group 1 vom 31.01.2013 sollte eine Klarstellung in den OECD-MK eingefügt werden, dass für lit. a bis d keine weiteren Voraussetzungen gelten.[1056] Zwei Jahre später wurde im Final Report im Rahmen der BEPS exakt das Gegenteil vorgeschlagen. Danach soll sowohl im Abkommenstext als auch im Kommentar ausdrücklich geregelt werden, dass alle Tätigkeiten in Abs. 4 vorbereitenden Charakter haben oder Hilfstätigkeiten sein müssen.[1057]

Der BFH hat für eine dem Art. 5 Abs. 3 lit. e OECD-MA 1963 nachgebildete Vorschrift entschieden, dass sie als lex specialis der allgemeinen Ausnahme vorgeht. Den Grund für den lex specialis-Charakter sah der BFH darin, dass beispielsweise die Informationsbeschaffung und -auswertung für eine Zeitung Haupttätigkeit ist und damit lit. e stets ausscheiden würde.[1058]

Die russischen Rechtsanwender haben wegen der ausdrücklichen Regelung im nationalen Recht keinen Anlass, sich mit der Problematik auseinanderzusetzen. Im Abkommensrecht tendieren die russischen Rechtsanwender zu der Auffassung, dass für die Beispielsfälle keine weiteren Voraussetzungen gelten, sofern die Geschäftseinrichtung ausschließlich für eine Tätigkeit des Beispielkatalogs unterhalten wird.[1059]

1054 Art. 5 Rn. 21 OECD-MA 1977 (seither unverändert).

1055 Ebd. sowie Rn. 28.

1056 *OECD*, Revised Proposals Concerning Art. 5, Rn. 70 ff.

1057 Entwurf des Art. 5 Abs. 4 OECD-MA durch *OECD*, Action 7, Final Report 2015, Rn. 10 ff. Da sich Deutschland und Russland am 05.06.2017 für Art. 13 Abs. 2 MLI entschieden haben (oe.cd/mli), wird Art. 5 Abs. 4 DBA-Russland mit Inkrafttreten des MLI entsprechend überlagert.

1058 Möglicherweise anders BFH v. 15.07.1983, III B 43/82.

1059 In AS M v. 17.12.2010, A40-94391/10-142-134 wird das Regelbeispiel im nationalen Recht verneint, weil es sich um Haupttätigkeit handelt (Art. 306 Abs. 4 Nr. 3 StK), im Abkommensrecht, weil in der Geschäftseinrichtung weitere Tätigkeiten ausgeübt wurden und zusätzlich ein Teil der Haupttätigkeit.

Für Zwecke der Planungssicherheit des Unternehmens sollte bei Erfüllung der Voraussetzungen eines ausdrücklich geregelten Falles zumindest eine Vermutung gegen die Existenz einer Betriebsstätte bestehen. Diese Vermutung kann allerdings entkräftet werden durch den Nachweis, dass die ausgeübte Tätigkeit im konkreten Fall keine Hilfs- oder Vorbereitungstätigkeit ist.

cc. Regelbeispiele

Die russische Fassung weicht insoweit von der deutschen und dem OECD-MA ab, als in Art. 5 Abs. 4 lit. a DBA-Russland statt von Benutzung (russ.: „использование") der Einrichtung von ihrer Unterhaltung (russ.: „содержание") und in lit. d bis f umgekehrt von Benutzung statt Unterhaltung die Rede ist. Die Abweichung ist jedoch nur sprachlicher Natur.[1060]

Die Einrichtungen oder Bestände müssen ausschließlich zu dem genannten Zweck unterhalten bzw. benutzt werden. Kombinationen mit anderen Tätigkeiten sind nur unter den Voraussetzungen des Art. 5 Abs. 4 lit. f DBA-Russland befreit. Eine Ausnahme besteht jedoch für Tätigkeiten, die sachlich mit den begünstigten zusammenhängen und unterstützenden Charakter haben (z.B. Verpackung, Versenden).[1061]

(1) Einrichtungen oder Bestände zur Lagerung, Ausstellung oder Auslieferung von Gütern oder Waren (Art. 5 Abs. 4 Nr. 1, 2 DBA-Russland)

Güter und Waren sind alle Wirtschaftsgüter des Anlage- und Umlaufvermögens.[1062] Die Vorschrift ist damit weiter als Art. 306 Abs. 4 Nr. 1 und 2 StK, der nur Waren und damit Umlaufvermögen umfasst. Es muss sich um Waren des Unternehmens handeln, das die Einrichtung nutzt oder den Bestand unterhält.[1063] Das Unternehmen muss mindestens wirtschaftlicher Eigentümer sein und die Waren oder Güter als eigenes Vermögen in der Bilanz erfassen.[1064] Wie im nationalen russischen Recht werden immaterielle Güter nicht erfasst.[1065]

Nach allgemeiner Auffassung in Deutschland erfüllt der Bestand als solcher bereits nicht die Voraussetzungen einer Betriebsstätte, da die Unternehmenstätigkeit nicht durch, sondern mit dem Bestand ausgeübt wird, dieser also nur Tätigkeits-

---

1060 Vgl. aber *Reimer*, in Reimer/Rust, Double Taxation, Art. 5 Rn. 263.

1061 *Görl*, in Vogel/Lehner, DBA, Art. 5 Rn. 87.

1062 FG Schleswig-Holstein v. 06.09.2001, II 1224/97, Rn. 31.

1063 BFH v. 30.10.1996, II R 12/92, Rn. 27.

1064 BFH v. 23.07.2003, I R 62/02, Rn. 15, *Wassermeyer*, in Wassermeyer, DBA, Art. 5 Rn. 157.

1065 Siehe auch *OECD*, Revised Proposals Concerning Art. 5, Nr. 15; a.A. wohl FG Schleswig-Holstein v. 06.09.2001, II 1224/97, Rn. 31 und *Häck*, in F/W/K, DBA-Schweiz, Art. 5 DBA Rn. 78.

objekt ist.[1066] Jedenfalls ist aber eine Verfügungsbefugnis notwendig. Bezieht sie sich auf das Lager, ist Alt. 1 einschlägig, darf der Unternehmer den bei einem Drittunternehmen gelagerten Bestand kontrollieren, Alt. 2.[1067]

(2) Bestände von Gütern oder Waren zur Bearbeitung oder Verarbeitung durch ein anderes Unternehmen (Art. 5 Abs. 4 lit. c DBA-Russland)

Auch diese Regelung ist nach deutschem Verständnis deklaratorisch. Nach russischer Auffassung können dagegen Auslieferungen unternehmenseigener Waren nach Be- oder Verarbeitung im Zollgebiet oder unter Zollkontrolle zur Entstehung einer Betriebsstätte führen (Art. 306 Abs. 9 Var. 1 StK). Sofern die Waren durch ein anderes Unternehmen verarbeitet werden, wird insoweit die Entstehung einer Betriebsstätte durch Art. 5 Abs. 4 lit. c DBA-Russland verhindert.

(3) Einkauf und Informationsbeschaffung, Art. 5 Abs. 4 lit. d DBA-Russland

Die Tätigkeiten müssen für das Unternehmen ausgeführt werden. Die Vorschrift korrespondiert mit Art. 7 Abs. 5 DBA-Russland, wonach der Gewinn, welcher auf die Einkaufstätigkeiten entfällt, die innerhalb einer aus anderen Gründen bestehenden Betriebsstätte ausgeübt werden, aus dem Betriebsstättengewinn herauszurechnen ist.

Die zweite Alternative erfasst nur die Informationsbeschaffung, und zwar unabhängig davon, ob es sich um einen Teil der Haupttätigkeit des Unternehmens handelt. Insoweit ist die Vorschrift weiter als Art. 306 Abs. 4 Nr. 4 StK.

dd. Andere Hilfs- und Vorbereitungstätigkeit, Art. 5 Abs. 4 lit. d DBA-Russland

Ob den Steuererhebungs- und Entrichtungskosten ein angemessener Gewinn gegenübersteht, hängt primär von der absoluten Höhe des erwirtschafteten Gewinns ab. Auf den Anteil des Betriebsstättengewinns am Gesamtgewinn des Unternehmens kommt es insoweit nicht an. Für die Liberalisierung der grenzüberschreitenden Unternehmenstätigkeit ist jedoch auch die relative Schwelle von Bedeutung, da jede Betriebsstätte dem Unternehmen zusätzliche administrative Kosten verursacht. Allerdings scheiden die absolute und relative Höhe des Betriebsstättengewinns als Kriterium für die Qualifizierung einer Tätigkeit als Haupttätigkeit aus, da sie eine kostenintensive Betriebsstättengewinnermittlung und ihre Überprüfung durch die Verwaltung voraussetzen, die Art. 5 Abs. 4 DBA-Russland gerade verhindern soll.

1066 Siehe bereits *Kolck*, Betriebsstättenbegriff, S. 190.

1067 A.A. *Wassermeyer*, in Wassermeyer, DBA, Art. 5 Rn. 163, der bei einer Verfügungsbefugnis über den Bestand die Unterhaltung eines Lagers annimmt.

Daher geht das Abkommen typisierend davon aus, dass Tätigkeiten, die qualitativ nicht zur Haupttätigkeit gehören, ein im Verhältnis zum Gesamtgewinn des Unternehmens nur geringer Gewinn zugeordnet werden kann, der wiederum zu keinem nennenswerten Steueraufkommen im Quellenstaat führen würde.[1068]

Die deutsche und russische Rechtsprechung sowie der OECD-MK verstehen unter vorbereitenden Tätigkeiten solche, die zeitlich vor der Haupttätigkeit ausgeübt werden. Hilfstätigkeiten begleiten die Haupttätigkeit oder folgen ihr zeitlich nach. Nach deutscher und russischer Sichtweise unterscheiden sie sich ihrer Art nach von der Haupttätigkeit.[1069] Wie die Beispielsfälle zeigen, kommt es für die Einordnung als Hilfs- oder Vorbereitungstätigkeit nicht darauf an, ob sie für die Unternehmenstätigkeit notwendig ist. Das bestätigt auch der OECD-MK. Nach dem OECD-MK soll es entscheidend darauf ankommen, ob die Tätigkeit einen „wesentlichen und signifikanten" Teil der Gesamttätigkeit darstellt oder nicht.[1070] Das lässt den Schluss zu, dass „wesentlich" ein qualitatives Kriterium und „signifikant" ein quantitatives Kriterium enthält. Konsens besteht insoweit, als die Qualifizierung relativ zum Gesamtunternehmen erfolgt und eine absolute Größe des Engagements im Vertragsstaat unerheblich ist.[1071]

Im BEPS Final Report hat die OECD die Anwendung der Kriterien präzisiert. Das betrifft grds. nur die späteren Abkommen, kann aber durchaus zur Auslegung der Begriffe Hilfs- bzw. Vorbereitungstätigkeit herangezogen werden.[1072] Typisch für Vorbereitungstätigkeiten ist nach dem Verständnis der OECD, dass sie im Vergleich zur Haupttätigkeit nur über einen kurzen Zeitraum ausgeführt werden. Hilfstätigkeiten werden in der Regel keinen signifikanten Anteil an Arbeitnehmern oder Vermögenswerten des Unternehmens beanspruchen. Sie verlangen typischerweise keinen großen Kapital- oder Personaleinsatz. Hier wird deutlich, dass die OECD für die Vorbereitungstätigkeit nunmehr ein qualitatives, für die Hilfstätigkeit daneben ein quantitatives Kriterium bevorzugt.

Eine ausschließlich quantitative Betrachtung ist mangels konkreter Werte für die Abgrenzung unbrauchbar. Die von der OECD vorgeschlagenen Kriterien erfassen auch nicht den typischen Fall einer Tätigkeit, die einen geringen Gewinnbeitrag erzielt. Daher bietet es sich an, von einer inhaltlichen Analyse der Tätigkeit auszugehen und quantitativen Kriterien einen indiziellen Charakter beizumessen. Dabei kann auf die von der OECD vorgeschlagenen Kriterien (Kapital- oder Personaleinsatz) und auf Modelle zur Bestimmung von Wertschöpfungsbeiträgen zurückgegriffen werden.[1073] Bezugspunkt insoweit ist die Gesamttätigkeit des Unter-

---

1068 Vgl. auch *Valta*, Entwicklungshilfe, S. 403.

1069 BFH v. 23.01.1985, I R 292/81, Rn. 29; BMF BStBl. I 1999, 1076, Tz. 1.2.1.1; VAS v. 18.03.2003, 8349/02; Minfin Schreiben v. 20.01.2014, 03–08-05/1418; siehe auch § 5 B.IV.2.c.aa, S. 151.

1070 Art. 5 Rn. 24 OECD-MK 2014.

1071 A.A. *Reimer*, in Reimer/Rust, Double Taxation, Art. 5 Rn. 285 ff.

1072 Siehe zum folgenden *OECD*, Action 7, Final Report 2015, S. 29 ff.

1073 Siehe z.B. *Freudenberg/Stein/Trost*, ISR 2016, 159, 162.

nehmens; werden verschiedene Arten von Geschäftstätigkeiten im Rahmen eines Unternehmens ausgeübt, so ist auf den einzelnen Aufgabenbereich abzustellen, soweit sich die Tätigkeit in der Geschäftseinrichtung auf ihn bezieht. Handelt es sich inhaltlich um eine Hilfstätigkeit, wie beispielsweise bei einem regionalen Büro[1074] zur Markterforschung, liegt auch dann keine Betriebsstätte vor, wenn dort das gesamte Personal eines Einzelunternehmers tätig wird.

Der BFH scheint ein engeres Verständnis von Hilfs- und Vorbereitungstätigkeiten zu haben als die russische Rechtsprechung. So sollen die Buchhaltung, die Durchführung des Zahlungsverkehrs, Rechnungslegung und die Erfüllung steuerlicher Pflichten für eigene Zwecke unmittelbar der Gewinnerzielung dienen.[1075] Exakt diese Tätigkeiten werden entweder bereits in Art. 306 Abs. 4 Nr. 4 StK ausdrücklich erwähnt oder von russischen Gerichten zu Recht als typische Hilfs- und Vorbereitungstätigkeiten eingeordnet.[1076]

Hinsichtlich der Mitwirkung bei Vertragsverhandlungen soll in Art. 5 Rn. 25.1 OECD-MK nunmehr klargestellt werden, dass die aktive Mitwirkung der Mitarbeiter eines lokalen Büros an Vertragsverhandlungen – z. B. durch das Aushandeln wichtiger Vertragsbedingungen (Art, Quantität und Qualität der Leistungen/Waren) – keine bloße Hilfstätigkeit ist.[1077] Zu Recht abgelehnt wurde eine weitergehende Forderung, dass die lokalen Mitarbeiter über alle wesentlichen Vertragsbestandteile bestimmen müssen.

ee. Kombination von Tätigkeiten

Art. 5 Abs. 4 lit. f DBA-Russland erklärt die Kombination mehrerer Einzeltätigkeiten nach lit. a bis e für zulässig, solange die sich daraus ergebende Gesamttätigkeit noch als Tätigkeit vorbereitender Art oder als Hilfstätigkeit anzusehen ist.

4. Zwischenergebnis

Unternehmenstätigkeit wird in beiden Staaten als ihrer Art nach unternehmerische Tätigkeit verstanden. Konfliktträchtig ist insbesondere die Abgrenzung zur Vermögensverwaltung. Aus russischer Sicht fallen auch land- und forstwirtschaftliche Betriebe und die freiberufliche Tätigkeit darunter, was auf Abkommensebene jedoch zu keinen Konflikten führt. Aus deutscher Sicht muss die Geschäftseinrichtung als Grundlage und nicht als Objekt der Tätigkeit dienen. Nach der Auffassung des BFH ist eine physische Präsenz vor Ort erforderlich. Die russische Verwaltung tendiert auch im Fall einer Totaldelegation zur Annahme einer Betriebsstätte, was vom OECD-MK vorbehaltlich der geplanten Änderung bisher nicht gedeckt ist.

1074 Siehe auch *Görl*, in Vogel/Lehner, DBA, Art. 5 Rn. 93.

1075 BFH v. 09.11.1999, II R 107/97, Rn. 35.

1076 FAS MO v. 07.06.2006, A41-K2-5662/05.(Rechtssache *Harris Russia*).

1077 Siehe Empfehlung zur Einfügung des Art. 5 Rn. 24.2 OECD-MK n.F. in *OECD*, Revised Proposals Concerning Art. 5, S. 32.

Nach abzulehnender russischer Auffassung sollen Hilfs- und Vorbereitungstätigkeiten nicht unternehmerisch sein. Dabei besteht im nationalen russischen Recht die Tendenz, jede Kombination der ausdrücklich geregelten Ausnahmen ohne weitere Voraussetzungen als nicht betriebsstättenbegründend anzusehen. Bei unentgeltlichen Hilfs- und Vorbereitungstätigkeiten im Interesse Dritter kann in Russland abkommenswidrig die Bemessungsgrundlage anhand der Ausgaben mit einer festen Rentabilitätsnorm von 20 % geschätzt werden. Zur Bestimmung von Hilfs- oder Vorbereitungstätigkeiten ist von einer inhaltlichen Analyse der Tätigkeit ausgehen. Quantitativen Kriterien kommt nur indizieller Charakter zu. Bezugspunkt ist die Gesamttätigkeit des Unternehmens, bei verschiedenen Geschäftsbereichen der einzelne Geschäftsbereich.

C. Betriebsstätten in Sonderfällen

Die Tatbestände in § 12 S. 2 AO sind überwiegend Art. 5 Abs. 2 OECD-MA nachgebildet. Im OECD-MA 1977 wurden Bauausführungen und Montagen in einen eigenständigen Abs. 3 ausgegliedert. § 12 S. 2 AO ist nach Auffassung des BFH und der Finanzverwaltung teilweise konstitutiv. Art. 5 Abs. 2 OECD-MA soll nach Ansicht der OECD hingegen die allgemeine Definition in Abs. 1 lediglich veranschaulichen.

Im Unterschied dazu fehlt im russischen Recht ein entsprechender Positivkatalog. Die allgemeine Definition enthält eine Aufzählung der Tätigkeitsorte (Filiale, Vertretung etc.) sowie eine Aufzählung der Unternehmenstätigkeiten. Dem abkommensrechtlichen Positivkatalog kommt in der Rechtsprechung russischer Gerichte keine eigenständige Bedeutung zu. Lediglich vereinzelt wird die Betriebsstätteneigenschaft auch unter Verweis auf die Beispielsfälle erörtert (siehe sogleich). Daher werden im Folgenden nur die konfliktträchtigen Fälle einer Geschäftsleitungsbetriebsstätte, einer Zweigniederlassung sowie Bauausführungen und Montagen behandelt.

I. Stätte der Geschäftsleitung/Ort der Leitung

Die Stätte der Geschäftsleitung (§ 12 S. 2 Nr. 1 AO) ist nach § 10 AO der Mittelpunkt der geschäftlichen Oberleitung.[1078] Nach Auffassung der Rechtsprechung ist keine in der Verfügungsmacht des Unternehmens stehende Geschäftseinrichtung erforderlich.[1079] Für ausländische Unternehmen, die nach dem Typenvergleich als Körperschaft einzuordnen sind, führt die inländische Stätte der Geschäftsleitung zur unbeschränkten Steuerpflicht. Die beschränkte Steuerpflicht gem. § 49 Abs. 2 lit. a EStG begründet § 12 S. 2 Nr. 1 AO damit für ausländische Einzelunternehmer und Personengesellschaften.

1078 Zuletzt BFH v. 05.11.2014, IV R 30/11, Rn. 26.
1079 BFH v. 28.07.1993, I R 15/93, Rn. 16.

In Art. 306 StK wird der Ort der (Geschäfts-)Leitung nicht gesondert erwähnt. Nach teilweise vertretener Auffassung wird am Ort der Leitung keine Betriebsstätte begründet, weil Leitungstätigkeiten regelmäßig nicht auf systematische Gewinnerzielung gerichtet und daher als nicht unternehmerisch bzw. als bloße Hilfstätigkeit zu qualifizieren sind.[1080] Auch das Finanzministerium hat das Abhalten von Vorstandssitzungen in Russland als nicht betriebsstättenbegründend angesehen.[1081] Seit 2015 knüpft die Eigenschaft als Steuerresident (unbeschränkte Steuerpflicht) an den Ort der Geschäftsleitung im Inland (Art. 246.2 StK). Für die Entstehung einer Betriebsstätte ist daher nunmehr nur Raum, wenn sich die Leitungsaufgaben auf die lokale Tätigkeit beziehen.[1082]

Nach Art. 5 Abs. 2 lit. a DBA-Russland umfasst der Begriff „Betriebsstätte" auch einen Ort der Leitung. Im Unterschied zu der Tie-Breaker-Regel in Art. 4 Abs. 3 DBA-Russland muss es sich nicht um die „tatsächliche Geschäftsleitung" handeln.

II. Zweigniederlassung

Der Begriff der Zweigniederlassung in § 12 S. 2 Nr. 2 AO bestimmt sich nach § 13 HGB.[1083] Ist eine Zweigniederlassung in das Handelsregister eingetragen, besteht nach dem BFH eine widerlegbare Vermutung, dass der ausländische Unternehmer eine Betriebsstätte unterhält.[1084] Diese Vermutung soll nur mit der schlüssigen Darlegung widerlegt werden können, dass die Eintragungsvoraussetzungen nicht vorgelegen haben,[1085] also nicht durch den Nachweis, dass sie weggefallen sind, beispielsweise weil in der Zweigniederlassung keine Tätigkeit mehr ausgeübt wird. Auch Art. 306 Abs. 2 StK verwendet den Begriff der Filiale. Dieser soll nach allgemeiner Auffassung lediglich den Ort der Tätigkeit beschreiben und stellt eine Betriebsstätte nur bei Vorliegen der allgemeinen Voraussetzungen einer Betriebsstätte dar.[1086]

Was unter einer Zweigniederlassung nach Art. 5 Abs. 2 lit. b DBA-Russland zu verstehen ist, soll sich gem. Art. 3 Abs. 2 DBA-Russland nach nationalem Recht bestimmen.[1087] Aus russischer Sicht wurde vereinzelt aus der Existenz einer Filiale nach nationalem Recht ohne weitere Prüfung auf eine Betriebsstätte im Sinne des Abkommensrechts geschlossen.[1088] Herrschend in Russland ist jedoch die Auffas-

1080 *Зубарев/Волков*, НефтьГазПраво 2012, Nr. 6, S. 29 ff.
1081 Minfin Schreiben v. 07.05.2009, 03–08-05.
1082 Vgl. auch FAS SZO v. 17.03.2008, A75-6037/2007.
1083 BMF BStBl. I 1999, 1076, Tz. 1.2.1.1.
1084 BFH v. 30.01.1981, III R 116/79, Rn. 15.
1085 BFH v. 09.11.1999, II R 107/97, Rn. 31.
1086 Präsidium VAS v. 09.07.2013 Nr. 158, Punkt 9; VAS v. 11.01.2002, 3646/01; 13 AAS v. 25.02.2009, A56-39821/2008.
1087 BFH v. 30.01.1981, III R 116/79, Rn. 16.
1088 FAS v. 28.07.2003, A56-37837/02; Minfin v. 5.10.2011, 03–08-05. Unschädlich ist allerdings, dass die russische Fassung des Art. 5 Abs. 2 lit. b DBA-Russland von „отделение" (Abteilung) spricht.

sung, dass die (Nicht-) Registrierung einer Filiale keinen Einfluss auf die Frage der Betriebsstättenentstehung hat.[1089] Aus deutscher Sicht wird daher bei einer in Russland eingetragenen Filiale eines deutschen Unternehmens die Existenz einer ausländischen Betriebsstätte vermutet, während die Existenz der Filiale aus russischer Sicht irrelevant ist.

III. Bauausführungen und Montagen

1. Begriff

a. § 12 S. 2 Nr. 8 AO

Eine Bauausführung ist die Errichtung (der Abbruch)[1090] eines Bauwerks, einer Anlage oder von Teilen davon (Häuser, Straßen, Pipelines).[1091] Zu Bauausführungen gehören auch die mit der Errichtung zusammenhängenden Montagetätigkeiten wie z.B. das Einfügen von Fenstern und Türen in einen Neubau, auch wenn sich die Tätigkeit des Unternehmens auf den Einbau beschränkt.[1092] Daneben kommt dem Montagebegriff auch eine eigenständige Bedeutung zu („oder Montagen").[1093] Montagen sind die wesentlichen Arbeiten des Zusammenfügens oder des Umbaus von vorgefertigten Einzelteilen zu einer Sache.[1094] Zur Montagetätigkeit gehört auch das Zusammenfügen beweglicher Gegenstände (z.B. Waggons).[1095] Nicht zu Bauausführungen oder Montagen gehören Reparatur- und Instandsetzungsarbeiten.[1096]

Planungs- und Überwachungstätigkeiten fallen unter § 12 S. 2 Nr. 8 AO, wenn sie als Teilleistung von dem Bauunternehmer selbst erbracht werden, und im Fall einer Subvergabe der Werksherstellung, wenn sie von dem Generalunternehmer mit eigenem Personal erbracht werden. Bei einer Totaldelegation (inkl. der Überwachungstätigkeit) kann der Generalunternehmer mit den verbleibenden Koordinierungsaufgaben eine Betriebsstätte nur nach § 12 S. 1 AO begründen.[1097]

b. Art. 308 StK

Art. 308 Abs. 1 StK enthält eine Legaldefinition von Bauausführungen (russ.: „строительная площадка"/Baustelle), die auch einen großen Teil von Montagetätigkeiten umfasst.[1098] Die Definition von Bauausführungen als „Ort der Bautätig-

1089 Siehe oben § 5 B.I.2.b, S. 99 f.
1090 BFH v. 22.09.1977, IV R 51/72, Rn. 13.
1091 BMF BStBl. I 1999, 1076, Tz. 4.3.1.
1092 BFH v. 21.10.1981, I R 21/78, Rn. 17.
1093 BFH v. 16.05.1990, I R 113/87, Rn. 15.
1094 BFH v. 16.05.1990, I R 113/87, Rn. 17.
1095 Ebd.
1096 BFH v. 09.07.2003, I R 4/02, Rn 22; BMF BStBl. I 1999, 1076, Tz. 4.3.1.
1097 BMF BStBl. I 1999, 1076, Tz. 4.3.2.
1098 Die hohe praktische Relevanz belegt schon der Umfang der gesetzlichen Regelung (Art. 308 Abs. 1 bis 5 StK). Zuvor hat sich die Rechtsanwendung an nationalen

keit“ stellt die Verknüpfung zu der allgemeinen Definition in Art. 306 Abs. 2 StK her (Bau- und Montagetätigkeiten).[1099] Zugleich wird deutlich, dass nur Tätigkeiten unmittelbar am Ort der Baustelle erfasst werden (und nicht etwa Tätigkeiten in einer außerhalb der Baustelle gelegenen Filiale, die einen Bezug zur Bauausführung haben).[1100] Zu Bauausführungen zählen:

1. der Ort der Neuerrichtung (Rekonstruktion, technischen Umrüstung, Reparatur) von Objekten unbeweglichen Vermögens mit Ausnahme von Luft-, See- und Raumschiffen (Art. 308 Abs. 1 Nr. 1 StK) und
2. der Ort der Neuerrichtung (Rekonstruktion, technischen Umrüstung, Reparatur und Montage) von Bauwerken (auch schwimmenden) sowie von Maschinen und Betriebsvorrichtungen, die nach ihrer Bestimmung mit Gebäuden oder Anlagen fest verbunden werden (Art. 308 Abs. 1 Nr. 2 StK).

Zu Bauausführungen gehört auch der (fortschreitende) Bau von Straßen, unterirdischen Leitungen etc. (Art. 308 Abs. 5 StK).[1101] Erfasst werden auch Erd-, Bagger- und Grabungsarbeiten sowie der Abbruch und die Demontage (auch ohne Bezug zu einem zu errichtenden Bauwerk).[1102] Soweit Bauwerke zu Objekten des unbeweglichen Vermögens[1103] zu rechnen sind und es sich nicht um eine Montage handelt, ist bereits Art. 308 Abs. 1 Nr. 1 StK erfüllt.

Drei Unterschiede zum nationalen deutschen Recht (und zum DBA-Recht) fallen sofort auf: (1) Das Gesetz erfasst auch Reparaturen; (2) Montagen sind ein Unterfall von Bauausführungen; (3) Montagen von beweglichen Maschinen und Betriebsvorrichtungen werden nicht erfasst.

Zur Auslegung der Begriffe Rekonstruktion (z.B. Um-/Ausbau), technische Umrüstung (Verbesserung, Sanierung), Reparatur greift die Rechtsprechung regelmäßig auf baurechtliche Vorschriften und technische Reglements zurück, sodass die Bedeutung der Begriffe von der Art des Bauobjekts abhängt.[1104]

Die Verwaltung legt die Norm einschränkend aus und schließt laufende Reparaturen im Gegensatz zu sog. Kapitalreparaturen vom Anwendungsbereich des

---

baurechtlichen Vorschriften sowie dem OECD-MK orientiert, *dazu Аракелов*, Финансовое стимулирование, S. 127 f.

1099 Eine Baustelle ist daher ein anderer Ort der Tätigkeit i.S.d. Art. 306 Abs. 2 StK und ein Unterfall der Betriebsstätte.

1100 *Заусалин/Пепеляев*, Инвестиции в строительство, S. 285.

1101 Art. 308 Abs. 5 StK.

1102 Vgl. Minfin Schreiben v. 13.05.1999, 04–06-02.

1103 Objekte des unbeweglichen Vermögens sind Grundstücke sowie alles, was mit dem Erdboden fest verbunden ist, d.h. Objekte, deren Fortbewegung ohne unverhältnismäßigen Schaden für ihre Bestimmung unmöglich ist, darunter Gebäude, Bauwerke etc. (Art. 130 Abs. 1 ZGB, Art. 11 Abs. 1 StK). Zu unbeweglichem Vermögen rechnet das ZGB u. a. registrierungspflichtige Luft-, See- und Raumschiffe.

1104 Siehe die Definitionen in Art. 1 Städtebaukodex; vgl. FAS DVO v. 05.08.2009, A80-37/2008; *Семенихин*, Иностранные организации, S. 40 ff.

Art. 308 Abs. 1 StK aus.[1105] Keine Bauausführungen seien ferner „Maler- und Fliesenlegerarbeiten, der Aufbau von Telefonleitungen in Räumen, die Verlegung von Kabeln, die Montage von Anlagen, die keine feste Verbindung mit dem Fundament oder mit tragenden Konstruktionselementen von Gebäuden erfordern und ohne Schaden verlegt werden können".[1106] Unklar ist, ob das auch für den ausländischen Subunternehmer gilt, dessen Mitwirkung an der Neuerrichtung eines Objekts sich auf die genannten Tätigkeiten beschränkt. In älteren Schreiben wurde ausgeführt, dass der Aufbau von Stromleitungen, Wasserleitungen, Kanalisationen etc. nur dann eine Bauausführung darstellt, wenn er mit der Errichtung oder der Rekonstruktion von Gebäuden untrennbar verbunden ist.[1107] Art. 308 Abs. 1 StK wurde ferner abgelehnt für die Errichtung von Dachwärmedämmung,[1108] die Montage von Rohrpostsystemen und Hängedecken.[1109]

Kennzeichnend für eine Bauausführung sollen nach Ansicht der Verwaltung typischerweise hohe Kapitalinvestitionen und langfristige Tätigkeiten sowie als Ergebnis der Tätigkeit ein neues Immobilienobjekt sein.[1110] Aus diesem Grund wurden der Aufbau und die Demontage von Baugerüsten nicht als Bauausführung bzw. Montage eingeordnet.[1111] Diese vor Inkrafttreten des Art. 308 StK vertretene Auffassung ist nicht mehr mit Art. 308 Abs. 1 Nr. 2 StK vereinbar, welcher die Herstellung von Objekten unbeweglichen Vermögens nicht erfordert.

Die Rechtsprechung tritt den Einschränkungen der Verwaltung teilweise ausdrücklich entgegen. Als Bauausführungen wurden qualifiziert: Schönheitsreparaturen,[1112] Reparaturarbeiten an Wasser-, Strom- und Wärmeleitungen, Malerarbeiten, der Aufbau von Telefonleitungen sowie der Einbau von Vorrichtungen in Gebäude auch ohne feste Verbindung mit tragenden Elementen.[1113]

Die Verwaltungsauffassung hat eine paradoxe Konsequenz. Zwar werden Schönheitsreparaturen auch aus deutscher Sicht nicht von dem Begriff der Bauausführung umfasst. Sie sind mangels einer festen Geschäftseinrichtung i. d. R. auch keine Betriebsstätten nach § 12 S. 1 AO. Aus russischer Sicht ist im Grundtatbestand jedoch keine Verfügungsmacht über eine feste Geschäftseinrichtung erforderlich, weshalb diese Tätigkeiten bereits nach 30 Tagen eine Betriebsstätte begründen können.

1105 Methodische Empfehlungen Tz. 2.5.1. Abs. 2 (außer Kraft); Minfin Schreiben v. 16.11.2001, 04–06-05.

1106 Methodische Empfehlungen Tz. 2.5.1. Abs. 2 (außer Kraft); Minfin Schreiben v. 16.11.2001, 04–06-05.

1107 Ebd.

1108 Minfin Schreiben v. 26.06.2002, 04–06-05/3/stroj.

1109 Minfin Schreiben v. 13.05.1999, 04–06-02.

1110 Minfin Schreiben v. 16.11.2001, 04–06-05.

1111 Minfin, Финансовая газета, 2002, Nr. 32.

1112 FAS SZO v. 14.06.2005, A81-3525/4196A-04.

1113 FAS DVO v. 05.08.2009, A80-37/2008 bestätigt durch VAS 15065/2009; FAS MO v. 24.11.2003, KA-A40/9307–03. FAS SZO v. 14.06.2005, A81-3525/4196A-04. FAS SZO v. 03.07.2006, A70-14193/25–05.

Damit sind umfangreiche und die Infrastruktur stark belastende Arbeiten im Unterschied zu kleinen Werkleistungen erst nach Ablauf einer im Abkommen vorgesehenen Frist steuerpflichtig. Gegen die Subsumtion unter den Grundtatbestand der Betriebsstätte ließe sich allenfalls einwenden, dass die Tätigkeit aufgrund eines einzelnen Vertrages nach russischem Verständnis nicht als unternehmerisch, jedenfalls aber nicht als regelmäßig qualifiziert werden dürfte.[1114]

Bauplanung und Bauüberwachung gehören zur Bauausführung, wenn sie von der Person ausgeübt werden, welche die Bauausführung schuldet, nicht jedoch, wenn die reine Bauplanung/-überwachung als Hauptleistung erfolgt.[1115] Die Montageaufsicht soll jedoch selbst dann nicht unter Art. 308 Abs. 1 StK fallen, wenn der ausländische Unternehmer die geschuldete Montage durch einen Subunternehmer ausführen lässt und diesen mit eigenem Personal beaufsichtigt.[1116]

c. Art. 5 Abs. 3 DBA-Russland

Die dem Art. 5 Abs. 3 OECD-MA nachgebildete Vorschrift spricht wie § 12 S. 2 Nr. 8 AO von Bauausführungen und Montagen. Art. 5 Rn. 17 OECD-MK entspricht grundsätzlich den Ausführungen zum deutschen Recht. Nicht erfasst sind Tätigkeiten, die über die „bloße Unterhaltung oder die Umdekoration" nicht hinausgehen. Die russischen Rechtsanwender greifen mangels einer Definition im Abkommen gem. Art. 3 Abs. 2 DBA-Russland auf Art. 308 Abs. 1 StK zurück,[1117] der Montagen als Bestandteil der Bauausführungen definiert (vgl. oben). Der OECD-MK steht der Erfassung der Montage von beweglichen Maschinen nicht entgegen und ist daher weiter als das nationale russische Recht.

Die Einordnung der Bauplanung und Bauüberwachung aus deutscher und aus russischer Sicht entspricht der Musterkommentierung i.d.F. bis 2003.[1118] Die im Jahr 2003 erfolgte Erweiterung des Art. 5 Rn. 17 OECD-MK um selbstständige Bauplanung und Bauüberwachung entspricht weder dem Wortlaut des Art. 5 Abs. 3 DBA-Russland noch der allgemeinen Auffassung in den beiden Vertragsstaaten.

d. Zwischenergebnis

Abgesehen von der unterschiedlichen Einordnung einer Montage beweglicher Maschinen und Vorrichtungen entspricht die überwiegende Auffassung in Deutschland der Verwaltungsauffassung in Russland. Die russische Rechtsprechung sieht

1114 Vgl. FAS MO v. 15.02.2006, A40-24120/05–115-124; FAS SZO 03.03.2005, A56-24202/04.

1115 MNS Schreiben v. 06.02.2004, 23–1-10/9–419 (Verständigungsvereinbarung mit dem BMF).

1116 Unklar Minfin Schreiben v. 17.12.2010, 03–08-05; v. 31.01.2012, 03–08-05; v. 24.07.2006, 03–08-02.

1117 FAS SZO v. 03.07.2006, A70-14193/25–05; Minfin Schreiben v. 17.12.2010, 03–08-05.

1118 Nach *Kahle/Kindlich*, Brennpunkte, S. 151 soll Art. 5 Rn. 17 OECD-MK 1977/1992 wohl auch die Totaldelegation (inkl. Überwachung) erfasst haben.

hingegen auch Reparaturen, Malerarbeiten etc. und die Montage von Anlagen in Fertigbauten als Bauausführungen an. Unterschiede bestehen auch bei der Montageaufsicht. Entscheidend ist jedoch, dass bei Verneinung einer Baubetriebsstätte die entsprechenden werkvertraglichen Leistungen in Deutschland nicht steuerbar sind, während aus russischer Sicht eine Betriebsstätte nach dem Grundtatbestand bereits bei einer Tätigkeitsdauer von 30 Tagen entstehen kann.

2. *Zeitfaktoren*

Nach § 12 S. 2 Nr. 8 AO ist eine Bauausführung/Montage eine Betriebsstätte, wenn sie mehr als sechs Monate dauert. Art. 308 StK enthält – mit Ausnahme der Regelung der Subunternehmerbetriebsstätte – keine Mindestfrist, ab der eine Baubetriebsstätte entsteht. Es gelten jedoch auch hier die allgemeinen Anforderungen an die Regelmäßigkeit der unternehmerischen Tätigkeit.[1119] Überträgt eine ausländische Organisation (einen Teil der) Bau-/Montagetätigkeiten an einen Subunternehmer, so begründet dieser nach 30 Tagen eine Betriebsstätte in Russland, wenn der Generalunternehmer dort eine eigene Betriebsstätte unterhält. Diese Vorschrift ist jedoch unanwendbar, soweit das Abkommen eine längere Mindestfrist für Bau- oder Montagetätigkeiten fordert.[1120] Art. 308 StK enthält allerdings umfangreiche Vorschriften über die Fristberechnung, die für die innerstaatliche Steuerpflicht, die Steueranmeldung und insbesondere im Anwendungsbereich eines DBA angewendet werden. Nach Art. 5 Abs. 3 DBA-Russland entsteht eine Betriebsstätte, wenn eine Bauausführung oder Montage länger als zwölf Monate dauert.

In allen drei Rechtskreisen beginnt eine Bauausführung/Montage mit dem tatsächlichen Beginn der Tätigkeit unter Einschluss vorbereitender Arbeiten.[1121] Die Ankunft des Personals am Tätigkeitsort kann entgegen dem BFH[1122] nur ein Indiz für die Aufnahme der Arbeit sein. Das russische Recht erklärt die Unterzeichnung des Übergabeprotokolls für maßgeblich, wenn dieser Zeitpunkt vor der tatsächlichen Aufnahme der Arbeit liegt (Art. 308 Abs. 3 UA 1 StK).

Eine Bauausführung endet mit dem Abschluss der vertraglich geschuldeten Arbeit (regelmäßig durch Abnahme) oder mit der endgültigen Einstellung der Tätigkeit.[1123] Hierzu ordnet Art. 308 Abs. 5 UA 2 S. 1 StK an, dass eine Bauausführung mit

---

1119 Wie hier *Викулов*, Постоянное представительство, S. 97; a.A. *Аракелов*, Финансовое стимулирование, S. 134.

1120 Siehe nunmehr FAS UO v. 10.09.2012, A60-52859/2011.

1121 BMF BStBl. I 1999, 1076, Tz. 4.3.1; Art. 5 Rn. 19 OECD-MK.

1122 BFH v. 21.04.1999, I R 99/97, Rn. 19.

1123 BFH v. 21.04.1999, I R 99/97, Rn. 20; BMF BStBl. I 1999, 1076, Tz. 4.3.1; Art. 5 Rn. 19 OECD-MK; Art. 308 Abs. 2, 3 UA 1 StK nennt beispielhaft für Vorbereitungstätigkeiten die Errichtung von Zufahrtswegen, Leitungen und anderen Infrastrukturobjekten mit Bezug zur konkreten Baustelle. FAS SZO v. 17.03.2005, A56-16638/04 fordert zudem einen einheitlichen technologischen Prozess und orientiert sich an bautechnischen Normen.

der Unterzeichnung des Protokolls über die Übergabe des Objekts endet. Wird kein Übergabeprotokoll unterschrieben oder dauern die Arbeiten über den Zeitpunkt der Unterzeichnung hinaus an, endet die Baustelle nach Art. 308 Abs. 5 UA 2 S. 3 StK mit der tatsächlichen Einstellung der durch die jeweilige Person (Generalunternehmer/Subunternehmer) geschuldeten Arbeiten.

Nach dem BFH[1124] hemmen Unterbrechungen aus im Betriebsablauf liegenden Gründen (Trocknungsfristen, Materialmangel, Streik, Witterung) den Lauf der Frist nicht, und zwar unabhängig von der Dauer der Unterbrechung. Durch nicht betriebsbedingte Unterbrechungen (z.B. die Verweigerung der Abnahme seitens des Bestellers) wird hingegen der Lauf der Frist jedenfalls dann gehemmt, wenn sie nicht nur kurzfristig sind (bis zu ca. zwei Wochen) und das Personal von der Baustelle abgezogen wird. Nach dem BMF[1125] sollen jahreszeitlich bedingte oder andere vorübergehende kurzfristige Unterbrechungen in die Berechnung der Frist mit einbezogen werden. Eine ähnliche Formulierung – jedoch ohne den Hinweis auf den kurzfristigen Charakter – enthält Art. 5 Rn. 19 OECD-MK.

Art. 308 Abs. 4 StK regelt ausdrücklich den Einfluss von Unterbrechungen auf den Lauf der Frist. Nach Art. 308 Abs. 4 UA 1 StK endet eine Baustelle nicht bei vorübergehenden Unterbrechungen, außer in den Fällen der Konservierung einer Baustelle mit einer Dauer von über 90 Tagen, welche auf einer Entscheidung der zuständigen russischen Behörde beruht oder aufgrund höherer Gewalt. Entgegen dem missverständlichen Wortlaut betrifft die Vorschrift nicht die Beendigung der Betriebsstätte, sondern nur eine Fristhemmung.[1126] Zudem bezieht sich die Dauer von über 90 Tagen richtigerweise nicht auf die Fälle der höheren Gewalt.[1127] Zwar wird nicht definiert, wann eine Unterbrechung vorübergehend ist. Eine Unterbrechung bis zu 90 Tagen wird jedenfalls als vorübergehend einzuordnen sein, da andernfalls die ausdrückliche Ausnahme für die Konservierung von über 90 Tagen überflüssig wäre. Eine Unterbrechung wegen Finanzierungsproblemen wurde ungeachtet der Dauer als unerheblich angesehen.[1128] Höhere Gewalt wird in Art. 401 Abs. 3 ZGB definiert. Nicht darunter fallen jedenfalls Pflichtverletzungen der Vertragspartner (z.B. die Verweigerung der Abnahme).

3. Zusammenfassung mehrerer Bauausführungen/Montagen

§ 12 S. 2 Nr. 8 AO sieht eine Zusammenrechnung mehrerer Bauausführungen oder Montagen vor.[1129] Eine Betriebsstätte entsteht, wenn entweder die einzelne Bauausführung oder Montage (lit. a) oder eine von mehreren zeitlich nebeneinander be-

1124 BFH v. 21.04.1999, I R 99/97, Rn. 23 ff.

1125 BMF BStBl. I 1999, 1076, Tz. 4.3.1.

1126 Ebenso wohl *Pfeiler*, in Pfeiler, Betriebsstätte, S. 38.

1127 So wohl auch *Wellmann*, in Wassermeyer, DBA-Russland, Art. 5 Rn. 7; a.A. *Гуев*, Комментарий к Налоговому кодексу, Art. 308 Abs. 4.

1128 Minfin Schreiben v. 12.05.1999, 04-06-05.

1129 BFH v. 19.11.2003, I R 3/02, Rn. 24.

stehenden (lit. b) oder mehrere ohne Unterbrechung aufeinander folgende (lit. c)[1130] Bauausführungen oder Montagen länger als sechs Monate bestehen. Erst recht gilt das für sich zeitlich überschneidende Tätigkeiten, die sich insgesamt über einen Zeitraum von mehr als sechs Monaten erstrecken.[1131]

Im Abkommensrecht ist eine solche Zusammenrechnung nicht zulässig.[1132] Jedes Projekt ist grundsätzlich getrennt zu beurteilen. Mehrere Tätigkeiten können jedoch aus rechtlicher Sicht eine einheitliche Bauausführung oder Montage darstellen, wenn zwischen ihnen ein wirtschaftlicher und geographischer Zusammenhang besteht.[1133]

Art. 308 Abs. 4 UA 2 ff. StK folgt insoweit mit einigen Abweichungen dem Abkommensrecht. Die Vorschrift weist jedoch gravierende technische Mängel auf und lässt allenfalls erahnen, was der Gesetzgeber gemeint haben könnte.[1134] Art. 308 Abs. 4 UA 2 StK regelt die Fortsetzung oder die Wiederaufnahme einer Tätigkeit nach einer Unterbrechung nach Unterzeichnung des Aktes i.S.d. Abs. 3. Gemeint ist die Abnahme.[1135] Werden nach der Abnahme der vertraglich geschuldeten Leistung die Arbeiten an dem Objekt fortgesetzt, kommt es zur Zusammenrechnung der Zeiten (einschließlich der Unterbrechung), wenn die Arbeiten auf demselben oder unmittelbar anliegenden Territorium und von demselben Unternehmer oder von einer mit ihm verbundenen Person ausgeübt werden (Art. 308 Abs. 4 UA 2 StK). Nach dem Wortlaut („nur im Fall, wenn“) sowie Sinn und Zweck der Vorschrift (Vermeidung der künstlichen Aufspaltung eines Gesamtprojekts in mehrere Teilprojekte) müssen die Voraussetzungen kumulativ vorliegen.[1136] Zur Zusammenrechnung kommt es auch, wenn die fortgesetzten oder wiederaufgenommenen Arbeiten die Errichtung oder die Montage eines neuen Objekts auf derselben Baustelle oder die Rekonstruktion eines bereits fertiggestellten Objekts betreffen (Art. 308 Abs. 4 UA 3 StK). Obwohl das Gesetz dazu schweigt, gelten auch hier die Anforderungen an die territoriale Erstreckung und die Personenidentität bzw. Verbundenheit.[1137] Schließ-

---

1130 Eine Unterbrechung von zwei Wochen ist unschädlich, BFH v. 21.04.1999, I R 99/97, Rn. 23 ff.

1131 BFH v. 09.07.2003, I R 4/02, Rn. 21.

1132 BFH v. 16.05.2001, I R 47/00, Rn. 17.

1133 Sie Art. 5 Rn. 18 OECD-MK.

1134 Vgl. die berechtigte Kritik jedoch ohne klare Lösung bei *Гуев*, Комментарий к Налоговому кодексу, Art. 308 Abs. 4. Die Stellungnahmen in der Literatur beschränken sich auf die Wiederholung des Gesetzeswortlauts; siehe z. B. *Pfeiler*, in Pfeiler, Betriebsstätte, S. 37 f.

1135 Wie hier *Pfeiler*, in Pfeiler, Betriebsstätte, S. 37. A.A. *Толкушкин*, Комментарий, Art. 308 Abs. 4 StK, der auf den in Art. 308 Abs. 3 StK ebenfalls erwähnten Akt der Übergabe einer Baustelle (Beginn der Bauausführung) abstellt.

1136 A.A. *Bruk/Konnov*, in IFA, Cahiers 94a, S. 541, 548, nach deren Auffassung die Baubetriebsstätte eines Unternehmens, der seine vertraglich geschuldete Leistung vollständig erbracht hat, wohl fortbestehen soll, wenn ein von ihm unabhängiger Unternehmer weiterhin an dem Objekt tätig wird.

1137 So wohl auch FAS VVO v. 22.10.2008, A82-6882/2007–27.

lich kommt es in den übrigen Fällen – einschließlich der Reparatur, Rekonstruktion oder der technischen Umgestaltung eines bereits abgenommenen Objekts – nicht zur Zusammenrechnung der Frist (Art. 308 Abs. 4 UA 4 StK). So sollen z. B. Garantiearbeiten bei der Fristberechnung unberücksichtigt bleiben.[1138]

D. Vertreter

I. Funktion und Verhältnis zur Grundform der Betriebsstätte

1. Deutschland

Der ständige Vertreter als alternatives Anknüpfungsmerkmal wurde erstmals 1922 ohne eine nähere Definition in das nationale Recht aufgenommen.[1139] Nichts mit dieser Funktion gemeint hat § 16 Abs. 2 Nr. 2 StAnpG, der den ständigen Vertreter lediglich als Betreiber einer dem Unternehmen zuzurechnenden Geschäftseinrichtung erwähnte.[1140] Die Präzisierung des Vertreterbegriffs übernahm daher die Rechtsprechung, an welche der Gesetzgeber in § 13 AO 1977 anknüpfte.[1141]

Nach § 49 Abs. 1 Nr. 2 lit. a EStG handelt es sich beim ständigen Vertreter i.S.d. § 13 AO um ein selbstständiges Anknüpfungsmerkmal, das die beschränkte Steuerpflicht des nichtansässigen Prinzipals begründet. Spiegelverkehrt sind im Outbound-Fall Einkünfte aus Gewerbebetrieb ausländisch, die durch einen im Ausland tätigen ständigen Vertreter erzielt werden (§ 34c Abs. 1 S. 1, § 34d Nr. 2 lit. a EStG). Dagegen gilt die Verlustbeschränkung des § 2a Abs. 1 Nr. 2 EStG nur für ausländische Betriebsstätten und nicht für ausländische ständige Vertreter. Auch das Gewerbesteuergesetz knüpft in § 2 Abs. 1 S. 3 GewStG nicht an den ständigen Vertreter an.[1142]

Hat ein ausländischer Unternehmer im Inland eine Betriebsstätte, in der zugleich ein ständiger Vertreter tätig ist, so tritt die Anknüpfung an den Vertreter als subsidiär zurück.[1143] Andererseits kann – da einer inländischen Betriebsstätte keine Attraktivität zukommt – die beschränkte Steuerpflicht gleichzeitig auf § 12 AO und § 13 AO gründen, soweit verschiedene Sachverhalte betroffen sind.[1144]

1138 UMNS Moskau v. 25.04.2003, 26–12/22682; v. 19.11.2002, 26–12/56288.

1139 § 1 Abs. 2 KStG v. 08.04.1922, RGBl. I 1922, 351 und § 3 Abs. 2 Nr. 2 EStG v. 10.08.1925, RGBl. I 1925, 189.

1140 Aus diesem Grund darf die Rechtsprechung des BFH zu § 16 Abs. 2 Nr. 2 StAnpG nicht ohne Weiteres auf § 13 AO übertragen werden.

1141 Anpassung an den BFH v. 28.06.1972, I R 35/70, vgl. Begründung des Finanzausschusses zu § 13 AO, BT-Drs. VII/4292, S. 15.

1142 Krit. dazu *Wassermeyer*, in Festschrift für Schaumburg, S. 971, 976.

1143 BMF BStBl. I 1999, 1076, Tz. 1.2.2; vgl. auch BT-Drs. VI/1982, S. 104; a.A. *Wassermeyer*, in Wassermeyer, DBA, Art. 5 Rn. 192.

1144 Vgl. *Kumpf*, in Haarmann, Beschränkte Steuerpflicht, S. 27, 40 Fn. 60.

Der Identität von Rechtsfolgen bei der sachlichen Anknüpfung muss durch einheitliche Auslegung beider Rechtsinstitute Rechnung getragen werden.[1145] Das Fehlen einer Geschäftseinrichtung wird beim Vertreter durch die weisungsgebundene Geschäftsbesorgung kompensiert. Da beide Anknüpfungsmerkmale auf derselben Grundentscheidung des Gesetzgebers beruhen, die Steuerausländer erst bei Überschreiten einer bestimmten Intensitätsschwelle zu besteuern, müssen insb. die zeitlichen Anforderungen parallel ausgelegt werden.[1146]

2. *Russland*

Gem. Art. 306 Abs. 9 StK wird die die ausländische Organisation so behandelt, als hätte sie eine Betriebsstätte in Russland, wenn sie ihre Tätigkeit durch einen abhängigen Agenten auf dem Gebiet der Russischen Föderation ausübt. Anders als im deutschen Recht fingiert das Gesetz das Bestehen einer Betriebsstätte. Damit gilt das für die Funktion einer Betriebsstätte nach Art. 306 Abs. 2 StK Gesagte. Die Verwaltung und die Rechtsprechung in Russland betrachten eine Betriebsstätte hingegen als Tätigkeit des ausländischen Unternehmens in Russland und eine Vertreterbetriebsstätte demnach als Unterfall einer Betriebsstätte.[1147] In der Literatur wird teilweise die Vertreterbetriebsstätte als eine eigenständige Betriebsstättenart betrachtet.[1148]

Von einem Teil der Rechtsprechung wird die Fiktion dahin gehend missverstanden, dass der Vertreter selbst mit den Gewinnen der ausländischen Organisation steuerpflichtig ist.[1149] Wegen des Gleichklangs der Begriffe der Vertretung (Repräsentanz) im Sinne des Art. 55 Abs. 1 ZGB und der „ständigen Vertretung“ (Betriebsstätte) im Sinne des Art. 306 Abs. 2, 9 StK wird der Abhängige Vertreter als zivilrechtliche Vertretung (Repräsentanz) qualifiziert. Da die Vertretung bei den allgemeinen Begriffsbestimmungen (Art. 11 Abs. 2 StK) der ausländischen Organisation gleichgestellt wird, kommt die Rechtsprechung entgegen dem Wortlaut des Art. 246 Abs. 1 StK zur Steuerpflicht des Vertreters. Richtigerweise hat das Bestehen einer Vertreterbetriebsstätte steuerbegründende Rechtsfolgen nur für den ausländischen Unternehmer. Die Besteuerung des Agenten selbst richtet sich weiterhin nach seinem eigenen Steuerstatus.[1150]

Die geringe praktische Bedeutung der Vertreterbetriebsstätte resultiert auch aus dem Problem des Steuervollzugs. Es ist bereits zweifelhaft, ob die Tätigkeit durch einen Vertreter registrierungspflichtig ist, da Art. 83 Abs. 1 StK lediglich die Tätig-

1145 Vgl. BFH v. 18.12.1990, X R 82/89, Rn. 10.

1146 Vgl. BFH v. 03.08.2005, I R 87/04, Rn. 15.

1147 Vgl. Minfin Schreiben v. 17.10.2014, 03–08-13/52359.

1148 *Коннов*, Постоянное представительство, S. 18.

1149 Siehe AS MO v. 11.06.2015 und VS v. 14.01.2016, A40-138879/2014 (Rechtssache *Oriflame*); FAS DVO v. 17.12.2013, A51-24072/2012 (Rechtssache *Fesco*).

1150 Siehe auch die Stellungnahme durch amicus curiae http://gblplaw.com/upload/pdf/Oriflame_Amicus_Curiae.pdf.

keit durch abgesonderte Einheiten erwähnt.[1151] Jedenfalls ist nicht der Vertreter, sondern der Vertretene zur steuerlichen Registrierung und Steuererklärung verpflichtet.[1152] Die Verwaltung ist hingegen der Auffassung, dass diese Pflichten den Vertreter treffen.[1153]

Unterhält der ausländische Unternehmer eine „einfache" Betriebsstätte in Russland und erfüllen dort tätige Personen gleichzeitig die Voraussetzungen einer Vertreterbetriebsstätte, so tritt letztere als subsidiär zurück.

3. Abkommensrecht

Die russische Vorschrift des Art. 306 Abs. 9 StK ist dem Abkommensrecht nachgebildet. Nach Art. 5 Abs. 5 DBA-Russland (entspricht dem OECD-MA) wird ein Unternehmen, das einen abhängigen Vertreter im anderen Vertragsstaat hat, so behandelt, als habe es in diesem Staat für alle von der Person für das Unternehmen ausgeübten Tätigkeiten eine Betriebstätte. Auch hier wird eine Betriebsstätte fingiert.[1154] Durch die Vorschrift wird sichergestellt, dass äquivalenztheoretisch vergleichbare Sachverhalte die gleichen Rechtsfolgen auslösen.[1155] Im Übrigen gilt das zur Subsidiarität der Vertreterbetriebsstätte nach russischem Recht Gesagte.

II. Begriffsmerkmale des ständigen bzw. abhängigen Vertreters

Trotz der Unterschiede der Vertreterbegriffe in Funktion und Definition lassen sich die jeweiligen Definitionen in vier Merkmale zerlegen: persönliches Element, Tätigkeitselement, Abhängigkeit vom ausländischen Unternehmer sowie eine zeitliche Komponente.

1. Person

In allen betrachteten Rechtskreisen kann der Vertreter eine natürliche oder juristische Person oder Personenvereinigung sein. Auf die Staatsbürgerschaft, Abkommensberechtigung oder das Bestehen der Steuerpflicht in der Person des Vertreters kommt es nicht an.[1156]

1151 Mangels einer durch den Steuerkodex vorgesehen Registrierungspflicht entbehrt Minfin Erlass v. 30.09.2010, 117n, Nr. 7 einer gesetzlichen Grundlage. Praktisch versuchen die Behörden, den Unternehmer zur Registrierung einer „einfachen" Betriebsstätte zu bewegen; *Полежарова/Артемьев*, Налогообложение 2013, S. 128.

1152 Vgl. *Сосновский*, Налоговед 2012, Nr. 7, S. 38, 39 f.

1153 Vgl. MNS Instruktion v. 07.03.2002, BG-3-23/118 i.d.F. v. 18.12.2013, Abs. 23.

1154 *Görl*, in Vogel/Lehner, DBA, Art. 5 Rn. 112; a.A. *Wassermeyer*, in Wassermeyer, DBA, Art. 5 Rn. 193.

1155 Vgl. *OECD*, 2002 Reports, S. 102 (Rn. 101).

1156 *Викулов*, Постоянное представительство, S. 99; Art. 5 Rn. 32 OECD-MK seit 2003.

Das ergibt sich für das russische Recht aus der Verwendung des Wortes Person (russ.: „лицо") in Art. 306 Abs. 9 StK, das in Art. 11 Abs. 2 StK als Organisation (in- oder ausländisches Rechtsgebilde mit Rechtsfähigkeit) und natürliche Person definiert wird.[1157] Ein Einzelunternehmer kann nach innerstaatlichem Recht keine Betriebsstätte in Russland unterhalten, aber eine solche vermitteln.

Personen im Sinne des Art. 5 Abs. 4 DBA-Russland sind natürliche Personen, Gesellschaften (intransparent besteuerte Gebilde) und alle anderen Personenvereinigungen (Art. 3 Abs. 1 lit. b, c DBA-Russland).

Die Person des Vertreters kann wechseln, wenn es sich funktionell um dieselbe „Vertretung" (Vertreterstelle) handelt.[1158]

2. Tätigkeit für das Unternehmen

§ 13 AO unterscheidet sich grundlegend von Art. 5 Abs. 5 DBA-Russland und Art. 306 Abs. 9 StK. Während § 13 AO bereits die Geschäftsbesorgung ausreichen lässt, fordern das russische Recht und das Abkommensrecht grundsätzlich den Abschluss von Verträgen durch den Vertreter. Die deutsche Regelung ist auch insofern weiter, als sie auch Hilfs- und Vorbereitungstätigkeiten umfasst.

In allen betrachteten Rechtskreisen dürfen der Vertreter und der Vertretene nicht personenidentisch sein. Diese Fremdnützigkeit kommt in den Vorschriften darin zum Ausdruck, dass der Vertreter die Geschäfte eines Unternehmers besorgen (§ 13 S. 1 AO) bzw. für ein Unternehmen in dessen Namen tätig sein muss (Art. 5 Abs. 5 DBA-Russland). Noch klarer ist Art. 306 Abs. 9 StK: Der Agent muss aufgrund vertraglicher Beziehungen mit der ausländischen Organisation ihre Interessen vertreten. Hieraus folgt, dass der ausländische Einzelunternehmer nicht sein eigener Vertreter sein kann.[1159] Für das nationale russische Recht ist das ohnehin irrelevant, da Art. 306 ff. StK nur für ausländische Organisationen als Unternehmer gelten.[1160] Gesellschafter einer transparent besteuerten Personengesellschaft sind selbst Einkommensteuersubjekte und scheiden als Vertreter i.S.d. § 13 AO, Art. 5 Abs. 5 DBA-Russland aus. Aus russischer Sicht werden die deutschen Personengesellschaften intransparent besteuert. Gesellschafter können daher in Russland eine Vertreterbetriebsstätte begründen.

1157 Anders die Regelung aus dem Jahr 1978, wonach nur sowjetische Organisationen als Vertreter fungieren konnten. Bereits 1990 wurde der Kreis auf natürliche Personen erweitert (dazu sogleich).

1158 FG Niedersachsen v. 04.07.1991, VI 480/89, Rn. 55; andernfalls könnte die Entstehung einer Betriebsstätte durch wechselnden Einsatz verschiedener Personen künstlich vermieden werden. Siehe auch *Skaar*, Permanent Establishment, S. 481, 484.

1159 BFH v. 18.12.1990, X R 82/89, Rn. 11.

1160 Im Anwendungsbereich des Abkommens bleibt es bei der Fremdnützigkeit.

Da ein Organ einer juristischen Person nicht für sie, sondern sie durch ihn handelt, ist strittig, ob das Organ ein Vertreter im Sinne der Vorschriften sein kann.[1161] Der wohl überwiegenden Meinung ist beizupflichten, dass die zivilrechtliche Betrachtung weder für § 13 AO noch für die Auslegung des Abkommensrechts maßgebend ist. Im Abkommensrecht scheitert die Vertretereigenschaft von Organen ferner nicht an der Formulierung „Vollmacht", die jede Art von Vertretungsmacht umfasst.[1162] Die hinreichende Intensität der Inlandsbeziehung als Rechtfertigung der Besteuerung des Prinzipals hängt nicht davon ab, ob eine Person mit oder ohne Geschäftsführungsbefugnis tätig wird.[1163] Diese Auslegung wird auch in der geplanten Änderung des MK bestätigt.[1164] Im russischen Recht steht der Vertretereigenschaft von Organen jedoch der Wortlaut des Art. 306 Abs. 9 StK entgegen, der explizit die Tätigkeit aufgrund vertraglicher Beziehung, z.B. eines Auftrages, verlangt. Nach der herrschenden Organtheorie erwirbt eine juristische Person Rechte und Pflichten durch ihre Organe, welche sie nach dem Gesetz und dem Gesellschaftsvertrag vertreten (Art. 52 Abs. 1 ZGB n.F.). Die Subsumtion unter Art. 306 Abs. 9 StK ist daher nur möglich, wenn man auf das Handeln nach dem Gesellschafts- oder Geschäftsführungsvertrag abstellt.[1165]

Damit ist das Abkommen weiter als das russische Recht. Nach der hier vertretenen Auffassung geht die Formulierung insoweit ins Leere, weil nach Art. 306 Abs. 9 StK keine beschränkte Steuerpflicht besteht. Eine beschränkte oder sogar unbeschränkte Steuerpflicht kann im Zusammenhang mit dem Ort/der Stätte der Geschäftsleitung bestehen.[1166]

Gemeinsam ist allen drei Rechtskreisen, dass eine Vertreterbetriebsstätte auch ohne eine Geschäftseinrichtung entstehen kann. Das Erfordernis einer Geschäftseinrichtung ist in Abkehr zu den Vorgängervorschriften bewusst nicht in die Definition des § 13 AO[1167] bzw. Art. 5 Abs. 5 OECD-MA[1168] übernommen worden. Weil

---

1161 Offenlassend BFH v. 16.12.1998, I R 138/97, Rn. 9; bejahend FG Münster v. 24.05.2004, 9 K 5177/99 K, Rn. 32; verneinend FG Rheinland-Pfalz v. 16.03.2005, 1 K 2073/02, Rn. 49.

1162 Siehe § 5 D.II.2.c.aa, S. 194.

1163 Der Einzelunternehmer wird dadurch nicht benachteiligt, da er bei gewöhnlichem Tätigwerden im Quellenstaat dort in der Regel aufgrund des Wohnsitzes oder des gewöhnlichen Aufenthalts unbeschränkt steuerpflichtig wird. Allerdings wird auch eine juristische Person mit inländischer Geschäftsleitung unbeschränkt steuerpflichtig.

1164 *OECD*, BEPS Action 7, Art. 5 Rn. 32.3 OECD-MK. Zwar betrifft die Kommentierung die empfohlene Änderung des Art. 5 Abs. 5 OECD-MA, erläutert wird aber die bereits in der aktuellen Fassung vorhandene Formulierung „on behalf of".

1165 Vgl. zu Art. 5 OECD-MA *Wassermeyer*, in Wassermeyer, DBA, Art. 5 Rn. 201b.

1166 Dazu oben § 5 C.I, S. 174.

1167 Anders noch § 16 StAnpG und die älteren deutschen DBA; eine Geschäftseinrichtung fordert z.B. *Schaumburg*, Internationales Steuerrecht, Rn. 5.156.

1168 Siehe auch *Avery Jones*, in Lang u.A., Dependent Agents, S. 1 ff. und *Petruzzi*, ebd. S. 33, 38 ff.

eine abkommensrechtliche Vertreterbetriebsstätte „ungeachtet der Absätze 1 und 2" entsteht, kommt es insoweit auf das Vorliegen einer Geschäftseinrichtung nicht an. Auch nach Sinn und Zweck verbietet sich eine solche erweiternde Auslegung. Bei § 13 AO, Art. 5 Abs. 5 DBA wird die körperliche Komponente durch die persönliche ersetzt.

Nach Art. 306 Abs. 9 StK muss die ausländische Organisation durch die Person Tätigkeiten im Sinne der allgemeinen Betriebsstättendefinition (Art. 306 Abs. 2 StK) ausüben. Dieser missverständliche Wortlaut und eine unzutreffende Vorstellung von dem Institut der Vertreterbetriebsstätte haben das Finanzministerium sowie Teile der Rechtsprechung und Literatur veranlasst, das Erfordernis einer festen Geschäftseinrichtung auch für den ständigen Vertreter zu fordern.[1169] Richtigerweise bezieht sich der Verweis schon nach dem Wortlaut nur auf die Tätigkeiten, die in Art. 306 Abs. 2 StK durch die Aufzählung nach dem Doppelpunkt charakterisiert werden. Der Verweis innerhalb der Vertreterdefinition dient also wie im Abkommensrecht der Ausklammerung von Hilfs- und Vorbereitungstätigkeiten durch Art. 306 Abs. 2 letzter Spiegelstrich i.V.m. Art. 306 Abs. 4 StK. Damit sind Handlungen des Vertreters, welche sich für das Unternehmen als Hilfs- oder Vorbereitungstätigkeiten darstellen, nicht betriebsstättenbegründend.[1170]

Im deutschen Outbound-Fall entsteht beim Organhandeln nach hier vertretener Auffassung keine Vertreterbetriebsstätte nach Art. 306 Abs. 9 StK und damit keine Steuerpflicht in Russland. Keine Steuerpflicht in Russland besteht ferner nach einem Teil der Rspr. und Finanzverwaltung, wenn der Vertreter keine feste Geschäftseinrichtung hat. Im DBA-Fall wird die russische Rechtsprechung unter Umständen eine Steuerpflicht wegen Vorrangs des Abkommens bejahen.

a. § 13 AO

Die Besorgung von Geschäften eines (anderen) Unternehmens durch den Vertreter meint die Vornahme von Handlungen, welche in den Betrieb des Vertretenen fallen.[1171]

Anders als der Wortlaut vermuten lässt, soll weder eine unmittelbare noch mittelbare Vertretung im zivilrechtlichen Sinn erforderlich sein.[1172] Das scheint auch § 13 S. 2 AO zu bestätigen, welcher nach der Gesetzesbegründung in der Praxis häufig

1169 FAS PO v. 04.08.2011, A06-5392/2010; Methodische Empfehlungen Tz. I.2.5.4 (außer Kraft); *Лощенкова*, Юрист 2002, 10, S. 55, 60.

1170 Zutreffend daher Minfin Schreiben v. 12.08.2008, 03-08-05; FAS MO v. 24.08.2006, A40-71875/2005.

1171 BFH v. 28.06.1972, I R 35/70, Rn. 14.

1172 Offenlassend BFH v. 18.12.1990, X R 82/89. BFH v. 28.01.1987, I B 113/86, Rn. 12 und v. 12.04.1978, I R 136/77, Rn. 25 hat tatsächliches Handeln genügen lassen. Ausdrücklich für auch bloß tatsächliches Handeln – allerdings zu § 16 Abs. 2 Nr. 1 StAnpG – BFH v. 14.07.1971, I R 127/68, Rn. 15.

vorkommende Beispielsfälle enthält:[1173] Von den vier Beispielsfällen fordert allein Nr. 1 Var. 1 rechtsgeschäftliches Handeln, während Var. 2 und 3 eine tatsächliche wirtschaftliche Vertretung und Nr. 2 rein tatsächliches Handeln betreffen.

Die Tätigkeit des Vertreters muss unmittelbar dazu dienen, den Unternehmenszweck des Prinzipals im Inland zu fördern.[1174] Die bloße Erfüllung eigener Verpflichtungen gegenüber dem Vertragspartner, wie z.B. die Entgegennahme von Steuerbescheiden durch einen Steuerberater oder die Ausführung von Überweisungen durch eine Bank,[1175] sind noch keine fremdnützige Geschäftsbesorgung in diesem Sinne. Erforderlich ist ein Handeln im fremden Namen und auf fremde Rechnung, auch wenn der Vertreter insoweit im Rahmen seines eigenen Gewerbebetriebs handelt.[1176]

Bedenkt man, dass die Erfordernisse der Ständigkeit und der zeitlichen Festigkeit der Geschäftseinrichtung ähnlich ausgelegt werden sollen, gerät die These von der vergleichbaren Intensität der beiden Anknüpfungsmerkmale ins Wanken. Es besteht ein Ungleichgewicht zwischen den Anforderungen an eine Betriebsstätte und denjenigen an den ständigen Vertreter. Letzterer wird (außer für Zwecke der Gewerbesteuer) zu einer Betriebstätte ohne örtlich feste Geschäftseinrichtung, ohne dass ihr Fehlen durch ein anderes Tatbestandsmerkmal kompensiert wird. Dieser als ungerecht empfundenen tatbestandlichen Weite will ein Teil der Literatur durch eine Beschränkung auf wesentliche, bedeutende oder Haupttätigkeiten begegnen.[1177] Auch nach einem Teil der Finanzgerichte sollen bloße Hilfstätigkeiten nicht unter § 13 AO fallen.[1178] De lege lata ist eine solche Beschränkung allerdings nicht möglich, da der Gesetzgeber anders als beispielsweise im Abkommensrecht die Vornahme von Hilfs- oder Vorbereitungstätigkeiten nicht aus dem Anwendungsbereich der §§ 12, 13 AO ausgenommen hat.

b. Art. 306 Abs. 9 StK

aa. Rechtsentwicklung

Art. 11b des Erlasses aus dem Jahr 1978 ließ bereits die bloße Interessenvertretung auf dem Gebiet der UdSSR zur Entstehung einer Vertreterbetriebsstätte ausreichen. Auch Art. 9 des Unternehmenssteuergesetzes 1990 sprach lapidar von der Vertretung der ausländischen Organisation auf dem Gebiet der UdSSR.

Art. 1 Abs. 3 UA 2 des ersten Unternehmenssteuergesetzes der Russischen Föderation senkte 1991 die Schwelle noch weiter. Ausreichend war bereits das Bestehen

1173 BT-Drs. VI/1982, S. 104.

1174 BFH v. 12.04.1978, I R 136/77, Rn. 26.

1175 Negativbeispiel aus BFH v. 12.04.1978, I R 136/77, Rn. 26; siehe auch *Buciek*, in Beermann/Gosch, AO/FGO, § 13 AO Rn. 7.

1176 Vgl. BFH v. 18.12.1990, X R 82/89, Rn. 10; v. 28.06.1972, I R 35/70, Rn. 18.

1177 Siehe zum Streitstand *Hidien*, in K/S/M, EStG, § 49 D 1569.

1178 FG Hessen v. 18.12.2001, 8 K 6973/98, Rn. 34. So möglicherweise auch BFH 12.04.1978, I R 136/77, Rn. 26.

einer Befugnis, Vertretungsfunktionen in der RF auszuüben. Auf die Ausübung dieser Befugnis kam es nach dem Gesetzeswortlaut und zunächst auch nach der allgemeinen Auffassung nicht an. Das erklärt, warum das Finanzministerium in Schreiben wiederholt feststellt, dass nach Art. 306 Abs. 9 StK allein die Existenz einer Befugnis keine Vertreterbetriebsstätte entstehen lässt.[1179] § 9 der Instruktion Nr. 13 aus dem Jahr 1991 nahm in Anlehnung an Art. 5 Abs. 5, 6 OECD-MA contra legem aus der Definition Fälle aus, in denen das ausländische Unternehmen nicht selbstständig, sondern über unabhängige Mittlerorganisationen in Russland tätig wurde. Die komplett neu überarbeitete Instruktion Nr. 34 aus dem Jahr 1995 entfernte sich noch weiter vom Gesetzeswortlaut Richtung OECD-MA. Es wurde klargestellt, dass zwischen dem Vertreter und dem ausländischen Unternehmen eine vertragliche Beziehung bestehen und der Vertreter entweder Verträge abschließen oder zumindest wesentliche Vertragsbedingungen aushandeln, also die Vollmacht tatsächlich ausüben muss. Davon ausgenommen waren Vertreter, die im Rahmen ihrer gewöhnlichen oder Haupttätigkeit für den Steuerausländer handelten.[1180]

Tochtergesellschaften wurden vorbehaltlich der Entstehung einer Vertreterbetriebsstätte nicht als Betriebsstätte der Muttergesellschaft angesehen (§ 1.7 Instruktion 34). Diese (untergesetzlichen) normativen Rechtsakte[1181] wurden mit einigen Abweichungen im Jahr 2002 in Art. 306 Abs. 9 StK kodifiziert.

bb. Abschluss- oder Verhandlungsvollmacht

Art. 306 Abs. 9 StK regelt zwei Fälle, die jeweils zur Entstehung einer Vertreterbetriebsstätte führen.[1182] Der Agent muss eine Befugnis entweder zum Abschluss von Verträgen oder zur Verhandlung wesentlicher Vertragsbedingungen namens der ausländischen Organisation besitzen. In beiden Fällen muss der Agent durch sein Handeln „Rechts"folgen für die ausländische Organisation begründen (Art. 306 Abs. 9 StK).

Der Blick auf das Abkommensrecht zeigt, dass der russische Gesetzgeber in der ersten Alternative die Formulierung des Art. 5 Abs. 5 OECD-MA („authority to conclude contracts in the name of the enterprise") übernommen hat und in der zweiten Alternative den Rechtsgedanken aus Art. 5 Rn. 32 OECD-MK 1977/2014 modifiziert und kodifiziert hat. Hiernach soll bei einer Person, die befugt ist, alle Einzelheiten des Vertrags mit Bindung für das Unternehmen auszuhandeln, davon ausgegangen werden, dass sie die Vollmacht „in dem Staat" ausübt, auch wenn der Vertrag durch das Stammhaus unterschrieben wird. Dadurch soll offensichtlich verhindert werden, dass durch die Beschränkung einer Vollmacht (z. B. durch einen Zustimmungsvorbehalt oder auf die bloße Verhandlung) die beschränkte Steuerpflicht

---

1179 Minfin Schreiben v. 07.05.2008, 03–08-05.

1180 Siehe § 1.5 Abs. 1 und 2 Instruktion 34. Die Instruktion wiederholte ferner wörtlich und ohne Quellenangabe Art. 5 Rn. 38 OECD-MK 1992 (Rn. 38.7 ab 2003).

1181 Vergleichbar einer Rechtsverordnung im deutschen Recht.

1182 Unklar *Pfeiler*, in Pfeiler, Betriebsstätte, S. 39.

im Inland vermieden wird (zur Tendenz, diese Konstellation abkommensrechtlich unter Abschlussvollmacht zu fassen, siehe unten). Die zweite Alternative markiert zugleich die Mindestanforderungen an die Tätigkeit des Vertreters insoweit, als nur die wesentlichen Vertragsgrundlagen durch den Vertreter behandelt werden müssen, wenn er nicht auch an der Unterzeichnung beteiligt ist.

Art. 306 Abs. 9 Alt. 2 StK unterscheidet sich in dreifacher Sicht vom Konzept des OECD-MK: Die Verhandlungsvollmacht muss nicht alle Einzelheiten des Vertrages, sondern nur seine wesentlichen Bestandteile betreffen. Zum anderen fordert das Gesetz im Vergleich zum indifferenten Wortlaut des Musterkommentars („binding")[1183], dass das Vertreterhandeln rechtliche – und nicht bloß wirtschaftliche – Folgen für den Prinzipal haben muss. Schließlich scheint es im russischen Recht nicht auf die „routinemäßige Billigung" durch den Prinzipal anzukommen.[1184]

(1) Abschlussvollmacht

Mangels einer Definition im Steuerkodex kommt gem. Art. 11 Abs. 1 StK das russische Zivilrecht (inkl. Kollisionsrecht) zur Anwendung. Gem. Art. 1217.1 Abs. 2 UA 2 ZGB beurteilen sich das Bestehen und der Umfang der Vertretungsmacht nach dem russischen Zivilrecht.[1185]

Der Vertrag muss im Namen des Prinzipals abgeschlossen werden und rechtliche und nicht alleine wirtschaftliche Folgen für die Organisation bewirken (Art. 306 Abs. 9 StK).[1186] Mithin müssen als Folge der Tätigkeit des Agenten die gleichen Rechtsfolgen eintreten, wie wenn die ausländische Organisation unmittelbar selbst gehandelt hätte. Das ist nach russischem Recht allein im Fall einer offenen Stellvertretung möglich. Ein Kommissionär hingegen begründet nach Art. 990, 996 ZGB keine Rechtsfolgen für den Kommittenten.[1187] Dementsprechend hat die Recht-

---

1183 In den deutschen Übersetzungen des Art. 5 Rn. 32.1 und 3 OECD-MK bei *Görl*, in Vogel/Lehner, DBA und *Wassermeyer*, in Wassermeyer, DBA, wird die Formulierung „binding on the enterprise" als „rechtverbindlich" wiedergegeben. Dass dies keineswegs selbstverständlich ist, zeigt die im Abkommensrecht seit ca. 30 Jahren bestehende Diskussion.

1184 Anders im Abkommensrecht nach dem in diesem Zusammenhang zu lesenden Art. 5 Rn. 32.1 OECD-MK.

1185 Vorrang haben jedoch eine dem Dritten bekannte Rechtswahl bzw. das Recht des Staates, in dem der Vertreter seinen Wohnsitz oder gewöhnlichen Tätigkeitsort hat, sofern der Dritte davon Kenntnis hat, Art. 1217.1 Abs. 1 und 2 ZGB.

1186 Die wörtliche Auslegung zeigt, dass das Handeln im Namen der Organisation sich auf beide Tätigkeiten bezieht. Das wird bestätigt auch durch den vorhergehenden Nebensatz, der die Tätigkeit im Namen der ausländischen Organisation verlangt. Das Handeln muss Rechtsfolgen für den Vertretenen bewirken (Art. 306 Abs. 9 StK).

1187 Der Einsatz von Kommissionärsstrukturen empfiehlt sich in Russland auch deshalb nicht, weil die bei der Einfuhr vom Kommittenten gezahlte Mehrwertsteuer durch den Kommissionär nicht zum Abzug gebracht werden kann.

sprechung bisher zutreffend eine Betriebsstätte verneint, wenn der Agent Verträge lediglich im eigenen Namen abgeschlossen hat.[1188]

In der vielbeachteten Rechtssache *Oriflame*[1189] haben die Gerichte eine über eine Basisgesellschaft beherrschte Tochtergesellschaft als unabhängigen Agenten einer ausländischen Muttergesellschaft angesehen. Anlass für den Rechtsstreit waren nach Auffassung der Steuerbehörden überhöhte Lizenzzahlungen durch die russische Tochtergesellschaft. Diese handelte ausschließlich im eigenen Namen und auf eigene Rechnung. Das Gericht ließ die Beherrschung und Kontrolle durch die Muttergesellschaft ausreichen.

Nach allgemein in Russland vertretener Auffassung entsteht keine Betriebsstätte, wenn der Vertreter lediglich die technische Unterzeichnung eines vom Stammhaus bereits ausgehandelten Vertrages in fremdem Namen vornimmt. Das Bestehen und die Ausübung der Abschlussvollmacht seien nicht nach formellen, sondern nach wirtschaftlichen Gesichtspunkten zu beurteilen. Der Vertreter müsse über das Recht verfügen, die Vertragsbedingungen zu verhandeln, ohne dass es darauf ankomme, wer die technische Unterzeichnung bewirkt.[1190] In der Rechtssache *Stik* haben sich die Gerichte hilfsweise auf den Hilfscharakter der bloßen Unterzeichnung berufen (Art. 306 Abs. 4 Nr. 5 StK und – dem OECD-MA nachgebildet – Art. 5 Abs. 4 lit. e DBA-Russland/Zypern).[1191] Ähnlich haben die Gerichte bereits in der Rechtssache Ericsson argumentiert.[1192] Dort wurde die Unterzeichnung von Zusätzen zu einem Vertrag und eines Übernahmeprotokolls gem. detaillierten schriftlichen Instruktionen des Stammhauses als Hilfs- und Vorbereitungstätigkeit eingestuft.

(2) Befugnis zur Verhandlung wesentlicher Vertragsbedingungen

Im Unterschied zum OECD-MA, nach dem eine Befugnis zum Vertragsschluss im Namen des Vertretenen erforderlich ist, lässt der Steuerkodex auch die Befugnis zu Verhandlungen wesentlicher Vertragsbedingungen ausreichen. In Art. 306 Abs. 9 StK i.d.F. bis 31.12.2002 wurde in einem Klammerzusatz erläutert, dass insbesondere der Preis und die Lieferungsbedingungen zu den wesentlichen Vertragsbedingungen gehören. Als wesentliche Vertragsbedingungen sind die essentialia negotii i.S.d. Art. 432 ZGB (i.V.m. Art. 11 Abs. 1 StK) zu verstehen.[1193]

1188 FAS PO v. 04.08.2011, A06-5392/2010 (Rechtssache *MBS*); FAS SZO v. 25.05.2009, A56-39821/2008 (Rechtssache *Magnimex*).

1189 AS MO v. 11.06.2015, A40-138879/2014 (bestätigt durch VS v. 14.01.2016, 305-KG15-11546).

1190 FAS DVO v. 17.12.2013, A51-24072/2012 (Rechtssache *Fesco*). Siehe auch FAS MO v. 23.07.2009, A40-71689/2008.

1191 FAS MO v. 14.12.2010, A40-144495/09 (Rechtssache *Stik*).

1192 FAS MO v. 24.08.2006, A40-71875/05–112-241 (Rechtssache *Ericsson*).

1193 Art. 432 ZGB RF (i.V.m. Art. 11 Abs. 1 StK) versteht unter wesentlichen Bedingungen Bedingungen, die den Gegenstand des Vertrages betreffen, die gesetzlich für den Vertragstyp als wesentlich oder notwendig festgelegt werden, sowie Bedingungen, über die nach Auffassung einer Seite eine Einigung zu erzielen ist.

Das Gesetz fordert zudem ausdrücklich, dass aus der Ausübung der Verhandlungsbefugnis rechtliche Folgen für den Prinzipal entstehen. Die Sinnhaftigkeit dieser Formulierung ist nicht ganz klar. Auf der Basis des Zivilrechts (Art. 11 Abs. 1 StK) können unmittelbar durch Verhandlungen keine Rechtsfolgen in Bezug auf die Hauptleistungspflichten ausgelöst werden. Sie treten erst durch den Vertragsschluss ein. Das Aushandeln wesentlicher Vertragsbedingungen führt allenfalls zu einer wirtschaftlichen Bindung des Prinzipals.[1194] Die genannten rechtlichen Folgen können daher entweder aus dem Verhältnis Prinzipal-Agent, z. B. als Kostenersatzansprüche, oder als Nebenpflichten aus dem vorvertraglichen Bereich herrühren oder aber durch die nachträgliche Willenserklärung des Prinzipals aufschiebend bedingt eintreten. Gegen die beiden zuerst genannten Möglichkeiten spricht, dass sie nicht gewinnwirksam sind und deshalb als Rechtfertigung der beschränkten Steuerpflicht ausscheiden. Soll die Formulierung einen Sinn bekommen, kann deshalb nur der Eintritt von Rechtsfolgen durch nachträgliche Billigung gemeint sein. Indem die Befugnis zur Vertragsverhandlungen mit Rechtsfolgen für den Prinzipal gewöhnlich ausgeübt werden muss, ist zugleich sichergestellt, dass die Verträge gewöhnlich von dem Prinzipal gebilligt werden müssen. Dagegen kommt es auf die Frage nicht an, ob der Prinzipal sich noch eine eingehende Prüfung des Vertrages vorbehält oder sie routinemäßig unterschreibt. Hier zeigt sich erneut die Fehleranfälligkeit der Übernahme fremder Rechtskonzepte in die eigene Rechtsordnung.

cc. Keine Hilfs- und Vorbereitungstätigkeiten

Durch den Verweis auf Art. 306 Abs. 2 StK (und damit mittelbar auf Art. 306 Abs. 4 StK) werden alle Hilfs- und Vorbereitungstätigkeiten ausgeklammert. Das betrifft auch die Beispielsfälle des Art. 306 Abs. 4 StK („insbesondere"). Zwar wird dort vom Ort der Tätigkeit gesprochen. Das soll allerdings die allgemeine Ausnahme nur veranschaulichen. Zudem sollen die Ausnahmefälle sinngemäß herangezogen werden. Das entspricht auch Wertungsgesichtspunkten: Wenn die Tätigkeiten, in fester Einrichtung ausgeübt, keine Betriebsstätte begründen würden, gilt das erst recht für die Vertreterbetriebsstätte.

dd. Ausübung der Befugnis auf dem Gebiet der RF

Nach Art. 306 Abs. 9 StK muss der Agent auf dem Gebiet der Russischen Föderation tätig sein. Die Tätigkeit besteht in der Ausübung der Befugnis zum Vertragsschluss oder zur Verhandlung.

c. Art. 5 DBA-Russland

Die Person muss für ein Unternehmen tätig sein und in einem Vertragsstaat die Vollmacht besitzen, im Namen des Unternehmens Verträge abzuschließen, und diese Vollmacht gewöhnlich ausüben (Art. 5 Abs. 5 DBA-Russland).

1194 So auch BMF BStBl. I 1999, 1076, Tz 1.2.2.

Die deutsche und die russische Fassung sind nicht identisch. Die deutsche Fassung spricht – wie in der deutschen Vertragspraxis üblich – von einer Vollmacht; die russische wie in Art. 306 Abs. 9 StK von der „Befugnis" zum Abschluss von Verträgen im Namen des Unternehmens. Da Art. 5 Abs. 5 DBA-Russland eine Übersetzung des Art. 5 Abs. 5 OECD-MA ist, das ebenfalls von „authority" bzw. „pouvoir" spricht, ist der russischen Fassung der Vorzug zu geben. Gemeint ist damit Vertretungsmacht, auch gesetzliche. Nach vorzugswürdiger Auffassung können auch Organe einer juristischen Person Vertreter im Sinne des Art. 5 DBA-Russland sein.[1195] Das wird auch in der geplanten Änderung des MK bestätigt.[1196]

aa. Zivilrechtliches Verständnis

Nach dem klaren Wortlaut des Art. 5 Abs. 5 DBA-Russland muss der Vertreter eine Vollmacht besitzen, „Verträge im Namen des Unternehmers" abzuschließen. Ausreichend ist die zivilrechtliche Vollmacht, Willenserklärungen im Namen und mit Wirksamkeit für und gegen den Vertretenen abzugeben und entgegenzunehmen. Diese Frage beurteilt sich richtigerweise nach dem gem. dem Kollisionsrecht des Anwenderstaates maßgeblichen Zivilrecht (Art. 3 Abs. 2 DBA-Russland).[1197] Nach deutschem und russischem Verständnis ist dabei vorbehaltlich einer wirksamen Rechtswahl grundsätzlich an das Recht des Gebrauchsortes, d. h. des Betriebsstättenstaates anzuknüpfen.[1198]

bb. Wirtschaftliches Verständnis

Fraglich ist, ob über das zivilrechtliche Verständnis hinaus das Bestehen einer Abschlussvollmacht nach Sinn und Zweck des Abkommens auch nach wirtschaftlichen Aspekten zu beurteilen. Das betrifft die Erweiterung auf Fälle der mittelbaren Vertretung und der Verhandlungsvollmacht sowie den Ausschluss bloß technischer Unterzeichnung.

(1) Handeln im eigenen Namen

Im Widerspruch zum Wortlaut des Art. 5 Abs. 5 DBA-Russland steht die im Jahr 1994 eingefügte „Klarstellung" in Art. 5 Rn. 32 OECD-MK, dass die Regelung nicht nur auf Vertreter anzuwenden sei, die im Namen des Vertretenen handeln, sondern

---

1195 Offenlassend BFH v. 03.08.2005, I R 87/04, Rn. 13.

1196 Entwurf des Art. 5 OECD-MK Rn. 32.3 durch *OECD*, Action 7, Final Report 2015. Zwar betrifft die Kommentierung den neuzufassenden Wortlaut des Art. 5 Abs. 5 OECD-MA, erläutert wird aber die bereits in der aktuellen Fassung vorhandene Formulierung „on behalf of".

1197 Ebenso wohl *Wassermeyer*, in Wassermeyer, DBA, Art. 5 Rn. 201c („im Einzelfall anzuwendendes Zivilrecht"). A.A. und wohl für das Sachrecht des Anwenderstaates offenbar *Piltz*, IStR 2004, 181, 183 und *Hruschka*, in Schönfeld/Ditz, DBA, Art. 5 Rn. 134.

1198 BGHZ 128, 41.

auch auf Vertreter, die Verträge „mit verbindlicher Wirkung für das Unternehmen" abschließen, „auch wenn diese Verträge tatsächlich nicht im Namen des Unternehmens abgeschlossen werden".[1199]

Dementsprechend bejahen die deutsche Finanzverwaltung und die Finanzgerichte eine Abschlussvollmacht, wenn das „Unternehmen rechtlich oder wirtschaftlich von dem Vertreter gebunden werden kann", wobei auch eine mittelbare Vertretung ausreichend ist.[1200] Damit könnte auch ein Kommissionär, der im fremden Namen handelt, u. U. eine Vertreterbetriebsstätte begründen.

Aus russischer Sicht war bisher Konsens, dass Handeln im fremden Namen nicht ausreicht, d. h. die Vorschriften des nationalen Rechts und des OECD-MA buchstäblich zu verstehen sind. Mittlerweile scheint nunmehr eine Wende in der Rechtsprechung und den Schreiben der Finanzverwaltung stattzufinden. Unter Berufung auf Art. 5 Rn. 32 f. OECD-MK wird auf das Erfordernis des Handelns im fremden Namen zugunsten einer wirtschaftlichen Bindung verzichtet.[1201] Die Richtigkeit dieser Auffassung in Bezug auf das Abkommensrecht unterstellt, besteht nach der hier vertretenen Auffassung bereits keine nationale Steuerpflicht in Russland, da die verdeckte Stellvertretung keine Rechtsfolgen für den Kommittenten herbeiführt und daher nach dem klaren Wortlaut des Art. 306 Abs. 9 StK ausscheidet.

Richtigerweise genügt das Handeln im fremden Namen auch im Rahmen des Art. 5 Abs. 5 DBA-Russland nicht. Die Ausführungen in Art. 5 Rn. 32.1 OECD-MK sind vor dem Hintergrund des im angelsächsischen Rechtsraum angesiedelten Instituts der „undisclosed agency", d. h. der nicht aufgedeckten Vertretung mit unmittelbaren Rechtsfolgen für den Vertretenen, zu verstehen. Wie *Avery Jones/Ward*[1202] und *Pijl*[1203] in ihren rechtshistorischen Untersuchungen nachgewiesen haben, wurde bei der Konzeption des OECD-MA der Formulierung „in the name of" die Bedeutung „bindend" beigelegt. Dieses Missverständnis ist wohl bei Schaffung des Art. 5 Abs. 5 OECD-MA unerkannt geblieben.[1204] Nichts anderes ergibt sich aus der Erwähnung der Kommissionäre in Art. 5 Abs. 5 DBA-Russland (und des OECD-MA), die, soweit sie im Rahmen ihrer ordentlichen Geschäftstätigkeit handeln, keine Betriebsstätte begründen. Sollte der Regelung eine nicht bloß deklaratorische Bedeutung zukommen, kann auch ein Kommissionär, der typischerweise im eigenen Namen, aber auf

---

1199 Zwar datiert der OECD-MK Rn. 32.1 vom 28.01.2003, die entsprechende Änderung des Art. 5 Rn. 32 OECD-MK erfolgte jedoch bereits 1994. 2003 wurde der Text verschoben. Siehe History Art. 5 Rn. 32 OECD-MK 2014, C(5)-65. Das übersehen *Wassermeyer*, in Wassermeyer, DBA, Art. 5 Rn. 201a und *Haarmann*, in Festgabe für Wassermeyer, S. 161, 166, welche die Ausführungen „allenfalls" für nach 2003 geschlossene Abkommen anwenden wollen.

1200 BMF BStBl. I 1999, 1076, Tz. 1.2.2; BMF BStBl. I 2010, 774, Tz. 4.2.2. (Rn. 215). Siehe auch FG Münster v. 24.05.2004, 9 K 5177/99 K, Rn. 32.

1201 Rechtssache *Oriflame* (vgl. oben).

1202 *Avery Jones/Ward*, European Taxation 1993, 154 ff.

1203 *Pijl*, BIT 2013, 3 ff., 62 ff.

1204 *Avery Jones*, in Lang u. A., Dependent Agents, S. 1 ff.

fremde Rechnung handelt, ein Vertreter im Sinne des Absatzes 5 sein. Voraussetzung ist allerdings, dass das innerstaatliche Recht eine solche Vertretungsmöglichkeit vorsieht.[1205] Entscheidend ist damit, ob das maßgebliche Recht einen Vertrag mit Bindung für den Prinzipal vorsieht.

Für das DBA-Russland ist die Problematik jedoch ohne Relevanz, da beide Staaten dem kontinentaleuropäischen Verständnis der Stellvertretung folgen und eine Bindung des Vertretenen grds. nur bei Tätigkeit in seinem Namen möglich ist.

Selbst wenn man im Abkommensrecht einen wirtschaftlichen Vollmachtsbegriff vertritt, besteht nach zutreffender Auffassung vom Verhältnis zwischen nationalem und abkommensrechtlichen Betriebsstättenbegriff in Russland als Quellenstaat keine Steuerpflicht, da der Wortlaut des Art. 306 Abs. 9 DBA-Russland ausdrücklich von der Begründung von Rechtsfolgen für den Prinzipal spricht.

(2) Mitwirkung bei Vertragsverhandlungen ohne Unterzeichnung

Fraglich ist die Entstehung einer Betriebsstätte, wenn eine Person eine Verhandlungsvollmacht hat und den Vertrag bis zur Abschlussreife vorbereitet, die formelle Unterzeichnung jedoch im Ausland durch das Stammhaus erfolgt.

Die OECD folgt der wirtschaftlichen Betrachtungsweise. Bereits nach Art. 5 Rn. 32 OECD-MK 1977 (Rn. 33 OECD-MK 2014) soll bei einer Person, die zur Verhandlung aller Vertragsbedingungen mit Bindung für den Prinzipal bevollmächtigt ist, davon ausgegangen werden, dass sie die Vollmacht „in dem Staat" ausübt, auch wenn der Vertrag durch Mitarbeiter des Stammhauses unterschrieben wird (ergänzt durch Update 2005: „oder die Person keine formelle Vertretungsmacht gehabt hatte"). Das Update 2003 veranschaulicht das durch das Beispiel einer Person, die Aufträge einholt und sie unmittelbar an das Lager zuleitet, wo das Unternehmen routinemäßig die Transaktionen billigt.[1206]

Die deutsche Finanzverwaltung folgt wie ausgeführt der wirtschaftlichen Betrachtungsweise.[1207] Während der BFH bisher keine Stellung zu der Problematik beziehen musste, ist die wenige Rechtsprechung der Finanzgerichte nicht einheitlich. Ein Teil der Rechtsprechung lässt das Aushandeln von Verträgen durch den Vertreter genügen, unabhängig davon, ob und wo die Unterzeichnung durch die Unternehmensleitung erfolgt.[1208] Ein anderer Teil fordert auch den Abschluss durch den Vertreter im Namen des Vertretenen.[1209]

Auch die russischen Arbitragegerichte betrachten die Frage der Vollmacht nach wirtschaftlichen Gesichtspunkten. Wie oben gezeigt, entspricht die Alternative „Abschlussvollmacht" in Art. 306 Abs. 9 Alt. 1 StK vollständig dem Art. 5 Abs. 5

1205 Nur in diesem Fall stellt sich das Problem des entgegenstehenden Wortlauts des Art. 5 Abs. 5 DBA-Russland.

1206 Art. 5 Rn. 32.1 OECD-MK 2014.

1207 BMF BStBl. I 1999, S. 1076, Tz. 1.2.2.

1208 FG München v. 10.09.1997, 7 V 3061/97 Rn. 24 und v. 15.03.2000, 7 K 4818/98, Rn. 38.

1209 FG Berlin, Urteil vom 03.12.1969, VI 86/69, EFG 1970, 327.

DBA-Russland (OECD-MA) und die Alternative „Verhandlungsvollmacht" dem Rechtsgedanken aus Art. 5 Rn. 33 OECD-MK 2014. Betrachtet man die zweite Alternative nicht als deklaratorisch, haben die identischen Formulierungen im nationalen Recht und im Abkommensrecht unterschiedliche Bedeutung.[1210]

Erscheint die Zustimmung des Prinzipals bloß als eine Formalität, wie das bei vorformulierten Massenverträgen der Fall ist, ist von einer hinreichenden wirtschaftlichen Bindung auszugehen.[1211] Nicht ausreichend ist, wenn der Prinzipal aus wirtschaftlich nachvollziehbaren Gründen sich die endgültige Entscheidung über den Vertragsschluss vorbehält.[1212] Ob eine solche tatsächliche Bindung eintritt, ist nach den Umständen des Einzelfalls zu beurteilen, wozu auch der Horizont der Rechtsverkehrs gehört.

(3) Unterzeichnung ohne Mitwirkung bei Verhandlungen

Konsequenterweise müsste die Ausübung der Bevollmächtigung zur bloßen Unterzeichnung eines bereits ausgehandelten Vertrags nicht zur Entstehung einer Vertreterbetriebsstätte führen.[1213] Faktisch gleicht die Stellung des Vertreters der eines Werkzeugs (Boten), auch wenn nach dem im Einzelfall anzuwenden Zivilrecht Stellvertretung anzunehmen wäre.[1214] Sinn und Zweck des Art. 5 Abs. 5 DBA-Russland ist es, die Zuweisung des Besteuerungsrechts an den Quellenstaat von einer bestimmten Intensität der Inlandstätigkeit abhängig zu machen. Daran fehlt es, wenn der Vertrag auch ohne einen Vertreter mittels technischer Kommunikationsmittel hätte abgeschlossen werden können.

Keine bloße Unterzeichnung ist gegeben, wenn der Vertreter die Entscheidungsfreiheit zumindest über die Wahl des Vertragspartners besitzt. In diesem Fall schaden weder die Verwendung von Formularverträgen des Stammhauses noch die Bindung an inhaltliche Vorgaben des Stammhauses.[1215]

cc. Keine Hilfs- und Vorbereitungstätigkeiten

Der Vertreter muss Verträge schließen, die zur Haupttätigkeit des Unternehmens gehören (Art. 5 Abs. 5, 4 DBA-Russland). Die formelle Unterzeichnung bereits ausgehandelter Verträge kann als Hilfstätigkeit eingeordnet werden, auch wenn der abgeschlossene Vertrag den Hauptgegenstand des Unternehmens ausmacht.

1210 Das ist ohne weiteres möglich, da es sich grds. um verschiedene Regelungskreise handelt.

1211 *Görl*, in Vogel/Lehner, DBA, Art. 5 Rn. 119.

1212 *Wassermeyer*, in Wassermeyer, DBA, Art. 5 Rn. 204. Für Heranziehung des § 42 AO *Strobl/Kellermann*, AWD BB 1969, 405, 408.

1213 Vgl. *Heinsen*, in Löwenstein/Looks/Heinsen, Betriebsstättenbesteuerung, Rn. 156.

1214 Zum Vertreter „mit gebundener Marschroute" *Schubert*, in Säcker/Rixecker, Münchener Kommentar, BGB, § 164 Rn. 70 ff.

1215 Siehe *OECD*, Revised Proposals Concerning Art. 5, Rn. 110 ff.; *Görl*, in Vogel/Lehner, DBA, Art. 5 Rn. 119.

dd. Ausübung der Befugnis auf dem Gebiet des Vertragsstaates

Der Vertreter muss seine Vollmacht im anderen Staat „gewöhnlich" ausüben. Daraus folgt, dass die Tätigkeit des Vertreters sich körperlich im Vertragsstaat abspielt. Eine Ausübung über das Internet etc. reicht nicht aus.[1216]

3. Verhältnis zum Prinzipal

a. § 13 AO

Der ständige Vertreter muss „Sachweisungen" des Unternehmers unterliegen. Dadurch wird sichergestellt, dass das Handeln durch den Willen des Unternehmers bestimmt wird.[1217] Das Merkmal entspricht der Verfügungsbefugnis bei der Betriebsstätte, wonach nicht jede Tätigkeit zur Entstehung einer Steuerpflicht führt, sondern nur eine Tätigkeit, die dem Unternehmer als eigene zugerechnet werden kann.

Eine Bindung an Sachweisungen ist unproblematisch gegeben beim Bestehen eines Direktionsrechts im Rahmen eines Arbeitsverhältnisses.[1218] Ein solches persönliches Abhängigkeitsverhältnis ist hinreichend, aber nicht erforderlich.[1219] Daher kann auch ein selbstständiger Gewerbetreibender ständiger Vertreter sein, wenn er z.B. innerhalb eines Auftrags- oder Geschäftsbesorgungsvertrags Sachweisungen unterworfen ist. Teilweise wird vertreten, dass die erforderliche Weisungsunterworfenheit nur vorliegt, wenn der Unternehmer die Tätigkeit des Vertreters „nicht nur fallweise" (mit)bestimmt, da andernfalls jede fremdnützige Tätigkeit unter § 13 AO fallen würde.[1220] Richtigerweise ist eine generelle Weisungsbefugnis ausreichend. Es genügt, wenn aus tatsächlichen Gründen anzunehmen ist, dass der Unternehmer auf die Tätigkeit des Vertreters Einfluss nehmen kann. Das kann m.E. auch der Fall sein, wenn der Vertreter die Weisungen des Unternehmers (freiwillig) tatsächlich befolgt.[1221]

R 49.1 EStH 2015 nimmt auf Grundlage des § 50 Abs. 4 EStG Kommissionäre und Makler, die im Rahmen ihrer ordentlichen Geschäftstätigkeit handeln, von der beschränkten Steuerpflicht aus. Das gilt auch für Handelsvertreter, die weder eine allgemeine Vollmacht zu Vertragsverhandlungen und Vertragsabschlüssen für das Unternehmen besitzen noch über Warenlager verfügen, aus denen regelmäßig Auslieferungen vorgenommen werden. Voraussetzung ist, dass im konkreten Fall ein DBA nicht einschlägig ist. Damit wird das gleiche Ergebnis erzielt, das bei Anwendbarkeit eines DBA aus einer dem Art. 5 Abs. 6 OECD-MA nachgebildeten Vorschrift folgt.

1216 Vgl. z.B. *Piltz*, IStR 2004, 181.
1217 BFH v. 12.04.1978, I R 136/77, Rn. 29.
1218 *Kumpf*, Besteuerung inländischer Betriebsstätten, S. 49.
1219 BFH v. 28.06.1972, I R 35/70, Rn. 18 und BFH v. 14.09.1994, I R 116/93, Rn. 13 ff.
1220 *Storck*, Ausländische Betriebsstätten, S. 207.
1221 Ebenso *Buciek*, in Beermann/Gosch, AO/FGO, § 13 AO Rn. 9.

b. *Art. 306 Abs. 9 StK und Art. 5 Abs. 5, 6 DBA Russland*

Grundgedanke der Regelungen ist, dass ein selbstständiger Gewerbetreibender, der sein eigenes Geschäft betreibt, keine Vertreterbetriebsstätte des ausländischen Unternehmens begründet, da sich die an ihn gezahlte marktübliche Vergütung dem aus seiner Tätigkeit erzielten fremdvergleichskonformen Vorteil entspricht und der Betriebsstätte deshalb kein Gewinn zuzurechnen ist.[1222] Ist der Vertreter abhängig oder handelt er außerhalb seiner gewöhnlichen Tätigkeit, ist ein solcher marktorientierter Interessengegensatz nicht vorhanden, weshalb ein Gewinn im Quellenstaat entstehen kann. Die Lösung der Problematik ist im russischen nationalen Steuerrecht und im Abkommensrecht nicht ganz identisch.

Art. 5 Abs. 5 DBA-Russland schließt „unabhängige Vertreter im Sinne des Absatzes 6" aus dem Anwendungsbereich der Vertreterbetriebsstätte aus. Art. 5 Abs. 6 DBA-Russland ordnet an, dass eine Betriebsstätte nicht schon deshalb entsteht, weil die Tätigkeit durch einen Makler, Kommissionär oder einen anderen unabhängigen Agenten ausgeübt wird, sofern sie im Rahmen ihrer ordentlichen Geschäftstätigkeiten handeln. Das Negativmerkmal in Absatz 5 bezieht sich nicht nur auf die Unabhängigkeit des Vertreters, sondern auch auf dessen Handeln im Rahmen seiner ordentlichen Geschäftstätigkeit. Das bestätigt Art. 5 Abs. 5 OECD-MA, dem die Vorschrift nachgebildet ist.[1223] Im Abkommensrecht scheidet eine Vertreterbetriebsstätte daher nur aus, wenn der Vertreter unabhängig ist und zugleich im Rahmen seiner ordentlichen Geschäftstätigkeit handelt. Fehlt eines der Merkmale, kann eine Betriebsstätte entstehen.[1224]

Im Unterschied dazu scheint das russische Recht die Vertreterbetriebsstätte enger zu fassen, weil es das Merkmal der Unabhängigkeit nicht gesondert erwähnt. Wie sich aus dem Klammerzusatz in Art 306 Abs. 9 StK ergibt, wird durch die Merkmale „Abschlussvollmacht", „Handeln im fremden Namen", „regelmäßige Ausübung" etc. der abhängige Agent definiert. Der Unterabsatz 2 macht eine Ausnahme lediglich für Personen, die außerhalb ihrer Haupt- (gewöhnlichen) Tätigkeit handeln.[1225]

Dementsprechend wird von Rechtsprechung und Verwaltung nur geprüft, ob der Vertreter im Rahmen seiner ordentlichen Geschäftstätigkeit handelt oder nicht (unten bb.).[1226] Der auszulegende Begriff selbst (abhängiger Agent), die Aufzählung typischerweise unabhängiger Agenten (Broker, Kommissionär, berufsmäßiger Wertpapierhändler) und die Herkunft der Vorschrift aus dem OECD-MA sprechen für

---

1222 Vgl. *Haarmann*, Festgabe für Wassermeyer, S. 161, 167 f.

1223 Die entsprechende Formulierung in Art. 5 Abs. 5 OECD-MA lautet: „other than an agent of an independent status to whom paragraph 6 applies".

1224 Siehe auch *Lahusen*, Vertreterbetriebsstätte, S. 123 f.

1225 Ebenso schon *Wellmann*, in Wassermeyer, DBA-Russland, Art. 5 Rn. 15. Das übersehen *Filinov/Lukina/Ostrovskiy/Yasnovskiy*, Russian Federation, in Reimer u. A., Permanent Establishment, Rn. 128.

1226 Methodische Empfehlungen Tz. I. 2. 5. 2 (außer Kraft); FAS DVO v. 17.12.2013, A51-24072/2012.

eine Auslegung im Einklang mit Abkommensrecht, nach der ein abhängiger Agent, der im Rahmen seiner gewöhnlichen Tätigkeit handelt, eine Betriebsstätte begründen kann. Bemerkenswert ist auch, dass die OECD die Ausnahme für Vertreter, die ein selbstständiges Unternehmen betreiben, für selbstverständlich und die Regelung in Art. 5 Abs. 6 OECD-MA (DBA-Russland) für klarstellend hält.[1227]

Bei sachlicher und persönlicher Anwendbarkeit eines DBA werden von der russischen Rechtsprechung und Verwaltung jedenfalls zusätzlich (teilweise auch ausschließlich) die Voraussetzungen der Vertreterbetriebsstätte nach Abkommensrecht geprüft.[1228] Lehnt man die hier vertretene Auffassung ab, besteht nach nationalem Recht beim Handeln innerhalb der gewöhnlichen Geschäftstätigkeit keine nationale Steuerpflicht, ohne dass es auf die Voraussetzungen der Abhängigkeit noch ankäme. Aus russischer Sicht wäre eine Vertreterbetriebsstätte u. U. wegen des Vorrangs des Abkommensrechts gegeben.

aa. Unabhängigkeit

Der OECD-MK fordert kumulativ die rechtliche und wirtschaftliche Unabhängigkeit vom Prinzipal, deren Vorliegen in einer Gesamtwürdigung aller tatsächlichen und rechtlichen Umstände zu beurteilen ist.[1229]

In der beim Abschluss des DBA-Russland existierenden Fassung nannte der OECD-MK 1992 zwei Kriterien: den Umfang der Aufsicht und die Risikotragung.[1230] Durch das Update 2003 wurden die Kriterien erläutert und präzisiert.

Ein Agent ist rechtlich unabhängig, wenn die Art seiner Tätigkeitsausübung nicht Gegenstand umfassender Weisungen und Kontrolle des Prinzipals ist, dem Agenten mithin ein gewisser Entscheidungsspielraum zukommt.[1231] Die Kontrolle allein über das Ergebnis der Tätigkeit (insb. Vertragsbedingungen) ist grundsätzlich jeder Vertretertätigkeit – auch durch Kommissionäre und Makler – immanent und lässt die Unabhängigkeit nicht entfallen.[1232] Indiz gegen das Bestehen einer umfassenden Aufsicht ist das Vertrauen des Prinzipals auf besondere Kenntnisse und Fähigkeiten des Agenten.[1233] Wie sich aus Art. 5 Abs. 7 DBA-Russland und Art. 306 Abs. 10 StK ergibt, reicht allein die Beherrschung einer Gesellschaft durch eine andere Gesellschaft nicht aus.

1227 Art. 5 Rn. 36 OECD-MK 1992 (seither unverändert), vgl. insoweit ähnlich Art. 5 Rn. 35 OECD-MK 1977.

1228 Minfin Schreiben v. 12.08.2011, 03–08-05; FAS DVO v. 17.12.2013, A51-24072/2012.

1229 Art. 5 Rn. 38 OECD-MK.

1230 Siehe Art. 5 Rn. 38 OECD-MK 1992 bis 2003.

1231 Vgl. Art. 5 Rn. 38, 38.3, 38.5 OECD-MK 2014; vgl. Art. 5 Rn. 38.4 OECD-MK 2014 („Ausmaß der Freiheit bei der Ausübung der Tätigkeit").

1232 Vgl. BFH v. 30.04.1975, I R 152/73, Rn. 16.

1233 Vgl. Art. 5 Rn. 38.1 OECD-MK 2014.

Eine wirtschaftliche Unabhängigkeit ist gegeben, wenn der Agent ein eigenes unternehmerisches Risiko trägt.[1234] Indizielle Bedeutung kommt der Frage zu, ob der Vertreter für einen oder mehrere Geschäftsherren handelt.[1235]

Die Literatur bedient sich eines Katalogs von Kriterien, die für oder gegen eine Unabhängigkeit sprechen (erfolgsabhängige Vergütung vs. feste Bezahlung,[1236] selbstständige Kostentragung vs. Kostenübernahme durch den Geschäftsherrn, Handeln für mehrere Geschäftsherren oder nur für einen Geschäftsherrn).[1237]

Es wird deutlich, dass der Begriff der Unabhängigkeit – wie auch derjenige des Arbeitnehmers bzw. der Selbstständigkeit – ein Typusbegriff ist.[1238] Dieser lässt sich im Unterschied zum Klassenbegriff nicht abschließend durch feststehende Merkmale definieren, sondern nur durch eine unbestimmte Anzahl von Merkmalen beschreiben.[1239] Leitbild ist hier der selbstständige Unternehmer. Die Merkmale der rechtlichen und wirtschaftlichen Unabhängigkeit müssen – wenn auch in unterschiedlicher Ausprägung – beide vorliegen. Eine geringere rechtliche Unabhängigkeit – beispielsweise durch gewisse Weisungen im Hinblick auf die Tätigkeit – kann durch eine besonders ausgeprägte wirtschaftliche Unabhängigkeit kompensiert werden. Diese Überlegungen stützt auch die geplante Neufassung des OECD-MK, die insoweit auf die Ausführungen zur Abgrenzung zwischen selbstständiger und nicht selbstständiger Arbeit (Art. 15 Rn 8 ff. OECD-MK 2014) verweist.[1240]

Die deutsche Finanzverwaltung folgt den Ausführungen im OECD-MK.[1241] Auch der BFH schließt sich der Auslegung durch den OECD-MK ausdrücklich an[1242], verwendet aber zum Teil eine abweichende Terminologie. Er versteht die Unabhängigkeit – ebenso wie bei der Auslegung der „Selbständigkeit" im Rahmen des § 15 Abs. 2 EStG und § 84 I HGB – im Sinne „persönlicher Freiheit" im Gegensatz zur „Eingliederung in den Betrieb des Unternehmers".[1243] Die bloße Weisungsunterworfenheit (sachliche Abhängigkeit) steht im Unterschied zur Lage in § 13 AO der Unabhängigkeit nicht entgegen. Die persönliche Unabhängigkeit entspricht nach dem BFH der „rechtlichen und wirtschaftlichen" Unabhängigkeit im Sinne des OECD-MK und

1234 Art. 5 Rn. 38, 38.6 OECD-MK 2014.

1235 Art. 5 Rn. 38. 6 OECD-MK 2014.

1236 Die Vergütung auf Basis der Cost-Plus-Methode ist nach überwiegender Auffassung unschädlich. Vgl. BMF BStBl. I 1999, 1076, Tz. 3.1.2 sowie *Heinsen,* in Löwenstein/Looks/Heinsen, Betriebsstättenbesteuerung, Rn. 166.

1237 Vgl. z. B. *Delarber,* Betriebsstätte, S. 134 f.

1238 Zum Arbeitnehmerbegriff BFH v. 11.08.2009, VI B 46/08, Rn. 4.

1239 Ebd.

1240 *OECD,* BEPS Action 7, Art. 5 Rn. 37 Die Ausführungen beziehen sich zwar auf die geplante Änderung des OECD-MA, dort aber auf den Begriff der Unabhängigkeit, so dass sie als Klarstellung auch zur Auslegung bestehender Abkommen herangezogen werden können.

1241 BMF BStBl. I 1999, 1076, Tz. 1.2.2.

1242 BFH v. 14.09.1994, I R 116/93, Rn. 15.

1243 BFH v. 30.04.1975, I R 152/73, Rn. 16.

fehlt insb. bei einem Arbeitnehmer. Die Unabhängigkeit einer Tochtergesellschaft hat der BFH mit dem Argument bejaht, dass sie zusätzlich zur Vertretertätigkeit eine „eigene umfassende Wirtschaftstätigkeit“ entfalte.[1244] Das ist nicht gerechtfertigt, da der Vertreter in Bezug auf die Tätigkeit für das Unternehmen abhängig sein kann, auch wenn er im Übrigen eine weitere Geschäftstätigkeit ausübt.[1245] Das belegt auch Art. 5 Rn. 38.6 OECD-MK 2014, wonach auch bei Tätigkeit für mehrere Geschäftsherren – die ein Indiz für Unabhängigkeit ist – eine Abhängigkeit gleichwohl bestehen kann, wenn beispielsweise der Vertreter einer intensiven Kontrolle unterliegt.

Die russische Finanzverwaltung und Rechtsprechung folgen im Anwendungsbereich des Abkommens den Ausführungen des OECD-MK (wirtschaftliche und rechtliche Unabhängigkeit).[1246] Für das nationale Recht wird die Frage der Abhängigkeit dagegen nicht diskutiert.

bb. Handeln im Rahmen der ordentlichen Geschäftstätigkeit

Unabhängige Vertreter begründen nur dann keine Vertreterbetriebsstätte des Prinzipals, wenn sie im Rahmen ihrer ordentlichen Geschäftstätigkeit handeln (Art. 5 Abs. 5, 6 DBA-Russland).[1247] Das russische innerstaatliche Recht spricht insoweit von Haupt- bzw. gewöhnlicher Tätigkeit (Art. 306 Abs. 9 UA 2 StK). Zweck der Regelung ist es, eine Vertreterbetriebsstätte nur entstehen zu lassen, wenn die Tätigkeit des Vertreters primär in den wirtschaftlichen Bereich des Prinzipals fällt.[1248] Abkommensrechtlich ist umstritten, was unter der „ordentlichen Tätigkeit“ zu verstehen ist bzw. welchen Rahmen die Tätigkeit eines Vertreters überschreiten muss.

Anders als es der Wortlaut („ihrer ordentlichen Tätigkeit“) nahelegen könnte, kommt es nicht auf den Rahmen der bisherigen Tätigkeit des Vertreters an. Andernfalls läge jede neue Tätigkeit automatisch außerhalb des Rahmens, wohingegen eine dann nachfolgende gleichartige Tätigkeit den neu abgesteckten Rahmen einhalten würde.[1249] Ein sachlicher Grund für diese unterschiedliche Behandlung ist nicht erkennbar.

Der OECD-MK 1992 hat keinen klaren Bezugspunkt für den Vergleich vorgegeben. Dem Beispiel des Kommissionärs, der neben seiner eigentlichen Tätigkeit

---

1244 BFH v. 14.09.1994, I R 116/93, Rn. 15.

1245 *Ott*, Vertreterbetriebsstätte, S. 72.

1246 Folgende Kriterien werden angewendet: Anzahl der Geschäftsherren, keine umfassende Kontrolle und Vertrauen des Prinzipals auf besondere Fähigkeiten und Kenntnisse des Agenten, wirtschaftliche Abhängigkeit vom Prinzipal, siehe Minfin Schreiben v. 12.08.2008, 03–08-05; v. 19.04.2011, 03–08-05.

1247 Wegen der Pluralform im Hauptsatz sowie theologischen Aspekten bezieht sich das Erfordernis auf alle unabhängigen Personen im Sinne des Nebensatzes.

1248 Vgl. OECD-MK Art. 5 Rn. 38.7 OECD-MK 2014 und *Wassermeyer*, in Wassermeyer, DBA, Art. 5 Rn. 229.

1249 BFH v. 14.09.1994, I R 116/93, Rn. 18.

Verträge für den Steuerausländer im fremden Namen abschließt, kann als Vergleichsmaßstab sowohl die konkrete Tätigkeit des Agenten als auch die verkehrsübliche Tätigkeit eines Kommissionärs entnommen werden.[1250] OECD-MK 2003 hat das Beispiel beibehalten und im Übrigen klargestellt, dass als Vergleichsmaßstab nicht die übrige Tätigkeit des Vertreters herangezogen werden soll, sondern die verkehrsübliche Geschäftstätigkeit eines Vertreters. Der Musterkommentar erklärt aber auch andere – nicht näher genannte – Kriterien für zulässig. Die geplante Neufassung des OECD-MK stellt nunmehr klar, dass Bezugsobjekt die Tätigkeit eines unabhängigen Agenten ist.[1251] Unerheblich ist, ob der Agent außerhalb seiner Beziehung zum Prinzipal beispielsweise als Vertriebsgesellschaft agiert.

Auch der BFH fragt, ob die Tätigkeit des Vertreters für den Prinzipal den Rahmen der branchenspezifischen Tätigkeit dieser Berufsgruppe einhält. Fehlt eine vergleichbare branchenübliche Tätigkeit, ist nach dem BFH zu prüfen, ob die Tätigkeit nach der Verkehrsanschauung innerhalb des jeweiligen Berufsbildes liegt.[1252]

Die russische Finanzverwaltung betont in Schreiben an die Steuerpflichtigen, dass für die Beurteilung die Kriterien des OECD-MK maßgeblich sind. Praktisch wird jedoch die gewöhnliche Tätigkeit anhand von Gründungsunterlagen, Lizenzen und sonstigen staatlichen Zulassungen des Agenten bestimmt.[1253] Zusätzlich müssen Einnahmen aus dieser Tätigkeit den wesentlichen Teil der Bruttoeinnahmen des Agenten ausmachen.[1254] Gewöhnliche Tätigkeit wird damit innerstaatlich und abkommensrechtlich als Haupttätigkeit verstanden. Art. 306 Abs. 9 StK spricht wie Art. 306 Abs. 4 StK von der gewöhnlichen oder Haupttätigkeit. Jede Nebentätigkeit ist damit außerhalb der ordentlichen Tätigkeit und führt zur Entstehung einer Betriebsstätte. Warum allerdings eine umfangreiche Haupttätigkeit des Agenten für den ausländischen Prinzipal eine Betriebsstätte ausschließt, während eine unwesentliche Nebentätigkeit betriebsstättenbegründend ist, bleibt unklar. Der hohe Anteil der Einnahmen aus der Tätigkeit für den Prinzipal an den Gesamteinnahmen des Vertreters ist ein Indiz für seine wirtschaftliche Abhängigkeit. Für die Frage, ob der Rahmen der ordentlichen Geschäftstätigkeit eingehalten ist, ist das Kriterium irrelevant.

Zur Stützung ihrer Auffassung berufen sich die Rechtsprechung und die Finanzverwaltung auf das Beispiel des Kommissionärs aus dem OECD-MK, das bereits in der Instruktion 34 wiedergegeben wurde. Damit ist festzustellen, dass das russische

1250 Art. 5 Rn. 38 OECD-MK 1992 (jetzt Rn. 38.7).

1251 *OECD*, BEPS Action 7, Art. 5 Rn. 38.6. Durch die gewählte Formulierung „its business as such" kehrt der Kommentar nunmehr zu der Formulierung aus den zwanziger Jahren des 20. Jahrhunderts zurück. Vgl. zur Entwicklung der Klausel *Staringer/Vallada*, in Lang u. A., Dependent Agents, S. 183, 188 ff.

1252 BFH v. 14.09.1994, I R 116/93, Rn. 18; v. 30.04.1975, I R 152/73, Rn. 19.

1253 Minfin Schreiben v. 19.04.2011, 03-08-05; v. 12.08.2008, 03-08-05; v. 28.07.2008, 03-03-05/83.

1254 UFNS Moskau Schreiben v. 04.08.2004, 26-12/51896.

Recht anders als der BFH und der OECD-MK nicht auf die Verkehrsüblichkeit, sondern auf die konkrete Tätigkeit des Vertreters abstellt.

4. Zeitliche Komponente

Die Anforderungen an die zeitliche Komponente unterscheiden sich in den drei Rechtskreisen. Während § 13 AO eine nachhaltige Tätigkeit des ständigen Vertreters fordert, ist im russischen Recht für die „ständige Vertretung" (= Betriebsstätte) in Form eines abhängigen Vertreters wie in Form des Ortes der Tätigkeit die Regelmäßigkeit der Tätigkeit entscheidend. Art. 5 Abs. 5 DBA-Russland stellt in beiden Sprachfassungen auf die „gewöhnliche" Ausübung der Vollmacht ab. Gemeinsam ist den drei Rechtskreisen, dass bei der Bestimmung der notwendigen zeitlichen Verwurzelung auf die „einfache" Betriebsstätte „geschielt" werden muss, da beide Institute eine vergleichbare Intensität der inländischen Aktivität voraussetzen.

a. § 13 AO Nachhaltigkeit

Der „ständige Vertreter" muss die Geschäfte des Unternehmens „nachhaltig" besorgen. Die Beispielsfälle in S. 2 zeigen, dass auch mehrfach wiederholte Tätigkeiten – Nr. 1 und Nr. 2 verwenden die Mehrzahl – nicht notwendig nachhaltig in diesem Sinne sind. Andernfalls wäre die gesonderte Nennung der Nachhaltigkeit in S. 2 überflüssig. Im Übrigen sind die Anforderungen auch angesichts spärlicher Rechtsprechung ungeklärt.

Überwiegend wird gefordert, dass der Einsatz des Vertreters aufgrund einer allgemeinen und nicht nur für den Einzelfall getroffenen Regelung (planmäßig) erfolgt und von gewisser Dauer ist.[1255] Keine dauernde Beziehung zum Inland besteht bei einer bloß gelegentlichen oder vorübergehenden Tätigkeit.[1256] Weitergehend fordert das FG Niedersachsen einen ständigen Inlandsaufenthalt – 100 Tage genügten nicht – sowie eine ständige, d.h. dauerhafte, Vertretung.[1257]

Im Rahmen des § 12 S. 1 AO muss die Geschäftseinrichtung für eine gewisse Dauer der Verfügungsgewalt des Unternehmens unterliegen und nicht nur gelegentlich der Unternehmenstätigkeit dienen. Dem entspricht es, dass der ständige Vertreter für eine gewisse Dauer im Inland bestellt sein (siehe § 49 Abs. 1 Nr. 2 lit. a EStG) und in diesem Zeitraum nicht nur einmalig oder gelegentlich für das Unternehmen tätig werden muss. Im Vergleich zu § 12 AO verschärft die überwiegende Ansicht die Anforderungen insoweit, als eine dauerhafte Tätigkeit bereits zu Beginn geplant sein muss. Alleine das wiederholte Tätigwerden reicht nicht aus, kann allerdings

1255 BFH v. 27.11.1963, I 335/60 U, Rn. 9; FG Sachsen v. 26.02.2009, 8 K 428/06, Rn. 44; FG Niedersachsen v. 28.06.2003, 11 K 335/99, Rn. 35; FG München, v. 10.09.1997, 7 V 3061/97, Rn. 17; FG München v. 28.05.1998, 7 V 1/98, Rn. 17.

1256 BFH v. 18.12.1990, X R 82/89, Rn. 12; v. 27.11.1963, I 335/60 U; FG Rheinland-Pfalz v. 28.05.1997, 1 K 1653/92.

1257 FG Niedersachsen v. 04.07.1991, VI 480/89, Rn. 50.

als Indiz für eine allgemeine Bestellung gewertet werden. Eine solche restriktive Auslegung der Nachhaltigkeit erscheint sachgerecht, um eine der Betriebsstätte vergleichbare Intensität des Inlandsbezugs herzustellen. Der missbräuchlichen Aufspaltung einer wirtschaftlich zusammenhängenden Tätigkeit kann mit § 42 AO begegnet werden.

Unklar ist, ob ein Mindestzeitraum für einen (tätigkeitsbezogenen) Aufenthalt des Vertreters im Inland notwendig ist. Nach Auffassung des FG Niedersachsen ist ein ständiger Inlandsaufenthalt notwendig, der jedenfalls bei einer unbeschränkten Steuerpflicht des Vertreters gegeben ist und bei einem Zeitraum von 100 Tagen bzw. von erheblich weniger als sechs Monaten fehlt.[1258] Für das Abkommensrecht, das allerdings keine planmäßige Bestellung und Tätigkeit voraussetzt, hat der BFH 60 Tage für nicht ausreichend gehalten und es darüber hinaus abgelehnt, den Gesamtzeitraum von der ersten Ein- bis zur letzten Ausreise zu berücksichtigen.[1259]

b. Art. 306 Abs. 9 StK: Regelmäßigkeit

Der Agent muss die Befugnis regelmäßig ausüben. Die russische Regelung spricht damit sowohl bei der allgemeinen Definition als auch bei der Vertreterbetriebsstätte von Regelmäßigkeit. Die Finanzverwaltung betrachtet „regelmäßig" als gleichbedeutend mit „gewöhnlich" im Sinne des Art. 5 Abs. 5 OECD-MA.[1260] Nach der herrschenden Auffassung gelten die Ausführungen zu Art. 306 Abs. 2 StK entsprechend. Überwiegend wird „regelmäßig" synonym mit „systematisch" verstanden.[1261] Nur einmalige Geschäftsvorfälle scheiden aus.[1262] Eine Regelmäßigkeit sei bereits bei zweimaliger Tätigkeit gegeben. Die Rechtsprechung hat Regelmäßigkeit abgelehnt bei mehreren gleichartigen Verträgen innerhalb eines Tages.[1263] Nach Auffassung der Verwaltung wird die Tätigkeit mehrerer Vertreter einer Organisation für die Beurteilung der Regelmäßigkeit zusammengerechnet.[1264]

c. Art. 5 Abs. 5 DBA-Russland

Das Abkommen definiert den Begriff „gewöhnlich" nicht. Aus dem Wortlaut „Verträge" folgt jedenfalls, dass auch hier ein einzelner Vertragsschluss nicht ausreichend ist. Bereits der OECD-MK 1966[1265] folgerte aus dem Definiendum „permanent establishment", dass die Vertretungsmacht wiederholt und nicht nur in Einzelfällen ausgeübt werden muss. Art. 5 Rn. 33.1 OECD-MK 2003 erklärt die Dauer der In-

---

1258 FG Niedersachsen v. 04.07.1991, VI 480/89, Rn. 50.

1259 BFH v. 03.08.2005, I R 87/04, Rn. 17.

1260 Minfin Schreiben v. 07.05.2007, 03-08-05.

1261 FAS MO v. 02.08.2012, A40-58575/2011.

1262 FAS MO v. 02.08.2012, A40-58575/2011; Minfin Schreiben v. 01.10.2008, 03-08-05; Methodische Empfehlungen Tz. I.2.2.1. Abs. 2 (außer Kraft).

1263 FAS MO v. 28.09.2010, A40-138878/2009.

1264 UFNS Moskau v. 24.10.2003, 26-12/59859.

1265 Art. 5 Rn. 16 OECD-MK 1966 (jetzt Rn. 32).

landstätigkeit („mehr als vorübergehend") sowie ihren Umfang und ihre Häufigkeit für maßgeblich. Für die beiden zuletzt genannten Kriterien können keine genauen Zahlen festgelegt werden, da es insoweit auf die Natur der Unternehmenstätigkeit ankommt. Der Kommentar verweist insoweit auch auf die Kommentierung zur zeitlichen Komponente bei der Geschäftseinrichtungsbetriebsstätte.

Aus russischer Sicht ist bereits das zweimalige Auftreten ausreichend. Der BFH hat eine Tätigkeit mit einer Dauer von lediglich 60 Tagen im Jahr nicht ausreichend gehalten, selbst wenn der Vertreter in der ersten Jahreshälfte jeden Monat mindestens einmal für ca. zwei bis fünf Tage eingereist ist. Der Rückgriff auf den Gesamtzeitraum von der ersten bis zur letzten Einreise sei im Rahmen des Art. 5 Abs. 5 OECD-MA nicht zulässig. Entscheidend sei allein die Dauer der tatsächlichen Tätigkeit.[1266]

d. Zwischenergebnis

Die Uferlosigkeit des § 13 AO in Bezug auf die funktionale Komponente bedarf eines Korrektivs in Form eines zeitlichen Mindestaufenthalts im Inland, wobei auch hier eine Dauer von sechs Monaten als Orientierungswert dienen kann. Im Abkommensrecht und im nationalen russischen Recht ist die Ausübung der Abschlussvollmacht für die Vornahme von Rechtsgeschäften, die zur Haupttätigkeit des Vertretenen gehören, in der Intensität der Inlandsbindung dem Unterhalten einer festen Geschäftseinrichtung vergleichbar. Daher erscheint es sachgerecht, eine auf ca. sechs Monate angelegte Tätigkeit und die regelmäßige Ausübung der Vollmacht ausreichen zu lassen.

1266 BFH v. 03.08.2005, I R 87/04, Rn. 17.

§ 6 Exkurs: Besteuerung von Betriebsstätten in Russland

Das Gewinnsteuerobjekt „Gewinn" umfasst bei ausländischen Organisationen mit einer inländischen Betriebsstätte:[1267] (1) Einnahmen, welche das Unternehmen aus der Tätigkeit durch die Betriebsstätte erzielt, vermindert um Ausgaben, welche die Betriebsstätte tätigt; (2) Einnahmen der ausländischen Organisation aus der Inhaberschaft, der Nutzung und/oder der Veräußerung von Betriebsstättenvermögen, vermindert um damit zusammenhängende Ausgaben; (3) zur Betriebsstätte gehörende Einnahmen aus inländischen Quellen i.S.d. Art. 309 Abs. 1 StK, wobei der Abzug von Ausgaben insoweit nur in den Fällen des Art. 309 Abs. 4 StK zulässig ist.[1268] Für die Besteuerung von Betriebsstätten gelten die allgemeinen Vorschriften über die Besteuerung russischer Organisationen, soweit sich aus Art. 307 ff. StK keine Besonderheiten ergeben.[1269]

A. Grundlagen

I. Keine Attraktivität der Betriebstätte

Im Unterschied zu § 49 Abs. 1 Nr. 2 lit. a EStG folgt bereits aus dem Wortlaut der Art. 307 Abs. 1, 247 Nr. 2 StK, dass eine Betriebsstätte auch nach nationalem russischem Recht keine Attraktivitätskraft hat. Besteuert werden nicht alle vom Steuerausländer in Russland erzielten Einkünfte, sondern nur diejenigen aus der Tätigkeit der Betriebsstätte und aus ihr zurechenbaren passiven Einkünften.[1270] In der Spruchpraxis der Arbitragegerichte wird das Prinzip der fehlenden Attraktivität der Betriebsstätte jedoch bisweilen missachtet.[1271] So hat das Gericht in der Rechtssache *Bloomberg*[1272] die Einnahmen aus dem Verkauf von Informationspaketen an russische Kunden durch das ausländische Stammhaus als Einnahmen der Betriebsstätte behandelt, obwohl die Betriebsstätte lediglich zur Beschaffung von Informationen

---

1267 Art. 307 Abs. 1, Art. 247 Nr. 2 StK.

1268 Veräußerungen von inländischem unbeweglichem Vermögen, von Anteilen an Organisationen, deren Aktiva zu mehr als 50 % aus solchem Vermögen bestehen, sowie von Anteilen an geschlossenen Renten- und Immobilieninvestitionsfonds (Art. 309 Abs. 1 Nr. 5, 6, 9.1 StK).

1269 UFNS Moskau Schreiben v. 20.10.2009, 16–15/109562; zur Gewinnermittlung siehe *Oeltze/Heischkel*, IStR 2003, 698, 700.

1270 Siehe z.B. VAS v. 17.11.2009, 6624/09; v. 30.11.2009, 15065/09. Unabhängig von der Existenz einer Betriebsstätte können Einnahmen aus russischen Quellen gem. Art. 309 Abs. 1 StK besteuert werden.

1271 Siehe auch *Корниенко/Постникова*, Финансы 2015, Nr. 7, S. 41 ff.

1272 AS Moskau v. 17.12.2010, A40-94391/2010.

über den russischen Markt, aber nicht zum Vertrieb der Produkte eingesetzt wurde. In der Rechtssache *CMS Cameron McKenna*[1273] haben die Gerichte die Entgelte für die Rechtsberatung russischer Mandanten durch die Rechtsanwälte des Stammhauses und der Betriebsstätte insgesamt der Betriebsstätte zugerechnet, ohne zu prüfen, ob sie durch die Tätigkeit der Betriebsstätte veranlasst wurden. Hingegen wurden in dem ähnlich gelagerten Fall *Hogan and Hartson*[1274] die entsprechenden Entgelte als in Russland nicht steuerbar angesehen.

II. Vorweggenommene Aufwendungen

Die Zuordnung von Einkünften zu einer Betriebsstätte setzt grundsätzlich deren Existenz voraus. Eine Betriebsstätte entsteht mit Beginn der Ausübung regelmäßiger Unternehmenstätigkeit. Dabei wirken Handlungen, die auf die Errichtung der Betriebsstätte gerichtet sind (Registrierung, Bevollmächtigung, Anmietung von Räumen etc.), nicht betriebsstättenbegründend (Art. 306 Abs. 3 StK). Vor der Entstehung der Steuerpflicht in Russland getätigte Aufwendungen konnten daher nach früherer Auffassung der Finanzverwaltung die Bemessungsgrundlage nicht mindern.[1275] Mittlerweile ist das Minfin von diesem Standpunkt abgerückt. Solche Aufwendungen können nach Entstehung der Betriebsstätte von der Bemessungsgrundlage gem. Art. 252 Abs. 1 StK abgezogen werden, wenn sie auf einem gesonderten Konto akkumuliert worden sind. Sie dürfen jedoch nur einmal – entweder nur im Ansässigkeitsstaat oder im Betriebsstättenstaat – geltend gemacht werden.[1276]

III. Konsolidierungsverbot

Die Bemessungsgrundlage und die Summe der Steuer sind grundsätzlich für jede Betriebsstätte gesondert zu ermitteln (Art. 307 Abs. 4 UA 1 StK). Ein steuerlicher Ergebnisausgleich (Konsolidierung der Geschäftsergebnisse) zwischen mehreren Betriebsstätten ist grundsätzlich unzulässig.[1277] Die Verluste aus einer Betriebsstätte können daher nicht mit den Gewinnen aus einer anderen Betriebsstätte verrechnet werden. Im Unterschied dazu ermitteln russische (Tochter-)Organisationen den

---

1273 FAS MO v. 09.09.2011, A40-138835/2010, best. durch VAS v. 10.01.2012, 16887/2011.

1274 FAS MO v. 17.04.2008, A40-37463/07.

1275 Vgl. Minfin Schreiben v. 20.02.2007, 03-03-06/1/104; v. 08.02.2007, 03-07-11/13. So wohl auch *Pfeiler*, in Pfeiler, Betriebsstätte, S. 32.

1276 Minfin Schreiben v. 27.03.2009, 03-03-05/51. Das ist konsequent, weil die Aufwendungen des Stammhauses für Zwecke der Betriebsstätte nach russischem Verständnis in der Steuerperiode ihrer tatsächlichen Entstehung oder ihrer Weiterleitung an die Betriebsstätte abgezogen werden können; siehe VAS v. 27.04.2012, 1896/12; AS MO v. 29.07.2015, A40-3279/14 (*Freshfields*).

1277 Z.B. UFNS Moskau Schreiben v. 09.12.2004, 26–12/81319. Siehe auch *Викулов*, Постоянное представительство, S. 197. Eine ähnliche Regelung gibt es offenbar in Spanien, vgl. *Behrenz*, in Wassermeyer, DBA, Anhang zu DBA-Spanien, Rn. 161.

Gewinn für das Gesamtunternehmen, der anschließend in die Anteile zerlegt wird, die auf die Föderation und die einzelnen Subjekte entfallen.[1278]

Eine Konsolidierung steht jedoch auch ausländischen Organisationen zu, wenn ihre inländischen Betriebsstätten im Rahmen eines einheitlichen technologischen Prozesses eingesetzt werden, oder in „anderen vergleichbaren Fällen" mit Zustimmung des Föderalen Steuerdienstes (Art. 307 Abs. 4 UA 2 StK).[1279] Den unklaren Gesetzeswortlaut legt die Verwaltung dahin gehend aus, dass die behördliche Zustimmung in den beiden genannten Fällen notwendig ist.[1280] Liegen die Voraussetzungen der Konsolidierung vor, wozu auch eine einheitliche steuerliche Methodik für die beteiligten Betriebsstätten nach Art. 313 StK gehört, kann die ausländische Organisation selbst bestimmen, welche Betriebsstätte die Steuerbuchhaltung führt und die Steuer jeweils am Ort der einzelnen Betriebsstätte erklärt.[1281]

Technologische Prozesse finden sich nach Auffassung der Verwaltung vornehmlich in der industriellen Produktion und bei Bauausführungen/Montagen.[1282] Die Betriebsstätten müssen dabei im Rahmen eines einheitlichen, d. h. „untrennbaren"[1283] Prozesses eingesetzt werden. Allein die Gleichartigkeit der ausgeübten Tätigkeiten reicht nicht aus.[1284] Unklar sind die Anforderungen an „andere vergleichbare Fälle". Zu denken ist hier insbesondere an eine organisatorische Einheit.[1285] Indes genügen nach Auffassung der Verwaltung für die Anwendung des Art. 307 Abs. 4 StK weder die aufeinanderfolgende Verwendung derselben Anlagen noch die zentralisierte Leitung und/oder Versorgung mit Ausgangsstoffen.[1286] Im Abkommensrecht kann

1278 2 % der Gesamtbemessungsgrundlage stehen dem föderalen Haushalt zu. Zur Bestimmung der Subjektanteile am Gewinnsteueraufkommen wird die Gesamtbemessungsgrundlage auf die einzelnen abgesonderten Einheiten im Verhältnis der Beschäftigten (alternativ des Bruttoarbeitslohns) sowie (des Restwerts) der eingesetzten abschreibungsfähigen Aktiva aufgeteilt. Auf den so zerlegten Gewinn wird dann grds. der Steuersatz von 18 % angewendet (siehe Art. 284, 288 StK).

1279 Weil es sich um ein Recht der ausländischen Organisation handelt, kann die Vorschrift entgegen 9 AAS v. 03.08.2009, A40-76758/09–143-405 nicht die Vermeidung missbräuchlicher Gewinnverschiebungen bezwecken.

1280 UFNS Moskau v. 20.06.2012, 16–15/053950@; zustimmend wohl auch FAS MO v. 10.11.2009, A40-76758/08; ablehnend 8 AAS v. 07.07.2010, A81-2495/2009. Nach FNS Schreiben v. 25.03.2015, GD-4–3/4811@, ist der Antrag auf die Erteilung der Zustimmung erst nach Gründung der Betriebsstätte zulässig. Eine Bindungswirkung für Gerichte und Steuerbehörden kommt der erteilten Zustimmung wohl nicht zu, siehe den Fall in 9 AAS v. 03.08.2009, A40-76758/08–143-405.

1281 Die Gewinnzerlegung erfolgt nach den für russische Organisationen geltenden Regeln (Art. 307 Abs. 4, Art. 288 StK).

1282 FNS Schreiben v. 25.03.2015, GD-4–3/4811@.

1283 9 AAS v. 03.08.2009, A40-76758/08–143-405.

1284 FNS Schreiben v. 25.03. 2015, GD-4–3/4811@; v. 12.08.2014, GD-4–3/15828@.

1285 Offenlassend für Lager und Verkauf UFNS Moskau v. 20.06.2012, 16–15/053950@.

1286 FNS Schreiben v. 25.03. 2015, GD-4–3/4811@.

sich die Zusammenfassung bei Vorliegen einer organisatorischen Einheit aus Art. 5 Rn. 20 OECD-MK 2014 ergeben.[1287]

In der restriktiven Verwaltungspraxis wurden Zustimmungen bisher wohl nur für den Bau von Pipelines[1288], für fortschreitende Bauausführungen (z. B. im Straßenbau)[1289] und für räumlich getrennte Versuchsbohrungen aufgrund eines einzelnen Vertrages[1290] erteilt.[1291]

Von der Konsolidierung der steuerlichen Ergebnisse ist die zulässige Weiterbelastung von Ausgaben zu unterscheiden, die eine inländische Betriebsstätte für Zwecke einer anderen inländischen Betriebsstätte getragen hat.[1292]

B. Gewinnermittlungsmethoden

Der Gewinn der Betriebsstätte wird grundsätzlich nach der sog. direkten Methode ermittelt (Einnahmen minus Ausgaben). Den Vorrang dieser auf dem Gedanken der Selbstständigkeit (nicht unbedingt der Unabhängigkeit) basierenden Vorgehensweise hatten bereits die Vorgängerregelungen normiert.[1293] Vor Inkrafttreten des Steuerkodex hatte jedoch Art. 3 lit. c Unternehmenssteuergesetz 1991 in weitem Umfang auch die subsidiäre Anwendung der sog. bedingten (rechnerischen) Methode zugelassen, wenn der Gewinn der Betriebsstätte nicht direkt ermittelt werden konnte. In diesem Fall betrug der Betriebsstättengewinn 20 % der Betriebsstätteneinnahmen, hilfsweise des Teils der Gesamteinnahmen, der dem Anteil des Betriebsstättenpersonals am Gesamtpersonal entsprach, hilfsweise auf Basis von Ausgaben im Zusammenhang mit der Betriebsstätte mit einer Rentabilitätsnorm von 25 %.[1294]

Die bedingte Methode, teilweise auch als indirekte Methode bezeichnet,[1295] unterscheidet sich wesentlich von der abkommensrechtlichen indirekten Methode

1287 Siehe oben § 5 B.II.3.a 124.

1288 Siehe z. B. UFNS Moskau v. 20.06.2012, 16–15/053950@ sowie *Ахметшин*, in Овчарова/Травкина/Ивлиева, Налогообложение, S. 14, 17.

1289 *Полежарова*, Налоговая политика и практика 2015, Nr. 8, S. 70, 72.

1290 FNS Schreiben v. 25.03. 2015, GD-4–3/4811@; v. 12.08.2014, GD-4–3/15828@.

1291 Bei Vorliegen eines wirtschaftlichen und geografischen Zusammenhangs handelt es sich richtigerweise um *eine* Betriebsstätte im Sinne des Art. 5 Abs. 3 DBA-Russland. Für fortschreitende Bauausführungen und Montagen folgt das bereits aus Art. 308 Abs. 5 StK.

1292 Siehe FAS ZSO v. 17.03.2008, A75-6037/2007; UFNS Moskau v. 19.01.2007, 20–12/005128; Minfin Schreiben v. 20.06.2006, 03–03-04/1/528.

1293 Siehe Art. 10 Abs. 3 Unternehmenssteuergesetz 1990 und Art. 3 lit. a und c Unternehmenssteuergesetz 1991.

1294 Siehe § 4.9 Instruktion GNS RF v. 16.06.1995 Nr 34. Auch nach Art. 10 Abs. 3 Unternehmenssteuergesetz 1990 konnte, sofern die direkte Ermittlung nicht möglich war, der Gewinn anhand von Bruttoeinnahmen oder getragenen Ausgaben (Rentabilitätsnorm 15 %) ermittelt werden.

1295 *Filinov/Lukina/Ostrovskiy/Yasnovskiy*, Russian Federation, in Reimer u. A., Permanent Establishment, Rn. 62 ff.

(siehe Art. 7 Abs. 4 DBA-Russland), bei welcher der (weltweite) Gesamtgewinn des Unternehmens nach bestimmten Schlüsseln zwischen der Betriebsstätte und dem übrigen Unternehmen aufgeteilt wird. Die Berechnung des Gewinns anhand der Einnahmen und der Ausgaben mit bestimmten Rentabilitätsnormen ist vielmehr ein Fall der direkten Methode (verbunden mit einer Schätzung) und bei der Heranziehung der Gesamteinnahmen als Parameter eine Mischung aus der direkten und indirekten Methode.

Mit Inkrafttreten des 25. Kapitels über die Gewinnsteuer im Jahr 2002 ist die Anwendung der bedingten Methode nur für den Sonderfall einer unentgeltlichen Hilfs- oder Vorbereitungstätigkeit für Dritte in Art. 307 Abs. 3 StK vorgesehen. Diese Änderung ging mit der Einführung obligatorischer steuerlicher Aufzeichnungspflichten für Betriebsstätten ausländischer Organisationen einher (Art. 313 StK). Im Normallfall wird der Gewinn der Betriebsstätte daher direkt ermittelt.

Mangels einer gesetzlichen Regelung wurden die Einzelheiten der Betriebsstättenbesteuerung in den Methodischen Empfehlungen erläutert. Zwar sind sie fast zeitgleich mit der Einfügung des Art. 307 Abs. 9 StK außer Kraft getreten. Da dieser jedoch nur einen allgemeinen Hinweis auf die Funktionsanalyse enthält, werden die Verwaltungsgrundsätze der Betriebsstättenbesteuerung sinngemäß weiterhin angewendet.[1296] Das folgt insbesondere auch aus der Übernahme der Methodik in Rechtsprechung und Verwaltung. Im Folgenden werden daher die bisher praktizierte Methodik der Betriebsstättenbesteuerung (C.) und die Änderungen durch Art. 307 Abs. 9 StK (D.) erörtert.

C. Rechtslage vor Änderung des Art. 307 Abs. 9 StK

Bei der sog. direkten Methode wird zunächst versucht, der Betriebsstätte Betriebseinnahmen und damit zusammenhängende Ausgaben nach Veranlassungsgrundsätzen direkt zuzuordnen. Soweit der Gewinn der Betriebsstätte auf diese Weise nicht direkt ermittelt werden kann, kommt es zur Verteilung von Einnahmen und Ausgaben nach den von der ausländischen Organisation festgelegten Schlüsseln.[1297]

Besteuert werden soll nur der Teil des Gewinns der ausländischen Organisation, der „unmittelbar mit ihrer Tätigkeit durch die Betriebsstätte verbunden“ ist und zur Betriebsstätte „gehört“.[1298] Der zur Betriebsstätte gehörende Gewinn soll sich nach Meinung der Finanzverwaltung auch in Nicht-DBA-Sachverhalten nach dem Fremdvergleichsgrundsatz bestimmen.[1299]

1296 Siehe z. B. AS Moskau v. 29.06.2016, A40-51925/16.
1297 Siehe Methodische Empfehlungen Tz 4.1.1. (außer Kraft).
1298 Methodische Empfehlungen Tz 4.1. S. 1. (außer Kraft).
1299 Methodische Empfehlungen Tz 4.1. S. 2. (außer Kraft).

I. Einnahmen

Unterschieden wird zwischen den Einnahmen, welche der Betriebsstätte direkt zugeordnet werden können, und solchen, die vom Stammhaus an die Betriebsstätte weitergegeben werden. Dabei ist bei jeder Einnahme die Zugehörigkeit zur Betriebsstätte zu prüfen.[1300] Maßstab für die Zuordnung soll die Tätigkeit eines selbstständigen und unabhängigen Unternehmens sein.[1301]

Einnahmen gehören zur Betriebsstätte insbesondere, wenn sie durch die Tätigkeit der Betriebsstätte (des Personals der Betriebsstätte) oder durch die Nutzung von Betriebsstättenaktiva erzielt werden.[1302] Unerheblich ist, ob die Einnahmen im In- oder Ausland erzielt werden und ob die Entgelte in- oder ausländischen Konten gutgeschriebenen werden.[1303]

Für die Zuordnung von Erlösen aus Geschäftsvorfällen mit Dritten soll berücksichtigt werden, ob das Personal der Betriebsstätte für das Zustandekommen des Geschäftsvorfalls und/oder für die Erbringung der Vertragsleistung verantwortlich ist.[1304] Für die Zuordnung von Wirtschaftsgütern wird auf das „tatsächliche Gehören" (Terminologie aus den Betriebsstättenvorbehalten in DBA) und die Art des Wirtschaftsgutes abgestellt. Immaterielle Wirtschaftsgüter gehören tatsächlich zur Betriebsstätte, wenn sie durch die Betriebsstätte geschaffen oder erworben wurden.[1305]

Soweit sich die Einnahmen der Tätigkeit einer Betriebsstätte nicht direkt zuordnen lassen, kann die ausländische Organisation in ihrer internen Methodik (vgl. Art. 313 StK) über die Verteilung der Welteinnahmen eine Allokation an die Betriebsstätte vornehmen. Ein solcher Fall kann beispielsweise gegeben sein, wenn die Betriebsstätte Produkte herstellt, welche durch das Personal des Stammhauses (weiter-)verarbeitet und dann veräußert werden bzw. wenn sowohl das Personal des Stammhauses als auch das der Betriebsstätte an einem Projekt arbeiten.[1306] Die Methodischen Empfehlungen nannten als Verteilungskriterium beispielhaft den Anteil des Betriebsstättenpersonals am Gesamtpersonal des Unternehmens.[1307] Weitere von der Finanzverwaltung (nach wie vor, vgl. sogleich) akzeptierte Kriterien sind Per-

---

1300 Methodische Empfehlungen Tz 4.1.2. Abs. 3 S. 1 (außer Kraft).

1301 Methodische Empfehlungen Tz 4.1. (außer Kraft).

1302 Methodische Empfehlungen Tz 4.1.2. Abs. 3 S. 2 (außer Kraft).

1303 Methodische Empfehlungen Tz 4.1.2. Abs. 4 (außer Kraft). Siehe wörtlich identisch Nr. 1 lit. a Abs. 2 Protokoll zum DBA-Russland/USA.

1304 Vgl. Methodische Empfehlungen Tz 4.2. (außer Kraft).

1305 Beispielsweise ist für die Zuordnung von Lizenzzahlungen an die Betriebsstätte entscheidend, ob das Objekt durch das Personal der Betriebsstätte geschaffen oder erworben wurde. Das Ergebnis ist entgegen *Викулов*, Постоянное представительство, S. 193 nicht zufällig, sondern beruht auf der zutreffenden Verwendung des Kriteriums der tatsächlichen Zugehörigkeit aus den Betriebsstättenvorbehalten.

1306 Vgl. Methodische Empfehlungen Tz 4.1.1. (außer Kraft).

1307 Ebd.

sonenstunden für ein bestimmtes Projekt[1308], der Wert der eingesetzten Aktiva, die getätigten Ausgaben etc.[1309] Das Gesetz selbst sieht keine Aufteilungsschlüssel vor. Die ausländische Organisation ist verpflichtet, die Unterlagen beizubringen, welche die tatsächlichen Umstände belegen, die den gewählten Kriterien zugrunde liegen. Sie müssen vom Leiter des Stammhauses (Geschäftsführer) unterschrieben sein.[1310] Richtet sich die Aufteilung beispielsweise nach dem Verhältnis der Beschäftigten, muss die Zahl der insgesamt bzw. in der Betriebsstätte Beschäftigten nachgewiesen und die Steuererklärung aus dem Ansässigkeitsstaat vorgelegt werden.[1311]

II. Ausgaben

Jedenfalls im Anwendungsbereich von Doppelbesteuerungsabkommen kann die Bemessungsgrundlage um drei Arten von Betriebsausgaben gemindert werden: Ausgaben, welche die Betriebsstätte selbst „produziert" hat; Ausgaben des Stammhauses, die sich direkt der Betriebsstätte zuordnen lassen; anteilige Ausgaben des Stammhauses, die sich zwar nicht direkt der Betriebsstätte zuordnen lassen, aber auch für Zwecke der Betriebsstätte getätigt wurden.[1312]

Die ausländische Organisation darf gem. Art. 307 Abs. 1 UA 1 StK die Einnahmen, welche sie aus der Tätigkeit der Betriebsstätte erzielt hat, um Ausgaben mindern, welche die Betriebsstätte „produziert" (getätigt/verursacht, russ.: „произведенные") hat.[1313] Damit legt das Gesetz den Fokus bei den Einnahmen auf die Erzielung durch die Organisation, bei den Ausgaben hingegen auf die „Produktion" durch die Betriebsstätte. Der Gesetzgeber hat gerade nicht – parallel zur Zurechnung von Einnahmen und zur Bestimmung der Bemessungsgrundlage bei der Besteuerung russischer Organisationen – die Ausgaben zum Abzug zugelassen, welche die (ausländische) Organisation zur Erzielung von Einnahmen (durch die Betriebsstätte) produziert hat.[1314] Die Bedeutung der gewählten Formulierung ist nicht geklärt.

Nach einer verbreiteten Auffassung sollen Ausgaben, welche nicht unmittelbar von der Betriebsstätte, sondern von dem Stammhaus (oder einer anderen Betriebsstätte) im Ausland „bezahlt" werden (sog. exterritoriale Ausgaben), nur im Anwendungsbereich des Abkommens, nicht hingegen allein nach dem Steuerkodex

---

1308 UFNS Moskau Schreiben v. 03.08.2011, 16–12/076325@.

1309 *Архиерейский*, Аудиторские ведомости, 2007, Nr. 10.

1310 Methodische Empfehlungen Tz 4.1.1. (außer Kraft).

1311 Methodische Empfehlungen Tz 4.1.1. (außer Kraft). Es wird deutlich, dass nach russischem Verständnis der aufzuteilende Gesamtgewinn nicht nach russischem Recht ermittelt werden muss.

1312 Im Ergebnis auch *Брук*, Актуальная бухгалтерия 2015, Nr. 7.

1313 Auch die Einnahmen aus der Verfügung über das Betriebsstättenvermögen dürfen um damit zusammenhängende Ausgaben gemindert werden.

1314 Der Gewinn einer russischen Organisation ist die Differenz zwischen den von ihr erzielten Einnahmen und den von ihr getragenen Ausgaben.

abziehbar sein.[1315] Das überzeugt schon deshalb nicht, weil Aufwendungen nicht notwendig bezahlt, sondern vielmehr getragen werden (z. B. Unfallschäden). Die wohl h.M. legt „produziert“ denn auch im Sinne von „getragen“ aus.[1316] Auf Grundlage des Steuerkodex sollen nur unmittelbar von der Betriebsstätte getragene (d. h. durch die inländische Betriebsstätte ausgeführte) Ausgaben abzugsfähig sein. Diese Auffassung beruft sich auf einen Umkehrschluss aus Art. 7 Abs. 3 OECD-MA 2008 (DBA-Russland), der für die Betriebsstätte entstandene (russ.: „понесенные“/getragene) Aufwendungen für abzugsfähig erklärt, unabhängig davon, in welchem Staat sie entstanden sind.[1317] Zur Begründung wird auch auf die Begrenzung der Steuersouveränität auf das Inland und die hieraus resultierenden Defizite beim Steuervollzug verwiesen.[1318]

Da die Ausgaben zur Einnahmeerzielung durch die Betriebsstätte selbst getragen sein müssen, scheint das nationale Recht einen klaren Maßstab für die Zuordnung der Ausgaben an die Betriebsstätte gefunden zu haben. Da rechtlich nur das Unternehmen selbst Ausgaben tragen kann, fingert das Gesetz die Selbstständigkeit einer Betriebsstätte, allerdings inkonsequent: Weil bei der Gewinnermittlung zur Betriebsstätte gehörende Einnahmen berücksichtigt werden, unabhängig davon, ob sie im In- oder im Ausland beim Stammhaus oder bei der Betriebsstätte angefallen sind, müsste ein selbstständiges Unternehmen zur Erzielung dieser Einnahmen zusätzlich die damit zusammenhängenden Ausgaben selbstständig leisten. Nach russischem Verständnis werden insoweit jedoch die Erträge in Russland besteuert, während die Aufwendungen in den Ansässigkeitsstaat verschoben werden. Zur Vermeidung der Bruttobesteuerung müssten also entweder die tatsächlich angefallenen Ausgaben berücksichtigt werden oder für die internen Leistungsbeziehungen (Übertragung von Wirtschaftsgütern oder Erbringung von Dienstleistungen an die Betriebsstätte) ein Aufwand mit Gewinnaufschlag an die Betriebsstätte belastet werden. Vorzugswürdig erscheint daher eine Auslegung i.S.v. „verursacht“.[1319] Zumindest aber sollten die Ausgaben, die ausschließlich und nicht bloß anteilig für Zwecke der Betriebsstätte geleistet werden, auch nach nationalem Recht abzugsfähig sein.[1320]

1315 *Викулов*, Налоговая политика и практика 2009, Nr. 5, S. 4, 6 f., *Архиерейский*, Ваш налоговый адвокат 2007, Nr. 12. Entgegen *Денисаев*, Правовое регулирование налоговых отношений, S. 138 f. existiert kein Rechtsgrundsatz, der die Abziehbarkeit von Ausgaben von der Steuerbarkeit beim Leistungsempfänger abhängig macht.

1316 AS MO v. 29.07.2015, A40-3279/14 (*Freshfields*).

1317 VAS v. 27.04.2012, 1896/12. Siehe auch AS Moskau v. 29.06.2016, A40-51925/16 (*Strabag*); AS MO v. 29.07.2015, A40-3279/14 (*Freshfields*); FAS MO v. 13.04.2011, A40-1154/2010 (*MI Drilling Fluids U.K. Limited*); FAS SZO v. 16.12.2010, A56-6861/2010 (*Gide Loyrette Nouel*); FAS MO v. 09.07.2010, A40-107368/2009 (*Latham & Watkins*); FAS MO v. 19.10.2010, A40-35277/2009 (*Denton Wilde Sapte*).

1318 AS MO v. 29.07.2015, A40-3279/14 (*Freshfields*).

1319 Ähnlich FAS MO v. 16.07.2014, A40-72298/13 (*Strabag*).

1320 Ebenso im Ergebnis *Брук*, Актуальная бухгалтерия 2015, Nr. 7.

Die von der Betriebsstätte getragenen Ausgaben (direkte Ausgaben) sind unter folgenden allgemeinen Voraussetzungen abzugsfähig: Sie müssen wirtschaftlich gerechtfertigt sein (Art. 252 Abs. 1 UA 3 StK).[1321] Der Nachweis erfolgt durch Primärbelege im Einklang mit den russischen Vorschriften (Art. 313 StK) und für im Ausland getragene Ausgaben im Einklang mit den dortigen Vorschriften (Art. 252 Abs. 1 UA 4 StK). Sie werden in der Steuerperiode berücksichtigt, in der sie nach den Vertragsbedingungen entstanden sind (Art. 272 Abs. 1 UA 2 StK). Es gelten ferner die Abzugsbeschränkungen des Art. 270 StK (z.B. für Werbeaufwendungen).

Im DBA-Fall können vom übrigen Unternehmen getragene Ausgaben – wie oben zu den Einnahmen geschildert – in der internen Methodik an die Betriebsstätte weiterbelastet werden.[1322] Voraussetzung für die Berücksichtigung von Ausgaben ist zunächst, dass sie zur Tätigkeit der Betriebsstätte gehören und mit der Erzielung von Einnahmen verbunden sind.[1323] In einer vom Stammhaus beschlossenen und dokumentarisch nachweisbaren Methodik über die Verteilung von Ausgaben zwischen dem Stammhaus und seinen Betriebsstätten müssen ferner die Verteilungskriterien festgelegt sein (vgl. § 313 StK).[1324] Aus den vom Leiter des Stammhauses unterschriebenen Unterlagen müssen sich der Zusammenhang zur Tätigkeit der Betriebsstätte, die tatsächliche Ausgabentragung sowie die Kriterien für die Übertragung an die Betriebsstätte ergeben. Nach der neuesten Rechtsprechung der Arbitragegerichte ist eine Übersetzung ins Russische erforderlich.[1325] Die Betriebsstätte kann solche Ausgaben entweder in der Steuerperiode berücksichtigen, in der sie durch das Stammhaus getätigt wurden, oder aber erst in der Steuerperiode der Übertragung an die Betriebsstätte.[1326]

Gerichte und Behörden akzeptieren grundsätzlich die Verteilungsmethode des Steuerpflichtigen. Praktiziert wird die Aufteilung anhand von direkten Ausgaben[1327], anhand von Umsatzerlösen,[1328] für Lohnkosten nach dem Verhältnis der Arbeitsstunden des ausländischen Personals für Zwecke der russischen Betriebsstätte.[1329]

1321 D.h. die Ausgaben müssen durch die Gewinnerzielung bedingt, rational und üblich sein, vgl. z.B. FAS VVO v. 14.02.2008, A39-1675/2007; Minfin Schreiben v. 21.05.2010, 03-03-06/1/341.

1322 Minfin Schreiben v. 16.10.2014, 03–08-05/52194.

1323 Minfin Schreiben v. 13.01.2014, 03–08-05/378.

1324 Minfin Schreiben v. 16.10.2014, 03–08-05/52194; UFNS Moskau Schreiben v. 30.04.2008, 20–12/041940.

1325 AS M v. 29.06.2016, A40-51925/16.

1326 Vgl. VAS v. 27.04.2012, A40-138835/10–118-799, der Tz. 5.3. der Methodischen Empfehlungen (Zeitpunkt der Übertragung allein entscheidend) für unvereinbar mit Art. 271 StK (Realisationsmethode) erklärte.

1327 FAS MO v. 13.04.2011, A40-1154/2010 (*MI Drilling Fluids U.K. Limited*).

1328 FAS MO v. 09.07.2010, A40-107368/2009 (*Latham & Watkins*).

1329 FAS MO v. 04.10.2011, A40-2230/2011 (*Provea*).

Ausgaben, welche ausschließlich für Zwecke der Betriebsstätte getragen werden, können in voller Höhe berücksichtigt werden.[1330]

Zum Abzug zugelassen sind auch Zinsen auf Darlehen, die das Stammhaus für Zwecke der Betriebsstätte aufgenommen hat.[1331] Gefordert wird ein funktionaler Zusammenhang zwischen dem Darlehen und der Betriebsstätte. Dieser besteht, wenn die Darlehensvaluta im In- oder im Ausland durch den Steuerzahler für die Erfüllung der Funktionen der Betriebsstätte verwendet wurden.[1332] Die Berücksichtigung des Zinsaufwands bei der Betriebsstätte hängt nach russischem Verständnis nicht von der Kapitalstruktur des Unternehmens ab. Die Thin-capitalization-Regeln gelten für die Finanzierung der Betriebsstätte nicht.[1333] In einem Schreiben scheint das Finanzministerium sogar den Abzug fiktiver Zinsen für das vom Stammhaus zur Verfügung gestellte Kapital zu akzeptieren.[1334] Lässt sich der funktionale Zusammenhang nicht eindeutig feststellen, lassen es die Gerichte ausreichen, dass das Stammhaus auch Ausgaben der Betriebsstätte tätigt. In so einem Fall kann auch ein angemessener Teil der Zinsen an die Betriebsstätte belastet werden.[1335]

III. Übertragung von Wirtschaftsgütern, Innentransaktionen

Bis zur Einführung des Art. 307 Abs. 9 StK (dazu sogleich) konnten Leistungen des übrigen Unternehmens an die Betriebsstätte grundsätzlich nur zum Selbstkostenpreis (Anschaffungs- bzw. Herstellungskosten) als Aufwand bei der Betriebsstätte berücksichtigt werden.[1336] Die Übertragung von Vermögensgegenständen an die russische Betriebsstätte erfolgte zum Buchwert, nach dem die Abschreibungen in Russland zu bemessen waren.[1337]

In dem eingangs geschilderten Fall *CMS Cameron McKenna*[1338] erklärte das Unternehmen die gesamte Vergütung aus der Beratung russischer Mandanten als Einnahmen der Betriebsstätte. Der auf das Stammhaus entfallende Teil (Stundensätze x geleistete Arbeitsstunden des Stammhauspersonals) wurde zugleich als Ausgabe

---

1330 FAS MO v. 19.10.2010, A40-35277/2009 (*Denton Wilde Sapte*).

1331 Siehe z.B. UFNS Moskau Schreiben v. 08.06.2009, 16–15/058506; FAS MO v. 16.07.2014, A40-72298/2013; FAS MO v. 18.12.2013, A40-131026/2012.

1332 FAS MO v. 16.07.2014, A40-72298/2013.

1333 Minfin Schreiben v. 17.09.2013, 03–08-05/38346.

1334 Minfin Schreiben v. 13.09.2011, 03–08-05/38346.

1335 FAS MO v. 16.07.2014, A40-72298/2013.

1336 FAS MO v. 06.03.2007, A40-39972/05–76-341; FAS SZO v. 23.10.2006, A56-32254/2005. Die Gerichte berufen sich auf den Gedanken aus Instruktion 34 Tz. 3.1.7 Abs. 5, wonach Aktiva, die vom Stammhaus an die Betriebsstätte übertragen werden, mit dem zum Zeitpunkt der Übergabe beim Stammhaus maßgeblichen Wert, vermindert um die Ausgaben für Transport, Zölle etc., berücksichtigt werden. Siehe auch FAS MO v. 04.10.2011, A40-2230/2011 (*Provea*).

1337 Minfin Schreiben v. 12.09.2011, 03–03-06/1/548.

1338 FAS v. 09.09.2011, A40-138835/10–118-799 best. durch VAS v. 10.01.2012, VAS-16887/11.

der Betriebsstätte erklärt. Zusätzlich wurde ein Teil der allgemeinen Geschäftsführungs-, Werbe und Versicherungsaufwendungen nach einem Schlüssel auf die Betriebsstätte übertragen. Das Gericht lehnte den Abzug der anteiligen Vergütung für die Rechtsanwälte des Stammhauses ab. Die ausländische Organisation sei *ein* Steuersubjekt, weshalb interne Verrechnungen die Bemessungsgrundlage nicht mindern könnten. Den Einwand der Klägerin, die Betriebsstätte sei für die Ermittlung des Gewinns wie ein selbstständiges und unabhängiges Unternehmen zu behandeln, das die entsprechende Leistung am Markt eingekauft und die Bemessungsgrundlage um die gezahlte Vergütung gemindert hätte, hat das Gericht zurückgewiesen. Denn die ausländische Organisation dürfe der Betriebsstätte nicht wie einem fremden Dritten die Vergütung für ihre Leistungen in Rechnung stellen und gleichzeitig einen Teil der allgemeinen Kosten, die in der Vergütung enthalten sein sollten, auf die Betriebsstätte abwälzen. Geht man allerdings von der Selbstständigkeit der Betriebsstätte aus, hätte die Betriebsstätte einen Teil der allgemeinen Verwaltungskosten selbst tragen müssen. Dementsprechend wäre in einer fremdvergleichskonformen Vergütung für ausländische Anwälte nur der auf das Stammhaus entfallende Teil der allgemeinen Verwaltungskosten enthalten. Richtigerweise hätte das Gericht zumindest die tatsächlich angefallenen Aufwendungen für die Tätigkeit der Londoner Anwälte sowie einen angemessenen Teil der allg. Verwaltungskosten zum Abzug zulassen müssen.

D. Änderungen durch Art. 307 Abs. 9 StK vom 01.01.2012

Das geschilderte Vorgehen bei der Ermittlung des Betriebsstättengewinns wird auch aktuell praktiziert. Im Zuge der Änderung der russischen Verrechnungspreisvorschriften ist Art. 307 Abs. 9 StK geändert worden. Art. 307 Abs. 9 UA 1 schreibt nunmehr vor, dass die Ermittlung der Einnahmen der Betriebsstätte auf Grundlage der in Russland ausgeübten Funktionen, der eingesetzten Aktiva und der übernommenen wirtschaftlichen Risiken zu erfolgen hat (Funktions- und Risikoanalyse). Die Ausgaben sollen wohl weiterhin gem. Art. 307 Abs. 1 StK ermittelt werden. Nach der Funktions- und Risikoanalyse hat sich auch die Aufteilung der Einnahmen und Ausgaben zwischen der ausländischen Organisation und der russischen Betriebsstätte auszurichten (Art. 307 Abs. 9 UA 2 StK). Der Steuerkodex unterscheidet damit erstmals zwischen der Gewinnermittlung und der Gewinnabgrenzung.

In Schreiben der Finanzverwaltung sowie den wenigen einschlägigen Entscheidungen der Arbitragegerichte wird die geforderte Funktionsanalyse allerdings nur im Munde geführt. Der Mangel der Regelung besteht darin, dass das nationale Recht keine Rechtsgrundlage für die Besteuerung der Leistungsbeziehungen zwischen Stammhaus und Betriebsstätte vorsieht.

Die Regelungen über die Verrechnungspreise finden nur auf Rechtsgeschäfte zwischen verbundenen Personen Anwendung (Art. 105.5 Abs. 1 StK). Da der Begriff „Rechtsgeschäft“ im Steuerkodex nicht definiert wird, ist gem. Art. 11 Abs. 1 StK die Definition in Art. 153 ZGB maßgeblich. Unter einem Rechtsgeschäft sind danach „Handlungen von natürlichen und juristischen Personen“ zu verstehen, die auf die „Begründung, Änderung oder Beendigung von zivilen Rechten und Pflichten gerichtet sind“. Es lässt sich vertreten, dass in Bezug auf das Subjekt des Rechtsgeschäfts (natürliche/juristische Person) die Regelung in Art. 11 Abs. 2 StK vorrangig ist, wonach als Person auch die inländische Filiale/Vertretung einer ausländischen Organisation gilt (vgl. sogleich). Gleichwohl haben interne Leistungsbeziehungen keinen Einfluss auf das Bestehen von Zivilrechten und -pflichten.[1339] Es fehlt insoweit daher an einem Rechtsgeschäft.

Verbundene Personen können natürliche Personen und Organisationen sein (Art. 105.1 StK). Als Organisationen gelten gem. Art. 11 Abs. 2 StK auch Filialen und Vertretungen ausländischer Rechtsgebilde mit Zivilrechtsfähigkeit. Damit scheiden andere Erscheinungsformen einer Betriebsstätte von vornherein aus. Doch selbst die genannten Filialen und Vertretungen lassen sich im Hinblick auf die Beherrschungsverhältnisse nicht dem Katalog in Art. 105.1 StK zuordnen. Zwar kann ein Gericht Personen gem. Art. 105.1 Abs. 7 StK auch aus anderen Gründen als verbunden ansehen, wenn das Verhältnis zwischen ihnen Einfluss auf die Bedingungen und/oder die Ergebnisse von Rechtsgeschäften oder auf die wirtschaftlichen Ergebnisse ihrer Tätigkeit haben kann.[1340] Hier kann nur die zweite Alternative von Bedeutung sein. Mangels eines Rechtsgeschäfts als Gegenstand der Bepreisung ist jedoch auch die Anerkennung durch das Gericht als verbundene Personen ohne Folgen.[1341]

Die Finanzverwaltung hat allerdings in mehreren Schreiben die Anwendbarkeit des Art. 105.5 StK auch auf die Innentransaktionen zwischen Stammhaus und Betriebsstätte bejaht.[1342]

Festzuhalten ist, dass Art. 307 Abs. 9 UA 2 StK für die Aufteilung der Gewinne zwischen dem Stammhaus und der Betriebsstätte die Funktionsanalyse vorsieht, die grundsätzlich dem OECD-MK 2008 entspricht. Für die Besteuerung der internen Leistungsbeziehungen besteht jedoch keine Rechtsgrundlage. Es ist zu erwarten, dass der Gesetzgeber diese Lücke schließen wird.

1339 Vgl. auch FAS v. 09.09.2011, A40-138835/2010, best. durch VAS v. 10.01.2012, VAS-16887/11.

1340 *Викулов*, Постоянное представительство, S. 208 ff.

1341 Ebenso *Полежарова*, Финансовый журнал 2013, Nr. 2, S. 63, 73; *Викулов*, Постоянное представительство, S. 208 ff.

1342 Minfin Schreiben v. 06.08.2013, 03–08-05/33523; v. 10.12.2012, 03–08-05; v. 01.11.2012, 03–02-07/1–271.

§ 7 Gesamtergebnis

(1) Taugliche Subjekte der Gewinnsteuer (entspricht der deutschen Körperschaftsteuer) sind alle nach deutschem Recht verfassten juristischen Personen sowie insbesondere die deutschen (teil-)rechtsfähigen Personengesellschaften.

(2) Die Auslegung von Doppelbesteuerungsabkommen erfolgt in beiden Vertragsstaaten grundsätzlich harmonisch nach völkerrechtlichen Auslegungsgrundsätzen. Das DBA-Russland fällt zum Zeitpunkt des Vertragsschlusses in die Kategorie „Abkommen zwischen einem OECD-Staat und einem Nicht-OECD-Staat ohne Mitwirkung im Steuerausschuss". Die Heranziehung des OECD-MA/MK ist grundsätzlich nur in der bei Vertragsschluss bestehenden Fassung und nur im Rahmen der historischen Auslegung als Auslegungsmittel nach Art. 32 WÜRV möglich. Die russischen Rechtsanwendungsorgane und die deutsche Finanzverwaltung wenden das OECD-MA samt Kommentar dynamisch an. Planungssicherheit bietet die Rechtsanwendungspraxis in Russland nicht, da bisher kein dogmatischer Ansatz zur Heranziehung des OECD-MA/MK gefunden wurde.

(3) Die Funktionalität des Betriebsstättenbegriffs (Betriebsstättenprinzip) ist im innerstaatlichen Recht der Vertragsstaaten bei der Besteuerung von Personenmehrheiten im Inbound-Fall identisch. Ausländische Gewinn-/Körperschaftsteuersubjekte sind bei Vorhandensein einer inländischen Betriebsstätte mit den Betriebsstätteneinkünften beschränkt steuerpflichtig. Bei der Einkommensteuer knüpft der Steuerkodex hingegen nicht an eine Betriebsstätte.

Im Outbound-Fall knüpfen die russischen Vorschriften zur unilateralen Beseitigung der Doppelbesteuerung an die Existenz einer abgesonderten Einheit, was im DBA-Fall durch das abkommensrechtliche Betriebsstättenprinzip überlagert wird. Im Rahmen der Unternehmensgewinne wird die Anrechnung, je nachdem ob im Ausland eine Betriebstätte im Sinne des Abkommens gegeben ist, zugelassen oder nicht.

(4) Der Betriebsstättenbegriff markiert eine Intensitätsschwelle, ab der typisierend auf eine hinreichende Nutzung der innerstaatlichen (Rechts-)Ordnung geschlossen werden kann, welche äquivalenztheoretisch eine Besteuerung im Quellenstaat (im Sinne der beschränkten Steuerpflicht) rechtfertigt. Zugleich dient die idealerweise klare Betriebsstättenschwelle der Verwaltungsvereinfachung für die Behörden und der Planungssicherheit für Steuerpflichtige.

(5) Die russischen Rechtsanwender unterscheiden nicht durchgehend zwischen der steuerbegründenden Wirkung des nationalen Betriebsstättenprinzips und seiner Einschränkung durch das Abkommensrecht. Daher kann eine nationale Steuerpflicht in Russland entstehen, wenn nur die Voraussetzungen des abkommensrechtlichen Betriebsstättenbegriffs erfüllt sind. Eine nationale Rechtsgrundlage für die Anknüpfung der materiellen Steuerpflicht an die Existenz einer DBA-Betriebsstätte ist nicht gegeben.

(6) Eine doppelte Nichtbesteuerung wegen der unterschiedlichen Auslegung des abkommensrechtlichen Betriebsstättenbegriffs oder wegen der unterschiedlichen nationalen Betriebsstättenbegriffe ist nicht zu befürchten. Doppelbesteuerung droht dagegen, wenn nur der Quellenstaat eine Betriebsstätte im abkommensrechtlichen Sinn bejaht.

(7) Historischer Vorläufer der Betriebsstättenbegriffe ist die Betriebsstätte aus dem preußischen Gewerbe- und Gewerbesteuerrecht. Sie steht im Zusammenhang mit einem stehenden Gewerbe im Unterschied zum Hausierergewerbe. Mit der zunehmenden Mobilität und Fraktionierung von Unternehmensprozessen erwies sich der Begriff des stehenden Gewerbes als Anknüpfungs- und Abgrenzungsmerkmal im Steuerrecht als ungenau, sodass der Gesetzgeber auf das ortsfeste Element des stehenden Gewerbes zurückgriff. Historisch ist eine Betriebsstätte ferner von einem bloßen Tätigkeitsbezirk zu unterscheiden.

(8) Anders als bisher angenommen begann auch in Russland Mitte des 19. Jahrhunderts die Entwicklung eines Betriebsstättenbegriffs (Handels- und Gewerbeetablissement, russ.: „торгово-промышленное заведение"). Sie bricht jedoch innerstaatlich nach der Oktoberrevolution 1917 und völkerrechtlich nach dem DBA mit Deutschland 1925 ab und setzt erst in den Siebzigerjahren unter dem Einfluss der Arbeiten der OECD neu ein. Erst 1991 wurde das formale Verständnis der Betriebsstätte als organisationsrechtliche Einheit aufgegeben. Überbleibsel der sowjetischen Zeit ist zum einen die Bezeichnung „ständige Vertretung" (russ.: „постоянное представительство"), die historisch für eine nur Hilfsfunktionen ausübende Repräsentanz stand, und zum anderen die Irrelevanz der Betriebsstättenanknüpfung bei der Besteuerung von natürlichen Personen. Das Ringen um die angemessene Übernahme des OECD-MA (völkerrechtlich 1973–1981 und national vor allem zwischen 1990 und 2002) betraf insbesondere das Kriterium der örtlichen Festigkeit. Bei der Auslegung des russischen Betriebsstättenbegriffs kann seine Herkunft aus dem OECD-MA berücksichtigt werden.

(9) Die Rechtsanwendungsorgane in Deutschland betrachten Bauausführungen und Montagen als Definitionserweiterung einer Geschäftseinrichtungsbetriebsstätte, während Russland und der OECD-MK sie als einen Unterfall des Grundtatbestandes mit einer im Abkommensrecht genau definierten zeitlichen Festigkeit verstehen, was zu reduzierten Anforderungen an die Tatbestandsmerkmale im Grundtatbestand führt.

(10) Im Grundtatbestand haben alle drei Rechtskreise eine ähnliche Struktur: Geschäftseinrichtung bzw. Ort der Tätigkeit; Festigkeit (zeitlich und örtlich); funktionale Beziehung der Geschäftseinrichtung zur Tätigkeit des Unternehmens. Zusammenfassend lässt sich feststellen, dass Russland deutlich geringere Anforderungen an das Vorliegen einer Betriebsstätte stellt. Sie ist nach russischem Verständnis eine bloße Tätigkeit innerhalb eines eher weit verstandenen geografisch und wirtschaftlich zusammenhängenden Bezirks und geht damit selbst über die sog. „unechte Dienstleistungsbetriebsstätte" hinaus.

(10.1) Aus deutscher Sicht ist die Geschäftseinrichtung ein körperlicher Gegenstand, wozu auch unbebaute abgrenzbare oder abgegrenzte Flächen gehören. Aus russischer Sicht ist der Ort der Tätigkeit eine geographische Koordinate. Der OECD-MK lässt beide Auslegungen zu. Dem Begriff der Betriebsstätte wird allein die in Deutschland vertretene Auffassung gerecht.

(10.2) Reine Tätigkeitsbezirke sind nach der überzeugenden deutschen Sichtweise anders als nach russischem Verständnis keine Betriebsstätten. Beide Auslegungen sind vom OECD-MK gedeckt. Eine Verlegung der Geschäftseinrichtung innerhalb einer wirtschaftlichen und geographischen Einheit ist nach der aktuellen deutschen Judikatur in engen Grenzen zulässig. Im nationalen russischen Recht fehlt ein explizites Kriterium der Ortsfestigkeit. Es lässt sich jedoch aus dem Sinnzusammenhang des Art. 306 StK herleiten. Auch auf Abkommensebene sind aus russischer Sicht die Anforderungen an die örtliche Verwurzelung geringer. Soweit die Tätigkeit in verschieden Zweigstellen eines Unternehmens innerhalb eines Steuerbezirks nach russischem Verständnis eine Betriebsstätte begründet, ist die Auslegung nicht mehr vom OECD-MK gedeckt.

(10.3) Nach überzeugender Rechtsprechung des BFH ist im Regelfall eine Nutzungsdauer von sechs Monaten erforderlich, um das Vorliegen einer Betriebsstätte annehmen zu können. Nach russischer Auffassung genügen bereits eine Tätigkeit von mind. 30 Tagen oder tendenziell die Ausübung von mehr als zwei Geschäftsvorfällen. Damit hat das zeitliche Kriterium neben dem Erfordernis der Unternehmenstätigkeit aus russischer Sicht keinen Regelungsgehalt. Die russische Auffassung ist im Rahmen des Art. 5 Abs. 1 und 5 DBA-Russland nicht vertretbar. Da Russland sich insoweit zur Besteuerung zuständig sieht und die Voraussetzungen einer Betriebsstätte im abkommensrechtlichen Sinn nicht gegeben sind, kann eine Doppelbesteuerung nur durch ein Verständigungsverfahren vermieden werden.

(10.4) Das aus deutscher Sicht zentrale Kriterium der Verfügungsbefugnis erschöpft sich nach russischem Verständnis in einer tatsächlichen Benutzung von gewisser Dauer. Russland folgt dem Konzept einer „unechten Dienstleistungsbetriebsstätte". Überzeugender erscheint die Übertragung des Kontrollkriteriums im Rahmen der abgesonderten Einheit auf den Betriebsstättenbegriff. Die zum Zeitpunkt des Vertragsschlusses relevante Fassung des OECD-MK sowie das Update 2003 lassen beide Auslegungsergebnisse zu. Die geplante Änderung des OECD-MK entspricht grundsätzlich dem deutschen Verständnis. Eine Betriebstätte in den Privaträumen der Angestellten scheidet sowohl nach russischer als auch deutscher Auffassung anders als nach dem OECD-MK zu Recht aus.

(10.5) Unternehmenstätigkeit wird in beiden Staaten als ihrer Art nach unternehmerische Tätigkeit verstanden. Aus russischer Sicht fallen auch land- und forstwirtschaftliche Betriebe und die freiberufliche Tätigkeit darunter, was auf Abkommensebene jedoch zu keinen Konflikten führt. Aus deutscher Sicht muss die Geschäftseinrichtung als Grundlage und nicht als Objekt der Tätigkeit dienen. Nach russischer Auffassung, die mit dem OECD-MK im Einklang steht, schließen sich Tätigkeitsobjekt und Geschäftseinrichtung nicht aus. Als konfliktträchtig erweist sich der Einsatz von Subunternehmern in der eigenen Geschäftseinrichtung. Nach der Auffassung des BFH ist eine physische Präsenz vor Ort erforderlich. Die russische Verwaltung tendiert hingegen auch im Fall einer Totaldelegation zur Annahme einer Betriebsstätte, was vom OECD-MK vorbehaltlich der geplanten Änderung bisher nicht gedeckt ist.

Durch die Gründung einer einfachen Genossenschaft in Russland kann die Entstehung einer Betriebsstätte vermieden werden, wenn die ausländische Organisation keine eigenbetriebliche Tätigkeit entfaltet und auch keine Vertreterbetriebsstätte besteht.

Nach abzulehnender russischer Auffassung sollen Hilfs- und Vorbereitungstätigkeiten nicht unternehmerisch sein. Dabei besteht im nationalen russischen Recht die Tendenz, jede Kombination der ausdrücklich geregelten Ausnahmen ohne weitere Voraussetzungen als nicht betriebsstättenbegründend anzusehen. Bei unentgeltlichen Hilfs- und Vorbereitungstätigkeiten im Interesse Dritter kann in Russland abkommenswidrig die Bemessungsgrundlage anhand der Ausgaben mit einer festen Rentabilitätsnorm von 20 % geschätzt werden.

Zur Bestimmung von Hilfs- oder Vorbereitungstätigkeiten ist von einer inhaltlichen Analyse der Tätigkeit ausgehen. Quantitativen Kriterien kommt nur indizieller Charakter zu. Bezugspunkt ist die Gesamttätigkeit des Unternehmens, bei verschiedenen Geschäftsbereichen der einzelne Geschäftsbereich.

Ein Einzelunternehmer kann nach der unzutreffenden bisher noch überwiegenden Auffassung in Russland keine Betriebsstätte unterhalten.

(11) Soweit in Russland eine Tätigkeit nicht als Bauausführung oder Montage nach Art. 308 StK, Art. 5 Abs. 3 DBA-Russland qualifiziert wird, wird in der Regel eine Betriebsstätte nach dem Grundtatbestand bereits nach einer Tätigkeitsdauer von 30 Tagen begründet, wenn sie nicht bloß „episodenhaft“ (einmalig) ist. Aus deutscher Sicht wird insoweit eine Geschäftseinrichtungsbetriebsstätte ausscheiden, da der (Werk-) Unternehmer in der Regel keine Verfügungsmacht über die von ihm zu errichtenden Anlagen bzw. Geschäftseinrichtungen des Arbeitgebers hat. Es droht eine Doppelbesteuerung.

Der Anwendungsbereich des Art. 5 Abs. 3 DBA-Russland (Art. 308 StK) ist aus der Sicht der russischen Rechtsprechung weiter, weil er auch Reparaturen erfasst. Er ist enger, soweit die Montage beweglicher Maschinen (mit Ausnahme von schwimmenden Plattformen) nicht erfasst ist.

(12) Nach nationalem russischem Recht können Organe einer Gesellschaft nach zutreffender Auslegung keine Vertreterbetriebsstätte begründen. Teilweise fordern russische Rechtsanwendungsorgane die Existenz einer Geschäftseinrichtung auch im Rahmen der Vertreterbetriebsstätte. Die jüngste Rechtsprechung geht unzutreffend davon aus, dass der Vertreter mit den Gewinnen

des Vertretenen in Russland selbst steuerpflichtig wird. Die jüngste russische Rechtsprechung hält – wie die deutsche Finanzverwaltung auf Abkommensebene – das Handeln im fremden Namen für ausreichend. Aus russischer Sicht besteht nach zutreffender Auffassung insoweit bereits keine nationale Steuerpflicht. Auch abkommensrechtlich ist das Handeln im fremden Namen erforderlich. Das Bestehen der Abschlussvollmacht beurteilt sich nach nationalem Zivilrecht (einschließlich des Kollisionsrechts), wobei auch die aus der Sicht des Vertragspartners wesentliche Mitwirkung bei Vertragsverhandlungen ausreichen kann. Im Unterschied zum deutschen Recht und zum Abkommensrecht ist in Russland in jedem Fall die formelle Unterzeichnung nach schriftlicher Weisung durch das Stammhaus nicht betriebsstättenbegründend.

Nach russischer Auffassung genügt auch bei der Vertreterbetriebsstätte eine Tätigkeitsdauer von 30 Tagen.

(13) Nach nationalem russischem Recht schließt bereits das Handeln im Rahmen der gewöhnlichen oder Haupttätigkeit die Existenz einer Vertreterbetriebsstätte ab, ohne dass es auf die Unabhängigkeit des Agenten ankommt. Ob die Grenzen der gewöhnlichen oder Haupttätigkeit eingehalten sind, beurteilt Russland nicht überzeugend anhand der tatsächlichen Tätigkeit des Agenten.

(14) Auch nach nationalem russischem Recht kommt einer Betriebsstätte keine Attraktivitätskraft zu. Vorweggenommene Aufwendungen sind nach Betriebsstättenentstehung in Russland abziehbar. Eine Konsolidierung des steuerlichen Ergebnisses mehrerer Betriebsstätten in Russland ist nicht zulässig. Bei unentgeltlichen Hilfs-/Vorbereitungstätigkeiten zugunsten Dritter wird die Bemessungsgrundlage nach der cost-plus-Methode mit einer angenommenen Rentabilität von 20 % ermittelt. Im Regelfall erfolgt die Ermittlung des Gewinns durch die Subtraktion der Ausgaben von den Einnahmen. Einnahmen können an die Betriebsstätte u. U. weitergeleitet werden. Das gilt im Anwendungsbereich eines DBA auch für Ausgaben. Die Überführung von Wirtschaftsgütern und die interne Erbringung von Dienstleistungen erfolgt zum Selbstkostenpreis. Art. 307 Abs. 9 StK enthält eine dem AOA entsprechende Abgrenzungsregel für Betriebsstättengewinne, die jedoch praktisch nicht angewendet wird. Eine nationale Rechtsgrundlage für die fremdübliche Bepreisung von Innentransaktionen besteht nicht.

Literaturverzeichnis

I. Literatur in deutscher/englischer Sprache

Amandi, Frank, Die Steuerrechtlichen Beziehungen zwischen der Bundesrepublik Deutschland und Rußland nach dem DBA-Rußland, Hamburg, 2000.

Ault, Hugh J., Akteure des Internationalen Steuerrechts und ihre Handlungsformen, in Achatz, Markus, Internationales Steuerrecht, DStJG 36, Köln, 2013, S. 113–131.

Ault, Hugh J., The Role of the OECD Commentaries in the Interpretation of Tax Treaties, Intertax 1994, 144–148.

Avery Jones John F., The Origins of Articles 5(5) and 5(6) of the Model, in Lang Michael/Schuch, Josef/Staringer, Claus/Pistone, Pasquale/Storck, Alfred, Dependent Agents as Permanent Establishments, Wien, 2014, S. 1–23.

Avery Jones John F./*Ward*, David A., Agents as Permanent Establishments in the OECD Model Tax Convention, European Taxation 1993, 154–181.

Beduhn, Thorsten/*Staudler*, Roland, Betriebsstättenbegründung bei Dienstleistungserbringung in fremden Räumen aus Sicht des deutschen Steuerrechts, Internationales Steuerrecht 2015, 937–943.

Behrenz, Frank, in Wassermeyer, Franz, Doppelbesteuerung, Band 5 (Stand: 05/2016), DBA-Spanien.

Beknazar, Tigran, Das neue Recht der völkerrechtlichen Verträge in Rußland, Zeitschrift für ausländisches öffentliches Recht und Völkerrecht 1996, 406–426.

Bendlinger, Stefan, Die Betriebsstätte in der Praxis des internationalen Steuerrechts, 3. Auflage, Wien, 2016.

Böth, Katharina, Evolutive Auslegung völkerrechtlicher Verträge. Eine Untersuchung zu Voraussetzungen und Grenzen in Anbetracht der Praxis internationaler Streitbeilegungsinstitutionen, Berlin, 2013.

Brandl, Michael, Mehrfachansässigkeit im Ertragsteuerrecht, Frankfurt am Main, 2015.

Bräunig, Christoph, Herbert Dorn (1887–1957), Pionier und Wegbereiter im Internationalen Steuerrecht, Tübingen, 2016.

Breig, Burkhard, Eigentum und andere dingliche Rechte an Grundstücken in Russland unter besonderer Berücksichtigung der landwirtschaftlich genutzten Böden, Berlin, 2009.

Brownell, F. William/*Johnson*, Thomas J., Tax Conventions with Poland, Romania and the U.S.S.R., Law and Policy in International Business 1976, 763–782.

Bruk, Boris, (Länderbericht) Russia, in International Fiscal Association, Cahiers De Droit Fiscal International, 99b, Qualification of Taxable Entities and Treaty Protection, Den Haag, 2014, S. 671–684.

Bruk, Boris/*Konnov*, Oleg, (Länderbericht) Russia, in International Fiscal Association, Cahiers De Droit Fiscal International, 94a, Is there a Permanent Establishment, Den Haag, 2009, S. 541–558.

Buciek, Klaus, Aktuelle Entwicklungen zur Betriebsstättenbesteuerung, Deutsche Steuer-Zeitung 2003, 139–147.

Buciek, Klaus, Anmerkung zu BFH v. 03.08.2005, I R 87/04, Höchstrichterliche Finanzrechtsprechung 2006, 124–125.

Buciek, Klaus, in Beermann, Albert/Gosch, Dietmar, Abgabenordnung, Finanzgerichtsordnung (Stand: 03/2016), §§ 12–13 AO.

Büge, Dirk, Stand des Gesetzgebungsverfahrens zum DBA mit der Russischen Föderation, Internationales Steuerrecht 1996, 408.

Bühler, Ottmar, Prinzipien des Internationalen Steuerrechts IStR: ein systematischer Versuch, München, 1964.

Dahm, Georg, Die völkerrechtliche Verbindlichkeit von Empfehlungen internationaler Organisationen, Die Öffentliche Verwaltung 1959, 361–367.

Debatin, Helmut Doppelbesteuerungsabkommen und innerstaatliches Recht, Deutsches Steuerrecht 1992, Beihefter zu Heft 23, 1–8.

Debatin, Helmut, Das Betriebsstättenprinzip der deutschen Doppelbesteuerungsabkommen, Der Betrieb 1990, 1692–1697.

Delarber, Christian, Steuerliche Einflüsse auf die grenzüberschreitende Betriebsstättenbesteuerung, Berlin, 2015.

Dißars, Ulf-Christian, Meldepflichten nach § 138 Abs. 2 AO und Folgen eines Verstoßes, Steuerberatung 2009, 453–456.

Ditz, Xaver, Die Hilfsbetriebsstätte und die Atomisierung der Unternehmenstätigkeit, in Doppelbesteuerung. Festgabe zum 75. Geburtstag von Prof. Dr. Dr. h.c. Franz Wassermeyer. 75 Beiträge zum Recht der DBA, München 2015, S. 153–159.

Dorn, Herbert, Der deutsch-italienische Doppelbesteuerungsvertrag. Eine Übersicht., Steuer und Wirtschaft 1926, Sp. 97–118.

Dörr, Oliver, in Dörr, Oliver/Schmalenbach, Kirsten, Vienna Convention on the Law of Treaties. A Commentary, Berlin, 2012, Art. 31–33.

Drüen, Klaus-Dieter, in Tipke, Klaus/Kruse, Heinrich Wilhelm, Abgabenordnung – Finanzgerichtsordnung (Stand: 05/2016), §§ 12–13 AO.

Dürrschmidt, Daniel, in Vogel, Klaus/Lehner, Moris, Doppelbesteuerungsabkommen, 6. Auflage, München, 2015, Art. 3.

Ernst, Matthias, Die Dienstleistungsbetriebsstätte im Abkommensrecht, Frankfurt am Main, 2015.

Filinov, Mikhail/*Lukina*, Valeria/*Ostrovskiy*, Boris/*Yasnovskiy*, Dmitriy, (Länderbericht) Russian Federation, in Reimer, Ekkehart/Schmid, Stefan/Orell, Marianne, Permanent Establishments: Domestic Taxation, Bilateral Tax Treaty and OECD-Perspective, 4. Auflage, Alphen aan den Rijn, 2015.

Flick, Hans, Zur Auslegung von Normen des internationalen Steuerrechts, in Felix, Günther, Von der Auslegung und Anwendung der Steuergesetze: aus Anlass des 60. Geburtstages von Armin Spitaler, Stuttgart, 1958, S. 151–171.

Fresch, Axel/*Strunk*, Günther, in Strunk, Günther/Kaminski, Bert/Köhler, Stefan, Außensteuergesetz, Doppelbesteuerungsabkommen (Stand: 06/2015), Art. 5 DBA.

Freudenberg, Michael/*Stein*, Stefan/*Trost*, Martin, Gewinnabgrenzung bei Bau- und Montagebetriebsstätten – Umsetzung aus Sicht der Beratungspraxis, Internationale Steuer-Rundschau 2016, 159–169.

Frotscher, Gerrit, Internationales Steuerrecht, 4. Auflage, München, 2015.

Frotscher, Marion, in Schwarz, Bernhard/Pahlke, Armin, AO/FGO, Kommentar (Stand: 09/2015), § 12 AO.

Gardiner, Richard K., Treaty Interpretation, 2. Auflage, New York, 2015.

Gert, Svetlana, Unternehmensbesteuerung in Deutschland und in der Russischen Föderation, Hamburg, 2009.

Gloria, Christian, Das steuerliche Verständigungsverfahren und das Recht auf diplomatischen Schutz. Zugleich ein Beitrag zur Lehre von der Auslegung der Doppelbesteuerungsabkommen, Berlin, 1988.

Görl, Maximilian, Aktuelle Aspekte des Betriebsstättenbegriffs unter besonderer Berücksichtigung der Präsenzanforderungen, Steuerberater-Jahrbuch 2004/05, 81–90.

Görl, Maximilian, in Vogel, Klaus/Lehner, Moris, Doppelbesteuerungsabkommen, 6. Auflage, München, 2015, Art. 5.

Gosch, Dietmar, Auslegung von Doppelbesteuerungsabkommen, in Lüdicke, Jürgen, Vermeidung der Doppelbesteuerung und ihre Grenzen, Forum der Internationalen Besteuerung, Band 42, Köln, 2013, S. 1–24.

Gosch, Dietmar, Über die Auslegung von Doppelbesteuerungsabkommen, Internationale Steuer-Rundschau 2013, 87–95.

Haarmann, Wilhelm, Die Vertreterbetriebsstätte und die faktische Verpflichtung (Kommissionärsmodell), Doppelbesteuerung, Festgabe zum 75. Geburtstag von Prof. Dr. Dr. H.C. Franz Wassermeyer, 75 Beiträge zum Recht der DBA, München, 2015, S. 161–171.

Häck, Nils, in Flick, Hans/Wassermeyer, Franz/Kempermann, Michael, Doppelbesteuerungsabkommen Deutschland-Schweiz, Band I (Stand: 05/2016), Art. 5 DBA-Schweiz.

Häck, Nils/*Kolb*, Andreas, in Flick, Hans/Wassermeyer, Franz/Kempermann, Michael, Doppelbesteuerungsabkommen Deutschland-Schweiz, Band 1 (Stand: 05/2016), Art. 24 DBA-Schweiz.

Hahn, Hartmut, Gedanken zum Grundsatz der sog. Entscheidungsharmonie, Internationales Steuerrecht 2012, 941–949.

Hannes, Berthold, Qualifikationskonflikte im Internationalen Steuerrecht, Hamburg, 1992.

Heinsen, Oliver, in Löwenstein, Ulrich W./Looks, Christian/Heinsen, Oliver, Betriebsstättenbesteuerung, Inboundinvestitionen, Outboundinvestitionen, Steuergestaltungen, Branchenbesonderheiten, München, 2011.

Helde, Stefanie, Dreiecksverhältnisse im Internationalen Steuerrecht unter Beteiligung einer Betriebsstätte, Köln, 2000.

Hemmelrath, Alexander, in Vogel, Klaus/Lehner, Moris, Doppelbesteuerungsabkommen, 6. Auflage, München, 2015, Art. 7.

Hendricks, Michael, Ausländisches Recht im Steuerprozess, Internationales Steuerrecht 2011, 711–717.

Hey, Johanna, Das Territorialitätsprinzip als theoretische Grundlage der beschränkten Steuerpflicht, Internationale Wirtschaftsbriefe 2004, Fach 3, Gruppe 1, 2003–2016.

Hidien, Jürgen W., in Kirchhof, Paul/Söhn, Hartmut/Mellinghoff, Rudolf, Einkommensteuergesetz (Stand: 07/2016), §§ 49–50 EStG.

Hilf, Meinhard, Die Auslegung mehrsprachiger Verträge. Eine Untersuchung zum Völkerrecht und zum Staatsrecht der Bundesrepublik Deutschland, Berlin, 1973.

Hoffmann, Johann Gottfried, Die Befugniss zum Gewerbbetriebe, zur Berichtigung der Urtheile über Gewerbefreiheit und Gewerbezwang. Mit bes. Rücksicht auf d. preuss. Staat, Berlin, 1841.

Hofmann, Mahulena, Von der Transformation zur Kooperationsoffenheit? Die Öffnung der Rechtsordnungen ausgewählter Staaten Mittel- und Osteuropas für das Völker- und Europarecht, Heidelberg, 2009.

Honnenfelder, Anja, Staatliche Souveränität vs. Völkerrechtsoffenheit in der Russischen Föderation, Frankfurt am Main, 2012.

Hruschka, Franz, in Schönfeld, Jens/Ditz, Xaver, Doppelbesteuerungsabkommen, Köln, 2013, Art. 5.

Hussey, Ward M./*Lubick*, Donald C., Basic World Tax Code and Commentary, Arlington, 1996.

Ionova, Tatiana/*Scholz*, André, Rechnungslegung in Russland: Vermögens-, Finanz- und Ertragslagen richtig bewerten, 2. Auflage, Wiesbaden, 2014.

Jacobs, Otto H./*Endres*, Dieter/*Spengel*, Christoph, Internationale Unternehmensbesteuerung, deutsche Investitionen im Ausland, ausländische Investitionen im Inland, München, 2016.

Jankowiak, Ingo, Doppelte Nichtbesteuerung im Internationalen Steuerrecht, Baden-Baden, 2009.

Janus, Hans, Steuerrecht und internationales Steuerrecht der Sowjetunion, Frankfurt am Main, 1987.

Jebens, Albrecht W, Verwaltungsrechtliche Aufsätze in Anlehnung an die Rechtsprechung des Preußischen Oberverwaltungsgerichts, Berlin, 1899.

Kahle Holger/Ziegler Steffen, Betriebsstättenbegriff – Grundfragen und aktuelle Entwicklungen, Deutsche Steuer-Zeitung 2009, 834–847.

Kahle, Holger/*Kindich*, Aaron, in Lübbehüsen, Thomas/Kahle, Holger, Brennpunkte der Besteuerung von Betriebsstätten, Herne, 2016.

Kaminski, Bert, Aktuelle Entwicklungen bei der Betriebsstättenbesteuerung, Steuerberatung 2012, 354–366.

Kembaev, Zhenis, Probleme der Rechtsnachfolge von der Sowjetunion auf die Russische Föderation, Archiv des Völkerrechts 2008 (46), 106–129.

Kemmeren, Eric C.C.M., Principle of Origin in Tax Conventions: A Rethinking of Models, Dongen, 2001.

Keß, Thomas, in Lenski, Edgar/Steinberg, Wilhelm, Kommentar zum Gewerbesteuergesetz, GewStG (Stand 04/2016), § 2 Rn. 2519–2529, 2656 ff.

von Keussler, Johannes, Die neuesten russischen Gesetze über die Grundsteuer, Handels- und Gewerbesteuer, Finanzarchiv 1885, Jg. 2, Band 1, 217–234.

Kluge, Volker, Das Internationale Steuerrecht: Gemeinschaftsrecht, Außensteuerrecht, Abkommensrecht, 4. Auflage, München, 2000.

Kobetsky, Michael, International Taxation of Permanent Establishments, Cambridge, 2011.

Koblenzer, Thomas, Grundlagen der beschränkten Steuerpflicht, Betriebs-Berater 1996, 933–936.

Kolck, Joachim Dieter, Der Betriebsstättenbegriff im nationalen und internationalen Steuerrecht, Münster, 1974.

Korff, Matthias, Abkommensrechtliche Besteuerungskonflikte beim Einsatz von Betriebsstätten in der internationalen Steuerplanung, Baden-Baden, 2011.

Korff, Matthias, Die Rechtsprechung zu § 12 AO in der internationalen Steuerplanung – zugleich eine Anmerkung zu BFH-Urteil v. 4.6.2008, I R 30/07, IStR 2008, 702 f., Internationales Steuerrecht 2009, 231–236.

Krabbe, Helmut, OECD-Musterabkommen 2000, Internationales Steuerrecht 2000, 196–2001.

Kramer, Jörg-Dietrich, Die Frage nach der Relevanz einer Betriebsstätte im Wohnsitzstaat für die Besteuerung im Quellenstaat, Internationales Steuerrecht 2004, 672–675.

Kramer, Jörg-Dietrich, Ungereimtheiten im Zusammenhang mit Geschäftsleitungsbetriebsstätten und häuslichen Arbeitszimmern, Internationales Steuerrecht 2016, 499–502.

Kreienbaum, Martin, Die Abkommenspolitik als wirtschaftspolitisches Instrument, in Doppelbesteuerung, Festgabe zum 75. Geburtstag von Prof. Dr. Dr. H.C. Franz Wassermeyer, 75 Beiträge zum Recht der DBA, München, 2015, S. 49–57.

Kroppen, Heinz-Klaus, Neue Rechtsentwicklungen bei der Betriebsstätte nach Abkommensrecht, in Gocke, Rudolf/Gosch, Dietmar/Lang, Michael, Körperschaftsteuer, Internationales Steuerrecht, Doppelbesteuerung, Festschrift für Franz Wassermeyer zum 65. Geburtstag, München, 2005, S. 691–708.

Kroschel, Jörg, in Ernst & Young, Körperschaftsteuergesetz (Stand: 04/1206), § 49 EStG.

Kruse, Heinrich Wilhelm, Schwerpunkt Abgabenordnung – Die Abgabenordnung – ein perfekter Mantel? Praktische Probleme beim Wohnsitz- und Betriebsstättenbegriff, Steuer und Wirtschaft 2003, 344–348.

Kumpf, Wolfgang, Besteuerung inländischer Betriebsstätten von Steuerausländern, Praxis des Internationalen Steuerrechts, Köln, 1982.

Kumpf, Wolfgang, Betriebsstätte: Prinzip und Definition, in Haarmann, Wilhelm, Die Beschränkte Steuerpflicht, Forum der internationalen Besteuerung, Band 2, Köln, 1993, S. 27–53.

Lahusen, Cindy, Die „Vertreterbetriebsstätte" als Anknüpfungspunkt der inländischen Besteuerung gewerblicher Einkünfte. Eine Begriffsbestimmung am Maßstab der Grundsätze internationaler Besteuerung, dem Verfassungsrecht und den EG-Grundfreiheiten, München, 2011.

Lampert, Steffen, Die dynamische Auslegung von Doppelbesteuerungsabkommen unter besonderer Beachtung des Kommentars zum OECD-Musterabkommen, Internationales Steuerrecht 2012, 513–519.

Lampert, Steffen, Doppelbesteuerungsrecht und Lastengleichheit, Qualifikations- und Zurechnungskonflikte bei der Besteuerung von Personengesellschaften, Baden-Baden, 2010.

Lang, Joachim, Zum Entstehen des russischen Steuerkodex, in Hofmann, Mahulena/Küpper, Herbert, Kontinuität und Neubeginn, Staat und Recht in Europa zu Beginn des 21. Jahrhunderts, Festschrift für Georg Brunner aus Anlaß seines 65. Geburtstags, Baden-Baden, 2001, S. 297–311.

Lang, Michael, Art. 3 Abs. 2 OECD-MA und die Auslegung von Doppelbesteuerungsabkommen, Internationale Wirtschaftsbriefe 2011, 281–294.

Lang, Michael, Auslegung von Doppelbesteuerungsabkommen und authentische vertragssprachen, Internationales Steuerrecht 2011, 403–410.

Lang, Michael, Die Bedeutung des MA und des Kommentars des OECD-Steuerausschusses für die Auslegung von DBA, in Gassner, Wolfgang/Lang, Michael/Lechner, Eduard, Aktuelle Entwicklungen im Internationalen Steuerrecht, Wien, 1994, S. 11–42.

Lang, Michael, Die Bedeutung des OECD-Kommentars und der Reservations, Observations und Positions für die DBA-Auslegung, in Lüdicke, Jürgen/Mellinghoff, Rudolf/Rödder, Thomas, Nationale und internationale Unternehmensbesteuerung in der Rechtsordnung, Festschrift für Dietmar Gosch zum Ausscheiden aus dem Richteramt, München, 2016, S. 235–248.

Lang, Michael, Die Vermeidung der Betriebsstättenbegründung bei Tätigkeiten vorbereitender Art und Hilfstätigkeiten (Art. 5 Abs. 4 OECD-Musterabkommen), in Gassner, Wolfgang/Lang, Michael/Lechner, Eduard, Die Betriebstätte im Recht der Doppelbesteuerungsabkommen, Voraussetzungen der Besteuerung von Unternehmensgewinnen im Quellenstaat, Wien, 1998, S. 77–95.

Lang, Michael, Qualifikationskonflikte im Recht der Doppelbesteuerungsabkommen, in Kirchhof, Paul/Lehner, Moris/Raupach, Arndt/Rodi, Michael, Staaten und Steuern, Festschrift für Klaus Vogel zum 70. Geburtstag, Heidelberg, 2000, S 907–925.

Lang, Michael, The Interpretation of Tax Treaties and Authentic Languages, in Maisto, Guglielmo/Nikolakakis, Angelo/Ulmer, John M., Essays on Tax Treaties: A Tribute to David A. Ward, Toronto, 2013, 15–32.

Lang, Michael/*Brugger*, Florian, The Role of the OECD Commentary in Tax Treaty Interpretation, Australian Tax Forum 2008, Nr. 23, S. 95–108.

League of Nations, Committee of Technical Experts on Double Taxation and Tax Evasion, Report, Dok.-Nr.: C.216.M.85, Genf, 1927.

League of Nations, Economic and Financial Commission, Report on Double Taxation Submitted to the Financial Committee by Professors Bruins, Einaudi, Seligman and Sir Josiah Stamp, League of Nations, Dok.-Nr.: E.F.S. 73.F.19, Genf, 1923.

League of Nations, Fiscal Committee, London and Mexico Model Tax Conventions: Commentary and Text, Dok.-Nr.: C.88.M.88.1946.II.A., Genf, 1946.

League of Nations, Report and Resolutions submitted by the Technical Experts to the Financial Committee, Double Taxation and Tax Evasion, Dok.-Nr.: C. 216. M. 85, Genf, 1925.

Lehner, Moris, Die Rolle des Parlaments beim Zustandekommen von Doppelbesteuerungsabkommen, in Kirchhof, Paul/Birk, Dieter/Lehner, Moris, Steuern im Verfassungsstaat, Symposion zu Ehren von Klaus Vogel, München 1996, S. 95–116.

Lehner, Moris, in Vogel, Klaus/Lehner, Moris, Doppelbesteuerungsabkommen, 6. Auflage, München, 2015, Art. 25.

Lehner, Moris, in Vogel, Klaus/Lehner, Moris, Doppelbesteuerungsabkommen, 6. Auflage, München, 2015, Grundlagen.

Lehner, Moris, Internationale Reichweite staatlicher Besteuerungshoheit, in Isensee, Josef/Kirchhof, Paul, Handbuch des Staatsrechts der Bundesrepublik Deutschland, Band XI, 3. Auflage, Heidelberg, § 251, S. 1001–1051.

Lehner, Moris/*Waldhoff*, Christian, in Kirchhof, Paul/Söhn, Hartmut/Mellinghoff, Rudolf, Einkommensteuergesetz (Stand: 07/2016), § 1 EStG.

Linderfalk, Ulf/*Hilling*, Maria, The Use of OECD Commentaries as Interpretative Aids – The Static/Ambulatory-Approaches Debate Considered from the Perspective of International Law, in Nordic Tax Journal 2015, 34–59.

Martinez, Janet E., Soviet Personal Taxation of Foreigners, Columbia Journal of Transnational Law 1981, 455–492.

Mentz, Dieter, Das internationale Steuerrecht der Europäischen RGW-Länder im Hinblick auf die Wirtschaftstätigkeit von Ausländern, Köln, 1984.

Mortenson, Julian D., The Travaux of Travaux: Is the Vienna Convention Hostile to Drafting History, American Journal of International Law 2013 (107), 780–822.

Mössner Jörg Manfred, in *Mössner* Jörg Manfred, Steuerrecht international tätiger Unternehmen, Köln, 4. Auflage, 2012.

Mössner, Jörg Manfred, Neuere Entwicklungen beim Betriebsstättenbegriff, in Kirchhof, Paul/Lehner, Moris/Raupach, Arndt/Rodi, Michael, Staaten und Steuern, Festschrift für Klaus Vogel zum 70. Geburtstag, Heidelberg, 2000, S. 945–961.

Mössner, Jörg Manfred, Zur Auslegung mehrsprachiger Staatsvertrage, Archiv des Völkerrechts 1971/1972 (15), 273–302.

Mössner, Jörg Manfred, Zur Auslegung von Doppelbesteuerungsabkommen, in Böckstiegel, Karl-Heinz, Völkerrecht, Internationale Organisationen und internationales Wirtschaftsrecht, Festschrift für Seidl-Hohenveldern, 1988, Köln, S. 403–427.

Musil, Andreas, in Hübschmann, Walter/Hepp, Ernst/Spitaler, Armin, Abgabenordnung, Finanzgerichtsordnung (Stand: 07/2016), §§ 12, 13 AO.

Oberbauer, Nadine, The Dependent Agent PE and the Exception for Auxiliary and Other Activities under Article 5(4) of the OECD Model Convention, in Lang, Michael/Schuch, Josef/Staringer, Claus/Pistone, Pasquale/Storck, Alfred, Dependent Agents as Permanent Establishments, Wien, 2014, S. 205–231.

OECD, 2002 Reports Related to the OECD Model Tax Convention, Paris, 2003.

OECD, Model Tax Convention on Income and on Capital 2014 (Full Version), Paris, 2015.

OECD, Preventing the Artificial Avoidance of Permanent Establishment Status – Action 7 Final Report, OECD/G20 Base Erosion and Profit Shifting Project, Paris, 05.10.2015.

OECD, Revised Proposals concerning the Interpretation and Application of Article 5 (Permanent Establishment) of the Model Tax Convention, Paris, 19.10.2012.

Oellerich, Ingo, in Beermann, Albert/Gosch, Dietmar, Abgabenordnung, Finanzgerichtsordnung (Stand: 03/2016), § 2 AO.

Oelze, Tomas/Heischkel, Swantje, Die Struktur des russischen Körperschaftsteuergesetzes, Internationales Steuerrecht 2003, 698–705.

Ott, Steffen, Die Vertreterbetriebsstätte nach dem OECD-MA, Frankfurt am Main, 2009.

Petruzzi, Raffaele, The Dependent Agent Permanent Establishment as an Extension of the Permanent Establishment Concept of Article 5(1) of the OECD Model Convention, in Lang, Michael/Schuch, Josef/Staringer, Claus/Pistone, Pasquale/Storck, Alfred, Dependent Agents as Permanent Establishments, Wien, 2014, S. 33–47.

Pfeiler, Daria, in Pfeiler, Daria, Betriebsstätten in Russland. Unternehmerische Betätigung in der Russischen Föderation, Wiesbaden, 2013, S. 1–65.

Pijl Hans, The Relationship Between Art. 5, Paragraphs 1 and 3 of the OECD Model Tax Convention, Intertax 2005, S. 189–193.

Pijl, Hans, Agency Permanent Establishments: in the name of and the Relationship between Article 5(5) and (6), Teil 1 und 2, Bulletin for International Taxation 2013, 3–25 und 62–97.

Piltz, Detlev J., Personengesellschaften im Internationalen Steuerrecht der Bundesrepublik Deutschland, Heidelberg, 1981.

Piltz, Detlev Jürgen; Wann liegt eine DBA-Vertreter-Betriebsstätte vor? Internationales Steuerrecht 2004, 181–187.

Plansky, Patrick, Die Gewinnzurechnung zu Betriebsstätten im Recht der Doppelbesteuerungsabkommen, Wien, 2011.

Pleil, Christoph/*Schwibinger*, Stefan, Entscheidungsharmonie und Qualifikationsverkettung als Methoden der Abkommensauslegung – eine Reflexion anlässlich der von der EU/OECD geführten Diskussion zur Einführung eines Korrespondenzprinzips im internationalen Steuerrecht, Steuer und Wirtschaft 2016, 15–35.

Pohl, Carsten, in Schönfeld, Jens/Ditz, Xaver, Doppelbesteuerungsabkommen, Köln, 2013, Art. 3.

Prokisch, Rainer, Fragen der Auslegung von Doppelbesteuerungsabkommen, Steuer und Wirtschaft International 1994, 52–59.

Puls, Michael R., Die Betriebsstätte im Abgaben- und Abkommensrecht, Köln, 2005.

Reimer, Ekkehart, Die Zukunft der Dienstleistungsbetriebsstätte, Internationales Steuerrecht 2009, 378–382.

Reimer, Ekkehart, in Lehner, Moris, Reden zum Andenken an Klaus Vogel, München, 2010.

Reimer, Ekkehart, in Reimer, Ekkehart/Rust, Alexander, Klaus Vogel on Double Taxation Conventions, 4. Auflage, Alphen aan den Rijn, 2015, Art. 5.

Rengers, Jutta, in Heuermann, Bernd/Brandis, Peter, Blümich: EStG/KStG/GewStG, § 49 EStG (Stand: 05/2016).

Ries, Julian/*Knaul*, Andreas, Russische Föderation: Steuergesetzbuch (Erster Teil), Teil 1: Art. 1–29, Textdokumentation mit Einführung, Wirtschaft und Recht in Osteuropa 2000, 57–67.

Roth, Andreas, in Herrmann, Carl/Heuer, Gerhard/Raupach, Arndt, Einkommensteuer- und Körperschaftsteuergesetz. Kommentar (Stand: 05/2016), § 49 EStG.

Sarrazin, Viktor, in Lenski, Edgar/Steinberg, Wilhelm, Kommentar zum Gewerbesteuergesetz, GewStG (Stand: 04/2016), § 2 Rn. 1–2507, 2512–1516, 2550–2555; § 28.

Schaflitzl, Andreas, Switch over-Klauseln, in Doppelbesteuerung, Festgabe zum 75. Geburtstag von Prof. Dr. Dr. H.C. Franz Wassermeyer, 75 Beiträge zum Recht der DBA, München, 2015, S. 477–483.

Schaumburg, Harald Internationales Steuerrecht, 3. Auflage, Köln, 2011.

Schütte, Nina/*Euler*, Bastian, in Lübbehüsen, Thomas/Kahle, Holger, Brennpunkte der Besteuerung von Betriebsstätten, Herne, 2016.

Schmidt-Heß, Ole, Die Verhinderung der künstlichen Vermeidung einer Betriebsstätte, Internationales Steuerrecht 2016, 165–170.

Schmidt, Christian/*Blöchle*, Daniel, Strunk, Günther/Kaminski, Bert/Köhler, Stefan, Außensteuergesetz, Doppelbesteuerungsabkommen (Stand: 06/2015), Art. 23 DBA.

Schmook, Günther, Wirtschaft und Recht in Osteuropa 2005, 102–108.

Schönfeld, Jens, Abkommenszweck und Verhinderung einer Minder- oder Nichtbesteuerung, in Doppelbesteuerung, Festgabe zum 75. Geburtstag von Prof. Dr. Dr. H.C. Franz Wassermeyer, 75 Beiträge zum Recht der DBA, München, 2015, S. 97–105.

Schönfeld, Jens, Neue Entwicklungen zur Betriebsstätte im Internationalen Steuerrecht; Betriebsstättenbegriff, in Achatz, Markus, Internationales Steuerrecht, DStJG 36, Köln, 2013, S. 233–260.

Schönfeld, Jens/*Häck*, Nils, in Schönfeld, Jens/Ditz, Xaver, Doppelbesteuerungsabkommen, Köln, 2013, Art. 23.

Schönfeld, Jens/*Häck*, Nils, in Schönfeld, Jens/Ditz, Xaver, Doppelbesteuerungsabkommen, Köln, 2013, Systematik.

Schubert, Claudia, in Säcker, Franz/Rixecker, Roland, Münchener Kommentar zum Bürgerlichen Gesetzbuch: Band 1, 7. Auflage, München, 2015, § 164.

Skaar, Arvid Aage, Permanent Establishment. Erosion of a Tax Treaty Principle, Deventer, 1991.

Skaar, Arvid Aage/*Sasseville,* Jacques, General Report, in International Fiscal Association, Cahiers De Droit Fiscal International, 94a, Is there a Permanent Establishment, Den Haag, 2009, S. 17–67.

Sodoffsky, Gustav, Das Gesetz über die Staatsgewerbesteuer in Russland vom 8. Juni 1898, FinanzArchiv 1900, Band Jg. 17, Band 1, 464–475.

Staringer, Claus/ *Vallada,* Felipe, Acting in the Ordinary Course of Business under Article 5(6) of the OECD Model Convention, in Lang, Michael/Schuch, Josef/ Staringer, Claus/Pistone, Pasquale/Storck, Alfred, Dependent Agents as Permanent Establishments, Wien, 2014, S. 183–205.

Storck Alfred, Ausländische Betriebsstätten im Ertrag- und Vermögenssteuerrecht, Frankfurt am Main, 1980.

Strobl, Jakob/*Kellmann,* Christof, Beschränkte Steuerpflicht durch Verbindungsbüros?, in Außenwirtschaftsdienst des Betriebs-Beraters 1969, 405–411.

Valta, Matthias, Das Internationale Steuerrecht zwischen Effizienz, Gerechtigkeit und Entwicklungshilfe, Tübingen, 2014.

Van der Bruggen, Edwin, The Power of Persusasion: Notes on the Sources of International Law and the OECD Commentary, Intertax 2003, 259–270.

Vann, Richard, International Aspects of Income Tax, in Thuronyi, Victor, Tax Law Design and Drafting, Band 2, Washington 1998, Kapitel 18, S. 1–89.

Variychuk, Elena, (Länderbericht) Russian Federation, in Lang, Michael/Pistone, Pasquale/Schuch, Josef/Staringer, Claus, The Impact of the OECD and UN Model Conventions on Bilateral Tax Treaties, Cambridge, 2012, S. 915–943.

Villiger, Mark E., Commentary on the 1969 Vienna Convention on the Law of Treaties, Leiden, 2009.

Vogel, Klaus, Abkommensvergleich als Methode bei der Auslegung von Doppelbesteuerungsabkommen, Steuerberater-Jahrbuch 1983/84, 373–392.

Vogel, Klaus, Auslegung von Doppelbesteuerungsabkommen, in Haarmann, Wilhelm, Auslegung und Anwendung von Doppelbesteuerungsabkommen, Forum der internationalen Besteuerung, Band 26, Köln, 2004, S. 1–21.

Vogel, Klaus, Der Grundsatz der Rücksichtnahme im deutschen innerstaatlichen Recht und im Völkerrecht, in Kley, Max D./Sünner, Eckart/Willemsen, Arnold, Festschrift für Wolfgang Ritter zum 70. Geburtstag: Steuerrecht, Steuer- und Rechtspolitik, Wirtschaftsrecht und Unternehmensverfassung, Umweltrecht, Köln, 1997, S. 771–790.

Vogel, Klaus, Doppelbesteuerungsabkommen und ihre Auslegung, (I), Steuer und Wirtschaft 1982, 111–124.

Vogel, Klaus, in Vogel, Klaus/Lehner, Moris, Doppelbesteuerungsabkommen, 5. Auflage, München, 2008, Art. 3.

Vogel, Klaus, The Influence of the OECD Commentaries on Treaty Interpretation, Bulletin for International Fiscal Documentation 2000, 612–616.

Vogelsang, Marc, Der Begriff der Betriebsstätte im schweizerischen und internationalen Steuerrecht, Zürich, 2015.

Waldock, Sir Humphrey, Sixth Report on the Law of Treaties, in Yearbook of the International Law Commission, Band 2, New York 1966.

Wassermeyer, Franz, Die Auslegung völkerrechtlicher Verträge – Haltung des BFH, in Blumenwitz, Dieter/Mössner, Jörg Manfred, Doppelbesteuerungsabkommen und nationales Recht, München, 1995, S. 19–28.

Wassermeyer, Franz, Die Auslegung von Doppelbesteuerungsabkommen durch den Bundesfinanzhof, Steuer und Wirtschaft 1990, 404–412.

Wassermeyer, Franz, Die beschränkte Steuerpflicht, in Vogel, Klaus, Grundfragen des internationalen Steuerrechts, DStJG 8, Köln, 1985, S. 49–77.

Wassermeyer, Franz, Die Betriebsstätte – ein in vieler Hinsicht unbekanntes Wesen, in Drenseck, Walter/Seer, Roman, Festschrift für Heinrich Wilhelm Kruse, Köln, 2001, S. 589–605.

Wassermeyer, Franz, Eigenhändler versus Kommissionär im grenzüberschreitenden Ertragsteuerrecht, in Spindler, Wolfgang/Tipke, Klaus/Rödder, Thomas, Steuerzentrierte Rechtsberatung, Festschrift für Harald Schaumburg zum 65. Geburtstag, Köln, 2009, S. 971–985.

Wassermeyer, Franz, in Wassermeyer, Franz, Doppelbesteuerung, Band 1 (Stand: 05/2016), Art. 3, 5, 7 Rn. 1–356.

Wassermeyer, Franz, Qualifikationskonflikte bei der Auslegung des Betriebsstättenbegriffes nach Art. 5 DBA-Russland, Teil B: Aus deutscher Sicht, Internationales Steuerrecht 2002, 376 f.

Wassermeyer, Franz, Stellungnahme zu dem vorstehenden Beitrag von Kramer über die Frage nach der Relevanz einer Betriebsstätte im Wohnsitzstaat für die Besteuerung im Quellenstaat, Internationales Steuerrecht 2004, 676–677.

Wassermeyer, Franz/*Lüdicke*, Jürgen, in Flick, Hans/Wassermeyer, Franz/Baumhoff, Hubertus/Schönfeld, Jens, Außensteuerrecht. Kommentar (Stand: 04/2016), § 34d EStG.

Wellmann, Richard, (Länderteil) Russische Föderation, in Mennel, Annemarie/Förster, Jutta, Steuern in Europa Amerika und Asien (Stand: 03/2016).

Wellmann, Richard, in Wassermeyer, Franz, Doppelbesteuerung, Band 5 (Stand: 05/2016), Art. 3, 5, 7 DBA-Russland.

Wernsmann, Rainer, in Hübschmann, Walter/Hepp, Ernst/Spitaler, Armin, Abgabenordnung, Finanzgerichtsordnung (Stand: 07/2016), § 4 AO.

Wernsmann, Rainer, Internationale Doppelbesteuerung als unionsrechtliches Problem – am Beispiel grenzüberschreitender Erbschaften und Schenkungen, in Damrau, Jürgen/Muscheler, Karlheinz, Erbrecht und Vermögensnachfolge, Festschrift für Manfred Bengel und Wolfgang Reimann zum 70. Geburtstag, S. 371–381.

Wernsmann, Rainer, Typusbegriff und Typisierung, Deutsches Steuerrecht 2011, Beihefter zu Heft 31, 72–76.

Wichmann, Michael, Aktuelle Tendenzen der OECD-Arbeiten zur Betriebsstätte, insbesondere bei Vertretern und Dienstleistungen, Steuerberater-Jahrbuch 2004/05, 94–108.

Wichmann, Michael, Entwicklungstendenzen der Doppelbesteuerungsabkommen, in Lüdicke, Jürgen, Wo steht das deutsche Internationale Steuerrecht, Forum der Internationalen Besteuerung, Band 35, Köln, 2009, S. 103–120.

Wichmann, Michael, Seminar F: Kommt nach dem „Anstreicher-Beispiel“ die „Subunternehmer-Betriebsstätte“?, Internationales Steuerrecht 2012, 711–713.

Widmann, Siegfried, Zurechnungsänderungen und Umqualifikationen durch das nationale Recht in ihrem Verhältnis zum DBA-Recht, in Vogel, Klaus, Grundfragen des internationalen Steuerrechts, DStJG 8, Köln, 1985, S. 235–257.

Wiesemann, Astrid, Entstehung und Vermeidung systembedingter doppelter Nicht- und Minderbesteuerung in Outbound-Konstellationen, Baden-Baden, 2014.

Wijnen, Wim/*de Goede*, Jan, The UN Model in Practice 1997–2013, Bulletin of International Taxation 2014, 118–146.

Wolf, Ulrich, in Wassermeyer, Franz, Doppelbesteuerung, Band 6 (Stand: 05/2016), Art. 23 DBA-USA.

Züger, Mario, Die Definition der Betriebstätte durch die Generalklausel und deren beispielhafte Erläuterung (Art. 5 Abs. 1 und 2 OECD-Musterabkommen), in Gassner, Wolfgang/Lang, Michael/Lechner, Eduard, Die Betriebstätte im Recht der Doppelbesteuerungsabkommen, Voraussetzungen der Besteuerung von Unternehmensgewinnen im Quellenstaat, Wien, 1998, S. 31–57.

II. Literatur in russischer Sprache

Агаева, Ирина Д., Совершенствование механизма налогообложения иностранных организаций в России, Dissertation, Moskau, 2012 (RGB).

Агешкина, Наталья А., Научно-практический комментарий к Федеральному закону от 15 июля 1995 г. N 101-ФЗ „О международных договорах Российской Федерации“, 2013 (Consultant Plus).

Алексеенко, Михаил М., Действуещее законодательство о прямых налогах, Sankt-Petersburg, 1879.

Аракелов, Сергей А., Постоянное представительство иностранной организации в России: правовой и налоговый аспекты, Финансовая газета 2004, Nr. 30, S. 15–21.

Аракелов, Сергей А., Финансовое стимулирование и налоговые аспекты расширенного воспроизводства иностранного сектора строительной отрасли, Dissertation, Moskau, 2010 (RGB).

Архиерейский, Алексей Б., Аудиторские ведомости, 2007, Nr. 10 (Consultant Plus).

Архиерейский, Алексей Б., Ваш налоговый адвокат 2007, Nr. 12 (Consultant Plus).

Ахметшин, Рустем И., in Овчарова, Елена, В./Травкина Наталия А./Ивлиева Марина Ф., Налогообложение иностранных компаний в России, сборник материалов правоприменительной практики, Выпуск 2, Москва, 2008, S. 14–20.

Байрамкулов, Алан К., Особенности толкования договора в российском гражданском праве, Autoreferat der Dissertation, Moskau, 2015 (RGB).

Беляева, Ольга А., Предпринимательское право: Учебное пособие, 3. Auflage, Moskau, 2011.

Бланкенагель Александр, Подход к разрешению налоговых споров в ФРГ, in Пепеляев, Сергей Г., Налоговое право в решениях Конституционного Суда Российской Федерации 2003, Moskau, S. 107–128.

Борзунова, Ольга А., Налоговый кодекс Российской Федерации: Генезис, история принятия и тенденции совершенствования, Moskau, 2010.

Борзунова, Ольга А., Значение юридической техники в налоговом процессе, Право и управление. XXI век 2010, S. 20–25.

Братусь, Сергей Н., Юридические лица в советском гражданском праве, Понятие, виды, государственные юридические лица, Moskau, 1947.

Брук, Борис Л., Расходы за постоянное представительство, Актуальная бухгалтерия 2015, Nr. 7 (Consultant Plus).

Будылин, Сергей Л., Конвенция или Конституция? Международное право и пределы государственного суверенитета, Закон 2013, Nr. 12, S. 64–80.

Вайтман, Елена В., Доказываем, что обособленного подразделения нет, даже если налоговики утверждают обратное, Российский налоговый курьер 2015, Nr. 18, S. 25–29.

Викулов, Кирилл Е., Налогообложение постоянных представительств иностранных организаций: российский и международный опыт, Налоговая политика и практика 2009, Nr. 5, S. 4–15.

Викулов, Кирилл Е., Правила налогообложения иностранных организаций, действующих через постоянное представительство: опыт ОЭСР и правовое регулирование в России, Dissertation, Moskau, 2011 (RGB).

Винницкий Данил В., Корпоративные объединения со сложной структурой: Понятие и особенности налогообложения, Финансовое право 2004, Nr. 2. S. 55–58.

Гуев, Александр Н., Постатейный комментарий к Налоговому кодексу Российской Федерации: Часть вторая: Налог на прибыль организаций, 2010 (Garant).

Гидирим, Владимир А., Основы международного корпоративного налогообложения, Moskau 2016.

Данченко, Статус писем ФНС: нормативный акт или просто разъяснения?, Налоговая проверка 2015, Nr. 3, S. 45–55.

Демин Александр В./*Петров* Александр А., Налоговый кодекс РФ: Primus inter pares, Налоги и финансовое право 2014, Nr. 11, S. 111–116.

Демин, Александр В., Неопределенность в налоговом праве и правовые средства ее преодоления, Moskau, 2013.

Денисаев, Михаил А., Правовое регулирование налоговых отношений с участием иностранных организаций в Российской Федерации, Dissertation, Moskau, 2003 (RGB).

Денисаев, Михаил А., Налоговая правосубъектность иностранного юридического лица, Юрист 2003, Nr. 1, S. 21–26.

Дмитриева Кира Н., Проблемы определения налогового резидентства в России, Налоги 2011, Nr. 2, S. 10–15.

Евинтов, Владимир И., Многоязычные договоры в современном международном праве, Kiew, 1981.

Ежова, Мария А., Когда и как можно зачесть налоги, уплаченные за рубежом, Финансовые и бухгалтерские консультации 2015, Nr. 5 (69), S. 20–26.

Ершова, Ирина В/*Отнюкова*, Галина Д., Российское предпринимательское право, Moskau, 2011.

Заусалин, Михаил А./*Пепеляев*, Сергей Г., Инвестиции в строительство: Налоговые последствия, Moskau, 2012.

Золотарева, Анна Б./*Киреева* Анастасия В./*Шаталов* Сергей С., Проблемы определения резидентства в налоговых целях, Moskau, 2014.

Зорькин, Владимир Д., Комментарий к Конституции Российской Федерации, Moskau, 2008.

Зубарев, Ярослав Ю/*Волков*, Дмитрий Б., Некоторые вопросы формирования налоговой базы по налогу на прибыль представительствами иностранных организаций, НефтьГазПраво 2012, Nr. 6, S. 29–33.

Иваненко, Виталий С., Международные договоры и Конституция в правовой системе России: „война верховенств“ или мирное взаимодействие? Правоведение 2010, Nr. 3, S. 135–161.

Карандашов, Иннокентий И., Непосредственное действие норм международных договоров в правовой системе Российской Федерации, диссертация, Sankt-Petersburg, 2013 (RGB).

Кашин Владимир, А., О «налоговой благотворительности», или Почему Россия теряет налоговые доходы, Налоговая политика и практика. 2009, Nr. 10, S. 12–17.

Кашин, Владимир А., Международные налоговые соглашения, Moskau, 1983.

Кашин, Владимир А., Налоговые соглашения России, Международное, налоговое планирование для предприятий, Moskau, 1998.

Клейменова, Марина О., Налоговое право: учебное пособие, Moskau, 2013.

Климентьева, Виктория Г., Понятие постоянного представительства иностранной организации в российском законодательстве, Право и жизнь 2008, Nr. 118 (http://www.law-n-life.ru/index.php/ru/m-arhiv-ru-ru/m-arhiv1-end-ru-ru).

Климентьева, Виктория Г., Финансово-правовое регулирование устранения двойного налогообложения прибыли организаций в Российской Федерации, Dissertation, Moskau, 2009 (RGB).

Климентьева, Виктория Г., Финансово–правовые вопросы налогообложения представительств иностранных юридических лиц, действующих в Российской Федерации, Актуальные проблемы российского права 2007, Nr. 2 (http://cyberleninka.ru/article/n/finansovo-pravovye-voprosy-nalogooblozheniya-predstavitelstv-inostrannyh-yuridicheskih-lits-deystvuyuschih-v-rossiyskoy-federatsii).

Кобзарь–Фролова, Маргарита Н., Налогово-правовой статус иностранных юридических лиц, Dissertation, Moskau, 2004 (RGB).

Комягин, Дмитрий Л./*Нарежный* Валерий В., Понятие обособленного подразделения в налоговом и бюджетном законодательстве, Право и экономика 2000, Nr. 1, S. 46–49.

Коннов, Олег Ю., Понятие постоянного представительства в налоговом праве, Dissertation, Moskau, 2001 (RGB).

Корниенко Наталья Ю./*Постникова,* Надежда Ю., „Принцип притяжения“ при определении прибыли постоянного представительства, Финансы. 2015. Nr. 7, S. 41–46.

Корня, Анастасия М., Письмо – не догма, Ведомости, 27.02.2015, Nr. 3780.

Курысь, Наталья В., Правовое регулирование иностранного инвестирования в промышленность России, Dissertation, Stawropol, 2000 (RGB).

Лермонотов, Юрий М., Постатейный комментарий к главе 25 Налогового кодекса Российской Федерации „Налог на прибыль организаций“, 2012 (Consultant Plus).

Лермонтов, Юрий М., Вопросы-Ответы, Контроль, ревизия, проверка 2016, S. 27–30.

Лощенкова, Елена Ф., Постоянное представительство иностранных юридических лиц в свете измененного налогового законодательства в России, Юрист 2002, Nr. 10, S. 55–60.

Лукашук, Игорь И., Международное право, Общая часть, 3. Auflage, Moskau, 2004.

Лукашук, Игорь И., Современное право международных договоров, Band 1, Moskau, 2004.

Лушников Андрей М./*Лушникова* Марина В., Российская школа финансового права: портреты на фоне времени, Jaroslawl, 2013.

Малышев, Сергей С., Налогообложение прибыли (доходов) иностранных организаций в Российской Федерации, Dissertation, Moskau, 2005 (RGB).

Марочкин, Сергей Ю., Действие и реализация норм международного права в правовой системе Российской Федерации, Moskau, 2011.

Мачехин, Виктор А., Обращение российских судов к Комментариям ОЭСР в налоговых спорах: современная практика, Налоговед 2016, Nr. 3, S. 61–69.

Мачехин, Виктор А., Проблемы применения и толкования налоговых договоров РФ в целях налогового планирования, Юрист. 2011, Nr. 7, S. 17–26.

Мельников Сергей Г., Правовая характеристика внешнеторговых сделок, Юриспруденция 2010. Nr. 4, S. 159–163.

Нарежный Валерий В., Постоянное представительство иностранной организации в российском налоговом законодательстве, Финансовая газета 2003, Nr. 4, S. 9–10.

Нарежный Валерий В., Постоянное представительство иностранной организации в российском налоговом законодательстве, Финансовая газета 2003, Nr. 6, S. 7–8.

Овчарова, Елена, В./*Травкина* Наталия А., Постоянное представительство иностранной организации: арбитражная практика, in Овчарова, Елена, В./ Травкина Наталия А., Ивлиева Марина Ф., Налогообложение иностранных компаний в России: сборник материалов правоприменительной практики, Выпуск 2, Moskau, 2008, S. 3–14.

Осминин, Борис И., Заключение и имплементация международных договоров и внутригосударственное право, Moskau, 2010.

Осминин, Борис И., Международные договоры в российской правовой системе (к 20-летию Федерального закона „О международных договорах Российской Федерации“), Журнал российского права 2015, Nr. 12. S. 126–139.

Осминин, Борис И., Принятие и реализация государствами международных договорных обязательств, Moskau, 2006.

Падейский, Николай А., Двойное налогообложение, как международная финансово-правовая проблема, Вестник финансов 1929, Nr. 11/12, S. 83–91.

Пепеляев, Сергей Г.,/*Сосновский* Сергей А., Налогообложение доходов и прибыли, Moskau, 2015.

Петров, Борис В., Налогообложение иностранных юридических лиц в России, Dissertation, Moskau, 1997 (RGB).

Петрыкин, Анатолий А., Некоторые правовые проблемы регулирования налогообложения коммерческих организаций в Российской Федерации, Dissertation, Moskau, 2002 (RGB).

Полежарова, Людмила В., Иностранный капитал в России: налоги, валютное и таможенное регулирование, Учёт 2000, Nr. 12, S. 30–39.

Полежарова, Людмила В., Методология налогообложения и администрирования иностранных организаций, осуществляющих строительство автодорог в России, Налоговая политика и практика 2015, Nr. 8, S. 70–73.

Полежарова, Людмила В., Механизм устранения международного двойного налогообложения организаций в Российской Федерации и пути его совершенствования, Dissertation, Moskau, 2006 (RGB).

Полежарова, Людмила В., Теоретические основы определения прибыли постоянных представительств в международном налогообложении, Финансовый журнал 2013, Nr. 2, S. 63–74.

Полежарова, Людмила В./*Артемьев,* Алексей А., Налогообложение участников внешнеэкономической деятельности в России, Moskau, 2013.

Рабинович, Альмин М., Налоговый учет в филиале иностранной организации, Финансовая газета 2015, Nr. 36. S. 8–12.

Ровинский, Ефим. А., Международные финансовые отношения и их правовое регулирование, Советское государство и право 1965, Nr. 2, S. 60–68.

Романова Елена, Как обратить себе на пользу разъяснения Минфина России и налоговых органов, Новая бухгалтерия 2015, Nr. 7, S. 64–76.

Савицкий, Андрей И., Режим недискриминации в налоговом праве Российской Федерации, Республики Беларусь и Республики Казахстан, сравнительно-правовое исследование, Dissertation, Jekaterinburg, 2012 (RGB).

Саркисов Андрей К., Юридический смысл понятия «постоянное представительство» в налоговых правоотношениях, Налоги и налогообложение 2004, Nr. 8 (Consultant Plus).

Семенихин, Виталий В., Иностранные организации и представительства: особенности налогообложения с примерами из практики, Moskau, 2005.

Семенов, Алексей В., Изучение исторических сведений о российской внешней торговле и промышленности с половины XVII-го столетия по 1858 год, Часть 1, Sankt-Petersburg, 1859.

Смирнов, Сергей А., Правовое регулирование иностранного предпринимательства в России во второй половине XIX – начале XX веков, Dissertation, Wolgograd, 2002.

Сосновский Сергей, В. Постоянное представительство иностранных организаций агентского вида: основные проблемы налогообложения в России 2012, Nr. 7, S. 38–57.

Сумской, Дмитрий А., Обособленные подразделения юридического лица в теории гражданского права, Российская юстиция 2011, Nr. 11, S. 10–16.

Талалаев Анатолий Н. Соотношение международного и внутригосударственного права и Конституция Российской Федерации, Московский журнал международного права 1994. Nr. 4, S. 3–15.

Талалаев, Анатолий Н., Венская конвенция о праве международных договоров: Комментарий, Moskau, 1997.

Талалаев, Анатолий Н., Право международных договоров: Действие и применение договоров, Moskau, 1985.

Терещенко, Андрей И.,/*Штукмастер*, Ирина Б., Распределение расходдов между представительствами иностранной организации. Раздельный учет НДС, in Овчарова, Елена, В./Травкина Наталия А., Ивлиева Марина Ф., Налогообложение иностранных компаний в России: сборник материалов правоприменительной практики, Выпуск 2, Moskau, 2008, S. 20–52.

Тимаев, Заурбек И., К вопросу об определении местонахождения источника дохода, Налоговед 2012, Nr. 6, S. 20–27.

Толкушкин, Александр В., Постатейный комментарий к главе 25 Налогового кодекса Российской Федерации „Налог на прибыль организаци“, 2005 (Consultant Plus).

Удинцев, Всеволод А., Русское торгово-промышленное право. Часть 1, Kiew, 1907.

Усенко, Евгений Т., Очерки теории международного права, Moskau, 2008.

Филиппова Анна В., Особенности административно–правового статуса иностранных коммерческих организаций в Российской Федерации, Dissertation, Moskau, 2014 (RGB).

Хаванова, Инна А., Международные налоговые договоры в правовой системе России, Финансовое право 2015, Nr. 12, S. 18–22.

Хаванова, Инна А., Избежание двойного налогообложения и предотвращение уклонения от налогообложения в условиях взаимодействия национального и международного права, Dissertation, Moskau, 2016 (RGB).

Хаванова, Инна А., Международные договоры Российской Федерации об избежании двойного налогообложения, Moskau, 2016.

Чуприков, Евгений И., Особенности правового регулирования налогообложения прибыли иностранных организаций в Российской Федерации, Dissertation, Moskau, 2005 (RGB).

Шаталов, Сергей Д., Комментарий к Налоговому кодексу Российской Федерации части первой (постатейный), 4. Auflage, Moskau, 2002.

Шаталов, Сергей Д., Комментарий к налоговому кодексу Российской Федерации. Части второй (постатейный), Moskau, 2001.

Шахмаметьев, Алексей А., Международное налоговое право, Moskau, 2014.

Шепенко Роман. А., Комментарии как средство толкования налоговых соглашений. Проблеми законності 2010, Nr. 111, S. 190–198.

Шершеневич Габриэль Ф., Курс торгового права. 4. Auflage, Kasan, 1892.

Anhang

I. Verzeichnis der wichtigsten zitierten russischen Rechtsakte (chronologisch)

Ukaz v. 25.10.1653 „Über Abgabenerhebung in Moskau und in den Städten mit der Mitteilung, wieviel erhoben wird und von welchen Waren"; Указ от 25.10.1653 „О взимании таможенной пошлины с товаров в Москве и в городах, с показанием по скольку взято и с каких товаров".

Novotorgoviy Ustav v. 22.04.1667; Новоторговый устав от 22.04.1667.

Urkunde über die Privilegien und Rechte der Städte des Russischen Reichs v. 21.04.1785; Грамота на права и выгоды городам Российской Империи от 21.04.1785.

Manifest v. 01.01.1807 „Über die den Kaufleuten geschenkten neuen Nutzen, Auszeichnungen und Vorteile und über neue Methoden der Verbreitung und Verstärkung von Handelsunternehmen"; Манифест от 01.01.1807 „О дарованных купечеству новых выгодах, отличиях, преимуществах и новых способах к распространению и усилению торговых предприятий".

Handels-Gesetz i.d.F. des SZRI 1857; Торговый устав, Свод законов Российской Империи издание 1857 года.

Ukaz v. 07.06.1860 „Über Rechte der sich in Russland aufhaltenden Ausländer"; Указ от 07.06.1860 „О правах пребывающих в России иностранцев".

Statut v. 01.01.1863 „Über Abgaben für das Recht auf Handel und auf andere Gewerbe"; Положение от 01.01.1863 „О пошлинах на право торговли и других промыслов".

Statut v. 09.02.1865 „Über Abgaben für das Recht auf Handel und andere Gewerbe"; Положение „О пошлинах за право торговли и других промыслов" от 09.02.1865.

Regeln „Über Zusatzabgaben (prozentuale und umgelegte) auf Handels- und Gewerbeunternehmen" v. 15.01.1885; Правила „Об обложении торговых и промышленных предприятий дополнительным сбором (процентным и раскладочным)" от 15.01.1885.

Gesetz über die Staatsgewerbesteuer v. 08.06.1899; Закон о государственном промысловом налоге от 08.06.1899.

Dekret des Allrussischen Zentralen Exekutivkomitees und des Rates der Volkskommissare der RSFSR v. 10.04.1923 „Über staatliche gewerbliche Unternehmen, die auf unternehmerischer Grundlage tätig sind (gewerbliche Trusts)"; Декрет

ВЦИК, СНК РСФСР от 10.04.1923 „О государственных промышленных предприятиях, действующих на началах коммерческого расчета (трестах)“.

Beschluss des Allrussischen Zentralen Exekutivkomitees und des Rates der Volkskommissare der UdSSR v. 24.09.1926 „Über die Einführung des Statuts über die Staatsgewerbesteuer“; Постановление ЦИК СССР, СНК СССР от 24.09.1926 „О введении в действие Положения о государственном промысловом налоге“.

Beschluss des Rates der Volkskommissare v. 11.03.1931 „Über die Regeln der Zulassung ausländischer Firmen zur Durchführung von Handelsoperationen auf dem Gebiet der UdSSR“; Постановление СНК СССР от 11.03.1931 „О порядке допущения иностранных фирм к производству торговых операций на территории Союза ССР“.

Verordnung des Allrussischen Zentralen Exekutivkomitees und des Rates der Volkskommissare der UdSSR v. 02.02.1936 „Über die Besteuerung von Vertretungen ausländischer Wirtschaftsorganisationen, die auf dem Gebiet der UdSSR Handelsoperationen ausführen“; Постановление ЦИК, СНК СССР от 02.02.1936 „О налоговом обложении представительств иностранных хозяйственных организаций, производящих торговые операции на территории Союза ССР“.

Übereinkommen zwischen der UdSSR und den USA auf dem Gebiet der Besteuerung v. 20.06.1973; Конвенция между Союзом Советских Социалистических Республик и Соединенными Штатами Америки по вопросам налогообложения от 20.06.1973.

Abkommen zwischen der UdSSR und der Republik Finnland auf dem Gebiet der Besteuerung v. 15.04.1977; Соглашение между Союзом Советских Социалистических Республик и Финляндской Республикой по вопросам налогообложения от 15.04.1977.

Verordnung des Ministerrats der UdSSR v. 23.05.1977 Nr. 427 „Über die Bestätigung der Ordnung über das Verfahren betreffend die Gründung und die Tätigkeit von Vertretungen ausländischer Firmen, Banken und Organisationen in der UdSSR“; Постановление Совета Министров СССР от 23.05.1977 N 427 „Об утверждении Положения о порядке открытия и деятельности в СССР представительств иностранных фирм, банков и организаций“.

Ukaz des Präsidiums des Obersten Rats der UdSSR v. 12.05.1978 Nr. 75212-IX „Über die Steuer auf Einkünfte ausländischer juristischer Personen und natürlicher Personen“, bestätigt durch Gesetz der UdSSR v. 06.07.1978; Указ Президиума Верховного Совета СССР от 12.05.1978 N 7512-IX „О подоходном налоге с иностранных юридических и физических лиц“, утвержден Законом СССР от 06.07.1978.

Abkommen zwischen der Regierung der UdSSR und der Regierung des Königreichs Schweden „Über die Beseitigung der Doppelbesteuerung von Einkommen und Vermögen“ v. 13.10.1981; Соглашение между Правительством СССР и Правительством Королевства Швеции „Об устранении двойного налогообложения доходов и имущества“ от 13.10.1981.

Gesetz der UdSSR v. 23.04.1990 Nr. 1443–1 „Über die Steuer auf Einkommen von Staatsbürgern der UdSSR, von ausländischen Staatsbürgern und von Staatenlosten“; Закон СССР от 23.04.1990 N 1443–1 „О подоходном налоге с граждан СССР, иностранных граждан и лиц без гражданства“.

Gesetz der UdSSR v. 14.06.1990 Nr. 1560–1 „Über die Steuer von Unternehmen, Vereinigungen und Organisationen“; Закон СССР от 14.06.1990 N 1560–1 „О налогах с предприятий, объединений и организаций“.

Gesetz der RF v. 07.12.1991 Nr. 1998–1 „Über die Einkommensteuer von natürlichen Personen“; Закон РФ от 07.12.1991 N 1998–1 „О подоходном налоге с физических лиц“.

Gesetz der RF v. 19.04.1991 Nr. 1032–1 „Über die Beschäftigung der Bevölkerung in der Russischen Föderation“ (i.d.F. v. 29.07.2017); Закон РФ от 19.04.1991 N 1032–1 „О занятости населения в Российской Федерации“ (ред. от 09.03.2016).

Gesetz der RF v. 27.12.1991, Nr. 2116–1, „Über die Steuer auf den Gewinn von Unternehmen und Organisationen“; Закон РФ от 27.12.1991 N 2116–1 „О налоге на прибыль предприятий и организаций“.

Instruktion des Staatssteuerdienstes der RF v. 27.05.1992 Nr. 13 „Über die Besteuerung des Gewinns und der Einnahmen ausländischer juristischer Personen“; Инструкция Госналогслужбы РФ v. 27.05.1992 N 13 „О налогообложении прибыли и доходов иностранных юридических лиц“.

Verordnung der Regierung der Russischen Föderation v. 28.05.1992 Nr. 352 „Über den Abschluss von Regierungsabkommen über die Vermeidung der Doppelbesteuerung auf Einkommen und Vermögen“; Постановление Правительства РФ от 28.05.1992 N 352, „О заключении межправительственных Соглашений об избежании двойного налогообложения доходов и имущества“.

Verfassung der Russischen Föderation (angenommen durch Volksabstimmung am 12.12.1993); Конституция Российской Федерации (принята всенародным голосованием 12.12.1993).

Abkommen zwischen der Regierung der Russischen Föderation und der Organisation für wirtschaftliche Zusammenarbeit und Entwicklung über Privilegien und Immunität der Organisation in der Russischen Föderation v. 08.06.1994; Соглашение между Правительством Российской Федерации и Организацией экономического сотрудничества и развития о привилегиях и иммунитетах Организации в Российской Федерации от 08.06.1994.

Föderales Konstitutionelles Gesetz v. 21.07.1994 Nr. 1-FKZ „Über das Verfassungsgericht der Russischen Föderation“ (i.d.F. v. 14.12.2015); Федеральный конституционный закон от 21.07.1994 N 1-ФКЗ „О Конституционном Суде Российской Федерации“ (ред. от 28.12.2016).

Instruktion des Staatssteuerdienstes RF v. 16.06.1995 Nr. 34 „Über die Besteuerung des Gewinns und der Einnahmen ausländischer juristischer Personen“; Инструкция Госналогслужбы РФ от 16.06.1995 N 34 „О налогообложении прибыли и доходов иностранных юридических лиц“.

Föderales Gesetz v. 15.07.1995 Nr. 101-FZ „Über völkerrechtliche Verträge der Russischen Föderation“ (i.d.F. v. 12.03.2014); Федеральный закон от 15.07.1995 N 101-ФЗ „О международных договорах Российской Федерации“ (ред. от 12.03.2014).

Föderales Gesetz v. 31.12.1995 Nr. 227-FZ „Über Änderungen und Ergänzungen des Gesetzes der Russischen Föderationen „Über die Steuer auf den Gewinn von Unternehmen und Organisationen“; Федеральный закон от 31.12.1995 N 227-ФЗ „О внесении изменений и дополнений в Закон Российской Федерации „О налоге на прибыль предприятий и организаций“.

Übereinkommen zwischen der Regierung der Russischen Föderation und der Regierung der Italienischen Republik v. 09.04.1996 „Über die Vermeidung der Doppelbesteuerung von Steuern auf Einkommen und Kapital und über die Verhinderung der Steuerverkürzung“; Конвенция между Правительством РФ и Правительством Итальянской Республики от 09.04.1996 „Об избежании двойного налогообложения в отношении налогов на доходы и капитал и предотвращении уклонения от налогообложения“.

Föderales Konstitutionelles Gesetz v. 17.12.1997 Nr. 2-FKZ „Über die Regierung der Russischen Föderation“ (i.d.F. v. 28.12.2016); Федеральный конституционный закон от 17.12.1997 N 2-ФКЗ „О Правительстве Российской Федерации“ (ред. от 28.12.2016).

Föderales Gesetz v. 31.07.1998 Nr. 146-FZ „Steuerkodex der Russischen Föderation (Erster Teil)“ (i.d.F. v. 18.07.2017); Федеральный закон от 31.07.1998 N 146-ФЗ „Налоговый кодекс Российской Федерации (часть первая)“ (ред. от 18.07.2017).

Übereinkommen zwischen der Regierung der Russischen Föderation und der Regierung des Königreichs Spanien v. 16.12.1998 „Über die Vermeidung der Doppelbesteuerung und die Verhinderung der Steuerverkürzung auf dem Gebiet der Steuern auf Einkommen und Kapital“; Конвенция между Правительством РФ и Правительством Королевства Испания от 16.12.1998 „Об избежании двойного налогообложения и предотвращении уклонения от уплаты налогов в отношении налогов на доходы и капитал“.

Föderales Gesetz v. 09.07.1999 Nr. 160-FZ „Über ausländische Investitionen“ (i.d.F. v. 05.05.2014); Федеральный закон от 09.07.1999 N 160-ФЗ „Об иностранных инвестициях в Российской Федерации“ (ред. от 18.07.2017).

Föderales Gesetz v. 05.08.2000 Nr. 117-FZ „Steuerkodex der Russischen Föderation (Zweiter Teil) (i.d.F. v. 29.07.2017); Федеральный закон от 05.08.2000 N 117-ФЗ „Налоговый кодекс Российской Федерации (часть вторая)" (ред. от 29.07.2017).

Föderales Gesetz v. 29.05.2002 Nr. 57-FZ (i.d.F. v. 24.11.2014) „Über Änderungen und Ergänzungen des Zweiten Teils des Steuerkodex der Russischen Föderation und einzelner gesetzgeberischer Akte der Russischen Föderation"; Федеральный закон от 29.05.2002 N 57-ФЗ (ред. от 24.11.2014) „О внесении изменений и дополнений в часть вторую Налогового кодекса Российской Федерации и в отдельные законодательные акты Российской Федерации".

Erlass des Föderalen Steuerdienstes RF v. 28.03.2003, BG-3–23/150@ „Über die Annahme der Methodischen Empfehlungen an Steuerorgane über die Anwendung einzelner Bestimmungen des 25. Kapitels des Steuerkodex der Russischen Föderation betreffend die Besteuerung von Gewinnen (Einnahmen) ausländischer Organisationen" (außer Kraft gesetzt durch FNS Erlass v. 19.12.2012, MMB-7–3/980@); Приказ МНС РФ от 28.03.2003, N БГ-3–23/150 „Об утверждении Методических рекомендаций налоговым органам по применению отдельных положений главы 25 Налогового кодекса Российской Федерации, касающихся особенностей налогообложения прибыли (доходов) иностранных организаций" (утратил силу в связи с изданием Приказа ФНС России от 19.12.2012 N MMB-7–3/980@).

Föderales Gesetz v. 27.07.2006 Nr. 137-FZ „Über die Änderung des Ersten und des Zweiten Teils des Steuerkodex und von einzelnen Gesetzgebungsakten der Russischen Föderation im Zusammenhang mit der Verwirklichung von Maßnahmen zur Perfektionierung der Steuerverwaltung" (i.d.F. v. 03.07.2016); Федеральный закон от 27.07.2006 137-ФЗ „О внесении изменений в часть первую в часть вторую Налогового кодекса Российской Федерации и в отдельные законодательные акты Российской Федерации в связи с осуществлением мер по совершенствованию налогового администрирования" (ред. от 03.07.2016).

Verordnung der Regierung der Russischen Föderation v. 24.02.2010 Nr. 84 „Über den Abschluss von zwischenstaatlichen Abkommen über die Vermeidung der Doppelbesteuerung und über die Verhinderung der Verkürzung von Steuern auf Einkünfte und Vermögen" (i.d.F. v. 26.04.2014); Постановление Правительства РФ от 24.02.2010 N 84, „О заключении межгосударственных соглашений об избежании двойного налогообложения и о предотвращении уклонения от уплаты налогов на доходы и имущество" (в ред. от 26.04.2014).

Erlass des Finanzministeriums RF v. 30.09.2010 Nr. 117n, „Über die Bestätigung der Besonderheiten der steuerlichen Erfassung von ausländischen Organisationen, die weder Investoren noch Operatoren eines Production Sharing Agreements sind"; Приказ Минфина РФ от 30.09.2010 N 117н „Об утверждении Особенностей учета в налоговых органах иностранных организаций, не являющихся инвесторами по соглашению о разделе продукции или операторами соглашения".

Übereinkommen zwischen der Regierung der Russischen Föderation und der Regierung von Malta über die Vermeidung der Doppelbesteuerung und Verhinderung der Steuerverkürzung mit Bezug auf Steuern vom Einkommen v. 24.04.2013; „Конвенция между Правительством Российской Федерации и Правительством Мальты об избежании двойного налогообложения и о предотвращении уклонения от налогообложения в отношении налогов на доходы" от 24.04.2013.

Föderales Gesetz v. 05.05.2014 Nr. 99-FZ, „Über Änderungen des Vierten Kapitels des Ersten Teils des Zivilgesetzbuches der Russischen Föderation und über das Außerkraftsetzen einzelner Bestimmungen in Gesetzgebungsakten der Russischen Föderation" (i.d.F. v. 03.07.2016); Федеральный закон от 05.05.2014 N 99-ФЗ „О внесении изменений в главу 4 части первой Гражданского кодекса Российской Федерации и о признании утратившими силу отдельных положений законодательных актов Российской Федерации" (ред. от 03.07.2016).

Abkommen zwischen der Regierung der Russischen Föderation und der Regierung der Volksrepublik China über die Vermeidung der Doppelbesteuerung und Verhinderung der Steuerverkürzung mit Bezug auf Steuern vom Einkommen v. 13.10.2014 (i.d.F. v. 08.05.2015); „Соглашение между Правительством Российской Федерации и Правительством Китайской Народной Республики об избежании двойного налогообложения и о предотвращении уклонения от налогообложения в отношении налогов на доходы" от 13.10.2014 (ред. от 08.05.2015).

Föderales Gesetz v. 24.11.2014 Nr. 376-FZ, „Über Änderungen des Ersten und des zweiten Teils des Steuerkodex der Russischen Föderation (betreffend die Besteuerung des Gewinns von kontrollierten ausländischen Kompanien und der Einnahmen ausländischer Organisationen)" (i.d.F. v. 15.02.2016); Федеральный закон от 24.11.2014 N 376-ФЗ „О внесении изменений в части первую и вторую Налогового кодекса Российской Федерации (в части налогообложения прибыли контролируемых иностранных компаний и доходов иностранных организаций)" (ред. от 15.02.2016).

Verwaltungsgerichtsverfahrenskodex der Russischen Föderation v. 08.03.2015 Nr. 21-FZ (i.d.F. v. 29.07.2017); „Кодекс административного судопроизводства Российской Федерации" от 08.03.2015 N 21-ФЗ (ред. от 29.07.2017).

Föderales Gesetz v. 03.07.2016 Nr. 244-FZ „Über Änderungen des Ersten und des Zweiten Teils des Steuerkodex der Russischen Föderation"; Федеральный закон от 03.07.2016 N 244-ФЗ „О внесении изменений в части первую и вторую Налогового кодекса Российской Федерации".

Föderales Gesetz v. 15.02.2016 Nr. 32-FZ „Über Änderungen des Ersten und des Zweiten Teils des Steuerkodex der Russischen Föderation und des Föderalen Gesetzes „Über Änderungen des Ersten und des Zweiten Teils des Steuerkodex der Russischen Föderation (betreffend die Besteuerung des Gewinns von kontrollierten ausländischen Kompanien und der Einnahmen ausländischer Organisationen)"; Федеральный закон от 15.02.2016 N 32-ФЗ „О внесении изменений в части первую и вторую Налогового кодекса Российской Федерации и в Федеральный закон „О внесении изменений в части первую и вторую Налогового кодекса Российской Федерации (в части налогообложения прибыли контролируемых иностранных компаний и доходов иностранных организаций)".

II. Übersetzung des Art. 306 StK (Auszug)

Статья 306 **Особенности налогообложения иностранных организаций. Постоянное представительство иностранной организации**	**Art. 306** **Besonderheiten der Besteuerung ausländischer Organisationen. Ständige Vertretung** ***(Anm.: im Folgenden „Betriebsstätte")*** **einer ausländischen Organisation**
1. Положениями статей 306–309 настоящего Кодекса устанавливаются особенности исчисления налога иностранными организациями, осуществляющими предпринимательскую деятельность на территории Российской Федерации, в случае, если такая деятельность создает постоянное представительство иностранной организации, а также исчисления налога иностранными организациями, не связанными с деятельностью через постоянное представительство в Российской Федерации, получающими доход из источников в Российской Федерации.	1. Die Bestimmungen der Art. 306–309 dieses Steuerkodex regeln die Besonderheiten der Steuerermittlung durch ausländische Organisationen, die eine unternehmerische Tätigkeit auf dem Gebiet der Russischen Föderation ausüben, wenn diese Tätigkeit eine Betriebsstätte der ausländischen Organisation begründet, sowie die Besonderheiten der Steuerermittlung durch ausländische Organisationen, die nicht mit einer Tätigkeit durch eine Betriebsstätte in der Russischen Föderation verbunden sind und die Einkünfte aus Quellen in der Russischen Föderation erzielen.
2. Под постоянным представительством иностранной организации в Российской Федерации для целей настоящей главы понимается филиал, представительство, отделение, бюро, контора, агентство, любое	2. Unter einer Betriebsstätte einer ausländischen Organisation in der Russischen Föderation sind für Zwecke dieses Kapitels eine Filiale, Repräsentanz, Abteilung, Büro, Kontor, Agentur, jede andere abgesonderte Einheit oder ein anderer Ort der Tätigkeit dieser

другое обособленное подразделение или иное место деятельности этой организации (далее в настоящей главе – отделение), через которое организация регулярно осуществляет предпринимательскую деятельность на территории Российской Федерации, связанную с:	Organisation (weiter in diesem Kapitel – Abteilung) zu verstehen, durch den die Organisation regelmäßig eine unternehmerische Tätigkeit auf dem Gebiet der Russischen Föderation ausübt, die verbunden ist mit:
пользованием недрами и (или) использованием других природных ресурсов;	der Nutzung des Erdinneren und/oder der Benutzung anderer Naturressourcen;
проведением предусмотренных контрактами работ по строительству, установке, монтажу, сборке, наладке, обслуживанию и эксплуатации оборудования, в том числе игровых автоматов;	der Durchführung vertraglich vorgesehener Arbeiten betreffend Bauausführung, Errichtung, Montage, Zusammenbau, Einrichtung, Bedienung und Benutzung von Anlagen, darunter auch Spielautomaten;
продажей товаров с расположенных на территории Российской Федерации и принадлежащих этой организации или арендуемых ею складов;	dem Verkauf von Waren aus Lagern, die sich auf dem Gebiet der Russischen Föderation befinden und die im Eigentum dieser ausländischen Organisation stehen oder von ihr gemietet werden;
осуществлением иных работ, оказанием услуг, ведением иной деятельности, за исключением предусмотренной пунктом 4 настоящей статьи.	der Ausführung sonstiger Arbeiten, der Erbringung von Dienstleistungen, der Ausübung sonstiger Tätigkeit, die nicht unter Abs. 4 dieses Artikels fällt.
Деятельностью иностранной организации на территории Российской Федерации в целях настоящего Кодекса также признается деятельность, осуществляемая иностранной организацией – оператором нового морского месторождения углеводородного сырья и связанная с добычей углеводородного сырья на новом морском месторождении углеводородного сырья.	Als eine Tätigkeit der ausländischen Organisationen auf dem Gebiet der Russischen Föderation wird für Zwecke dieses Kodex auch diejenige Tätigkeit anerkannt, welche die ausländische Organisation als Operator eines neuen Meeresvorkommens von Kohlenwasserstoff-Rohstoffen ausübt und die verbunden ist mit der Ausbeute von Kohlenwasserstoff-Rohstoffen auf dem neuen Meeresvorkommen von Kohlenwasserstoff-Rohstoffen.

3. Постоянное представительство иностранной организации считается образованным с начала регулярного осуществления предпринимательской деятельности через ее отделение. При этом деятельность по созданию отделения сама по себе не создает постоянного представительства. Постоянное представительство прекращает существование с момента прекращения предпринимательской деятельности через отделение иностранной организации.	3. Eine Betriebsstätte der ausländischen Organisation wird mit dem Beginn der regelmäßigen Ausübung der unternehmerischen Tätigkeit durch ihre Abteilung begründet. Dabei begründet die allein auf die Gründung der Abteilung gerichtete Tätigkeit keine Betriebsstätte. Eine Betriebsstätte endet in dem Zeitpunkt, in dem die unternehmerische Tätigkeit durch die Abteilung der ausländischen Organisation eingestellt wird.
При пользовании недрами и (или) использовании других природных ресурсов постоянное представительство иностранной организации считается образованным с более ранней из следующих дат: даты вступления в силу лицензии (разрешения), удостоверяющей право этой организации на осуществление соответствующей деятельности, или даты фактического начала такой деятельности. В случае, если иностранная организация выполняет работы, оказывает услуги другому лицу, имеющему указанную лицензию (разрешение) или выступающему в качестве генерального подрядчика для лица, имеющего такую лицензию (разрешение), при решении вопросов, связанных с образованием и прекращением существования постоянного представительства этой иностранной организации, применяется порядок, аналогичный установленному пунктами 2–4 статьи 308 настоящего Кодекса.	Bei der Nutzung des Erdinneren und/oder der Benutzung anderer Naturressourcen beginnt eine Betriebsstätte der ausländischen Organisation mit dem früheren dieser Zeitpunkte: mit dem Datum des Inkrafttretens der Lizenz (Zulassung), welche das Recht dieser Organisation zur Ausübung der entsprechenden Tätigkeit bekundet, oder mit dem tatsächlichen Beginn dieser Tätigkeit. In dem Fall, dass die ausländische Organisation Arbeiten oder Dienstleistungen für einen Dritten erbringt, der die genannte Lizenz (Zulassung) hat oder als Generalunternehmer für eine Person auftritt, der eine solche Lizenz (Zulassung) hat, werden bei der Lösung von Fragen, die mit der Begründung und der Beendigung einer Betriebsstätte dieser ausländischen Organisation verbunden sind, die Regeln des Art. 308 Abs. 2–4 dieses Steuerkodex entsprechend angewendet.

4. Факт осуществления иностранной организацией на территории Российской Федерации деятельности подготовительного и вспомогательного характера при отсутствии признаков постоянного представительства, предусмотренных пунктом 2 настоящей статьи, не может рассматриваться как приводящий к образованию постоянного представительства. К подготовительной и вспомогательной деятельности, в частности, относятся:	4. Die Tatsache, dass eine ausländische Organisation bei Fehlen der Merkmale einer Betriebsstätte, die Abs. 2 dieses Artikels vorsieht, Tätigkeiten vorbereitender Art oder Hilfstätigkeiten auf dem Gebiet der Russischen Föderation ausübt, kann nicht als zur Entstehung einer Betriebsstätte führend betrachtet werden. Zur Hilfstätigkeit und zur Tätigkeit vorbereitender Art gehören insbesondere:
1) использование сооружений исключительно для целей хранения, демонстрации и (или) поставки товаров, принадлежащих этой иностранной организации, до начала такой поставки;	1) die Benutzung von Einrichtungen ausschließlich für Zwecke der Lagerung, der Ausstellung und (oder) der Auslieferung von Waren, die dieser ausländischen Organisation gehören, bis zum Beginn der Auslieferung;
2) содержание запаса товаров, принадлежащих этой иностранной организации, исключительно для целей их хранения, демонстрации и (или) поставки до начала такой поставки;	2) die Unterhaltung eines Bestandes von Waren, die dieser ausländischen Organisation gehören, ausschließlich für Zwecke ihrer Lagerung, Ausstellung und (oder) Auslieferung, bis zum Beginn der Auslieferung;
3) содержание постоянного места деятельности исключительно для целей закупки товаров этой иностранной организацией;	3) die Unterhaltung eines ständigen Ortes der Tätigkeit ausschließlich für Zwecke des Einkaufs von Waren durch diese ausländische Organisation;
4) содержание постоянного места деятельности исключительно для сбора, обработки и (или) распространения информации, ведения бухгалтерского учета, маркетинга, рекламы или изучения рынка товаров (работ, услуг), реализуемых иностранной организацией, если такая деятельность не является основной (обычной) деятельностью этой организации;	4) die Unterhaltung eines ständigen Ortes der Tätigkeit ausschließlich für Zwecke der Beschaffung, der Verarbeitung und (oder) der Verbreitung von Informationen, der Buchhaltung, des Marketings, der Werbung oder der Erforschung des Marktes für Waren (Arbeiten, Dienstleistungen), welche die ausländische Organisation vertreibt, wenn diese Tätigkeit nicht zur Haupttätigkeit (zur gewöhnlichen Tätigkeit) dieser Organisation gehört;

5) содержание постоянного места деятельности исключительно для целей простого подписания контрактов от имени этой организации, если подписание контрактов происходит в соответствии с детальными письменными инструкциями иностранной организации.	5) die Unterhaltung eines ständigen Ortes der Tätigkeit ausschließlich für Zwecke der bloßen Unterzeichnung von Verträgen im Namen dieser Organisation, wenn die Unterzeichnung von Verträgen im Einklang mit detaillierten schriftlichen Anweisungen der ausländischen Organisation erfolgt.
5. Факт владения иностранной организацией ценными бумагами, долями в капитале российских организаций, а также иным имуществом на территории Российской Федерации при отсутствии признаков постоянного представительства, предусмотренных пунктом 2 настоящей статьи, сам по себе не может рассматриваться для такой иностранной организации как приводящий к образованию постоянного представительства в Российской Федерации.	5. Die bloße Tatsache, dass die ausländische Organisation Wertpapiere, Anteile am Kapital russischer Organisationen sowie anderes Vermögen auf dem Gebiet der Russischen Föderation innehat, kann bei Fehlen der Merkmale einer Betriebsstätte, die Abs. 2 dieses Artikels vorsieht, nicht als zur Entstehung einer Betriebsstätte dieser ausländischen Organisation auf dem Gebiet der Russischen Föderation führend betrachtet werden.
6. Факт заключения иностранной организацией договора простого товарищества или иного договора, предполагающего совместную деятельность его сторон (участников), осуществляемую полностью или частично на территории Российской Федерации, сам по себе не может рассматриваться для данной организации как приводящий к образованию постоянного представительства в Российской Федерации.	6. Die bloße Tatsache, dass die ausländische Organisation einen Vertrag über die einfache Genossenschaft oder einen sonstigen Vertrag abschließt, der eine gemeinsame Tätigkeit der Parteien (Beteiligten) vorsieht, die vollständig oder teilweise auf dem Gebiet der Russischen Föderation ausgeübt wird, kann nicht als zur Entstehung einer Betriebsstätte dieser ausländischen Organisation auf dem Gebiet der Russischen Föderation führend betrachtet werden.
7. Факт направления иностранной организацией своих работников для работы на территории Российской Федерации или иной территории, находящейся под	7. Die bloße Entsendung eigener Arbeitnehmer durch die ausländische Organisation für Zwecke der Arbeit auf dem Gebiet der Russischen Föderation oder auf anderem Gebiet, das unter der

юрисдикцией Российской Федерации, в другой организации по договору о предоставлении труда работников (персонала) при отсутствии признаков постоянного представительства, предусмотренных пунктом 2 настоящей статьи, не может рассматриваться как факт, приводящий к образованию постоянного представительства иностранной организации, направившей своих работников, если такие работники действуют исключительно от имени и в интересах организации, в которую они были направлены.	Jurisdiktion der Russischen Föderation steht, in einer anderen Organisation auf Grundlage eines Vertrages über die Gestellung der Arbeitstätigkeit von Arbeitnehmern (von Personal) kann bei Fehlen der Merkmale einer Betriebsstätte, die Abs. 2 dieses Artikels vorsieht, nicht als zur Entstehung einer Betriebsstätte der entsendenden ausländischen Organisation führend betrachtet werden, wenn die Arbeitnehmer ausschließlich im Namen und im Interesse der Organisation tätig werden, in die sie entsendet wurden.
8. Осуществление иностранной организацией операций по ввозу в Российскую Федерацию или вывозу из Российской Федерации товаров, в том числе в рамках внешнеторговых контрактов, при отсутствии признаков постоянного представительства, предусмотренных пунктом 2 настоящей статьи, не может рассматриваться как приводящий к образованию постоянного представительства этой организации в Российской Федерации.	8. Die Durchführung von Operationen der Einfuhr von Waren in die Russische Föderation oder der Ausfuhr von Waren aus der Russischen Föderation durch die ausländische Organisation, darunter auch im Rahmen außenwirtschaftlicher Verträge, kann bei Fehlen der Merkmale einer Betriebsstätte, die Abs. 2 dieses Artikels vorsieht, nicht als zur Entstehung einer Betriebsstätte dieser Organisation in der Russischen Föderation führend betrachtet werden.
9. Иностранная организация рассматривается как имеющая постоянное представительство в случае, если эта организация осуществляет поставки с территории Российской Федерации принадлежащих ей товаров, полученных в результате переработки на таможенной территории или под таможенным контролем, а также в случае, если эта организация осуществляет	9. Die ausländische Organisation wird betrachtet als hätte sie eine Betriebsstätte, wenn sie Auslieferungen von ihr gehörenden Waren aus dem Gebiet der Russischen Föderation vornimmt, die sie als Ergebnis der Verarbeitung im Zollgebiet oder unter Zollkontrolle erhalten hat, sowie wenn die Organisation, eine Tätigkeit ausübt, welche die Merkmale des Abs. 2 dieses Artikels erfüllt, durch eine Person, die auf Grundlage vertraglicher

деятельность, отвечающую признакам, предусмотренным пунктом 2 настоящей статьи, через лицо, которое на основании договорных отношений с этой иностранной организацией представляет ее интересы в Российской Федерации, действует на территории Российской Федерации от имени этой иностранной организации, имеет и регулярно использует полномочия на заключение контрактов или согласование их существенных условий от имени данной организации, создавая при этом правовые последствия для данной иностранной организации (зависимый агент).	Beziehungen mit dieser ausländischen Organisation ihre Interessen in der Russischen Föderation vertritt, im Namen dieser ausländischen Organisation auf dem Gebiet der Russischen Föderation handelt, Befugnisse zum Abschluss von Verträgen oder zur Verhandlung ihrer wesentlichen Bedingungen im Namen dieser Organisation innehat und diese regelmäßig ausübt und dabei Rechtsfolgen für diese ausländische Organisation begründet (abhängiger Agent).
Иностранная организация не рассматривается как имеющая постоянное представительство, если она осуществляет деятельность на территории Российской Федерации через брокера, комиссионера, профессионального участника российского рынка ценных бумаг или любое другое лицо, действующее в рамках своей основной (обычной) деятельности.	Eine ausländische Organisation wird nicht betrachtet als hätte sie eine Betriebsstätte, wenn sie auf dem Gebiet der Russischen Föderation durch einen Broker, Kommissionär, einen berufsmäßigen Teilnehmer des russischen Wertpapiermarktes oder jede andere Person, die im Rahmen ihrer Haupttätigkeit (gewöhnlichen Tätigkeit) handelt, tätig wird.
10. Тот факт, что лицо, осуществляющее деятельность на территории Российской Федерации, является взаимозависимым с иностранной организацией, при отсутствии признаков зависимого агента, предусмотренных пунктом 9 настоящей статьи, не рассматривается как приводящий к образованию постоянного представительства этой иностранной организации в Российской Федерации.	10. Die bloße Tatsache, dass eine Person, die auf dem Gebiet der Russischen Föderation tätig wird, mit der ausländischen Organisation verbunden ist, wird bei Fehlen der Merkmale eines abhängigen Agenten, die Abs. 9 dieses Artikels vorsieht, nicht als zur Entstehung einer Betriebsstätte dieser ausländischen Organisation in der Russischen Föderation führend betrachtet.

Abs. 11 bis 13 regeln sog. Adressausnahmen anlässlich der FIFA WM 2018; von dem Abdruck und der Übersetzung wurde abgesehen	
14. Оказание иностранной организацией услуг, указанных в пункте 1 статьи 174.2 настоящего Кодекса, местом реализации которых признается территория Российской Федерации, не приводит к образованию постоянного представительства этой организации в Российской Федерации.	14. Die Erbringung von in Art. 174.2 Abs. 1 dieses Steuerkodex genannten Dienstleistungen, deren Leistungsort als in Russland befindlich anerkannt wird, führt nicht zur Entstehung einer Betriebsstätte dieser Organisation in der Russischen Föderation.

Finanz- und Steuerrecht in Deutschland und Europa

Herausgegeben von Klaus-Dieter Drüen, Hanno Kube
und Rainer Wernsmann

Band 1 Gordon Dreher: Das Alterseinkünftegesetz. Systematische Darstellung und verfassungsrechtliche Zweifelsfragen. 2007.

Band 2 Nils Meyer-Sandberg: Die Duale Einkommensteuer als Modell ungleicher Besteuerung von Arbeit und Kapital. 2008.

Band 3 Alexander Pfab: Die Behandlung von Bildungsaufwendungen im deutschen Einkommensteuerrecht. 2008.

Band 4 Christian Johannes Müller: Einnahmeverzicht im Einkommensteuerrecht – insbesondere durch verbilligte Wohnungsüberlassung an nahe Angehörige. 2009.

Band 5 Melanie Falkner: Die Einkunftserzielungsabsicht als subjektives Besteuerungsmerkmal. Eine Analyse subjektiver Tatbestandsmerkmale im Steuerrecht. Zugleich ein Beitrag zur Liebhaberei im Steuerrecht. 2009.

Band 6 Steffen Ott: Die Vertreterbetriebsstätte nach OECD-MA. 2009.

Band 7 Christoph Wagner: Steuergleichheit unter Standortvorbehalt? Verfassungsrechtliche Grenzen einer ungleichen Einkommensbesteuerung von Kapital und Arbeit. 2010.

Band 8 Andreas Goetze: Die Ersetzung der sieben Einkunftsarten des EStG durch eine einzige. Zur Gleichheit aller Erwerbsgrundlagen in einem vereinfachten Steuerrecht. 2010.

Band 9 Hanno Kube: Der bundesstaatliche Finanzausgleich. Verfassungsrechtlicher Rahmen, aktuelle Ausgestaltung, Entwicklungsperspektiven. 2011.

Band 10 Katharina Brauer: Abgrenzung der Lebensmittellieferung von der Restaurationsdienstleistung im Umsatzsteuerrecht. 2011.

Band 11 Marc Schubert: Die Verfassungswidrigkeit der Erbschaft- und Schenkungsteuer und die verfassungsrechtlichen Anforderungen an eine Neuregelung. 2011.

Band 12 Martin Rehberg: Der Zuzug und Wegzug von Kapitalgesellschaften in gesellschafts- und steuerrechtlicher Hinsicht. 2011.

Band 13 Dirk Wünschig: Perspektiven eines europarechtskonformen Gemeinnützigkeits- und Zuwendungsrechts. Eine Untersuchung nach „Stauffer" und „Persche" bei gleichzeitiger Kritik an der Neufassung des Gemeinnützigkeitsrechts nach dem Jahressteuergesetz 2009. 2011.

Band 14 Sebastian Grimm: Die negative Konkurrentenklage im Steuerrecht. 2011.

Band 15 Arne von Freeden: Minder- und Mehrabführungen nach § 14 Abs. 4, § 27 Abs. 6 KStG. Ausgleichspostenlösung und Einlagelösung. 2011.

Band 16 Anne Keller: Rechtsschutz gegen Maßnahmen der steuerlichen Außenprüfung. 2011.

Band 17 Larissa Maier-Bledjian: Sondervermögen des Bundes. 2011.

Band 18 Philipp Riedl: Die internationale Doppelbesteuerung im EU-Binnenmarkt. 2012.

Band 19 Anna Schwarz: Die Pensionszusage an den Mitunternehmer der Personengesellschaft im Einkommensteuerrecht. 2012.

Band 20 Carsten Höink: Nichtsteuerbare Vermögensübertragungen im Umsatzsteuerrecht. Eine rechtssystematische Analyse der Entwicklung des Rechtsinstituts der Geschäftsveräußerung im Ganzen. 2013.

Band 21 Christian Kniese: Europarechtlicher Rahmen einer steuerlichen Förderung von Forschung und Entwicklung. 2013.

Band 22 Katarina Günther: Vertrauensschutz bei Angaben Dritter im Umsatzsteuerrecht. 2013.

Band 23 Andreas Königer: Ertragsteuerrechtliche Behandlung grenzüberschreitender Spaltungen von Rechtsträgern. Unter besonderer Beachtung der Vorgaben des Unionsrechts. 2014.

Band 24 Matthias Diete: Das obligatorische Schiedsverfahren in der deutschen DBA-Praxis. Erweiterung des zwischenstaatlichen Rechtsschutzes bei Doppelbesteuerungskonflikten. 2014.

Band 25 Friederike Grube: Der Einfluss des unionsrechtlichen Beihilfenverbots auf das deutsche Steuerrecht. Dargestellt an den Beispielen der sogenannten Sanierungsklausel und der Steuervergünstigungen für gemeinnützige Unternehmen. 2014.

Band 26 Tobias Loscher: Präventive Aufsicht der Europäischen Union über den Bundeshaushalt. 2014.

Band 27 Jochen Lutz Tillmanns: Divergenz und Konvergenz von Umsatzsteuer und Einkommensteuer. Zur problematischen Verwendung ertragsteuerlicher Konzepte und Begriffe im Umsatzsteuerrecht. 2015.

Band 28 Cornelia Zirkl: Die Neutralität der Umsatzsteuer als europäisches Besteuerungsprinzip. Inhalt, Herleitung und der Umgang mit Neutralitätsverletzungen. 2015.

Band 29 Matthias Ernst: Die Dienstleistungsbetriebsstätte im Abkommensrecht. Begriffsbestimmung, Abgrenzung und Analyse eines alternativen Betriebsstättentatbestands. 2015.

Band 30 Michael Brandl: Mehrfachansässigkeit im Ertragsteuerrecht. 2016.

Band 31 Stephanie Krebbers-van Heek: Die mitunternehmerische Besteuerung der Komplementäre der Kommanditgesellschaft auf Aktien. 2016.

Band 32 Felix Klemt: Körperschaftsteuerliche Verluste junger innovativer Unternehmen. Rechtliche und wirtschaftliche Analyse, Alternativen de lege ferenda. 2016.

Band 33 Nina Erm: Personengesellschaften in Steuerverfahren. Verfahrensklarheit trotz Einheit und Vielheit. 2016.

Band 34 Christian Erich Rödel: Der Teilbetriebsbegriff in den Einbringungstatbeständen des Umwandlungssteuergesetzes. 2016.

Band 35 Florian Wenk: Einkünfte aus Leistungen nach § 22 Nr. 3 EStG. Eine Untersuchung zum Belastungsgrund der Einkommensteuer. 2017.

Band 36 Ralf Haendel: Treaty Overriding im Internationalen Steuerrecht als Verfassungsproblem. Insbesondere zur Reichweite der Völkerrechtsfreundlichkeit des Grundgesetzes. 2017.

Band 37 Nadine Schader: Fiskalische Immunität internationaler Organisationen und ihres Personals in der Bundesrepublik Deutschland. 2018.

Band 38 Sebastian Cloppenburg: Eine Finanztransaktionssteuer im „kleinen Kreis“. Unionsrechtliche Zulässigkeit der Durchführung einer Verstärkten Zusammenarbeit im Bereich der Finanztransaktionsbesteuerung. 2018.

Band 39 Volodymyr Izrailevych: Der Begriff der Betriebsstätte im deutschen und im russischen Ertragsteuerrecht und im deutsch-russischen Doppelbesteuerungsabkommen. Ein Rechtsvergleich. 2018.

www.peterlang.com

www.ingramcontent.com/pod-product-compliance
Ingram Content Group UK Ltd.
Pitfield, Milton Keynes, MK11 3LW, UK
UKHW041824290926
8980IPUK00002B/53

9 783631 745779